中国社会科学院创新工程学术出版资助项目

资产阶级民主观批判文选

中国社会科学院 编

中国社会科学出版社

图书在版编目(CIP)数据

资产阶级民主观批判文选/中国社会科学院编. —北京:中国社会科学出版社, 2017.12
ISBN 978-7-5203-1590-6

Ⅰ.①资… Ⅱ.①中… Ⅲ.①资产阶级民主—文集 Ⅳ.①D082-53

中国版本图书馆CIP数据核字(2017)第288551号

出 版 人	赵剑英
责任编辑	田 文
特约编辑	陈 琳
责任校对	张爱华
责任印制	王 超

出 版	中国社会科学出版社
社 址	北京鼓楼西大街甲158号
邮 编	100720
网 址	http://www.csspw.cn
发行部	010-84083685
门市部	010-84029450
经 销	新华书店及其他书店
印 刷	北京君升印刷有限公司
装 订	廊坊市广阳区广增装订厂
版 次	2017年12月第1版
印 次	2017年12月第1次印刷
开 本	787×1092 1/16
印 张	33.75
插 页	2
字 数	505千字
定 价	139.00元

凡购买中国社会科学出版社图书,如有质量问题请与本社营销中心联系调换
电话:010-84083683
版权所有 侵权必究

序

　　世界历史发展的实践证明，选择什么样的指导思想，选择什么样的社会制度，选择什么样的发展道路，将会深刻地影响一个国家、一个民族的前途命运。当前，面对各种思想文化交流交融交锋的新形势，哲学社会科学战线的一项重要任务是自觉坚持以马克思主义为指导，深入批判"普世价值"论、"宪政民主"观、新自由主义、历史虚无主义、民主社会主义、资产阶级新闻观等错误思潮，坚定中国特色社会主义道路自信、理论自信、制度自信和文化自信。

　　冷战结束以来，在西方所谓"普世价值"论的鼓吹下，一些国家被折腾得不成样子，有的四分五裂，有的战火纷飞，有的整天乱哄哄的……阿富汗、伊拉克、叙利亚、利比亚、也门等国家就是典型案例。西方资本主义价值体系给这些国家带来的显然不是"福音"或"救世良方"，而是无尽的动荡和灾难。这些国家和地区惨痛的教训证明，根本就没有普遍适用于一切社会、一切国家和一切民族的永恒的价值观。价值观念从来都是一定历史条件下具体社会经济政治形态的产物，都是具体的、历史的、变化的，总是与一定的社会经济政治关系相联系，所谓抽象的、超阶级的、超历史的"普世价值"在现实生活中不可能独立存在。一些人宣扬的"普世价值"论，是一个有特定政治含义和具体企图的思想陷阱，其针对我国的目的，就是要否定四项基本原则，而代之以西方资产阶级意识形态，本质上是要否定中国共产党的领导、否定马克思主义的指导地位、否定人民民主专政、否定社会主义制度。

"宪政民主"观是近年在我国意识形态领域涌现的又一股错误思潮。在党中央作出全面推进依法治国重大战略部署的背景下，有人趁机兴风作浪，故意混淆"依法治国"、"依宪治国"、"依宪执政"与西方"宪政民主"的本质区别。"宪政民主"是伴随西方资本主义的产生而发展起来的政治理念，逐渐演变成为西方资产阶级的主流政治和制度主张，完全是西方资产阶级的国家理念、政治模式和制度设计。他们鼓吹的"宪政民主"，实质上是要彻底否定我国社会主义人民民主和法治、社会主义制度、中国共产党领导下的人民民主专政的社会主义国体，代之以西方资本主义的法治理念和法治模式，搞"三权分立"、"多党制"和"议会制"，一句话搞资产阶级专政的资本主义国体。"宪政民主"显然绝对不是什么"普世民主"或"普世价值"，不是适用于一切国家的政治制度。我国是具有本国具体历史和现实特点的社会主义国家。我国适合什么样的制度，适用什么样的模式，是由我国国情决定的。照抄照搬他国的政治制度和政治模式行不通，甚至会把国家前途命运葬送掉。中国是一个社会主义的发展中大国，我们需要借鉴国外政治文明的有益成果，但绝不能放弃中国特色社会主义政治制度的根本。

新自由主义思潮是随着我国改革开放而渗入进来的。从本质上看，新自由主义是西方资产阶级的意识形态，代表了国际金融垄断资本的核心利益和价值观念，通过鼓吹完全私有化、彻底市场化、绝对自由化和全球一体化，为以美国为首的国际金融垄断资本开辟全球空间。新自由主义先后被英、美金融垄断资产阶级捧上了西方主流经济学的宝座，逐步由经济思潮转化为附带一系列政策、举措的意识形态主张，并迅速向拉美、亚非、东欧等国家和地区广泛蔓延。自90年代后期开始，新自由主义的"副作用"开始显现，先后导致一系列引进新自由主义的国家与地区的经济深受重创，社会动荡不安，人民苦不堪言。2007年美国次贷危机全面爆发，随即蔓延为一场全球性的金融危机。这十年来，为了走出金融危机与经济衰退相互拖累的发展困境，以美国为首的西方主要国家被迫采取加大政府开支、扩大基础建设投入等政府干预政策。可以说，世界金融危机这场肇始于美国的"经济灾难"正式宣告了新自由主义的彻底破产。这一破产表明，当代资本主义并没有从根本上解决生产社会化同生产资料私人占有之间的内在矛盾；周期性经济危机的爆发是资本主义基本矛盾发展的必然产物。正是由于生产资料占有方式的不同，社会主义市场经济的公有制本质决定了经济危机的可规避性、可防范性。中国特色社会主义的成功实践告诉人们，只有将公有制为主体的制度与市场经济紧密结合，同时用好"看得见的手"和"看不见的手"，才能使社会主义制度的优越性更好地发挥出来。

西方新闻自由观是资产阶级在欧洲大陆血雨腥风的斗争中形成的，曾经为资本主义打倒封建制度的传播武器。然而，随着岁月流逝，新闻自由的进步因素在西方传媒界越来越被淡化，越来越变成一种巩固资本主义统治、打压社会主义和一切寻求国家独立与社会进步发展的国家的武器。以美国为首的西方国家，根据所谓的国家核心利益的诉求，肆意扭曲与歪曲新闻自由，使新闻自由成为"为我所用"、"唯我独尊"的"法宝"。这也充分暴露了西方新闻自由观的虚伪性、自私性、两面性和独裁性。为了针对中国，美国等西方国家把新闻自由等价值观包装成全球公共产品，以全人类"适世价值"观为幌子，宣传资本主义国家的制度优势，以此进行思想控制，进而危害中国的国家安全和中国社会的和谐稳定。

当然，对充满西方意识形态色彩的错误思潮的否定与批判，并不等于全盘否定西方现代文明所创造的一切有价值的、于我有用的思想与文化。中国特色社会主义是在汲取世界先进文明的基础上发展起来的。

以习近平同志为核心的党中央坚持马克思主义指导，高扬中国特色社会主义伟大旗帜，坚持中国特色社会主义道路自信、理论自信、制度自信和文化自信，大力加强意识形态工作，对错误思潮予以鲜明的批判和抵制，不断巩固马克思主义的指导地位，巩固全国人民共同奋斗的思想基础。中国社会科学院党组按照党中央的决策部署，积极组织院内外专家学者，围绕错误思潮的源流、本质及其危害等问题，展开了一系列深入的研究与批驳，推出了一批较有影响的论著，受到了社会各界的广泛关注和充分肯定。

本套文选选编了近年来公开发表的一些重点文章。这些文章积极运用马克思主义的立场、观点、方法,对各种谬论展开了具体而深入的批判。

我们期望这套文选的出版,能够帮助广大干部群众进一步学好马克思主义,学好习近平总书记系列重要讲话,将自身原有的理论素养转化为清醒的理论自觉、坚定的政治信念、科学的思维方法,在推动马克思主义中国化、时代化、大众化,推进中国特色社会主义理论体系创新发展,加快构建中国特色哲学社会科学创新体系,巩固和发展中国特色社会主义方面,发挥更为积极的作用。

是为序。

王伟光

2017 年 10 月

目 录

一

西方民主源流与资产阶级民主的实质 …………… 尹汉宁(3)
西方国家民主制度的内在矛盾分析 ……………… 辛向阳(13)
西方话语中的"民主陷阱"及其批判 ………… 陈曙光 刘 影(21)
自由主义民主"普世价值说"是西方文明的傲慢 …… 杨光斌(35)
"民主化"悖论与反思 ……………………… 张树华 赵卫涛(41)
"冷战"后西方民主与民主化研究：理论困境与现实悖论 ……… 张树华(53)
"民主指数"背后的傲慢与偏见 …………………… 赵卫涛(64)
西方民主测量的理论局限与政治反思 ………… 赵卫涛 张树华(71)
不平等的民主：20世纪70年代以来美国政治的演变 ………… 汪仕凯(92)
西方民主化研究的认识论反思 …………………… 陈 尧(127)
西式民主制度局限性的集中暴露
　　——对英国"脱欧"和美国大选的反思 …………… 刘仁营(139)
西方民主的衰败与中国民主的蓬勃生机 …………… 田改伟(147)

二

反思民主，探寻民主 …………………………………… 欧树军(157)
树立和坚持正确的民主发展观 …………………… 张树华 陈海莹(172)
民主及民主的质量 ……………………………………… 燕继荣(182)
当代资本主义民主制度的现实困境与反思 …………… 蒯正明(196)
西方民主衰败的五大原因
　　——近期媒体对西方民主的反思 ………………… 田改伟(211)
民主的社会主义之维
　　——兼评资产阶级与民主政治的神话 …………… 杨光斌(218)
论马克思主义民主观 …………………………………… 陈曙光(244)
马克思论民主的两种视角 ……………………………… 唐爱军(262)
论民主的内涵与外延 …………………………………… 李良栋(272)
新马克思主义对西方民主政治逻辑的辨析 …………… 谢亚洲(295)
西方历史虚无主义四种理论形态及其批判 ………… 马 华 冀 鹏(311)
历史虚无主义在当代社会主义国家泛滥的深刻教训 … 刘书林(329)
历史唯物主义与历史虚无主义 ………………………… 田心铭(342)
关于民主与宪政关系的再思考 ………………………… 王振民(356)
我们为什么不能接受"社会主义宪政"
　　这一提法 ………………………… 汪亭友 迟方旭 马钟成(378)

三

坚持人民民主专政，并不输理 ………………………… 王伟光(397)
坚持人民民主专政，完全合理合情合法 ……………… 李崇富(408)

人民民主专政理论的历史稽考和当代价值阐释 …………… 张巨成（428）

中国道路的民主经验 …………………………………………… 房　宁（447）

论作为"中国模式"的民主集中制政体 …………… 杨光斌　乔哲青（457）

论中国特色社会主义民主制度建设 …………………………… 侯惠勤（488）

中华民族传统政治文明中的民主基因及中西
　民主观的异同 ………………………………………………… 刘玉辉（501）

论以人民为本位的民主及其在中国的实践 …………………… 林尚立（511）

西方民主源流与资产阶级民主的实质

尹汉宁

回顾西方民主发展历程，不难发现，在2500多年历史中，有2300多年西方的主流思想是排斥民主的，认为民主是个坏东西。近100多年来西方对民主态度大转变，甚至以民主为招牌，试图影响和引导世界，但此时它们兜售的"代议制""三权分立"等，与民主的本意已相去甚远。

一　雅典民主——原始状态和特定条件下的民主实践

"民主"这个词来自希腊文，它的原初含义就是"人民的统治"，即由全体人民（而不是他们选出的代表）平等地、无差别地参与决策管理。这在西方民主思想产生和发展进程中，始终是一种良好的追求和愿望，而问题在于用什么样的方式实现"人民的统治"。

民主思想最早是随着雅典民主制度的确立、兴盛而孕育、发展起来的。雅典是如何实施"人民的统治"呢？雅典的政治体制主要是三个机构。

一是公民大会。公民大会不是由公民选举出来的代表组成的，而是全体公民都能参加的大会，一般要达到6000人（当时雅典公民约4万人，不包括4万左右的外邦人和35万左右的奴隶），才是法定最低人数；公民大会可以对雅典事务的方方面面进行讨论和表决，包括战争、条约、外交、财政、法律、流放等事务，也包括宗教、喜庆、摆渡等议题；公民大会每年至少召开40次，每次的会期是5个小时。

二是公民大会的一个常设机构——五百人议事会。任何公民都有权经五百人议事会向公民大会提出建议与议案。除了节日和不吉利的日子外，议事会每天都要召开会议，每年至少有260天要开会。议事会的500位成员都是从雅典当时的10个部落抽签抽出来的，任期一年，每个公民一生最多可以担任两次议事会成员。

三是作为司法机构的民众法庭。当时没有专业法官，也没有专业律师，如果有人被指控犯了法，就由200多位公民组成的民众法庭进行审判，根据多数票断案。苏格拉底就是被陪审团认定有罪而被判处死刑的。

雅典民主延续了180多年，它诠释了民主最基本的一些理念，展现了人类对民主理想的追求：第一，实行直接民主，所有公民（当时的公民在雅典总人口中占少数）一律平等，当时绝大多数议事会成员和官员都不是选举出来的，而是采用抽签的方式产生的，公民直接参与公民大会的主要目的就是表达自己的意见；第二，民主的范围涉及所有的公共事务，虽然包括选举权，但更重要的是发言权、辩论权；第三，民主的目的在于维护城邦内全体公民的利益。

雅典民主在内容和形式上带有原生态特征，当然有它的局限性。其一，它是奴隶制城邦国家的治理形式，相对于6000人，还有35万奴隶、4万外邦人没有民主权利。也正因为奴隶制度比较完善，才有可能采取这种自由民众广泛参与的直接民主，不然，6000人经常开会，没有35万奴隶干活，6000名公民及其家庭根本就无法生活。其二，这种直接民主形式只适用于人数较少的城邦。当时雅典不是近代意义上的民族统一国家，面积最大时达2000多平方公里，人口最多时达50万人，而且当时的公共事务相对比较简单。其三，雅典民主十分重视意见表达，但采用简单多数的决断原则，有时会出现议而不决、议而难决的问题，有时会走极端。

雅典民主在当时就遭到那些著名思想家的批判。反民主的政治理论最早可追溯到苏格拉底，他根本不赞成雅典民主制度的权力集中在没有主见的"群氓"手中。苏格拉底的学生柏拉图也认为，只有哲学家才能充当统治者，普通民众没有能力也不适合管理国家。柏拉图的学生亚里士多德也认为民主是个坏东西，他也反对民众参与政治。历史学家修昔底德及后来的罗马共和国晚期最有影响的政治家、思想家西塞罗等都加入批判雅典民主和民主政治的行列。

因此，在古希腊城邦制走向衰败后，古罗马在精英民主思想和少数富人的影响下，形成了以人身权利和财产权利为保障核心的罗马治理模式。古罗马共和国混合了君主制、贵族制、民主制，把国家权力分配给执政官、元老院以及公民大会掌握，元老院掌握着实权，其成员在300人左右，实行终身制；两位执政官是政府首脑，由百人组会议选举并经元老院批准，任期一年，无薪俸报酬。民众会议由区会议、百人组会议、部族会议及平民会议组成，其作用有限，且为贵族所把持。罗马经历了王政、共和国和帝国三个时期，在罗马共和国的治理模式中，古希腊雅典民主已被根本性改造，其内容和形式被大大地压缩和限制。

二　中世纪——黑暗中的民主思想火花

欧洲中世纪与古代文明相比较，被称为黑暗的时代，一是宗教愚昧的黑暗；二是王权专制的黑暗。在这个时代，民主的理论和实践被漠视，被压制，但也有一些民主的火花值得提及。从理论和思想层面讲，一是神学中"上帝面前人人平等"的平等思想引发人们追求平等权利；二是神学利用或借助人们对平等权利的追求而对抗王权。从实践层面看，欧洲的封建制度与中国有很大不同，第一，有历史学家认为，欧洲封建社会的特点是领主制经济，中国封建社会的特点是地主制经济。第二，中国封建社会君对臣有绝对权力，"君要臣死，臣不得不死"，臣对君具有完全的人身依附关系；而在西欧，从国王到封建领主、小贵族以至骑士，都将土地的占有权作为服军役的主要条件，连同领地内的行政司法权以效忠仪式和双边契约的形式层层分封下去。契约关系的引入，使君主的绝对权力受到抑制，也使封臣对超出契约规定的义务，可以拒绝并由此解除依附关系。第三，在领主制经济背景下的封建庄园，奴隶、仆从地位低下，对他们，庄园主几乎拥有生杀予夺之权，奴隶、仆从不堪忍受，有的跑到河流两岸的城邦，企望成为自由民，客观上推动了城市的兴起。西欧大范围内的城市兴起带来了两个变化，一是推动商品生产和交换；二是通过政治和军事手段，推动了城市的自治，英国多为自治城市；法国多称城市公社；意大利大多为城市共和国。第四，约翰王被迫签署的英格兰《大宪章》（1215年），使契约性的封臣关系、商讨性的封臣会议，用法律形式固定下来了。这些做法对后来的西方政治生活产生很大影响。

三　人民主权理论——民主理想与现实困境

雅典民主湮灭以后，民主似乎已被人淡忘。但是，人民并没有放弃对民主的追求和抗争，在火热的现实斗争面前，思想家们没有停止对民主的思考。从文艺复兴到资产阶级大革命时期，逐步形成了人民主权理论。

文艺复兴运动兴起时的意大利最著名的市民阶级政治思想家马西利乌斯，努力使政治思想摆脱神学束缚，最早提出人民权利问题。16世纪开始的宗教改革运动，锋芒直指封建制度的精神支柱——教会，其反暴君理论成为近代人民主权理论的先声。

人民主权理论的理论支柱包括主权论、契约论和权力合法论。16世纪法国政治思想家布丹最先提出"主权"概念及主权至上论，随后得到格劳秀斯、霍布斯等人的响应，但他们的主权论都是强调"主权在君"。荷兰的斯宾诺莎提出从"主权在君"到"主权在民"的思想，他认为人民在订立契约时对国家只让渡了部分权利。法国的洛克从"议会主权"论入手，确立了"主权在民"的思想。最终，由卢梭的《社会契约论》将人民主权论确立。他认为人民的个人权利是与生俱来、不可转让、不可分割、不可代表的，国家由人民订立契约而形成，国家主权必须体现人民的"公意"，即全体人民的共同意志，反映社会共同体中人们的公共利益。

但是，"公意"如何得到体现呢？卢梭所设想的实现方式，或者说他心目中最好的民主政体，是雅典城邦那样的直接民主制。但是，卢梭所设想的小国寡民、以道德保证为条件的直接民主，在现实中很难做到。所以，他在《社会契约论》中也说到，真正的民主制（即直接民主制）从来就不曾有过，而且永远不会有。多数人统治而少数人被统治，那是违反自然秩序的。因此，虽然卢梭的人民主权理论特别是对于"公意"的重视，彰显了民主理想，但其对人民参与政治和国家管理的设想或主张，缺乏操作性。

四　代议制民主——民主的异化

当今世界，资本主义国家把"民主"的调门唱得很高，并且试图以此改造、控制世界。实际上，以代议制和"三权分立"为特征的资产阶级政治制度定型之前，在西方国家，民主一直受到质疑和批判，他们所宣扬的"代议制""三权分立"，与民主的本质已相去甚远。卢梭的人民主权思想只不过是西方民主理论的另类。

当资产阶级登上西方世界政治舞台的时候，欧洲特别是西欧民族统一国家的形态已经比较稳定了，资产阶级最初打出的旗号是"自由、平等、博爱"，而其主流思想还是将民主看作坏东西。但与此同时，人民大众对民主的要求却日益高涨。如19世纪英国的宪章运动，法国的大革命，以及在意大利、奥地利等地相继爆发的民众革命。一些资产阶级思想家开始意识到民主潮流已无法阻挡，为了尽可能维护自己的利益，他们不得不打出民主的旗号，但在"民主"前加了一些限定修饰词，如"代议制民主""精英民主""多元民主""宪政民主""程序民主"等，并刻意忽略民主的本质属性。正如王绍光在《民主四讲》一书中所说的："当典籍充斥着对民主诅咒的时候，'民主'一词前面很少出现修饰词。一旦有产者和他们的代言人开始拥抱民主时，民主的本质没人谈了，大家谈的都是带修饰词的民主，而且修饰词比'民主'来得更重要。"① 这样，此"民主"已非

---

① 王绍光：《民主四讲》，生活·读书·新知三联书店2008年版，第33页。

彼"民主",民主走样了,异化了。

18世纪以前,从未有人把"代表"与"民主"联系在一起,美国国父之一的汉密尔顿首先使用了"代议民主"这个词,从此"民主"一词被赋予了全新的含义,即政府的正当性通过可以选举自己的"代表"来实现,而不必体现在民众直接管理。熊彼特把民主定义为"一些个人通过竞争人民选票来获得(公共)决策权的制度安排"①,"民主"完成了"人民的统治"向"人民选择统治者"的转型,"人民"变成了"选民","民主"变成了"选主",民意的表达仅在于选出人来做主。在过去几十年时间里,经过熊彼特改造的民主定义被西方主流及受其影响的非西方知识精英奉为圭臬。正如卢梭批判英国代议制所说的:"英国人民自以为是自由的,他们是大错特错了。他们只有在选举国会议员期间是自由的,议员一旦选出之后,他们就是奴隶,他们就等于零了。"② 在"民主"变成"选主"以后,在几个世纪内,无论支持者还是反对者,其注意力都集中在投票权的扩展上,一直到全面实现普选,其间不知经历了多少血与火的斗争。是否实行普选也成为衡量是不是民主政府的唯一标准。列宁曾一针见血地指出:"每隔几年决定一次究竟由统治阶级中的什么人在议会里镇压人民、压迫人民,——这就是资产阶级议会制的真正本质,不仅在议会制的立宪君主国内是这样,而且在其中最民主的共和国内也是这样。"③ 在很长的历史时间里,西方统治者以及代表统治者利益的知识精英们,通常把民主看作"坏东西"。而到了近现代,经过彻底改造以后的"民主",经过"自由""宪政""代议""选举"等一道道紧箍咒锁定以后的"民主",已从难以驾驭的烈马变成了温驯的绵羊,穷人已没办法摆弄它,而富人们不但不再害怕,而且成了可以为他们装点门面、可以为他们支撑话语权、可以玩弄于股掌的宝贝。于是乎,这样的"民主",就变成了理想状态的、一厢情

---

① [美]约瑟夫·熊彼特:《资本主义、社会主义与民主》,吴良健译,商务印书馆1999年版,第395—396页。
② [法]卢梭:《社会契约论》,商务印书馆2003年版,第120—121页。
③ 《列宁全集》第31卷,人民出版社1985年版,第43页。

愿的"历史终结"。

五 美国政治——金钱穿上了民主的外衣

美国独立战争（1775—1783）刚刚结束，美国便遭遇了一场"谢司起义"（1786—1787），这引起了当时美国政界的恐慌，他们把所有的动荡都算在民主的账上，迫不及待地以法律和正义的名义熄灭民主之火。在此背景下，1787年，由包括汉密尔顿、麦迪逊、莫里斯、梅森、格里、伦道夫等所谓"国父"在内的55位政治精英召开的制宪会议，成为对民主的声讨会，他们把"民主"这个词与"动荡""愚蠢""过分""危险""罪恶""暴政"等联系在一起。最后，他们起草的那份"文件"，只有39人签署，13个州总共不到2000人投票通过，便成为这个新国家的宪法。最近，国内有出版社出版了一部讲述美国制宪过程的书，认为，从立宪内容与民主的关系来看，美国费城制宪是反民主的奇迹。

既然美国的国父们对民主很反感，他们当然不愿建立一个由众议院主导（或民意主导）的政体，而是通过各种制度设计来削弱众议院的权力。一是分割立法权，设立上议院（参议院），由最具有身份、地位与财富的"高贵人士"组成；二是赋予总统"帝王般的权力"，使他的政治地位高于议会，有人把美国总统看成是选出来的君主；三是赋予具有贵族色彩且不受民意影响的最高法院可以宣布立法无效。因此，人们天真地以为美国的两院制、三权分立是民主的象征，谁知道这种设计的本意正是为限制民主。他们的目的是使少数人的财产权得到保护，而且通过宪法使之长期得到保护。于是，那些财大气粗的显赫家族稳稳地掌控着国家权力，从亚当斯、汉密尔顿、哈里逊到罗斯福，再到肯尼迪、洛克菲勒等家族都曾风云一时。

如今，美国选举已经成为"钱举"。2010年1月，美国联邦最高法院通过了一项取消政治献金限制的法律规定，金钱的巨大力量使美国选举的公正性荡然无存。2012年美国总统选举，两党候选人奥巴马、罗姆尼千方百计讨好富人,以为大选筹款,结果总体花费达60亿美元,成为美国"史上最烧钱的大选"。2011年5月,诺贝尔经济学奖得主斯蒂格利茨在《名利场》杂志上发表题为《1%的人所有,1%的人统治,1%的人享用》的文章,指出美国1%的人每年拿走1/4的国民收入,控制了40%的财富,所有美国参议员和大多数众议员赴任时都属于"1%者"的跟班,靠"1%者"的钱留任,他们明白如果把这"1%者"服侍好,则能在卸任时得到犒赏。"钱权模式"导致总统大选后权力向金钱倾斜,如在小布什政府大选筹款中贡献最大的"先锋"俱乐部,竟有43人被任命要职,其中2位担任政府部长、19位出任欧洲各国大使。而小布什政府之所以在2001年宣布退出《京都议定书》,最重要的原因就是从中受益的石油和天然气等行业的大公司都是布什竞选时的主要赞助者。美国最大的两家住房抵押贷款机构房利美、房地美的问题在20年前就被发现,但由于它们花费大量资金游说而被放纵,致使监管上的问题越来越严重,最终成为催生世界金融危机的重大拐点。"钱权"模式使得富人们彻底控制了美国,也绑架了世界。①

更糟糕的是,以美国为首的西方资本主义国家在全世界到处推销变质的民主,结果呢?因选举民主而导致分裂、战争等并不少见。选举竞争简单地依靠选票,以政客和政治投机为主导,以选票裁决的方式导致对社会大众利益的漠视和社会弱势群体的排斥,以社会停滞和混乱为代价,以控制资源为目的,导致这些国家和地区矛盾激化。采用西方政治制度之后民主政体的品质普遍不佳,正如张维为指出的:"西方一些国家现在把本应该是内容丰富、文化深厚、操作精致的民主大大简化,连经济发展、教育水平、法治社会、公民文化这些优质民主的基本要素都变成了可有可无的东西,唯有一人一票的'程序民主'才代表真正的民主,结果导致第三世界的劣质民主层出不穷;贪官污吏通过贿选当政易如反掌,大批政客只知道争名夺利,永远以民主的名义,行使民粹民主、部落主义和黑金政治之

---

① 参见朱维东《美国式民主不是世界的标杆》,《党建》2012年第11期。

实,他们的国家也因此频频陷于动荡甚至战乱之中,经济凋敝,民不聊生。"① 其实,毛泽东早在 1940 年就一针见血地批判过这种假民主:"像现在的英、法、美等国,所谓宪政,所谓民主政治,实际上都是吃人政治。这样的情形,在中美洲、南美洲,我们也可以看到,许多国家都挂起了共和国的招牌,实际上却是一点民主也没有。"②

六 协商民主——对西方民主的反思

西方民主日益偏离民主的本质,引起一些有识之士的反思。当代西方对代议制民主进行反思和矫正比较有影响的理论主要有两种,一是参与民主论;二是与参与民主论相联系或受影响的协商民主论。参与民主论重新认识参与对于民主的价值,认为参与的主体是普通民众,每个公民的政治权利是平等的;参与的客体是影响参与主体利益的政府决策或公共生活,将民主参与扩展到社会的各个领域;承认参与是公民完善自我、发展自我的必需途径,参与具有教育功能。其实,参与民主的最终归宿就是协商民主,因为协商民主正是着眼于"改善政治参与的性质和形式,而不只是增加政治参与的机会。"③

西方学者对协商民主作了很多有益的探讨,一般"把协商民主理解成一种民主的决策体制或理性的决策形式,在这种体制中,每个公民都能够平等地参与公共政策的制定过程,自由地表达意见,愿意倾听并考虑不同的观点,在理性的讨论和协商中作出具有集体约束力的决策。"④但是,不少学者认为在西方资本主义国家现有的体制框架内不可能实现协商民主。其原因不仅仅在于长期实施选举民主的制度依赖,而在于缺乏一个能够超越利益之争的政党,缺乏一个站在公正立场上主持协商讨

---

① 张维为:《中国触动》,上海人民出版社 2012 年版,第 105 页。
② 《毛泽东选集》第 2 卷,人民出版社 1995 年版,第 736 页。
③ [英] 赫尔德:《民主的模式》,燕继荣等译,中央编译出版社 1998 年版,第 266 页。
④ 孙永芬:《西方民主理论史纲》,人民出版社 2008 年版,第 277 页。

论的领导者。

七　对西方民主的几点结论

第一，西方国家现在所宣扬的民主，与民主的本质和本来意义相去甚远。西方主流思想在长时间内对民主是持批判态度的，以美国为代表的西方国家向发展中国家兜售的民主政治，其民主是被改造了的，民主在这里更多的是标签，是政治技巧。

第二，古代雅典民主在之后的国家状态中，特别是在近现代西欧民族统一国家中，不具有推广价值和操作性，就是在中国人民民主制度条件下，也难以照搬。

第三，从古代雅典，到中世纪的西欧，再到当代的西方世界，协商讨论式的民主，始终是民主的内在要求，但在资产阶级利益主导下的政治架构中，协商民主难以被重视，也难以在政治活动中发挥重要作用。

第四，我们现在所使用的政治概念，不少来自于西方。无疑，我们要借鉴人类文明所创造的有益成果，要运用中外共同理解的概念和话语进行国际交流，但是我们必须搞清楚西方政治概念的由来及内含，不能盲目地妄自菲薄，简单地照搬照套。

第五，在分清性质和内容的前提下，对西方国家的有些治理形式，它们对公权力制约的有些做法和某些社会管理方式等，也要认真研究，为我所用。

（作者单位：中共湖北省委人大常委会、宣传部）

（原载《红旗文稿》2013年第18期）

西方国家民主制度的内在矛盾分析

辛向阳

中国从改革开放之初到现在，要求实行西方政治发展模式特别是三权分立制度的声音不绝于耳，一个重要原因就是迷信西方民主制度。迷信西方民主制度的关键，就在于不了解资产阶级民主制的实质与内在矛盾。资产阶级民主制的实质就是资产阶级对无产阶级和广大人民群众的专政，这是马克思主义一再强调的思想。《共产党宣言》指出，资产阶级在现代的议会制国家里夺得了独占的政治统治。现代的国家政权不过是管理整个资产阶级的共同事务的委员会罢了。资本主义统治由于其阶级本性具有深刻的内在矛盾。

第一个矛盾是理论内容与实践行动之间的矛盾。马克思、恩格斯始终认为，资产阶级民主制在实践上同它的理论还处于极大的矛盾之中。例如，一方面通信自由被宣布为人权，另一方面侵犯通信秘密已公然成为风气；一方面宣称彻底的新闻出版自由，另一方面又以种种方式取缔新闻出版自由。所以，自由这一人权一旦同资本主义实际政治生活发生冲突，就必定被抛弃。

很多现代西方学者都意识到资本主义民主这种理论与实践上的巨大反差。美国著名公共行政学家、得克萨斯科技大学政治学教授、公共事务中心主任查尔斯·J. 福克斯和美国威斯康星州奥什科什大学公共行政硕士项目副教授休·T. 米勒于1996年出版了《后现代公共行政——话语指向》

一书，书中对西方选举民主进行了批判。他们从三个方面对西方民主进行了反思：其一，西方民主的反馈程序值得怀疑，可信度不高；其二，西方民主的选举过程是存在问题的，也是不可信的；其三，西方民主选举的结果更是存在问题的，因为民主主要是为了有钱人。2010年9月21日，中共中央党校科学社会主义教研部与德国艾伯特基金会在中共中央党校共同举办了"中德发展道路比较：现状与前景"学术研讨会。德国著名学者托马斯·迈尔在研讨会上就民主问题作了长篇发言。他提出，在不同的历史文化背景和政治条件下，社会民主制度不可能只有一个唯一的模式，而且，直到今天也从没有存在过唯一的模式。比如，在对民主的理解和民主的实践方面，美国和欧洲之间就有特别大的不同。美国有一个非常糟糕的，而且也很不充分的民主制，这个民主制度其实是由某种金钱政治来左右的。在西方，各种民主理论层出不穷，从自由民主论到社会民主论，从精英民主论到大众民主论，从共识民主论到技术民主论，到处都盛开着"民主的鲜花"。其实，这是民主的海市蜃楼。西方的民主实践展现给我们的并不是鲜花，而是高度强化的国家机器。

第二个矛盾就是社会普遍利益的标榜与资本特殊利益代言之间的矛盾。根据历史唯物主义原理，每一个试图取代旧统治阶级的新阶级，为了达到自己的目的，不得不把自己的利益说成是社会全体成员的共同利益。就是说，新的阶级赋予自己的思想以普遍性的形式，把它们描绘成唯一合乎理性的、有普遍意义的思想。资产阶级更不例外。因为资产阶级已经是一个阶级，不再是一个等级了，所以它必须在全国范围内而不是在一个地域内组织起来，并且必须使自己通常的利益具有一种普遍的形式。资产阶级建立自己的统治前宣布自己代表全社会的普遍利益，是为了争取更多的阶级阶层与其一起奋斗，推翻封建统治。而在资产阶级建立自己的统治后，依旧宣称自己代表全社会的普遍利益甚至代表全人类的普遍利益，目的是获得更多的利益。一旦普遍利益影响到资本的特殊利益，资本会毫无悬念地废弃普遍利益。

瑞典"雇员投资基金"方案出台的前后经过就说明了这一点。在1971

年工会联合代表大会上,瑞典金属行业工会提出了"限制财富集中"的强烈要求。根据这一要求,大会决定由工会运动的著名经济学家 L. 麦德内尔组织一个研究小组以提供对策方案。经过艰苦的努力,四年后,研究小组提交了著名的"麦德内尔方案"。这一方案强调实现下述三个目标:第一,完善以团结为基础的工资政策;第二,抵制在私人企业完全不受控制的情况下所产生的财富集中;第三,增强在生产过程中雇员的影响和权力。在此基础上,报告提出将企业的部分利润,从雇主私人手中转为雇员的集体财产,进而推出建立"雇员投资基金"的具体设想。1978 年,社民党代表大会就联合报告进行了讨论,原则上接受了联合报告及麦德内尔提出的利润分享的思想,但是认为仅以此报告为基础作为正式决议条件尚不成熟。大会决定就此问题进一步研究,为下次党的代表大会制定具体的报告。此次大会后,社民党对雇员投资基金的态度逐渐明朗化。1981 年,工会联合会与社民党的代表大会分别通过了联合小组于当年完成的新报告——《工人运动与雇员投资基金》。该报告以"麦德内尔方案"和 1978 年联合报告为基础,提出了进一步的具体设想。"麦德内尔方案"公布之后,"雇员投资基金"问题在瑞典引起了广泛而激烈的争论。广大工人坚决支持工会联合会的立场,认为在企业中通过掌握所有权来扩大雇员的作用和影响是绝对必要的。反对意见主要来自资产阶级政治家、经济学家和企业主的代言人,并有 3 个非社会主义政党及其社会利益集团的 21 个组织拒绝参与讨论这一方案。后来,雇主联合会和工业联合会共同发表了一份反建议,主张给工人一些在一定时期内即可转让的股票,这是一种将所有权限制在私人手中的"人民资本主义"的做法。更有甚者,在议会召开秋季例会时,瑞典一些主要企业家为向议会施加压力,曾组织了一次高达 7.5 万人的进军议会的游行,反对建立"雇员投资基金"。这充分显示出资本的特殊利益所在。

第三个矛盾就是民主的文明表象与野蛮本性之间的矛盾。资本主义民主给人们的表象似乎是文明的、文质彬彬的。有的资产阶级学者认为,有了以议会制为表现形式的资产阶级民主,下层阶级就无须再进行革命了，因为议会制尤其是议会中的下院已经成为下层阶级意见表达的场所。英国学者拉尔夫·密利本德曾经讲，下院无疑是英国政治体制中最为重要的机构。其根据是，它的重要性并非源自于它拥有实权，而是在于这样的事实，即它十分珍视一切经过选举的原则，从而使政府具有绝对不可缺少的合法性，对于遏制和约束来自于下层的压力来说，也许再也没有比它更重要的了。因为它使下层人士相信，没有必要去寻找革命的代替办法，用以进行任何必须改革的手段已经具备。有的资产阶级学者则认为，有了民主制，文明统治就开始了，资产阶级不需要再借助强大的武装来实行镇压了。是否如此呢？当然不是。资产阶级民主制为了维护资本根本利益，在资本利益受到挑战的地方，其野蛮的本性就会暴露出来。

1848年法国"二月革命"后，巴黎的无产阶级为了把民主革命引向无产阶级革命，在6月22日举行了大规模武装起义，这是分裂现代社会的两个阶级之间的第一次大规模的战斗，是为资产阶级制度的存亡而进行的斗争。蒙在共和国头上的面纱被撕破了。无产阶级发动的"六月起义"遭到资产阶级的残酷镇压。"六月起义"侵犯了资产阶级社会的秩序，于是，共和国摘掉了保护和掩饰过凶恶怪物的王冠，暴露出这个凶恶怪物的脑袋。资产阶级发射了霰弹，炸开了无产阶级的躯体。被屠杀的起义者有3000多人，未经审判而被放逐的有15000人。这就显示了资产阶级民主制的本性。马克思在《路易·波拿巴的雾月十八日》中明确指出，"六月起义"者的失败，固然为资产阶级共和国的奠基和建立准备和扫清了基地，但同时它也表明，欧洲的问题并不是争论共和国还是君主国的问题，而是别的问题。它揭示出，资产阶级共和国在这里是表示一个阶级对其他阶级实行无限制的专制统治。1871年3月18日，巴黎无产阶级夺取了政权，建立了巴黎公社。5月28日，巴黎公社被资产阶级政权镇压下去。资产阶级屠杀了3万多人，逮捕了5万多人，很多行业的工人在巴黎绝迹多年。巴黎公社被镇压后，资产阶级的"急先锋"梯也尔叫嚷道："社会主义从此休矣！""巴黎遍地堆满了尸体。应当相信，这种可怕的景象将成为胆敢宣称拥护公社的起义者的教训。"① 对资本主义民主的文明表象与野蛮本性之间的矛盾，马克思在《法兰西内战》中明确指出，每当奴隶和被压迫者起来反对主人的时候，这种秩序的文明和正义就显示出自己的凶残面目。那时，这种文明和正义就是赤裸裸的野蛮和无法无天的报复。占有者和生产者之间的阶级斗争中的每一次新危机，都是越来越明显地证明这一事实。1884年10月，美国和加拿大的8个国际性和全国性工人团体，在美国芝加哥举行一个集会，决定于1886年5月1日举行总罢工，迫使资本家实施八小时工作制。这一天终于来到了。5月1日，美国2万多个企业的35万工人停工上街，举行了声势浩大的示威游行，各种肤色、各个工种的工人一齐进行总罢工。仅芝加哥一个城市，就有4.5万名工人涌上街头。当时在罢工工人中流行着一首"八小时之歌"，歌中唱道："我们要把世界变个样，我们厌倦了白白的辛劳，光得到仅能糊口的工饷，从没有时间让我们去思考。我们要闻闻花香，我们要晒晒太阳，我们相信：上帝只允许八小时工作日。我们从船坞、车间和工场，召集了我们的队伍，争取八小时工作，八小时休息，八小时归自己！"罢工运动所表现的巨大力量使政府当局和资本家极为恐慌，他们不甘心答应工人的条件。5月3日，芝加哥政府当局撕下"民主"的假面具，用暴力镇压工人。

100多年后的资产阶级民主本性是否改变了呢？其根本利益决定了不可能改变。西班牙《起义报》2012年1月10日发表题为《美国从"民主独裁"走向军事集权国家》的文章，指出："一些知名观察家——其中不乏美国的观察家——都认为，在第三个千年开始的时候，美国将成为'民主独裁'国家。但乔苏多夫斯基（加拿大全球化研究中心主任）的观点更为激烈，他认为美国成为一个'披着民权外衣的军事集权国家'的趋势越来越明显。"

第四个矛盾就是政治法律形式上的平等与经济社会事实上的不平等之

---

① ［苏］普·米·凯尔任策夫：《巴黎公社史》，中国人民大学编译室译，生活·读书·新知三联书店1961年版，第659—660页。

间的矛盾。在《路易·波拿巴的雾月十八日》一文中，马克思指出，宪法的每一节本身都包含有自己的对立面，包含有自己的上院和下院：在一般词句中标榜自由，在附带条件中废除自由。所以，当自由这个名字还备受尊重，而只是对它的真正实现设下了（当然是根据合法的理由）种种障碍时，不管这种自由在日常的现实中的存在怎样被彻底消灭，它在宪法上的存在仍然是完整无损、不可侵犯的。"在一般词句中标榜自由，在附带条件中废除自由"，这就是资产阶级民主制的真实写照。

在政治法律上，资产阶级对于自由民主人权的规定越来越完善，越来越缜密。但在经济社会所真正拥有的权利方面，广大人民群众根本无法与资本家相抗衡。例如，根据1791年批准的美国宪法第6条修正案，刑事被告在法庭上，有权请律师为其进行辩护。可是，谁都知道，虽然金钱不是万能的，但请律师出庭辩护，没有金钱却是万万不能的。1932年，美国最高法院在鲍威尔诉阿拉巴马州案之后，规定各州法院应免费为被控死罪的穷苦被告人提供辩护律师。舒赫兰大法官（1922—1938年任职）在判决书中一针见血地指出："在很多案例中，被告人倾诉的权利，如果不包括律师代为倾诉的权利，那么这个权利就没有多大意义。"[①] 可见，美国宪法中规定的公民神圣不可侵犯的权利不仅不会自动兑现，而且会不断被金钱侵吞。第6条修正案经过1932年鲍威尔案、1938年约翰逊案、1942年贝茨案、1963年吉迪恩案，似乎日益变成现实。1972年以后，美国各地只要是穷人因刑事罪被告上法庭，各级法院必须免费为穷人提供公共辩护律师。可是，由于市场经济和价值规律的无情法则，公共辩护律师平均水平较低的现象恐怕很难避免。联邦和州各级法院支付给公共辩护律师的酬金，通常会大大低于那些非公共辩护律师办案的收费。例如，为O. J. 辛普森被控杀人案作辩护的律师和刑事鉴定专家，每小时收费高达500美元。1994年在美国阿拉巴马州，私人执业律师的最低收费为每小时125美元。但是，

[①] 任东来、陈伟、白雪峰等：《美国宪政历程：影响美国的25个司法大案》，中国法制出版社2003年版，第255页。

根据阿拉巴马州法院1994年规定，公共辩护律师出庭辩护时的酬金仅为每小时40美元，承办一个案子所得的报酬不得高于1000美元。这样的费用能为穷人请到水平高的律师吗？其权利根本无法得到保障。

第五个矛盾就是自由与平等之间的矛盾。资产阶级一直强调其民主制度既是自由的，又是平等的。实质上，资本家的本质是强调自由特别是资本的自由，而只是在口头上高喊平等。在资本主义条件下，自由贸易就是资本的自由。马克思在1848年1月《关于自由贸易问题的演说》中就讲，让我们来作个总结：在现在的社会条件下，到底什么是自由贸易呢？这就是资本的自由。排除一些仍然阻碍着资本前进的民族障碍，只不过是让资本能充分地自由活动罢了。先生们，不要受自由这个字眼的蒙蔽！这是谁的自由呢？这不是一个普通个人在对待另一个人关系上的自由。这是资本压榨劳动者的自由。这种自由的观念本身不过是一种以自由竞争为基础的制度的产物。

这种自由给资本家带来了无数的经济利益。这在当代表现得更加突出。莎拉·范·吉尔德是美国一份杂志的联合创始人兼执行主编，她和她的员工在2011年年底出版了一本题为《占领华尔街：99%对1%的抗争》的书籍。书中提到了美国贫富差距导致的社会不平等问题。她明确指出："当前的经济体制就在于将穷人和中产阶级的财富重新分配给处于金字塔顶端的富人。根据美国国会预算办公室披露的数据，从1979年到2007年的28年间，上层1%人群的收入激增275%，而处于金字塔底部那20%人群却仅增长了18%。"① 书中还谈道，尽管2008年发生了全球性的金融危机，美国亿万富翁的金融财产、最盈利财团企业的闲置资金到现在依旧达到了历史最高水平。《福布斯》2011年全球富豪榜共有1210名富豪上榜，总财富达到4.5万亿美元，创下历史纪录。他们的财富总数与德国的GDP相等。

这种自由给人民群众造成了巨大的利益损耗。美国哥伦比亚大学教授、

---

① ［美］莎拉·范·吉尔德、YES!杂志社员工：《占领华尔街：99%对1%的抗争》，朱潮丽译，中国商业出版社2012年版，第4页。

诺贝尔经济学奖获得者约瑟夫·斯蒂格利茨在 2011 年发表的题为《1% 的人所有、1% 的人治理、1% 的人享用》的文章表达了与上述观点相同的论点。他说，过去 10 年来，上层 1% 人群的收入激增 18%，中产阶层的收入却在下降。而对于只有高中文化程度的人来说，收入的下降尤其明显——光是在过去 25 年里，就下降了 12%。最近几十年来所有的经济增长，还有其他好处，都流向了金字塔顶端的人群。这种情况的出现是资本主义制度的产物。美国《华盛顿邮报》2011 年 11 月 25 日发表专栏作家哈罗德·迈耶森的文章，题目是《当资本主义与民主发生冲突》。文章讲：其一，资本主义令民主栽了个大跟头。一年来，资本主义完完全全令民主栽了跟头。这种情况在欧洲最为明显。19 世纪初被美国杰克逊派民主党人废除的必须拥有财产才能投票的要求被势力强大的金融机构和它们的政治盟友复兴。其二，资本主义与民主的冲突是一种制度性冲突。虽然我们的经济制度和政治制度存在冲突的想法令人难以接受，但现实就是如此。拿破仑无法征服整个欧洲，但标准普尔也许可以。资本主义和民主的冲突正在各地爆发。

所有上述矛盾都是由资本主义制度的本质决定的。这一点，马克思主义创始人看得非常清楚。恩格斯在 1843 年 10 月撰写的《大陆上社会改革运动的进展》一文中就分析了资本主义民主制的内在矛盾。他说，法国革命为欧洲的民主制奠定了基础。依我看来民主制和其他任何一种政体一样，归根到底也是自相矛盾的、骗人的，也无非是一种伪善（或者像我们德国人所说的——神学）。政治自由是假自由，是一种最坏的奴隶制；这种自由只是徒有虚名，因而实际上是奴隶制。政治平等也是这样。所以，民主制和任何其他一种政体一样，最终总要破产，因为伪善是不能持久的，其中隐藏的矛盾必然要暴露出来，要么是真正的奴隶制，即赤裸裸的专制制度，要么是真正的自由和平等，即共产主义。

（作者单位：中国社会科学院马克思主义研究院）

（原载《红旗文稿》2012 年第 14 期）

西方话语中的"民主陷阱"及其批判

陈曙光 刘 影

在"言必称民主"的时代，民主话语生态却处于极度失衡的状态。西方凭借经济、政治和军事上的先发优势，以及霸权地位，极力宣扬与资本主义联姻的西式民主，企图把这颗种子播撒到世界各地。然而，"颜色革命之花"的凋零、"阿拉伯之冬"的来袭、泰国的交替政变、伊拉克的持续内战……无不在诉说着西式民主向外扩张的辛酸历史。今天，面对西方精心编织的民主话语，精心布设的理论陷阱，我们应该敢于发声，敢于亮剑，敢于以自己的理论创造开启民主话语的多样化时代。

陷阱 1：民主一元论——西式民主具有普世价值，其他国家无须以"民族性"为借口另搞一套

"没有资产阶级就没有民主"[①]，"民主是一个重要的指导原则，代表着一种全新的国内秩序，由此当然也能普及于国际秩序"[②]，"美国的神圣使命就是将新教、民主制度、自由资本主义制度向北美及其以外传播"[③]。上述论断，将民主看作西方的专利，认为只有西方社会才是民主社会，其他的都是打着民主旗号的"伪民主"。"民主一元论"对"西式民主"推崇备

---

① [美]巴林顿·摩尔：《民主和专制的社会起源》，拓夫等译，华夏出版社1987年版，第339页。
② 徐崇温：《国际金融危机把西方民主制推下圣坛、打回原形》，《毛泽东邓小平理论研究》2013年第6期。
③ Deborah L. MaVen: *American Exceptionalism*, University Press of Mississippi, 1998, p. 100.

至，认为西式民主具有普世价值，可以复制，可以推广，其他国家无须以"民族性"为借口另搞一套。正如林登·约翰逊所说："我们要把湄公河变成田纳西州的一个流域。"① 这句话赤裸裸地体现了"民主一元论"的本质。

我们不反对民主，但我们反对西方将自己的民主模式当作普世价值强加于人。毋庸置疑，西式民主相较于封建专制制度、军事独裁有巨大的历史进步性，但它仍然是资本主义民主制度，有着不可自愈的缺陷和弊端。西方民主建立在财产权利不平等的基础之上，民主不过是资本主义国家的一块遮羞布。美国学者塞缪尔·鲍尔斯在《民主和资本主义》一书中曾指出："在民主乃是保障个人自由权和使权力的运用负有社会责任这个直截了当的意义上面，今天没有任何一个资本主义社会可以合理地称为民主社会。"② 长期以来，在西方霸权话语体系下，民主标准问题的界定，西方国家历来是自说自话、自以为是，这本身就是不民主的表现。正如亨廷顿所说："西方，特别是一贯富有使命感的美国，认为非西方国家的人民应当认同西方的民主……西方眼中的普世主义，对非西方来说就是帝国主义。"③

民主是具体的、历史的，而不是绝对的、抽象的。"民主一元论"将民主神圣化和绝对化，企图建立超阶级、永恒的价值体系。2005 年 2 月，布什总统在美俄峰会上要俄罗斯像格鲁吉亚、摩尔多瓦那样接受美国的民主制度，普京坚定地回应说："民主和自由必须根据每个国家的历史和需要分别定义，要因地制宜。所有现代的民主制度和原则都必须适合俄罗斯发展的现状、历史和传统。"④ 现代西方社会推销的民主，诸如多党制、代议制民主、普选制、三权分立等政治制度，带有强烈的西方社会的民族性

---

① ［英］理查德·克罗卡特：《反美主义与全球秩序》，陈平译，新华出版社 2004 年版，第 29 页。
② ［美］塞缪尔·鲍尔斯、赫伯特·金蒂斯：《民主和资本主义》，韩水法译，商务印书馆 2003 年版，第 3 页。
③ ［美］塞缪尔·亨廷顿：《文明的冲突与世界秩序的重建》，周琪等译，新华出版社 1998 年版，第 200 页。
④ 刘国平：《美国民主制度输出》，社会科学文献出版社 2006 年版，第 10 页。

和特殊性。美国著名民主理论家达尔语重心长地告诫发展中国家："我一再指出，一个国家特定的基础条件和背景条件有利于民主的稳定，如果这些条件过于脆弱或完全缺乏，那么民主是不可能存在的，或者说，即使它存在，也是极不稳定的。"① 达尔讲的其实就是我们常说的民主的水土不服问题。任何一个国家都应从本国的国情出发，在不受任何外界压力的情况下选择合适的民主制度。中国古语讲"橘生淮南则为橘，橘生淮北则为枳"，就是说一定要遵循事物发展的客观规律，否则适得其反。海地用 20 年实行美式"民主化"换来的是"失败的海地"。这样的例子在非洲比比皆是，盲目地与西式民主接轨，播下的是"龙种"，收获的可能就是跳蚤。

陷阱 2：民主速成论——西式民主已经有了成熟、定型的模式，其他国家无须以任何"借口"拖延民主的进程

"民主速成论"认为民主已经有了成熟、定型的西方模式，可以在任何地方扎根速成，其他国家无须以"国情"等为借口拖延民主进程。美国自认为拥有最好的民主，关起门来自我欣赏，无可厚非；但是，强制向他国推销，公然干涉别国内政，可能就越俎代庖了。美国前国家安全顾问、著名国际问题专家布热津斯基曾说："民主还真是一个问题。"② "忽视接受国的接受能力以及政治、社会和文化条件，梦想输出整个民主政治体制"，这种"速溶咖啡式民主""交钥匙民主"③ 是有局限性的。

民主是一个不断发展、循序渐进的过程，不可能一蹴而就。西方的知识精英和政治精英们喜欢以速成的民主解决非西方国家的问题，喜欢以"民主换血"的方式直接过渡到民主国家，喜欢将自己的民主原则强加于人。殊不知，英国早在 1688 年就建立了"君主立宪"制度，但是直到 1918 年，法律才颁布年满 21 岁的男子和年满 30 岁的女子享有选举权；法国 1789 年爆发法兰西大革命，妇女直至 1944 年才获得选举权，此时已距法兰西大革命 155 年；美国的三权分立、联邦制、普选制也是历经 200 多

---

① ［美］罗伯特·达尔：《论民主》，李风华译，中国人民大学出版社 2012 年版，第 124 页。
② 詹德雄：《冷眼向洋看世界　西方民主的反思》，辽宁人民出版社 2013 年版，第 20 页。
③ ［加蓬］让·平：《非洲之光》，侯贵信、朱克玮等译，世界知识出版社 2010 年版，第 199 页。

年的血雨腥风才形成的。正如尼克松所说："他们的观点只认清了部分问题,但却提出了一个错误的解决办法。""民主体制不仅需要有公众对自治的愿望,而且还需要有使民主运转的政治、经济和文化制度。这些制度在西方用了数百年时间才成熟起来。我们不应期待它们一夜之间就在第三世界扎根。"①尼克松的这一观点是深刻的,值得当前很多鼓吹"民主速成论"的后生们好好学习。美国保守派学者弗朗西斯·福山也说道:"我永远不能相信,凭借美国的力量能够使一个有着许多文化束缚的国家急速加快民主化进程。"②把西方民主模式全盘引进来,建立"西方式的民主国家"就可以万事无忧、一劳永逸吗?"民主样板"乌克兰社会动荡、国家分裂;"最大的民主国家"印度教派冲突严重、政府市政效率低下;"阿拉伯之春"结出了让美国猝不及防的"民主果实";格鲁吉亚的"玫瑰革命"、吉尔吉斯斯坦的"郁金香革命"等不顾国情盲目移植西方民主,无不陷入了"颜色革命"的民主危机的综合征之中。再比如,急于民主化的埃及,最终爆发"二次革命"重新找回迷失的自己。在这里,西式民主带来的不是美酒,而是毒药。

民主发展需要符合本国国情,一步一个脚印扎实推进,绝对不能走极端路线,搞"休克疗法"。"西方意识形态挂帅,推行大规模的激进的民主化,无视一个地方的具体情况,把非洲和不甚发达的地方看成是西方体制可以自然生根的成熟社会。在宽容的政治文化和法治的社会形成之前,就推行民主化,其结果往往令人沮丧,甚至是灾难性的。"③让非西方国家削足适履、杀头便冠去迎合西方的标准,这是居心叵测、用心不良。民主不可能在西方国家的强压之下生根,更不可能在西方国家的枪林弹雨中成长。法国政治思想家托克维尔曾指出,"本土的民主常常是最好的民主形式",速成的民主无异于揠苗助长。

---

① [美]理查德·尼克松:《1999:不战而胜》,谭朝洁等译,中国人民公安大学出版社1988年版,第143页。
② [英]吉迪恩·拉赫曼:《世界30年——全球政治、权力和繁荣的演变 1978—2011年》,曹槟、高婧译,中信出版社2012年版,第96页。
③ 张维为:《反思西方民主》,《学习时报》2008年1月14日。

固然，西式民主有其优长之处，但西式民主毕竟是西方社会的产物，与西方社会的土壤相联系，原封不动地照抄照搬必然会产生水土不服。速成的"西式民主"犹如"西药"，也许可以起到治标的作用，却无法起到治本的作用。

陷阱3：选举至上论——民主就是选举，"有没有普选"是衡量一国是否迈入民主门槛的唯一标准

在西方话语体系中，民主已经被简化为"一人一票""多党竞选"。民主就是选举，选举才是民主，民主变成了一种程序上的安排，"有没有普选"是衡量一国是否迈入民主门槛的唯一标准。熊彼特认为，民主就是公民选举政治家的过程。他在《资本主义、社会主义与民主》一书中，把民主方法定义为"那种为做出政治决定而实行的制度安排，某些人通过争取人民选票取得作决定的权力"[1]。极力鼓吹民主化"第三波"的亨廷顿也谈道："自第二次世界大战之后，主流的方法几乎完全根据选举来界定民主"，"一个现代民族国家，如果其强有力的决策者中多数是通过公平、诚实、定期的选举产生的，并且实际上每个公民都有投票权，那么，这个国家就有了民主政体……根据这一定义，选举是民主的本质"[2]。从熊彼特到亨廷顿，他们通过对民主概念的修正，将"人民主权"变成了"人民选择统治者"，将"人民"变成了"选民"，将"民主"变成了"选主"，其实质是在为资本主义辩护。民主不再是"人民统治"，而是每两年或四年在某个投票点，某个人名旁画上一个"×"。正如学者汉娜·阿伦特所指出：现代西方的这种"形式民主"，对大众来说就是一旦行使权利的几分钟投票选举时间结束，大众参与也就基本结束了。其后的"民主"就是代议制对政治的接管，此后，也就并不再允许公民对政治过程进行实际参与。[3]套用卢梭的话来说，如果有谁还自以为是民主的，那他们就大错特错了。

---

[1] [美]约瑟夫·熊彼特：《资本主义、社会主义与民主》，吴良健译，商务印书馆1999年版，第395—396页。

[2] [美]亨廷顿：《第三波——20世纪后期民主化浪潮》，刘军宁译，上海三联书店1998年版，第5—6页。

[3] [美]汉娜·阿伦特：《人的条件》，竺乾威等译，上海人民出版社1999年版，第31页。

他们只有在选举期间是民主的,选举结果一经公布,他们就等于零了。①

    在西方,选举已经演变成一场全社会的"政治游戏"。选举过程中,谁提的口号越响亮、观点越激进,谁就能博得选民的好感,就能在选举中获胜。胜选并不代表胜任,能说不能代表能干,这种情况下选举出来的多是政客。就连美国前总统卡特也感慨地说:"难以想象乔治·华盛顿和托马斯·杰斐逊要是活到今天,还能当上美国总统吗?!我们永远也不知道,有多少具备优秀总统潜质的人,就因为不愿意或者不能够采取一种能够募集到大量竞选经费的政策,而永远与总统宝座无缘。"②选举过程中,政客关注的不再是国家长远的发展,而是能否在大选中获胜。美国《时代周刊》发表《民主能解决西方的经济问题吗?》一文指出:"大西洋两岸的政治问题有着相同的症结,即现代民主国家选举政治的要求,西方政客们将选举胜利这种狭隘的利益看得重于更大的国家长远利益,他们关心的不是削减赤字,提升经济竞争力,或者推动欧洲一体化进程,他们的眼光最远也就是停在下一次选举计票上。"③

    "选举至上论"用形式上的民主掩盖真正的民主,用一种民主形式取代民主的一切形式,用此种民主形式否定民主的其他形式,这就武断和片面了。"选举"是民主的实现形式,但不是衡量民主的唯一标准。正如胡锦涛所言:"衡量一个政治制度是不是民主的,关键要看最广大人民的意愿是否得到了充分反映,最广大人民当家作主的权利是否得到了充分实现,最广大人民的合法利益是否得到了充分保障。"④习近平在会晤美国总统奥巴马时指出:我们讲究的民主未必仅仅体现在"一人一票"直选上。我们在追求民意方面,不仅不比西方国家少,甚至还要更多。西方某个政党往往是某个阶层或某个方面的代表,而我们必须代表全体人民。为此,我们要有广泛的民主协商过程,而且要几上几下。"一人一票"是民主,上下

---

① [法]让-雅克·卢梭:《社会契约论》,何兆武译,商务印书馆2008年版,第121页。
② 詹德雄:《冷眼向洋看世界 西方民主的反思》,辽宁人民出版社2013年版,第32页。
③ 国纪平:《扭曲的民主结不出好果子——西方政治体制困境透视》,《人民日报》2013年2月1日。
④ 胡锦涛:《在首都各界纪念全国人民代表大会成立50周年大会上的讲话》,《人民日报》2004年9月16日。

协商也是民主。把民主等同于选举，这是对民主的误读。

陷阱4："民主富强论"——"所有的富裕国家都是民主国家"，西方富强乃拜民主所赐

"民主富强论"是西方国家在推销民主的过程中精心编织的又一个神话。这种论调认为，没有民主就没有富强，西方富强乃是拜民主所赐。有了民主，经济就能发展；有了民主，就会有西方式的物质富足。一些人泛化和抽象化地将民主说成是推动经济发展的灵丹妙药，亨廷顿在《第三波——20世纪后期民主化浪潮》中指出："多数富裕的国家是民主国家，多数民主的国家是富裕国家，印度是一个最明显的例外。"[①] "美国人也早就相信，他们之所以繁荣是因为他们民主，而他们之所以民主是因为他们繁荣。"[②] 诚然，所有经济发达国家和地区实行的都是西式民主政治，国家的富强与民主制度似乎有着直接的联系，试问这种民主制度是否就真的能成为非西方国家经济发展的前提条件？

产生于20世纪50年代的"现代化理论"，认为西方发达国家的现代化是由其自身的制度结构和文化传统促成的，它是西方文明在自身文化环境中逐步发展壮大的，是一种文明的自我发展。而对非西方国家而言，其社会内部因素无力促成现代化的发端，只有靠西方文明的传播与冲击才能够实现现代化发展，即引进西方的政治经济制度和社会文化等西方文明才能带动现代化发展[③]，试图将欧美的发展经验直接推广到发展中国家。可是，60年过去了，这些首先复制西方民主制度的国家，现在取得国家富强了吗？恐怕没有。

经济拜民主所赐，还是民主拜经济所赐？"马克思主义告诉我们，民主属于上层建筑，属于政治这个范畴。这就是说，归根结蒂，它是为经济基础服务的。"[④] "一个国家经济越发展，国家越富裕，国民收入越高，准许

---

① [美]亨廷顿：《第三波——20世纪后期民主化浪潮》，刘军宁译，上海三联书店1998年版，第69页。
② 谢伟良：《世界的分裂 冷战的兴起》，长春出版社2010年版，第64页。
③ 张琢、马福云：《发展社会学》，中国社会科学出版社2010年版，第72页。
④ 《毛泽东文集》第7卷，人民出版社1999年版，第209页。

民主的可能性就越多,一个分化成大多数贫困民众和少数显贵的社会,要么导致寡头统治,要么导致暴政。"① 就连极力鼓吹美国民主制度的亨廷顿也发现,"从长远的观点看,经济发展将为政治民主创造基础","在穷国,民主化是不可能的"②。民主的发展是以经济的发展为根本前提的,而不是相反。一直以来,很多西方学者和政客都喜欢将印度与中国放在一起比较,因为一个是所谓最大的威权国家,一个是所谓最大的民主国家。比如,爱德华·卢斯认为:"印度的制度优势也让很多人相信,印度的'龟'最终将超越中国的'兔'。随着印度经济的发展,它所拥有的'软'优势,诸如独立司法权和民主自由媒体等,将会带来更丰厚的回报。"③ 可是,事实呢?实践最有说服力,它不会屈从于任何权威,"寄希望于未来"恐怕只能是一种自欺欺人的精神胜利法。

西式民主既不是实现富强的前提条件,也不是实现富强的充分条件。实行什么样的民主制度只能从不同国家的国情出发,量体裁衣。

陷阱5:"民主和平论"——"一个自由民主国家不会同另外一个自由民主国家打仗",战争往往发生在价值观不同的国家之间

"民主和平论"是西方大国为了拉拢他国编织的又一个谎言。这一论调认为,奉行自由民主价值观的国家之间可以和平相处,战争往往发生在价值观不同的国家之间。1983年,美国学者迈克尔·多伊尔在《康德、自由主义遗产和外交》一文中首次提出"民主和平论"的学术观点,他写道:"一个自由民主国家不会同另外一个自由民主国家打仗。"他的主要论点有两个:第一,一个民主国家决不会(或者说极少)同其他民主国家打仗;第二,当民主国家间发生冲突的时候,它们极少威胁要使用暴力,因为这样做是非法的。④ "民主和平论"的逻辑是只有非西方国家都"民主

---

① [美]西摩·马丁·李普塞特:《政治人——政治的社会基础》,张绍宗译,上海人民出版社1997年版,第23—26页。
② [美]亨廷顿:《第三波——20世纪后期民主化浪潮》,刘军宁译,上海三联书店1998年版,第70页。
③ [英]爱德华·卢斯:《不顾诸神:现代印度的神奇崛起》,张淑芳译,中信出版社2007年版,第261页。
④ 李少军:《国际政治学概论》,上海人民出版社2009年版,第61页。

化",整个世界才会"安全"。在这种逻辑驱使之下,对非民主国家进行"民主改造"就成为西方国家义不容辞的责任和"崇高使命"。它们以为只要把它们眼中的独裁、专制国家武力改造成民主国家,世界就此太平,此即所谓"刺刀下的民主"。①"民主和平论"因为"和平"二字而极具伪装和诱惑性,因而也确实受到一些小国的追捧,其实建立在胁迫基础上的"和平",实乃水中月、镜中花。"民主和平论"粉饰了西方国家民主输出的险恶用心。美国白宫的"必读本"——《论民主:以自由的力量征服暴政和恐怖》一书的作者夏兰斯基认为:"民主可以消除中东的'暴政'",其目的是"为布什通过中东推广民主来根除恐怖主义的想法提供了理论基础"。②但事实上,西方国家以民主自由为借口,以输出民主为对外政策,强制推行西方民主制度,但并没有给世界带来和平,相反,西方民主国家挑起的战事却从未停止。"民主和平论"不但没有解决战争问题,相反,却为一些西方大国谋取不正当利益提供了意识形态的借口。可见,"民主和平论"不过是西方国家的一个说辞,是西方国家在民主的名义下干涉别国内政的幌子。"民主和平论"与其说是为世界和平提供了一剂良方,不如说是世界和平的一大威胁。

陷阱6:"民主目的论"——民主是最高的目的,以"民主"的名义任何代价都是值得的

"民主目的论"者认为,有了民主就有了一切,民主是国家发展和追求的唯一目的,以"民主"的名义任何代价都是值得的。无疑,在民主化的世界大潮中,蔑视民主、践踏民主精神的民族是没有前途和希望的。但是,在西式民主的话语霸权之下,将民主本身作为目的,为民主而民主,这种观点是错误的。英国牛津大学欧洲问题教授蒂莫西·加顿·阿什就是西式民主的高级营销员,在他看来,为了"民主",一切代价都是值得的;有了"民主",经济落后、民生凋敝、政局动荡、社会分裂都是暂时的。③

---

① 郭寒冰:《当代国际社会合法使用武力问题研究》,时事出版社2012年版,第239页。
② 刘爱成:《〈论民主〉正合布什意》,《环球时报》2005年3月9日。
③ [英]蒂莫西·加顿·阿什:《自由应当超越独裁》,《国家报》(西班牙)2014年2月7日。

其实，民主首先是手段。"民主目的论"忽视了作为政治上层建筑的民主是为经济基础服务的，是为人民谋福利的。正如列宁所说："任何民主，和任何政治上层建筑一样，归根到底是为生产服务的，并且归根到底是由该社会中的生产关系决定的。"① 没有经济发展的民主是不可能稳定的，没有面包的民主是走不远的。哈耶克也指出："民主本质上是一种手段，一种保障国内安定和个人自由的实用手段。"② 美国保守派学者弗朗西斯·福山发表在2013年2月19日《纽约时报》上的这段话颇有见地："（人们）最初的、普遍的东西并不是渴望自由民主，而是渴望生活在一个现代化的社会，即技术上先进和繁荣的社会，这个社会如果是令人满意的，就倾向于推动人们参与政治的要求。自由民主是这一现代化过程中的副产品，是某种只有在历史进程中才成为人们普遍渴望的东西。"③ 在泰国，一句"为了民主"足以调动百万计的"红""黄"两军，你方唱罢我登场。其实，几乎所有复制西方民主制度的发展中国家，最终得到的都是"饥饿的民主""贫穷的民主""无序的民主""血腥的民主"。"民主是过程，不是果实，经济果实才能填饱肚子，民主的动能需化为经济的成果。"④

民主是个好东西，但民主不是最高目的。"民主目的论"在理论上是错误的，在实践中是有害的。

陷阱7："民主万能论"——民主是把万能钥匙，西式民主是解决中国一切问题的关键

"民主万能论"者言必称"民主"，竭力向世界宣扬"民主原教旨主义"，似乎民主一试就灵，民主是把万能钥匙。其实，民主不是万能的，民主和集中（权威），要保持合理的张力，畸轻畸重不行，偏废一方不行。民主有余而集中不足，抑或相反，都可能出现严重的后果。这一点就连高

---

① 《列宁选集》第4卷，人民出版社2012年版，第405页。
② ［英］弗雷德里希·奥古斯特·冯·哈耶克：《通往奴役之路》，王明毅等译，中国社会科学出版社1997年版，第71页。
③ ［美］弗朗西斯·福山：《十字路口的美国》，《国外理论动态》2006年第6期。
④ 郭台铭：《民主不能当饭吃，街头运动虚耗隐形成本》，http：//www.taiwan.cn/xwzx/bwkx/201405/t20140509_6131118.htm。

喊"历史终结论"的弗朗西斯·福山都已看到,他指出:"以中印为例作比较,中国能建设很好的基础设施(如非常庞大的机场、高铁,还有桥梁和大坝等),这是因为中国政府是中央化的,可以很快实施这样的项目,而在印度基础设施比较落后,这是因为印度有一个以法律为基础的民主政府,在建设时会碰到很多抗议,包括工会、农民组织的反对,由于政治上的反对力量过于强大,很多建设项目最后只好放弃。"① 可见,西式民主不仅不是万能的,而且只能是"低能"的民主,这样的民主只会给非西方国家带来劣政。

西方有一种根深蒂固的观点:政治制度是中国的软肋。由于缺乏西式民主,中国面临着严重的治理问题。中国的腐败问题和贫富差距问题是因为没有西式民主,只要搞了西式民主,这些问题都可以迎刃而解。基于这样的逻辑,他们认为中国最终将被迫实行与西方一样的政治制度。然而,西式民主果真有那么神奇吗?拿腐败来说,苏联、东欧国家在民主化后不是更加清廉而是更加腐败了。再比如,贫富差距问题真的就可以在西式民主制度下解决吗?根据迈克尔·耶茨引用美国人口普查局的数据,2010年最富的20%的家庭收入占居民总收入的50.2%,而最穷的20%的家庭仅得到收入的3.3%。而在30年前,相应的数据分别是44.1%和4.2%。2010年,最富的5%的家庭收入比收入最低的50%的家庭收入的总和还要多。美国《大西洋月刊》甚至披露:"美国收入差距比所有的西非、北非、欧洲和亚洲国家都严重。"除了美国以外,引进西方民主模式的俄罗斯,10%的最富有者和10%的最贫穷者之间的收入差距由1991年的4∶1提高到2010年的41∶1。② 无须赘言,这些数据足以反驳万能的西式民主。事实上,"民主万能论"不过是西方设置的陷阱,而非解决中国问题的最好方案,寄希望于西方的方案解决中国的问题,纯粹是一种隔靴搔痒的主观臆想。

尽管西方一些势力不遗余力地对外鼓吹西式民主,但西式民主在西方

---

① [美]弗朗西斯·福山、张维为:《谁的终结?——福山与张维为对话"中国模式"》,http://www.guancha.cn/zhangweiwei/2011-11-01-61959.shtml.

② Max Fisher. Map: U. S. Ranks Near Bottom on Income Inequality, *The Atlantic*, September 19, 2011.

早已褪色，日暮已现。德国《世界报》网站2013年刊文指出，西式民主的弱点和缺陷可以列出一张很长的单子：持反对意见的人阻挠乃至勒索，无法管理，国家债台高筑，政党分崩离析、政府分崩离析、国家分崩离析的可能性也不能排除此外，还有个致命的恶习，那就是寅吃卯粮，花自己手里没有的钱，以儿孙的福祉为代价换取自己的一时之乐。①

西式民主不是最坏的制度，但也不是最好的制度，更不是唯一的好制度。中国不是拒斥一切民主，而是拒斥西方式民主。因为我们知道，解决中国的问题最终要用中国自己的方式，只能走中国式民主之路。

陷阱8："民主终结论"——西式民主是"人类意识形态进步的终点与人类统治的最后形态"，人类走向民主的步伐止步于西式自由民主

"民主终结论"者认为，西式自由民主已经发展到顶峰，人类走向民主的步伐将止步于西式自由民主。资本主义的自由民主是"人类意识形态进步的终点与人类统治的最后形态，也构成历史的终结"②，这就是臭名昭著的"历史终结论"，其实质是"民主终结论"。

西式民主不是终点，"民主终结论"违背了历史发展和民主发展的一般规律。民主属于上层建筑的范畴，取决于一个国家的经济基础，并最终取决于生产力的发展水平。"社会的物质生产力发展到一定阶段，便同它们一直在其中运动的现存生产关系……发生矛盾。于是这些关系便由生产力的发展形式变成生产力的桎梏。那时社会革命的时代就到来了。随着经济基础的变更，全部庞大的上层建筑也或慢或快地发生变革。"③ 很难想象，生产力永无止境的奔涌向前，而作为上层建筑的民主政治体制却可以任凭风浪起，我自岿然不动。从专制到民主，从低级民主到高级民主，从较高级民主到更高级民主，从民主到民主的消亡，这是民主发展的辩证法。④ 人类社会从专制走向低级民主历经几千年，从低级民主走向高级民

---

① [德] 米夏埃尔·施蒂默尔：《西方就这样成为过时货》，《参考消息》2013年10月8日。
② [美] 弗朗西斯·福山：《历史的终结》，黄胜强、许铭原译，远方出版社1998年版，第1页。
③ 《马克思恩格斯文集》第2卷，人民出版社2009年版，第591—592页。
④ 《列宁全集》第31卷，人民出版社1985年版，第156页。

主依然会是一个漫长的过程。

西式民主不是终点,"民主终结论"否定了人类理性认知能力的无限性和实践发展的可能性。就人类某一特定主体在其存续的特定历史阶段而言,其认识能力是有限的;而就整个人类在其存续的历史长河中来说,其认识能力是无限的。"民主终结论"实际上是将一种自由民主制度代替现存的所有政治制度,是将暂时性的自由民主制度变成永恒的制度,是将西方特殊的自由民主价值变成全球普适的价值。"民主终结论"不仅没有给西方人自己改革、创新自由民主模式留下任何空间,而且否定了其他国家量身打造发展模式的可能性。人类社会必将扬弃低级民主,走向更高级的民主。中国特色社会主义民主政治便是有益的尝试。社会主义民主也不是终点,共产主义民主也不是终点。随着共产主义的实现,作为国家形式的民主将会消亡,但民主管理依然存在。在共产主义社会中,"民主"的完善程度将会空前提高,但不是民主的"全面终结",也不意味着民主从此将失去向前发展、向上提升的一切空间。在共产主义社会,人们所实现的只是更高层次、更高程度和更高水平上的"人民民主",而不可能是"人民民主"的顶峰和最后完成阶段,根本不存在最终的、最后的民主模式。社会生产力和经济文化的发展水平是逐步提高、永无止境的历史过程,"人民民主"也是逐步提高、永无止境的历史过程。

"民主终结论"背离了历史的基本事实。随着中国模式的不断崛起,"民主终结论"也即将终结。2009 年 1 月初,福山在答日本《中央公论》记者的专访时也说:"随着中国的崛起,所谓'历史终结论'有待进一步推敲和完善,人类思想宝库需要为中国传统留有一席之地。"①

"民主终结论"是在为西方国家的和平演变鸣金开道,是西方敌对势力加紧对社会主义国家和其他民族国家实行"西化""分化""和平演变"的理论工具。正如哈贝马斯所说,"我得声明我对历史终结这种论断不以

---

① [美] 弗朗西斯·福山:《日本要直面中国世纪》,《中央公论》(日本) 2009 年第 9 期。

为然",并不是历史到了终结点,而是"被操纵的世界已经到达了崩溃点"①。"民主终结论"的实质是把资本主义的价值观美化为"普世价值",鼓动人们拥护其所谓的西方资本主义制度。

(作者单位:武汉大学马克思主义学院)

(原载《毛泽东邓小平理论研究》2015 年第 2 期)

---

① Jürgen Habermas, *The Past as Future*, Lincoln: University of Nebraska Press, 1994, p. 79.

自由主义民主"普世价值说"是西方文明的傲慢

杨光斌

近年来世界政治的种种乱局使越来越多的国人认识到，中国绝不能搞西式民主即自由主义民主。要探究其中的深层次原因，需要从感性认识上升到理性认识，进一步认清自由主义民主的理论本质和"民主化"的实践危害性。自由主义民主是在一定历史和社会条件下，在基督教文明体系中形成的价值理念和政治制度。把自由主义民主当作"普世价值"，是20世纪末西方国家基于"历史终结论"炮制的一种说辞，与19世纪西方建立殖民体系时提出的"白人优越论"是一个性质。将基于一种文明体系的价值理念和政治模式凌驾于由各文明体系构成的人类社会之上，是一种典型的"文明的傲慢"，其结果必然会酿成世界政治的大混乱。

一 自由主义民主是维护资本权力的价值理念和制度模式

人类诸多现代文明的共同价值中固然包括自由和民主，但将"自由"和"民主"组合在一起的自由主义民主，并非人类共同价值，而是一套以维护私有财产权为核心的资本主义的价值理念，是以党派竞争来实现这一价值理念的制度模式。当自由主义民主被简化为竞争性选举，被西方国家不遗余力地对外推广时，误导了许多发展中国家的政治发展，给它们带来了灾难。

自由主义民主首先是一种维护资本权力的价值原则，是资本主义民主的替代性说法。在自由主义民主话语体系中，"自由"首先是自由主义鼻祖洛克所讲的少数人的特权即财产权，奴隶就是当时洛克所贩卖的私产。作为资本主义民主的代名词，自由主义民主实质上是以资本权力的"自由"限定大众平等权的"民主"。"冷战"之初，西方国家之所以将此前流行的资本主义民主概念替换为自由主义民主，是因为普通人偏爱自由但讨厌资本主义。"冷战"时期西方国家建构起以"自由"为核心的社会科学话语体系，以抗衡当时在世界政治中居于优势地位的社会主义运动。从此，自由主义民主就成为西方文化霸权的理论基础，不但体现在社会科学各学科中，也贯穿于文化艺术和公共外交等领域。

自由主义民主不只是一种价值理念，更是一种制度模式。西方国家在推销自由主义民主是"普世价值"的时候，其实意在推行一种"普世制度"，而这种制度本身是沿着西方根深蒂固的多元主义和个人权利逻辑建立起来的。20世纪中后期，流行了两千年的以"多数人统治"为要义的古典民主理论，被政治经济学家约瑟夫·熊彼特、政治学家罗伯特·达尔和乔万尼·萨托利等人改造为竞争性选举，把民主诠释为选民选举政治家做决定的过程，而政治家如何做决定、议会如何立法均不是民主政治的范畴。这样，竞争性选举成为衡量民主的标尺。竞争性选举为资本权力操纵政治提供了一种法定渠道。

不可忽视的是，自由主义民主是高度依赖附加条件的，这也是西式民主在非西方国家水土不服的重要原因。西方竞争性选举建构于一系列条件之上，包括保护财产权的法治、发达的资本主义经济、多元但基于自由主义共识的文化、同质化条件（即国家认同和共享信念）。这些条件在西方经历了漫长的历程才得以形成，但西方对外强力推行自由主义民主的"民主化"时，不仅无视自己的历史，而且掩盖了竞争性选举必须具备的条件。相应地，"民主化"研究也越来越忽视民主的经济社会条件，强调精英决策、制度选择，相信精英理性选择的重要性。其潜台词在于，不管是否具备相应的经济社会条件，只要一国的政治精英或者大众愿意，就可以选择西式民主道路。实践表明，当竞争性选举发生在既无法治又充满族群和教派冲突、难以达成共识的异质性文化中，或者发生在贫富严重对立的社会中，"民主化"结果往往是一场灾难。著名自由主义民主理论家罗伯特·达尔也不得不承认，在既没有历史条件也没有现实社会基础的国家，自由主义民主是难以运行的。

二 自由主义民主是西方文明的特殊产物

"冷战"时期，西方国家按照自身社会原型搞出一套以"自由主义民主"为核心的政治现代化理论，用来研究并改造非西方国家，结果新兴国家不但未能实现现代化，反而产生政治衰败。根本原因在于，以"自由主义民主"为核心的政治现代化理论深深地根植于西方传统之中，而西方最重要的传统就是基督教文明。

从中世纪到现在，基督教文明一直作为西方文明的主线，塑造了西方以政治制度为核心的政治文明。自由主义民主的要素（比如个人主义、保护财产权的宪政、多元主义以及源自多元势力的党争民主）与基督教文明具有高度的重合性，基督教文明是自由主义民主的观念之源和制度基础。

自由主义民主并没有消弭西方传统政治中与生俱来的冲突性，而且从传统社会中"脱嵌"出来的资本权力加剧了固有的社会冲突，所以才会有工人运动以及批判资本主义的马克思主义学说。资本权力带来的不平等和社会分裂不但激化了国内矛盾，更是直接导致两次世界大战的起因，社会主义阵营因此诞生。不堪承受的战争灾难以及第二次世界大战之后面临的社会主义阵营的压力，迫使西方国家一致对外，其中最重要的战略性举措就是建构以自由主义民主为基础的文化霸权。美国政治学围绕"竞争性选举"而论证西方政治的"民主性""合理性"乃至"合法性"，所谓的"选举授权才有合法性"就是在这一背景下产生的。

"选举式民主"的实质是"党争民主",而政党背后则是阶级、种族或宗教,"党争民主"因此加剧了固有的社会分裂。这样,很多新兴国家不但未能实现政治现代化,反而是普遍性的政治衰败。同时,西方国家也在20世纪六七十年代陷于第二次世界大战之后的第一次大危机中。意大利大规模的恐怖活动、法国"五月风暴"、美国黑人民权运动和反越战运动,都标志着西方资本主义政治出现了哈贝马斯所说的"合法性危机"。当时美国最重要的学者如哲学家罗尔斯的"正义论"、亨廷顿等人的"民主的统治能力危机论"、罗伯特·达尔的"多元民主困境论",都是针对西方政治合法性问题的著名理论。

恰好在这时,苏联犯了颠覆性错误,其意外结果就是暂时性地掩盖了西方危机。从入侵阿富汗到戈尔巴乔夫信奉西方政治模式所进行的灾难性改革,苏联自己葬送了自己,使得美国打赢了一场"没有硝烟的战争"。美国与其说是赢在军备竞赛和经济竞争,不如说是赢在意识形态。

在这种背景下,福山将自由主义民主鼓吹为"终结历史"的"普世价值"。其实,"普世价值论"与19世纪的"白人优越论"一脉相承。"白人优越论"是为统治其他民族的帝国主义殖民主义张目,而"历史终结论"的实质仍是以西方政治文明终结其他文明,还是"白人优越论"式的"文明的傲慢"。对于这样的"普世主义",美国著名国际政治学者摩根索视之为"民族主义化的"。

文明多样性是人类社会的基本特征。当今世界有200多个国家和地区,2500多个民族,5000多种语言,不同民族、不同文明多姿多彩、各有千秋,没有优劣之分,只有特色之别,正可谓"万物并育而不相害,道并行而不相悖"。人类历史告诉我们,企图唯我独尊、贬低其他文明和民族、建立单一文明一统天下的"普世主义",只是一种不切实际的幻想。历史没有终结,也不可能被终结。正如塞缪尔·亨廷顿在《文明的冲突与世界秩序的重建》中所说的,西方文化的普世观念本身就是错误的,在道德上是立不住的,在实践上是危险的。

极具讽刺意味的是,自由主义民主虽然产生于西方传统性,但资本权力的本性决定了西方国家将永远处于社会不平等的矛盾之中，而这些年种族结构的变化更是加剧了这种矛盾，比如法国激增的穆斯林人口和美国的"拉美化"。2008年金融危机揭开了西方第二次世界大战后第二次危机的序幕，欧洲债务危机、英国脱欧公投、美国"否决型政体"和大选中的民粹主义，都表明自由主义民主深陷制度困境。连"历史终结论"的炮制者福山都撰文指出，作为自由主义民主发源地的美国正在承受政治衰败之苦。

发达国家的现代化历程和发展中国家的现实政治，都证明自由主义民主仅仅是西方文明之藤上结出的一个果，它并不能天然地适用于所有国家，并非政治现代化的必由之路。在不具备相应条件的非西方国家实行西式民主，绝不是人民之福。

三　世界政治乱象对自由主义民主"普世价值说"的有力否定

从1974年葡萄牙结束独裁统治开始，世界政治出现了所谓的"第三波民主化"浪潮，东亚、南美、东欧等地区70多个国家发生了"民主转型"，表面上建构了自由主义民主制度模式。西方世界一时处于亢奋之中，"历史终结论"甚嚣尘上，"普世价值论"粉墨登场。时过境迁，西方所谓"普世价值""普世制度"在转型国家表现如何呢？

政治稳定、经济发展、民生改善、社会公正，是衡量政治制度优劣与政治转型是否成功的基本尺度。经历了所谓的"第三波民主化"的国家中，成功实现这些目标的国家寥寥无几，而且基本上是靠近西欧的几个国家。除此之外，其他国家要么回归传统体制，出现西方所说的"民主回潮"，比如埃及、中亚一些国家；要么陷入周期性政治动荡、内战甚至分裂，危机频发，生灵涂炭，比如乌克兰、伊拉克、阿富汗和一些非洲国家等；要么长期处于无效治理状态，比如一些南美国家和非洲国家。这些国家无力推动经济持续发展，无力改善民生，社会公正状况更不乐观，最初建立的自由主义民主制度在这些国家基本上发展为"无效民主"，治理失效。从更长历史时段来看,第二次世界大战后独立的那么多新兴国家,还没有哪个因为实行了自由主义民主制度而跻身发达国家行列。面对上述结果,连大力推进西式民主的美国学者也不得不承认,"民主化"所导致的"治理不善"如同难以摆脱的幽灵。自由主义民主非要装扮成"普世价值"推向全世界,结果必然在非西方社会因水土不服而引发灾难。如果是"普世价值""普世制度",自由主义民主在非西方社会怎么可能会有如此不堪的命运?

推广"普世价值"已经成为西方国家的负担。过去数年,在美欧积极"输出民主"的推动下,西亚北非国家政治动荡、经济凋敝、社会混乱、恐怖主义肆虐。当难民潮涌向欧洲时,丹麦首先开启了严重歧视难民的立法;比利时则强行要求来自非欧盟国家的"新居民"签署"价值观认同承诺书"。这真是对西方强力推广"普世价值"行径的莫大嘲讽。

非西方国家因实践自由主义民主而出现的政治乱象,加上西方国家难以克服的制度性痼疾,彻底颠覆了自由主义民主"普世价值说"的神话。政治制度的底色是难以改变的文明基因,文明多样性决定了政治制度的多样性,绝不存在什么"普世价值"或"普世制度"。一个国家实行什么样的政治制度,走什么样的政治发展道路,必须与这个国家的经济社会发展条件、历史文化传统相适应。我们必须警惕和反对"文明的傲慢",开创多彩、平等、包容的人类文明新时代。

(作者单位:中国人民大学国际关系学院)

(原载《求是》2016年第19期)

"民主化"悖论与反思

张树华　赵卫涛

从世界政治格局的演变趋势来看，2008年国际金融危机的爆发无疑是世界步入政治"新生态"的重要标志。危机的爆发使西方国家现有政治、经济和社会制度的种种深刻矛盾与缺陷暴露无遗。危机之后这些年，西方世界出现的政治对抗、金钱政治、决策不畅等政治颓势更使得西方制度的政治能力和民主成色大打折扣。相比之下，30多年来中国以其迅速崛起的经济实力、稳定的政局和高效的治理能力，大大提升了其在世界政治舞台的政治影响力，已经成为全球和地区秩序塑造中的重要一极。在当前东西方权力格局正在酝酿深刻变革的大背景下，我们应基于中国发展的经济和政治经验，树立自主意识，深入挖掘并彰显中国的政治发展力与竞争力，适时推动和引导包括"民主化"研究在内的国际政治议程的转向。

一　"政治西方"的颓势与民主"一元论"的式微

实际上，2008年爆发的国际金融危机不仅引爆了西方世界积聚多年的"金融泡沫"，同时也深刻地暴露了资本主义的政治弊病，戳破了西方世界长期以来引以为傲的种种所谓民主"神话"与政治"泡沫"。伴随着"后金融危机"时代世界政治格局中东西方力量对比的变化，"政治西方"颓势显现的大趋势也正在不断被历史的发展所证实。2013年1月13日，德国《世界报》刊发文章指出，到2013年，西方发达国家的经济总量将首次降至世界经济总量的一半。而在此之前的近两三百年间，由少数欧美发达国家组成的西方世界一直雄霸全球。德国的《文学和社会的批评》杂志2013年第1期也推出了题为《西方黄金时代已去》的文章。文章指出，历史上西方世界是相对于亚洲、中东和非洲等地的概念，不仅是一种发达经济和生活的象征，也代表着一种政治和经济模式。在"冷战"时期，西方又是共产主义的对立面。自第一次工业革命以来，西方逐渐占据世界主导地位。到19世纪中叶，西方已经成为国际上的统治者。近两百年是西方大跃进的时代，无论在经济、文化，还是政治、科学方面，西方在所有领域都是领先者。但2013年前后，世界再次返回"正常状态"：只占世界人口15%左右的西方，将重新把权力交给约占世界人口85%的新兴国家和发展中国家。文章最后提出，西方如何在经济全球化的今天找到新的位置，将是一个新的问题。总之，西方世界在全球格局中相对位置的下降无疑是一个标志性的历史事件，在近两三百年从未有过的"大变局"中，世界政治的"新生态"正呼之欲出。

在"政治西方"显露颓势的同时，"民主"这一西方世界借以主导国际政治议程与话语权的核心武器也正在不断走向式微。"冷战"结束20多年来，"民主"一直是国际政治中的热门话题。凭借对"民主"话语的垄断，西方战略家将其包装成全人类的"普世价值"和全球性的政治标准。20多年前，柏林墙的倒塌等一系列事件宣告了"冷战"时代的结束，以美国为首的西方世界取得了政治、军事和思想等方面的全面"胜利"。日裔美籍学者福山随即发表言论，宣称"人类历史至此终结"，国际上意识形态的争论自此盖棺论定，西方自由民主制度将一统世界。在福山颇具"使命感"的宣告中，对西式民主"一元论"的肯定与推崇显露无遗。而在当今西方世界的主流意识形态中，"民主"也已经被毋庸置疑、天经地义地定义为通过举行"自由、公平、定期的选举"来选拔和确立政治领导人。从源头上看，这种以"竞争性选举"为核心要素的民主理论主要来自熊彼特关于"精英民主"的论述。时至今日，经过西方几代理论家的不断发展与完善,这种"一元论"式的民主理论及其制度已经被提炼成"民主"的唯一真谛,甚至以"政治圣经和基本软件"的形式被包装成一种政治宗教。成为通过"软实力"影响和操纵他国的"利器"。然而,随着以美国为首的西方世界对外"推销民主"战略的受挫,"颜色革命"泛起的"民主"泡沫一个个破灭,"阿拉伯之春"在经历了初期的喧嚣之后便迅速演变成"阿拉伯之冬"。在经历了无数由"民主"所带来的困惑甚至血与火的洗礼之后,人们不得不重新对民主问题以及以西式自由民主模式为标准来观察、衡量世界的思维模式进行反思。

二 对战后世界政治中民主与发展悖论的反思

第二次世界大战结束后,伴随着殖民主义的最终崩溃,广大被殖民国家纷纷走上独立探索本国发展之路。在世界范围内,当年托克维尔所预言的民主化浪潮蔚然成风的日子看似已经到来。对于这一现象,一位西方学者曾不无兴奋地指出:"民主的观念和信仰比人类历史上的任何时候都要深入人心,发扬光大。的确,在世界上的许多地方,尤其是在政治积极分子和政治精英中间,反民主的意识形态黯然失色。"然而,半个多世纪过去了,在那些经历过轰轰烈烈的民主化运动的大部分国家和地区,西式自由民主并未落地生根,盲目的民主化不仅未能解决社会固有的一系列积弊,反而加剧了国家治理能力的衰退,严重影响了经济的正常发展,并最终导致政局动荡、社会失序和人民生活水平的大幅下降。

回顾战后世界民主化的历史进程,我们不难发现,在这些国家和地区内部,民主已经被严重地"异化"甚至"神化",失去了其本来的面目。因此,在当今复杂的国际政治环境下,我们有必要从思想和认识上澄清笼罩在民主问题上的迷雾,破除不切实际的"自由、民主"神话,树立正确的民主价值观和科学的民主发展观,积极探索符合自身发展特点的政治发展和民主道路。

民主是成长的、多样的、具体的、现实的、历史的。近年来发生的西方国家的债务、金融危机进一步暴露了"西式政治模式"的缺陷，国际思想界开始将视角转向政治制度和政治道路的比较与适应上来。因此，无论是在民主化比较研究中，还是在勾画未来政治选择与国家治理研究中，都需要转变"话语范式"。

1. 强调民主发展的民族性和主权性。世界各国情况和文化的多样性，决定了民主发展道路的多元性和形式的多样性。因地制宜的民主形式才富有生命力，外部强加的民主模式往往只能是华而不实的"自由外衣"。民主不能强力输出，完全照搬他国的民主模式是有害的。民主建设必须立足本国的历史，必须与国情和文化相结合。各国的政治发展道路只能根据本国的历史文化传统来确定，而不应将一国的模式强行推销给他国。"冷战"后大量国际案例表明，鼓吹所谓民主万能论、民主速成论、民主不战论、民主和平论、民主同盟、"自由之弧"、民主至上论、民主救世说、西方民主普世说等理论站不住脚。

2. 强调民主发展的历史性和具体性。人类政治发展史表明，民主化是一个长期、复杂的发展过程，民主必须是因地制宜的，要符合社会政治进程和经济社会发展程度。民主应是具体的，单一的民主化并不是一剂包治百病的救世良方。民主的发展，不能只凭人们的良好愿望，脱离国情盲目发展；更不能脱离民主赖以存在的实践基础，照搬别国模式。民主政治建设，最根本的是要正确处理好民主与生产力发展之间的相互关系，与经济文化的发展水平相适应，有步骤、有秩序地进行。

3. 强调民主的成长性和阶段性。民主有其成长的现实阶段性，民主发展既要有长远的发展战略，又要有近期阶段性目标。民主政治建设是一个不断完善和发展的长期过程，不能急于求成，也不可能一蹴而就。民主有一个从不完善到逐步完善的发展过程。民主发展是有条件的，要受政治、经济、文化、历史传统、公民素质和人民政治生活习惯等制约，不能脱离社会的现实基础和客观条件。民主化进程应与经济、社会发展同步。民主的发展要有一定的"度"，要掌握好一定的"火候"，一定要为生产建设服务，民主的发展超过了限度，则会走向反面。实践表明，忽视民主成长性和阶段性的政治激进主义往往不会带来民主,反而造成政局动荡不宁。苏东国家的"政治休克疗法"带来的只会是国家解体、民族分裂和政治衰败。

4. 强调民主与政治发展的关联性和差异性。几百年来,人类社会的民主进程充满了艰辛和曲折。英、美、法等发达资本主义国家民主制度虽相对完善,然而也存在着难以克服的矛盾,打上了深深的"资本自由和金钱民主"的阶级烙印。民主是有阶级和有差异的。另外,政治发展是有序的,是一个统筹发展的系统工程,民主发展也有其成长的顺序和维度。应当正确处理政治民主、政治稳定和政治效率三者的关系。法治、稳定、经济发展与发展民主同等重要,不可偏废。

5. 强调国际关系民主化,促进人类文明进步与全世界各民族的共同发展。国际政治中恃强凌弱,肆意干涉他国内政或垄断国际事务是当代霸权主义和强权政治的表现,已经成为实现国际关系民主化的主要障碍。宣扬"文明冲突论""新干涉主义""人权高于主权""新有限主权论""民主使命论""新民主殖民主义""新民主和平论"等都是对国际关系民主化的挑战,不仅无益于世界民主进程,而且给世界和谐带来严重威胁。动辄以"民主、自由"划清界限,甚至打造"民主同盟",是在唤起"新冷战"。而打着民主旗号,不惜诉诸武力,对他国进行"民主改造",则是在破坏国际关系民主化,其目的是妄图缔造新的"超级强权帝国"。

三 中国道路的政治内涵与价值追求

对于世界政治发展与政治格局变迁而言,中国改革开放 30 多年来的迅速崛起无疑是引领世界政治格局步入新生态的中坚力量。因此,在揭示世界政治发展新格局与反思战后民主化与政治发展悖论的基础上,深入挖掘并揭示当代中国政治发展的内涵及价值追求,对于我们进一步认识、发展和完善中国特色社会主义民主政治道路,丰富人类政治文明的发展成果并提升中国在国际社会中的政治话语权,无疑具有十分重要的理论和现实意义。

　　近年来，国内外关于"中国模式""中国道路"的讨论越来越多。但细心观察后却不难发现，在热议"中国奇迹"的背后，西方研究者宁愿多讲"中国模式的经济成就"，也不谈或者有意回避"经济成绩"背后的政治因素或政治优势。国际上一些中国问题专家甚至不惜精力，试图从亚洲文化传统等领域寻找中国成功的历史密码，对于中国特色社会主义的政治现实和中国共产党的执政理念等则选择性地"失明"。可以说，西方学界习惯了以西方政治标准来评价中国问题，他们或偷梁换柱，或盲人摸象，这将不可避免地导致对中国的"误读"或"误判"。一叶障目，不见泰山，以西方政治模式和政治价值框架观察和解释当代中国问题，不仅很难全面理解中国模式的"政治内涵"，同时也不可能找到中国成功的"政治密码"。更有甚者，部分西方主流媒体囿于"意识形态偏见"或固有的"冷战对立"思维，不愿看到中国的发展和进步，经常假借"中国政治话题"来否定中国模式的发展前景，断言中国的发展无外乎是"市场列宁主义""权威专制政治"或"独裁重商主义"。它们认定，不民主、不自由的中国社会必然"崩溃"，不民主的中国发展模式是对西方世界的挑战和威胁。

　　东西方阵营之间的"冷战"结束后，有着13亿人口的中华民族在中国共产党的正确领导下，没有重蹈苏共败亡的覆辙，避免了苏联式崩溃和俄罗斯式衰退的悲惨命运。不仅实现了经济高速发展，经济总量跃身世界第二，而且成功地实现6亿多人口的脱贫。特别是在全球性的金融危机爆发后，西方社会经济制度和社会治理模式或碰壁或搁浅，国际上不少国家面临着不稳定和不确定的未来。与西方世界面对危机的乏善可陈不同，中国以其积极有为的政治姿态和高效的治理能力，成功地克服和化解了金融危机所带来的困境。30多年来，中国经济为世界经济发展提供着强大的动力，并以其稳定的政局和高效的治理能力影响着世界政治格局，丰富着世界政治面貌。中国发展的价值取向和经验原则丰富了人类政治发展的内涵和理念，未来也必将在世界文明的图画中留下浓墨重彩的一笔。

　　与西方国家一些学者继续局限于"民主—专制""西方—非西方"的

两极对立思维模式不同，中国发展采取科学性的发展方式，沿着协调性的发展轨道，秉承着包容性的价值理念，为当今世界的政治发展进程提供了非凡的答案。借助于发展价值的多元性、发展进程的包容性、发展理念的科学性，中国拒绝了国际上盛行的那些思想偏见和政治短视。中国政治发展显示着强劲的政治竞争力和政治发展力，展示着良好的发展前景。

曾经把中国模式概括为"北京共识"的美国学者雷默在其《不可思议的时代》中文版序中写道，中国遇到的挑战，从规模来看，从复杂的程度来看，都是人类历史上从未经历过的。改革的本性是会产生出从未见过的新问题。这就需要一种新的创新，一种超越"中国特色"的创新。所谓"后中国特色"，是指中国将不再把国外的东西拿来，然后增加一些"中国特色"。中国创造出来的将是完全崭新、自主的创新。《当中国统治世界》一书的作者英国学者马丁·雅克指出，很多人仍旧认为，只存在一种现代性模式，那就是西方的现代性模式。当今的西方学术界再也不能用简单的政治套话和二元对立的方法来讨论中国的发展、特别是政治发展问题了。

实际上，中国在处理改革、发展、稳定的关系上确实有不少可圈可点之处。中国注重立足本国国情，以人为本，注重民生，较好地处理了社会民主、个人自由、国家稳定和政治效率的关系，为经济快速增长提供了良好的政治保障，积极探索出一条符合大多数人利益的政治路线。中国的发展很好地体现了发展目的的人民性、发展价值的包容性和发展方式的兼容性。在当今错综复杂的国际形势下，中国的政治发展模式日益彰显出独特的理论价值。就发展的价值追求而言，当代中国政治发展表现出的是一以贯之的全面性、协调性和包容性。中国的政治发展冲破了西方固有的"民主—专制"的单一化思维定式和双重标准，破除了"民主激进主义"和"民主原教旨主义"的干扰。当代中国政治发展理念拒绝对"民主、自由、人权"等抽象化、简单化的讨论，有效地驾驭了"民主化"进程，超越了狭隘的西式"民主、自由"说教。在发展的实践中，这种政治发展的概念与内涵正在不断地丰富和完善。开阔的政治实践视野，使得中国的思想者得以在政治发展的宽广平台上探讨民主化和政治改革的方向和着力点。以全面、务实的政治发展方略提升政治发展力，以持续、稳定的政治战略增强中国在国际上的政治竞争力和政治影响力，实现政治稳定、政治秩序、政治绩效、政治动员、政治廉洁等指标的包容性成长。

此外，从外部关系上看。当代中国政治发展理念要求政治发展的进程及其表现应当有利于经济发展、文化进步与社会和谐。提倡政治发展的"包容性"绝不意味着拒绝一般意义上的"民主"。适合中国国情的政治发展道路应当是以当代中国政治发展理念来推动民主政治的进步。通过政治发展解决社会问题，并且为经济发展提供稳定的政治保障。当代中国政治发展理念强调政治发展与经济发展、文化发展、社会发展及人的发展之间的平衡，强调政治发展应当有利于经济发展，有利于社会公平和正义，有利于人与自然的和谐，有利于世界的和平、和谐与进步。

四　国际上政治与民主领域的评估：历史、现状与问题

伴随着经济全球化的发展与科技的进步，人们所处的经济社会环境也在发生着革命性变化。尤其是在经济全球化日益发展的今天，针对政治发展的不同层面开展进一步的评估与测量的做法在国际社会逐渐成为一种新的重要趋势。以民主为核心的政治评估不仅涉及对一国或地区政治发展成果、绩效的认识问题，更直接关系到一国或地区在国际上影响力和话语权的强弱问题。因此，无论是从国内还是国际因素考虑，关于民主评估的研究与实践都应引起各国尤其是广大发展中国家的高度重视。

第二次世界大战结束以来，伴随着第三世界国家轰轰烈烈的民族独立浪潮，整个战后世界的政治发展格局也在发生着翻天覆地的变化。相对于欧美等发达国家而言，广大第三世界国家在政治发展领域面临的任务和道路无疑显得更加艰巨而漫长。大多数发展中国家对实现政治发展的愿望和要求更加迫切。在争取尽快摆脱经济上贫困落后的局面的同时，这些国家要求在政治发展领域尽快实现从传统社会向现代社会的转型。因此，无论从国家数量还是现实的发展任务上看，占据世界国家和人口数量绝大多数

的广大发展中国家无疑是战后世界政治发展进程的主角。然而，广大发展中国家虽然占据了世界政治发展舞台的中心位置，却并没有在相应的话语权方面取得主动。战后至今，在民主化及其测量与评估领域所呈现出的始终是一种由西方发达国家占据绝对主导地位的"西强东弱""北强南弱"的基本格局。面对西方发达国家在民主评估领域的强势地位，广大发展中国家或者被动地接受这一既成事实进而被纳入西式政治评估的话语权下，或者在政治发展评估领域虽有所尝试和努力但却被迫在西式话语霸权之下被动性地"失语"。对于广大发展中国家而言，面对国际政治发展评估领域的这一扭曲局面，只有站在全面、客观的立场之上，从政治发展尤其是民主化的多个侧面出发，反思并破除对西方在民主评估领域强势话语的迷信，才能更好地拓展发展中国家在国际政治评估领域的话语权和影响力，不断推动广大发展中国家政治发展进程的顺利开展。

从本质上讲，战后民主评估的核心问题主要在于民主概念被简单化甚至被异化为选举民主。实际上，在当今国际上有影响力的民主测评指标体系的背后，体现出的正是西式自由民主模式的核心"软件"——选举民主。可以说，自熊彼特式的精英民主在西式民主中确立统治地位以来，选举民主的观念已经完全渗透于西方的政治文化之中。这种对民主极简主义式的理解认为：民主至少应该具备一条普遍的、本质性的特征，即一国的最高权力必须能够通过自由、公平、定期的竞争性选举实现更替，而这种更替主要通过代表不同利益格局的政党之间展开。此外，除了对选举民主的"迷信"，当前西方民主评估还存在着另一个重要缺陷，即意识形态偏见。在西方占据话语霸权的背景之下，战后至今的国际民主评估虽然取得了一系列重要成果，但仍然问题重重，难以从根本上反映战后全球政治发展的全貌和满足日益增长的人们对政治发展评估的多样化需求。

时至今日，在国际民主评估领域，占据主导地位和绝大多数话语权的仍然是欧美发达国家的少数机构，它们几乎完全把持了对全球范围内民主自由状况的话语权，肆意挥霍着对全球民主自由发展状况的解释权和建议权。以"自由之家"的全球自由评估报告和英国《经济学人》情报社的

"民主指数"为例,它们均通过选取一定的衡量指标来对世界范围的各国政体的民主程度进行划分。可以说,无论是前者中的"自由""部分自由"与"专制",还是民主指数中的"民主""部分民主""混合政体"与"独裁政体"。其背后体现的都是根深蒂固的西方中心主义偏见。在这一意识形态偏见的影响下,不同国家尤其是发展中国家的政治体制往往会以"民主—专制"二分法的形式而被简单甚至粗暴地贴上各种标签。

例如,"自由之家"2015年度的全球自由评估报告以西式选举民主为核心理念,延续了其在民主、自由标准问题上的固执以及对包括中国在内的广大发展中国家民主自由状况一贯的歧视与偏见。该报告在其开篇前言中就历数了2014年全球民主状况恶化的种种表现,包括对克里米亚危机中俄罗斯的指责以及对埃及、土耳其、中国等国家民主自由状况的"担忧"。对于中国自十八大以来所取得的一系列成就,该报告不仅视而不见,反而习惯性地将问题的焦点转移到对中国政治体制的批评之上,声称中国近年来在沿袭威权体制的基础之上又加大了对包括互联网、民族宗教、国家安全等多方面的控制力度。相应地,在其列出的一份对个别国家民主自由状况得分的排序,中国在15个选定国家中以17分位列最后一名,远低于乌克兰的62分和泰国的32分。而更具讽刺意味的是,在这份排名表中,伊拉克的得分为24分,埃及的得分为26分,均高于中国的得分水平。在肆意对他国进行评判的同时,该报告对美国的民主自由状况却语焉不详甚至避而不谈。可见,在片面的民主观念与浓厚的意识形态偏见的影响下,"自由之家"及其全球自由评估必然难以对世界各国的民主、自由状况作出客观、科学、全面的评估。相反,其所形成的最终评估结果还极有可能会被持相同或相似政治立场的媒体或公众人物所利用,进而沦为干涉他国内政以及误导国内外民众的一种政治工具。

在英国《经济学人》情报社2014年度民主指数报告中,其对全球民主自由状况的总体评价也鲜明地体现出了西方强势话语权下的傲慢与武断。该报告指出,目前全球有近一半的人口已经生活在各种形式和程度的民主政体之下,但就"完全民主"的角度而言,这一数量仅有12.5%。与此相对应的是，还有近26亿人口也即超过1/3的人口仍然生活在各种形式的专制与权威之下。在此，该报告还刻意强调指出，作为占世界人口1/5左右的中国显然在这26亿人口中占据相当大的比重。由此可见，在掌握强势话语权的少数西方评估机构的肆意解读下，全球民主自由发展的真实状况被刻意地歪曲并进行了选择性解释。也就是说，在西式自由民主模式的价值预设之下，符合这一理念和实践的即被定义为"民主"和"改善"。不符合的则被肆意贴上"不民主""不自由"甚至"独裁"等标签。这种对民主、自由的简单的、标签化式的理解显然难以反映全球范围内不同国家和地区民主、自由发展的真实状况。

五　积极开展政治评估　提升中国国际话语权

如前所述，国际上一些国家或非政府组织热衷于全球范围内的政治评价或排行。由于西方大国主导着话语权，这类政治评价或排行多是反映西式"民主、自由"的政治价值观，而以中国为代表的广大发展中国家却不得不面临"被排名、被贬低"的尴尬。面对以民主评估为主的国际政治评价领域中"西强我弱"的不利局面，我们有必要结合改革开放以来中国特色社会主义所取得的巨大发展成就，以强调政治发展力和竞争力为突破口，积极开展国际政治评估领域的相关理论与实践研究，不断提升中国在这一领域的话语权和竞争力。

1. 西方评价指标体系不能真实反映世界政治发展面貌。国际上各类评价指标、指数及排行虽名目繁多且花样不断翻新，但当前国际政治测评领域呈现出的，仍然是一种西方唱"独角戏"和广大发展中国家持续性"失语"的扭曲状态。这种以西方国家价值观体系和政治现实为依据的评价体系，大多充斥着西方对中国等发展中国家固有的傲慢与偏见，因而也必然无法真实反映世界政治发展的面貌与内涵。可以说，现有的西方评价指标体系无论从评价指标的选取，还是从发布机构的属性，以至其发布背后的动机等方面来看，无不带有浓厚的西方意识形态色彩甚至是政治意图背景。

2. 西方"排行榜外交"的实质是企图垄断世界政治的话语权。当今世界，思想政治领域的较量与斗争日趋白热化。在西方各类政治排行所谓"客观""中立"的表象背后，折射出的是日益激烈的国际话语权较量以及更深层次的政治斗争。目前，国际政治领域的排行至少呈现出以下三大特征：一是有着强烈的意识形态属性和战略意图；二是多以西方政治模式为样本，借用选举、多党竞争等为指标来评判；三是西方世界掌握了评价标准的制定权和话语权，多由非政府组织、媒体和大学研究机构一起发布。这实际上是西方世界打着学术研究和客观评价的幌子，利用"民主、自由、人权"等片面性指标对世界各国进行政治排名，借以塑造自己道德"高尚"和政治"优越"的形象，贬低、影响甚至操纵他国政治。借助上述政治评价或排行榜，西方大国混淆国际舆论，推行所谓"排行榜外交"，打着"民主和人权"的幌子，借机向非西方国家搞"民主人权输出"，最终实现其地缘政治利益和远期的战略意图。

3. 评估世界政治需要"中国标准"。为全面展现东西方国家的政治特色和优势，争夺国际政治话语权，展示中国的软实力和政治竞争力，我们迫切需要通过全面、客观与科学的比较研究和数据分析，对全世界各国政治发展的历史和现状进行科学的考察与评估，并在此基础上研究制定出具有中国特色并兼具国际解释力的、强调综合性政治发展力和竞争力的、定性与定量相结合的"世界政治发展（力）评价和测量体系"。

（作者单位：张树华，中国社会科学院信息情报研究院；

赵卫涛，中国人民大学国家发展与战略研究院）

（原载《红旗文稿》2016年第16期）

"冷战"后西方民主与民主化研究：
理论困境与现实悖论

张树华

一

"民主"是当今国际上使用最广也是最富有争议的政治概念之一，以至于西方一些政治学者抱怨：对民主脱离现实的抽象和概念化阐释与争论几乎变成了文字游戏。有的西方学者甚至形容说，单单是有关民主概念的争论所耗费的纸张，足以砍掉一大片森林。另外，虽然围绕民主概念存在很多争议，但"民主"又被认为是个好词，像是政治股市中的"绩优股"，引得东西方掌权者或在野党纷纷追捧。君不见，当今世界无论当权者施政，还是普通民众的政治诉求，均会祭起"民主"的旗号；无论左派还是右派，均乐意突出自己对民主的"偏好"，不管是否真正理解民主的含义。现如今在国际上的某些国家，政客言必称"民主"，意为占领道义的制高点；文人宣称民主，幻想在学术江湖中永远立于"不败之地"。

在西方世界，近百年来"民主"被认为是西方社会最主要的政治构架。"冷战"中，"民主、人权"成了西方社会意识形态中标志性的政治品牌，是对抗苏联阵营的重要战略和策略工具。20年前，苏联瓦解，作为政治策略的"自由、民主"在其中功不可没。"冷战"结束之际，西方政界和学界普遍认为西式的自由民主在世界范围内取得了全胜，有关民主自由的意识形态之争从此结束。除民主之外，人类历史别无他途。一时间，西方自由主义、保守主义的思想家们罕见地取得共识并一致认定，世界上再也没有比西方民主更好的制度了。民主成了政治的全部，民主涵盖了一切。于是民主与自由市场、富足等符号一起成了西方社会的象征，成为地球上其他国家和地区的人们争相奋斗的目标。在当今世界上，如果一些国家的制度离西方模式越远，意味着这些国家政治上越野蛮、越落后，意味着这类国家脱离了"人类社会的文明轨道"，不得不被迫接受来自西方的"民主教化或自由改造"，经受西方"民主法官或教师"的训教，否则还会遭受导弹轰炸式的"外科手术"，甚至要付出丧失主权和民族国家分裂的代价。

二

民主是人类政治文明发展的结果，是世界各国人民的普遍追求。19世纪以后，随着西方世界资本主义经济的发展，神权和皇权逐渐淡化，选举权逐步扩大，民主在资本主义社会有了充分的发育。之后，民主在西方主要国家实现了从观念向制度、由理论向实践的转化。到20世纪，民主逐渐成为一个世界性话题，"冷战"时期更是变成西方国家手中的工具。而"冷战"后，东欧剧变、苏联解体被解释为"民主化的产物"。凭借对"民主"概念的垄断，西方国家占据了国际政治制高点。在这一过程中，民主被西方政治理论家提炼成西方政治制度的唯一真谛，民主成了西方政治人物的口头禅，逐渐演变成一种政治宗教，变成西方对外政治输出的"政治圣经"和"基本软件"。

国际历史经验表明，每个国家的民主都应符合自身国家特定的历史文化传统和现实条件，发展民主应当因地制宜，外部强加和全盘照搬往往是得不偿失。回溯历史、环顾国际，我们发现，特别是"冷战"前后，无论在东方还是在西方，在追求民主与自由的同时，一些国家不由自主地陷入了认识误区和思想迷局，出现了各式的政治乱象。

1. 民主被泛国际化。"冷战"后的 20 年，民主已经被泛化成一种无处不在的国际政治现象，成为国际政治和国际关系的焦点问题。民主成为西方划分关系亲疏和国际阵营的政治工具，成为国际政治较量的内容。在西方战略家眼里，民主已经成为一种全球化现象，民主政治和自由市场一样，已经成为无处不在、无所不能的价值、观念、标准、制度、原则、做法等。正如美国政治学者在民主课程的教科书中指出的那样："民主化正在成为一个全球现象，民主现在已成为唯一具有普遍正当性的政府形式。这些年代以来，国际上发生了许多戏剧性的事件，既关系到每个国家的国内政治，又关系到这些国家所在的地区乃至全世界的国际关系。"①

"冷战"结束后，伴随着民主国际化进程的加快，西方大国奉行的民主思想和民主战略也发生了显著的变化。这些年来，西方世界通过对外高调推广民主，煽动"颜色革命"，力图掀起"新一波民主浪潮"。西方国家"民主国际化"的内容是促使民主进程全球化、概念普世化、模式西方化，根本目的是把持民主定义权，占据国际道义和地缘政治的制高点。"冷战"后 20 年来，与笃信市场绝对力量的新自由主义一样，奉行民主原教旨主义的力量在国际政治中横行一时，在一些国家或地区先后导演了一场场政治闹剧。近些年，国际上"民主阵营"嚣张一时，极尽政治渗透和武力干涉之能事，不仅导致了国际关系紧张和国际政治动荡，也延缓了一些地区政治发展的进程，败坏了民主的声誉，导致了一系列伴生性政治"后遗症"：民主道路迷失、民主思想嬗变、民主结果异化、民主机体溃败、民主泛化与"民主赤字"并存、不少国家政治风险上升和政局频繁动荡；民主在空间上蔓延的同时，也出现了"依附性民主、复仇政治、寡头式民主、财阀的自由"等民主异质现象。

2. 民主被神圣化、宗教化。20 年前柏林墙的倒塌造就了"冷战"后民主的又一个神话。自此，在西方政界和专家的共同鼓吹下，"民主"被

---

① ［美］霍华德·威亚尔达主编：《民主与民主化比较研究》，榕远译，北京大学出版社 2004 年版，第 1 页。

赋予了神奇力量。"冷战"后，民主给西方大国的军事干预披上合法性的外衣。硝烟过后，武力推翻了他国政权，面对由此而来的空前的人道主义灾难，西方大国急忙扯起民主大旗来遮掩，俄罗斯学者将其形容为"空降民主"。[①] 2003 年以后，苏联地区发生的几次政变都被冠以"颜色革命"，赋以"花朵般"的温情和浪漫。时至今日，国际上打造民主同盟、"自由之弧"等民主原教旨主义还在大行其道。民主果真那么神奇？那么神圣？有那么无比的神力吗？

在西方，民主被"教化"，主要表现为"宗教化""教条化"两方面。例如，宣扬民主拜物教，将民主宗教化、民主形式神圣化、民主制度西式化、西式民主理论教条化、西式民主程式化和模式化。在当今国际政治舞台上，"民主"一词仿佛具有了一种比宗教信仰还神奇的力量：只要一个人的口中念出"民主"一词，仿佛一下子便掌握了政治论坛的话语权或政治舞台的制高点。"民主"变成了神圣的上帝之言，意味着"文明的""先进的""富裕的""自由的""人道的""正派的""合法的"，等等。一个政治人物、一个政党、一个国家一旦笼罩上了"民主自由"的光环，便意味着从此掌握了世上至高无上的道义力量和话语霸权，便可以随意指责对手是野蛮的、专制的、独裁的、被奴役的，等等。围绕民主，西方国家特别生产了一系列政治传奇和神话传说，民主成了点石成金的"魔杖"。难怪有的西方学者干脆将这类或真或假地宣称民主拜物教的思潮定义为"民主原教旨主义"。

对于民主的宗教化色彩及背后的战略考虑，西方政治学者常常开门见山，毫不掩饰。亨廷顿在《第三波——20 世纪后期民主化浪潮》一书中写道，现代民主是西方文明的产物，它扎根于西方社会。民主的第三波的一个成就就是使西方文明中的民主获得了普遍性，并促进了民主在其他文明中的传播。如果第三波有一个未来，这个未来就在于民主在非西方社会的扩展。亨廷顿认为，民主是好东西，民主为西方所特有，可

---

① ［俄］叶莲娜·普斯托伊托娃：《炸向利比亚土地的民主》，俄罗斯战略文化基金会网站。

以被西方对外政策制定者所利用。西方主流宗教文化中特有的弥赛亚意识，推广民主便成了天赋使命，成了践行上帝的旨意。有了民主护身符的西方大国便可以高高在上，表演民主教师的角色，拒绝平等对话，动辄教训他人。

3. 民主被工具化、功利化。"冷战"后，西方将民主看成对外战略扩张的有力工具，变成西方政客手中高高举起的"政治指挥棒"，变成了西方霸权政治的"遮羞布和皇帝新装"。早在第一次世界大战期间，美国总统威尔逊就宣称，民主作为一种全新的国内秩序也可以应用于国际秩序。从此，对外输出民主与美国对外战略结下了不解之缘。此后美国多任总统均以在国际事务中推行民主为己任，民主便成为美国对外重要的输出品之一。美国统治者坚信，上帝造就的美国民主制度是世界的典范，美国像是神话中的山巅之城，对外具有传播民主的使命。民主成了西方大国政治输出和外交干涉的掩盖物与口号，成了西方世界追逐军事、经济和思想政治霸权的工具。

典型的西方政治逻辑就是：我即民主，谁不与我共舞，就是民主的敌人。"冷战"后，美国继续以民主画线，将世界分割成敌我对立阵营。2007年6月初，美国国防部长盖茨在新加坡表示，当今世界存在着两条道路、两种不同意识形态的斗争。在民主工具化和功利化的背景下，严肃的民主话题变成了"政治快餐"，不仅丑化了民主形象，而且引发政治冲突，误导了一些国家政治发展的探索，拖累了整个世界的政治发展进程。实际上，这也暴露了西方在民主问题上的虚伪性：与其说是真心为他国谋民主，不如说是为满足自己的战略私利，为的是维护自己的政治优势。

4. 民主被标签化、碎片化。表现为将复杂而多维的民主体系简单地等同于现行的西方政治模式，将民主模式西方化、民主理念标签化、民主过程碎片化。

一些国家的政治势力在认识上往往将西方政治形式理想化、模式化、绝对化，误将民主制度与西方的政治制度简单等同，将民主化视为西化，认为只要移植西方民主形式即可自然而然地达到西方式的社会物质富足，极力主张全盘西化。一些国家急欲给自己贴上"民主化"的标签,以求在国际关系中能够与"冷战"后的西方大国特别是美国站在一起。而一些西方国家也习惯以自己的民主框架来衡量和谈论别国的政治制度或政治进程,把持民主的定义和标准,随意给他国打上"民主"或"独裁"的标签。

"冷战"后,与民主原教旨主义者一样,西方极力推广民主的"政治实用派"笃信民主的普世性和通用性,忽视民主的多样性、现实性和发展的阶段性。他们坚信,一旦移植西方社会的普选制度、政党制度、言论自由、三权分立等民主模式,民主便会成功,将民主化进程简单化。殊不知,民主是一个成长的过程,民主的发展程度与其所处的历史阶段密切相关。一些政治竞争形式对西方国家可能是美酒,但对发展中国家大多数民众则可能暗含毒药。实际上,近年来包括原苏联东欧地区以及拉美和非洲等国家在内,人为移植民主模式很少给各国人民自动地带来真正的民主、自由、平等和幸福。

5. 民主被庸俗化、手段化。与舆论上宣扬民主的普世性相反,现实生活中西方某些政治势力在民主等政治问题上却表现出强烈的"阶级性"和"意识形态属性"。国际上某些政治势力习惯上认为民主为资本主义制度所特有,将民主与社会主义制度对立起来。出于意识形态和国际政治斗争的考虑,西方大国常常将社会主义国家中的反共产党势力、地区分立势力、民族分裂分子等同于"自由民主势力"的代表,在推行民主的时候,往往在他国内部寻找"民主代理人",认定市场派、自由派、西化派、反共派、激进派、分离派就是"自由民主派",积极鼓动上述势力否定本国的历史,割裂政治文化传统,实行政治的"休克疗法"。

20多年前,不少苏东地区的民族分裂势力或共产党内部的异己分子就是这样摇身一变,而一旦拥有国家权力,这些"自由民主"斗士们又变成了独裁专制的统治者,完全背叛了"民主"原则,挥舞"民主"大旗欺世盗名,足令西方支持者尴尬。

另外,民主被手段化、庸俗化,民主成了政治斗争的口号和手段。民主成了随意张贴的标签，自我贴上之后，便像找到了政治避难所，从此有了免受批评，并且可以指责别人的权利。民主成了一些政治人物的外衣，民主被绑架变成了被随意打扮的婢女。有的误认为，实行民主就是政治放松、绝对自由、党派竞争；民主化就意味着要进行大规模的政治改组、政党斗争、投票选举、全民公投，等等。实际上，民主要求良好的政治素养和成熟的政治文化，也意味着一定程度的妥协、协商。

6. 民主被程序化、格式化。这突出表现为将复杂庞大的政治体系简化为民主化，而民主化等同于选举和多党竞争，进而将复杂的政治民主过程简单化为一套选举程序。近些年，出于简单化和功利化的考虑，西方大国已经习惯了将"选举因素"视为衡量其他国家能否通过民主门槛的关键指标甚至是唯一指标。极力鼓吹"第三波"的亨廷顿将"选举"作为缔造民主的重要特征，称"全民选举最高决策者是民主的实质"。殊不知，选举是必要的，是民主的重要表现和形式，但并非民主的全部和实质。在一些国家和地区，普选常常变成一场全社会范围的"政治大赌博"。选举过程中金钱收买、媒体攻讦、丑闻不断，更改游戏规则等种种问题更是接连不断。公民投票时就像是在下"赌注"，一些党派和政治领袖往往不吝许诺，让普通选民在政治制度、社会发展方向等问题上进行选择。而这类选择的后果不仅普通百姓无法预料，而且连政治家也"心中无数"。因此，选民谈不上真正意义上的选择，投票时只能凭借自己的情感和直觉。不是用脑（理智）甚至不是用心（情感），而是用脚（态度）去投票，成为"没有选择的选举"。结果是，过分关注投票过程和结果，而忽视选举之后的政治规制和监督制衡，造成一些政权出现宪政危机或独裁当道，从而陷入无休止的政治动荡。

这正像民主问题专家普沃斯基描述的那样，在政治文明低、司法体制软弱的情况下，只能是一种"速成民主"，经过民主化，大多数公民对政治不感兴趣而且不懂政治纲领，他们获得了并不需要的投票权，而这种投票权对组织性强的政治力量确实具有可利用的巨大机会和潜能。在法制软弱的情况下，买卖选票和政治腐败猖獗。腐败交易的主体不仅仅是官员，而且还有为数不少的居民。在这种情况下，民主就变成选票的市场交易，议会所反映体现的也是院外活动集团的利益，职位和决议也可以买卖。

7. 民主被绝对化、终极化。主要表现是宣扬西式民主模式的全球普世性和历史永恒性。在历史观念上，认为西方民主模式是人类政治文明的最高峰，是终极形态。西方民主必将一统天下，人类只有在西方民主基础上才能实现世界大同。今后世界政治版图上专制独裁政权将所剩无几，一波又一波的世界民主浪潮必将席卷全球，西式自由民主将成为全球政治的主宰。自由民主是历史的一切，人类政治历史就此终结。西方大国将独揽民主大旗：我即民主、民主即我；民主国家之间不打仗；西式自由民主是人类政治的最高形式。

在一国政治中，民主因素被绝对化到无以复加的地步，民主涵盖了所有政治进程的总和，民主是政治发展总体进程唯一的和终极的追求，自由和民主是社会政治的唯一价值。为了追求最大限度的和绝对的"自由"，可以不顾甚至抛弃"稳定、效率、秩序"等政治价值。苏联解体、东欧剧变后，在这些极度追求"民主""自由"的国家里就曾出现的所谓民主化浪潮，被某些西方学者欣喜地称为"第三波"。然而，这股民主化潮流在上述国家潮起潮落，来去匆匆。短短的几年时间里，这里的人民由"渴望民主"变为"厌倦民主"，转而变为追求稳定和秩序。

三

"冷战"结束后，民主的理论与实践不仅是国际政治领域的焦点话题，而且是国内学术界的研究热点。与国外情形相似，民主对于国内思想理论界既熟悉又混乱，对民主的理解歧义颇多，在认识上存在着不少误区和模糊之处。什么是民主？如何发展和实现民主？什么是正确的民主发展观？民主和民主化的标准是什么？民主是唯一的吗？当今世界的民主状况如何？有哪些经验和教训？民主与政治发展之间的相互关系是怎样的？政治发展和民主的成长有没有顺序和民主的逻辑？国际背景下当代中国的政治主题是什么？一些国家为什么极力在世界上推销民主？如何评价和比较各国的政治发展力？怎样描述当今世界各国的政治进程和政治版图？世界各国政治发展与民主化的前景如何？西方某些国家强行推销的"民主化"暗含哪些危险？提出哪些思想挑战？这些都需要我们以马克思主义的立场和方法来分析、来回答。

1. 民主不应抽象地和孤立地去研究，而应注重分析和研究民主的历史性和实践性。探寻民主的实践定义，应以国际视野比较民主的实践轨迹。多年来，民主问题的研究吸引了政治理论、政治哲学、历史和社会学等领域众多研究者的参与。探讨民主概念和理论论著层出不穷，围绕民主概念的认识分野甚至要超过对"市场、自由"等问题的争论。当然，不可否认，对民主的研究差异和观点分歧，也反映了研究者不同的政治立场和思想差异。但是，无论如何，局限于从概念和借助西方民主教科书来阐释民主，在今天已无助于民主政治研究的深化。如果单单从概念上、从判断上来论证民主，或纠结于民主的"应然性"，或用几百年形成的西方模式去诠释现实，或者醉心西方民主的细节来描述民主政治的精致，这样反而会模糊对民主及其发展路径的宏观把握，不仅显得不得要领，而且使得对民主的认识变得宽泛化和复杂化。

要认清民主万能论、民主速成论、民主不战论、民主和平论、民主同盟、"自由之弧"、民主至上论、民主救世说、西方民主普世说等理论的政治本质，坚持政治性与科学性的统一，面对在民主问题上的论调和争论，树立正确的民主观。民主是成长的、多样的、具体的、现实的、历史的。要勇于超越一般民主，善于驾驭民主化。

2. 关注民主化进程的国际环境及国际经验教训。在经济全球化和信息传播国际化的时代，国际的政治和民主化进程的相互影响大大增强。"冷战"后民主的推广与引进更是国际政治中的热门话题。因此，不能脱离国际政治背景孤立地研究一国的民主问题。通过对民主进行国际化的研究，着重比较不同国家的民主理念、民主模式和民主化道路，为中国的民主建设提供国际化视野和可资借鉴的材料。

从国际角度研究民主问题,首先要关注西方民主理论的演变,研究西式民主及民主学说由早期萌生、进化进而制度化、模式化的历史过程,观察西式民主理论关怀是如何"由内到外",由内部理论变成对外政策,进而衍生出民主的世界标准的。同时,也要着力比较分析美国、欧洲这两个主要"民主推手"的战略意图和策略差异。通过比较国际上多数国家的政治发展和民主化的实践,总结政治兴衰的经验和教训,发现民主发展的内在逻辑和规律。

3. 注重研究民主的成长性和发展的包容性。近些年,西方民主教科书对于民主诠释的影响是如此之大,以至于我们经常不由自主地按照"西式民主—东方专制"的模式与思维框架思考问题和评价事物。然而,"冷战"后,民主的潮起潮落以及近几年围绕东西方发展模式优劣的辩论表明,民主进程是政治发展进程的组成部分,民主并不是唯一的、终极的,用民主概念并不能解释一切。研究中东和拉美等地区的民主化历程会发现,一个国家需要政治发展方式、发展道路、发展价值和目标,在社会发展的不同阶段上是不同的。不同的国家战略和民族目标决定了这个国家这一时期的政治主题和政治方式。与政治发展一样,民主有着特定的发展顺序、速度和方式。民主有其成长的环境、条件、土壤、文化、成本与质量。民主进程要统一于政治发展的总目标,要与经济建设、社会建设、文化建设、法治建设等进程相协调。与单一的民主概念相比,政治发展的内涵更为丰富、更为具体、更为多彩也更为广泛。

4. 关注中国发展的政治经验,树立正确的民主观。要深入剖析西方推广民主背后的地缘战略意图,深入总结俄罗斯等国家在民主化问题上的教训,努力摆脱西方在民主、人权领域的话语禁锢。要破解西方强加的"极权、专制、不民主"等概念陷阱,努力提炼和归纳中国的政治经验和理论价值,增强政治自信力和理论说服力。针对国际上流行的各种不同版本的"政治、民主、人权排行榜",应当强调政治发展力和竞争力,研究一套科学而全面的政治发展力评估模型,研发中国版的"世界政治发展力评估报告"。要坚持政治性与科学性的统一,树立正确的民主发展观,探索全面而科学的政治发展理论,促进政治民主、政治稳定、政治效率,推动中国特色社会主义政治发展道路越走越宽广。

(作者单位:中国社会科学院信息情报研究院)

(原载《红旗文稿》2011年第11期)

"民主指数"背后的傲慢与偏见

赵卫涛

2016年1月,英国《经济学人》杂志旗下智库公布了2015年度全球民主指数(democracy index)评估报告。在对过去一年全球民主发展状况深感"焦虑"的同时,报告对纳入统计范围的167个国家和地区进行了排名。其中,中国以3.14分(总分为10分)位列第136名,继续被贴上所谓"专制独裁"的标签。相比之下,一大批治理能力低下甚至是国际上公认的"失败国家"却因较高的"民主"程度而轻松跻身前列。近年来,尽管诟病不断,以民主指数为代表的类似指数、排名却依然能够凭借强大的话语优势频频引发国际社会的广泛关注。面对民主指数等西方民主测评指标的大行其道,我们不仅要认清其背后所反映出的西式自由民主的傲慢与偏见,更要充分立足中国自身政治发展的特点与优势,不断增强中国在国际民主评估领域的影响力与话语权。

2015年,处于"焦虑"中的全球民主

民主指数由英国《经济学人》杂志旗下的信息情报社(Economist Intelligence Unit)创立。该指数于2006年首次发布,从2010年起改为一年发布一次。通过对选举过程与多元化、公民自由、政府运行、政治参与和政治文化等方面的状况分别进行打分、汇总与加权平均,该指数将世界各

国的民主状况划入0—10分的得分区间，0分为最低；10分为最高。其中，8—10分为"完全民主"（full democracy）；6—7.9分为"有瑕疵的民主"（flawed democracy）；4—5.9分为"混合政体"（hybrid regime）；4分以下为"独裁政体"（authontarian regime）。

实际上，第二次世界大战结束以来，国际上以指数、排名等形式对各国民主发展状况进行评估与测量的尝试并不鲜见。在20世纪70年代，总部位于美国的"自由之家"（Freedom House）就推出了针对世界各国的民主评估指标体系——全球自由评估。该指数从1973年起不定期发布过去一年针对世界各国自由状况的评估报告。并从1978年起至今实现年度性发布。相比自由之家的评估报告，民主指数虽然起步较晚，但依托《经济学人》杂志这一媒体平台所具有的全球影响力，该指数在不到10年的时间已经具备了相当程度的国际影响力和话语权。近年来，每一年度的民主指数报告甫一问世，都会引来世界各国政府、媒体乃至普通民众的广泛关注。

2015年度的民主指数报告是该指数自创立以来的第8次公开发布，主要测评范围为2015年全球范围内的民主发展状况。继2014年的"不满"（discontent）之后，该报告用"焦虑"（anxiety）来形容过去一年全球的民主发展状况。报告指出，在战争、恐怖主义、难民危机等情况的冲击下，全球民主在2015年正经历着一系列严峻挑战。在167个国家和地区中，与2014年相比，61个国家或地区的民主评分得到了改善；56个出现恶化；50个与上年度持平。从数量上看，相比上一年度，"完全民主"国家由24个下降为20个；"有瑕疵的民主"国家由52个上升为59个；"混合政体"和"独裁政体"国家的数量则变化不大。从分布区域上看，所谓"完全民主"国家主要位于西欧、北美；"有瑕疵的民主"国家主要位于拉丁美洲、东欧和亚洲；"混合政体"和"独裁政体"国家则主要集中于非洲、中东和东欧独联体国家。对于全球民主的未来，报告认为，无论是精英还是普通民众，在不断增加的焦虑与恐惧中，人们对民主的信心正处于不断动摇乃至衰退之中。

值得关注的是，报告在很大程度上将2015年亚洲民主状况的所谓总体

"恶化"视为全球民主陷入焦虑的重要原因。除了日、韩两国由传统上的"完全民主"国家滑落为"有瑕疵的民主"国家之外，在28个纳入统计范围的亚太国家或地区中，共有17个国家或地区出现了民主评分的停滞或下滑。而自民主指数创立并公布以来，上述国家或地区曾一直被视为全球民主状况持续改善的"典范"。对于中国的民主发展状况，报告中的相关数据与分析也颇耐人寻味。就排名而言，中国2015年度的民主指数评分相比2014年上升了8位，看似表现出明显的"改善"态势。然而，从具体评分上看，却仅仅是由3.00分提高到了3.14分，总体仍然位于所有国家或地区中的末位行列。关于中国得分提升的原因，报告并未具体指明，仅以民众对所谓"民主政府"概念愈发扩大的支持等模糊性表述来加以解释。报告对于中国民主排名持续处于"低位"的状况表示出一以贯之的关注与"忧虑"。在2014年和2015年的两份年度报告中都重复并强调着相同的一句话："全球约有26亿也即超过三分之一的人口依然生活在独裁统治之下（中国在其中显然占据相当大的比重）。"

所谓"科学""中立"的背后

自20世纪50年代起，行为主义和后行为主义革命对西方社会科学产生了持续性的深刻影响。具体到政治学领域，长久以来以哲学、历史和制度分析为主要关注点的传统型政治学日益被追求系统化、计量化和模型化的所谓政治科学替代。从某种程度上讲，政治学研究在数理化、模型化方面的突飞猛进，无疑给战后的西方民主测量披上了一层"科学""中立"的外衣。在这一点上，民主指数自然也不会例外。然而，从民主的定义、数据来源与评分等多方面来看，民主指数不仅无法确保测量的科学性，更难以实现所谓的"中立"。

首先，民主指数所定义与测量的民主并非普遍意义上的人民当家作主，而仅仅是以竞争性选举为核心评判标准的西式自由民主。自20世纪熊彼特的精英民主理论确立了其在西方的统治地位以来，民主与专制的二元分析范式已经逐渐渗透到西方民主理论的方方面面。尽管在测量民主究竟是采用二分法还是等级法的问题上存在一定的分歧，但是，是否举行所谓定期、自由、公平的选举却早已成为西方判定一个政权民主与否的核心标准甚至是唯一标准。民主指数也曾试图在民主的定义与涵盖面上有所突破，例如，在传统的政治权利、公民自由之外，增加了对政治过程与政治文化的考察。然而，这些因素的加入仅仅起到了量变作用，并未从根本上动摇西式选举在民主指数中的核心地位，以及由此而生的单一的、线性的分析范式。

其次，数据来源的庞杂性和良莠不齐导致民主指数的测量难以确保客观性和科学性。为了扩大测量的涵盖面，民主指数将"政治权利＋公民自由"这一二维模式扩展为对包括政府运行、政治参与和政治文化等在内的五大维度的考察。这一做法虽然增加了民主概念的"厚度"，但却大大增加了民主测量的覆盖面与难度。相应的，为了满足这一需求，就必须收集更大范围和更具权威性的案例与数据，而这显然已经远远超出了民主指数创立者自身的能力。例如，在数据来源方面，民主指数吸收了大量来自第三方的调查数据，如盖洛普民意测验、民主晴雨表调查等，这些调查与相应数据在主客观比重、准确性、时效性等多方面本身会存在不同程度的差异甚至自相矛盾之处。因此，依靠大量加工与整理二手数据而得出的所谓民主指数，其科学性和客观性难以令人信服。

最后，民主指数的评估与打分过程存在极大的模糊性、不确定性。在扩大考察维度的同时，民主指数在赋值和打分方面对各个子项中的问题做了极大的简化处理。例如，为了便于回答和加总分值，相关问题往往被简化为"是""否"和"中"等两个或三个选项。相应的，选项所赋分值多为0分或1分，个别存在"中"选项的部分会增加0.5分这一分值。可以说，用这种极端简化、非黑即白的处理方式来考察一国或地区的民主状况，其最终结果的可靠性本身就要画上一个极大的问号。此外，不同选项的得分究竟是依据自主调查数据还是第三方数据、抑或二者兼有？哪些问题的评分来自所谓的"专家评估"？哪些来自民意调查？二者之间的比重又是如何划分的？对于这些问题，民主指数及其评估报告均未给出令人信服的解释。

民主评估亟须中国立场与实践

实际上，民主的评估与测量从来就不仅仅是一项单纯的学术性活动。第二次世界大战结束以来，受到西方社会科学领域行为主义革命和后行为主义革命的深刻影响，西方学界对于民主的评估与测量始终保持着极高的兴趣与关注度。一代又一代的学者相继投身其中，乐此不疲。20世纪50年代以来，针对民主测量与评估的研究不断涌现，形形色色的测量方法、指标体系与排名层出不穷。进入"冷战"阶段后，个别西方大国出于意识形态与国家战略利益的需要，不断加大对涉及西式自由民主研究与推广的学者以及相关非政府组织的扶持力度，并将其所进行的全球自由、民主类测评作为宣扬西式自由民主和价值观的利器加以控制和利用。伴随着"冷战"时代的结束，赢得意识形态战争胜利的西方国家并没有就此罢手，而是继续将国际民主测评作为维护并扩大全球战略利益和话语权的重要工具。当前，在民主指数、全球自由评估、转型指数、全球和平指数等名目繁多的指标、排名的背后，既不乏对中国等发展中国家的傲慢与偏见，更有力图维护少数西方大国战略利益与话语霸权的现实考虑。

在对中国这个当前世界上最大的社会主义国家的评估方面，民主指数的傲慢与偏见可谓尽显无遗。自2006年首次发布以来，中国在历次民主指数报告中的分值分别为2.97分（2006年）、3.04分（2008年）、3.14分（2010年）、3.14分（2011年）、3.00分（2012年）、3.00分（2013年）、3.00分（2014年）、3.14分（2015年），始终处于所谓"专制独裁"国家的行列中。相比之下，印度历年的得分几乎都是中国的两倍以上。然而，无论从其低下的治理能力和效率，还是居高不下的腐败程度等方面来看，印度的真实状况都离民主指数所描述的亚洲"民主"典范形象相去甚远。伊拉克、埃及等国家的民主指数得分也都在中国之上。这些国家为什么能够获得较高民主评分？答案就是它们实行了所谓的西式选举。同处亚洲且刚刚经历选举过程的缅甸更是鲜明例证。2013年之前，该国的民主指数始终在3.00分甚至2.00分以下。而在实行了普选的2015年，其"选举过程与多元化"一项的得分便由前一年的1.92分大幅提升到3.17分。相应的，缅甸民主指数总得分相比往年一跃达到4.14分，一举摆脱"独裁政体"国家而步入"混合政体"国家行列，并被列为2015年度亚洲民主发展的一大"亮点"。可见，在以是否实行西式选举作为重要评判标准的前提下，许多国家往往会被简单粗暴地贴上"专制独裁"的标签。

在经济全球化深入发展的今天，世界各国之间的竞争很大程度上已经转向了围绕国际话语权的争夺。对于广大发展中国家而言，民主评价话语权的劣势不仅意味着缺少对本国政治发展进程的国际阐释权，更是对自身意识形态和国家安全的严重威胁。在国际民主测评领域，一味选择主动向西方靠拢或寄希望于西方主动释放所谓"善意"无异于缘木求鱼。一个毋庸置疑的事实是，改革开放38年来，中国在政治发展领域取得了巨大成就，这些成就不但极大促进了本国经济社会的全面发展，而且也为世界各国尤其是广大发展中国家提供了丰富的、可资借鉴的经验。

值得肯定的是，进入21世纪以来，随着治理概念的兴起，国内从治理或善治角度展开的民主评估与测量的相关研究与实践正在不断涌现。例如，2015年12月，华东师范大学《2015国家治理指数年度报告》正式对外发布。该报告共对全球111个主要国家的治理指数进行了比较和排名，其中新加坡位列第一，中国位列第十九。无论从人口规模还是国土面积、经济总量等方面来看，中国均是唯一一个以"发展中大国"身份入选前20名的国家。从全面反映和评估政治发展的角度来看，该指数对近年来中国在治理层面所取得的巨大成就作出了大体客观的反映与评价。

当前，在少数西方大国持续占据民主评估话语权优势的背景下，我们显然不能寄希望于西方既有指标体系主动作出"调整"。短期内，中国在政治发展领域所取得的成就，显然也不足以改变西式自由民主固有的傲慢与偏见。国际民主评估领域的历史和现实也告诉我们，围绕民主的评估与测量必然是一项长期而艰巨的工作，既要树立长远的战略眼光，又要时刻以稳健、可持续的方式积极推进。相信在不久的将来。随着我国民主政治发展成就与经验的不断积累和升华,中国必然能够突破西式话语霸权的束缚,不断展现出自身在国际民主评估领域的特点与优势,从而最终确立起中国自身政治发展道路的国际地位及其相应的话语影响力。

(作者单位:中国人民大学国家发展与战略研究院)

(原载《红旗文稿》2016年第19期)

西方民主测量的理论局限与政治反思

赵卫涛　张树华

一　引言

当今世界，思想政治领域的较量与斗争日趋白热化。在西方各类政治排行所谓"客观""中立"的表象背后，折射出的是日益激烈的国际话语权较量以及更深层次的政治斗争。当前，国际政治领域的"排行热"至少呈现出以下三大特征：一是有着强烈的意识形态属性和战略意图；二是多以西方政治模式为样本，借用选举、多党竞争、民主、自由、人权作为核心评判标准；三是西方世界掌握了评价标准的制定权和话语权。在西方社会，对民主的评估与排行往往都以所谓的学术研究和客观性为幌子，以高校、科研机构等所谓第三方组织为实施主体。实际上，其目的无非是利用"民主、自由、人权"等片面性指标对世界各国进行政治排名，借以塑造西方道德上的"高尚"和政治上的"优越"，进而贬低、影响甚至操纵他国政治。简言之，当前西方主导下的政治评估与民主排行，是继"大棒外交""胡萝卜外交"以及利用全球媒体推销"普世价值"的"扩音器外交"之后，以美国为首的西方国家掀起的又一轮所谓的"软实力较量"，其实质是世界各国围绕软实力和政治影响力的竞争。

受到战后西方行为主义革命的深刻影响，西方政治学界对于民主测量始终保持着极高的兴趣与关注度。一代又一代的学者相继投身其中，乐此不疲。20世纪50年代以来，针对民主测量与评估的研究不断涌现，形形色色的测量方法、指标体系与排名层出不穷。时至今日，在有关民主测量的学术研究活动和其他国际舆论场合，这些指标体系依然活跃并已具备了相当程度的国际影响力和话语权。然而，这些既有的指标体系在测量方法、测量维度和指标选取等方面都不同程度地存在严重的主观性、片面性以及根深蒂固的意识形态偏见。相比之下，在国际民主测量和评估领域，广大发展中国家却处于严重的失语状态，几乎没有任何有影响力的测量指标体系。在经济全球化深入发展的今天，世界各国之间的竞争在很大程度上已经转向了围绕国际话语权的争夺。对于广大发展中国家而言，民主测量话语权的缺失不仅意味着丧失对本国政治发展进程的国际阐释权，更是对自身意识形态和国家安全的严重威胁。因此，立足发展中国家政治发展的实践，批判和反思西方民主测量的理论与实践困境，对于走出民主认识的误区，争夺民主测量的主动权和国际话语权，进而探索适合本国的政治发展道路无疑具有十分重要的理论和现实意义。

二　民主评价的概念辨析与理论演变

从概念层面上看，通过对民主概念及其评价标准的"改造"，近代以来的西方自由民主理论家从一开始就赋予民主测量以浓厚的"精英主义"和"西方中心论"色彩。在现代精英民主理论的创始人约瑟夫·熊彼特（Joseph Schumpeter）看来，民主就是"为作出政治决定而实行的制度安排，在这种安排中，某些人通过争取人民选票取得作决定的权力"[①]。正是从熊彼特开始，"人民当家作主"被异化为以举行竞争性选举为核心特征的选举民主。而在主张"民主就是承认被统治"的乔万尼·萨托利（Giovanni Sartori）那里，所谓"统治的人民"只是真实存在于选举之时，因为

---

① ［美］约瑟夫·熊彼特：《资本主义、社会主义与民主》，吴良健译，商务印书馆1999年版，第395—396页。

"民主过程正是集中体现在选举和选举行为之中"①。此外，罗伯特·达尔（Robert Dahl）从过程取向的角度出发，将民主定义为符合以下五项标准的制度安排，即有效的参与、选票的平等、充分的知情权、对议程的最终控制和成年人的公民权。②

在民主的评价标准与维度方面，达尔在研究多头政体过程中提出的"竞争—参与"模式在西方民主研究领域最具权威性。他将公开争论和参与权确定为民主化的两大基本理论尺度，任何一种政体都可以被置于两者所构成的二维空间中的任何一点。③ 可以说，达尔确立的这一评价模式深刻影响了 20 世纪 70 年代以来西方的民主测量研究与实践，并最终成为该领域的基本范式。当然，对于达尔的民主测量范式，西方民主理论家中也不乏批评者。例如，查尔斯·蒂利（Charles Tilly）就指出，达尔判定民主的五项标准在涉及具体问题时有两个缺点：一是它们共同描述了最小量的民主制度，而不是一系列连续的变量；二是它们中的每一项都是在大的界限内起作用，如果超出界限，其中的某些标准就会相互冲突。尽管在竞争性选举这一基本点上具有共通性，但到目前为止，围绕民主的评价标准问题，西方学界却未能达成共识。因此，在围绕民主概念本身的认识业已高度碎片化的前提下，人们对于民主测量的认识就更难以取得完全一致了。对于民主测量而言，民主概念本身的争议性必然导致无法建立一个普遍接受的统一定义。这就好比人们如果不能就"X"是什么达成共识，那么也就更谈不上对"X"进行权威性的测量。④

严格意义上讲，西方关于民主测量的研究与实践始于第二次世界大战

---

① ［美］乔万尼·萨托利：《民主新论》，冯克利、阎克文译，上海人民出版社 2009 年版，第 135、102 页。
② ［美］罗伯特·达尔：《论民主》，李风华译，中国人民大学出版社 2012 年版，第 33—34 页。
③ ［美］罗伯特·达尔：《多头政体——参与和反对》，刘惠荣、谭君久译，商务印书馆 2003 年版，第 14—18 页。
④ Michael Coppedge, John Getting, David Ahman, Michael Bernhard, Steven Fish, Alan Hieken, Matthew Kroenig, Staffan I. Lindberg, Kelly McMann, Pamela Paxton, Holli A. Semetko, Svend-Erik Skaaning, Jeffrey Staton and Jan Teorell, "Conceptualizing and Measuring Democracy: A New Approach", *Perspectives on Politics*, Vol. 9, No. 2, 2011.

结束以后。20世纪五六十年代,以美国为代表的西方学者最早对政治发展及其测量问题展开研究。与此同时,欧美国家的一些官方或非官方组织也开始在学者理论研究的基础上,依据特定的标准或维度对世界上不同国家或地区的民主状况进行测量与评估。1958年,丹尼尔·勒纳(Daniel Lerner)在其《传统社会的消逝:中东现代化》一书中明确将选民参与选举的比例确定为测量一国民主的重要指标。[1] 而在探讨民主与经济发展相关性的过程中,西摩·李普塞特(Seymour Lipset)也依据选举结果,将欧洲以及母语为英语的28个国家划分为稳定民主、不稳定民主与独裁两类;依据历史学家的分析判断,将20个拉丁美洲国家划分为民主与不稳定独裁、独裁两类。[2] 当然,并不是所有的西方学者都将大众参与程度视为衡量民主的核心指标。例如,早期的塞缪尔·亨廷顿(Samuel Huntington)就认为,从政治发展的宏观角度来看,世界各国之间最大的政治分野,并非政府组织形式的民主与否,而是其各自运行的有效程度。[3] 此外,菲利普·卡特莱特(Phillips Cutright)也主张从测量政治发展的宏观角度来看待民主测量,即"一个国家的政治发展的程度,可依国家的政治制度的复杂性和专业化程度来界定"[4]。在具体的指标体系方面,卡特莱特以1940—1960年间的77个主权国家为考察对象,通过对这些国家立法和行政机关的绩效进行赋值和加总,发展出一套用于衡量不同国家政治现代化程度的政治发展指数。[5]

20世纪70年代,随着西方民主理论研究的深入开展,西方民主测量在研究成果不断丰富化、多样化的同时,却在研究方法和研究范式上变得

---

[1] Daniel Lerner, *The Passing of Traditional Society: Modernizing the Middle East*, New York: Free Press, 1958, p. 68.

[2] Seymour Martin Lipset, "Some Social Requisites of Democracy: Economic Development and Political Legitimacy", *The American Political Science Review*, Vol. 53, No. 1, 1959.

[3] 参见[美]塞缪尔·亨廷顿《变化社会中的政治秩序》,王冠华等译,上海人民出版社2008年版,第1页。

[4] 转引自陈鸿瑜《政治发展理论》,吉林出版集团2009年版,第83页。

[5] Phillips Cutright, "National Political Development: Measurement and Analysis", *American Sociological Review*, Vol. 28, No. 2, 1963.

日趋保守化。其中,达尔关于多头政体(polyarchy)的"竞争—参与"研究范式对于民主测量的影响举足轻重。通过对世界上114个国家和地区的政治自由程度进行指标测量,达尔得出了多头政体更具合理性的一般结论,即"多元政体能将政治影响力广泛地分布在社会上从而能够代表更多人的利益,并比其他类型的政治体系更能满足人民的要求"①。可见,在达尔过度自信的政治理念中,西式自由民主已被视为评判民主状况理所当然的参照系,而其他非西方国家的民主传统与政治发展实践则几乎被完全忽视掉了。

沿着达尔的分析路径,西方学者继续从概念、方法和指标等多方面将民主测量推向深入。同时,一大批由学者创立的指标体系也在不断涌现。肯尼斯·博林(Kenneth Bollen)在总结前人有关民主测量的指标体系的基础上提出了一套经过修正的民主指数。从核心概念上看,它主要包括政治自由(political liberty)和人民主权(popular sovereignty)两个方面。其中,前者包含新闻出版自由、群体反对的自由和政府制裁三项二级指标;后者包含选举公平、行政以及立法机关最高领导人由选举产生三项对应指标。这六项指标分别被赋予不同的分值,加总后的数值范围为0—100,用以衡量不同国家或地区政治民主的程度。在具体应用方面,博林运用这一方法在1960年和1965年分别对全球113个和123个国家与地区进行了指数排名。② 与博林相类似,塔图·温汉南(Tatu Vanhanen)也将竞争与参与作为测量民主的两大基本维度。在扩大民主测量的时间和空间范围的基础上,温汉南将其早年的权力分布指数(index of power distribution)发展为民主化指数(index of democratization)。该指数测量的时间跨度为1810—1998年,空间跨度为全球187个国家或地区。而相比其他类似指标体系,该指

---

① [美]加布里埃尔·A. 阿尔蒙德、[美]小G. 宾厄姆·鲍威尔:《比较政治学——体系、过程和政策》,曹沛霖、郑世平、公婷、陈峰译,东方出版社2007年版,第408页。
② Kenneth Bollen, "Issues in the Comparative Measurement of Political Democracy", *American Sociological Review*, Vol. 45, No. 3, 1980.

数更加简便和具有可操作性，因为它仅包含竞争和参与这两项基本指标。①

　　"冷战"结束以来，随着所谓民主化的"第三波"及其后续民主化进程的深入推进，全球"民主国家"在数量上终于超过了"非民主国家"。然而，在表面上的"繁荣"背后，民主在多数非西方国家并没有扎下根来，民主"回潮"现象接连爆发，形形色色的"虚假""无效"民主层出不穷。民主化在非西方国家的大面积倒退促使一些西方学者不得不对长久以来单一的、线性的民主测量范式进行反思。此后，一些西方学者开始尝试从民主的质量、效率等其他角度来深化对民主测量的研究。从质量和效率等相关角度出发，拉里·戴蒙德（Larry Diamond）等指出，测量民主质量至少可以从八个基本维度来进行。这八个基本维度包括法治、参与、竞争、垂直问责、水平问责、公民与政治自由、政治平等和回应性等。② 在戴蒙德看来，单向度的二元对立式的民主测量范式已经难以满足民主化研究的现实需要，必须深入民主运行的实践去区分"优质民主"与"劣质民主"。在具体的测量指标方面，罗纳德·英格尔哈特（Ronald Inglehart）等以民主权利和法治为基本指标，通过对民主权利指数和法治指数加总，构建起所谓有效民主指数（effective democracy index）。英格尔哈特认为，与其他民主测量指数相比，有效民主指数能够从理论、实践和结果等多方面强化对民主的实证测量。③

　　总体而言，从第二次世界大战结束到 20 世纪 70 年代，有关民主测量的研究主要集中于民主研究领域的相关学者与科研机构。他们从概念、标准、方法与指标体系构建等方面确立了西方民主测量的基本要件，从而为 20 世纪 70 年代后西方更大范围、更多主体层面的民主测量研究与实践奠定了理论基础。然而，这一时期的民主测量研究已经开始与美国主导的战

---

①　Tatu Vanhanen, "A New Dataset for Measuring Democracy", 1810-1998, *Journal of Peace Research*, Vol. 37, No. 2, 2000.

②　Larry Diamond and Leonardo Morlino, "The Quality of Democracy: an Overview", *Journal of Democracy*, Vol. 15, No. 4, 2004.

③　Amy C. Alexander, Ranald Inglehart and Christian Welzel, "Measuring Effective Democracy: A Defense", *Intenrational Political Science Review*, Vol. 33, No. 1, 2012.

后民主化研究密切相关,并同美国的全球战略利益保持着千丝万缕的联系。在基本概念方面,自由民主构成了西方民主测量的基本思想底蕴,竞争性选举则成为判别民主与否的根本标准。从竞争性选举出发,达尔的"竞争—参与"模式成为测量民主的基本分析范式。可以说,战后西方民主测量从一开始就被打上了"民主—独裁"二分法和"自由民主"一元论的烙印。

三 战后西方民主测量:发展现状与指标体系

从某种程度上讲,全球民主化的兴起、壮大、调整与巩固构成并塑造着西方民主测量不断向前发展的现实基础和演进逻辑。战后半个多世纪以来,全球民主化经历了从最初简单、线性发展,到后来强调民主转型、民主巩固与民主质量的演变。相应地,西方针对民主测量的实践及其指标体系也在不断地丰富与完善之中。到 21 世纪初,国际上有影响力的关于民主的测量及其指标体系已经具有相当的规模。2003 年,欧盟统计局曾专门委托艾塞克斯大学人权研究中心进行一项"对国际上主要的民主和良治指标编制工作的分析"的研究项目。最终的研究报告显示,经梳理总结而得出的关于民主、人权、善治的发起机构和文档超过了 550 多家(篇)。其中,170 多家发起机构被认为在测量和评估民主、人权和善治方面作出了重要贡献,而在这 170 多种不同的评估项目中,其中 45 家已经发展出经得住实践检验的评估方法和指标,相应数据得到定期更新,而且被经常使用于经验研究和政策文本中。[①] 以下将以测量主体为划分标准,对当前国际上关于民主测量的有影响力的评估及其指标体系作一个简要归纳与介绍。

一是以学者或学术研究机构为主体的测量及其指标体系。在西方民主测量的发展历程中,学者或研究机构一直占据着十分重要的位置。他们较早介入相关的研究与测量,并且至今仍是民主化及民主测量最主要的理论

[①] 俞可平主编:《国家治理评估——中国与世界》,中央编译出版社 2009 年版,第 56—57 页。

源头和实践主体。总体而言，当前国际上以学者或研究机构为评估主体的有影响力的测量及其指标体系主要包含以下几类：

1. 世界各国政治体制研究（Classifying Political Regimes）。① 该测量方法与指标体系主要以亚当·普热沃斯基（Adam Przeworski）及其三位学生（Michael Alvarez，José Antonio Cheibub，Fernando Limongi）的相关研究为中心，其研究范围从第二次世界大战结束一直持续到20世纪90年代。在民主的定义方面，普热沃斯基等沿袭了达尔在多头政体研究中的思路，即以是否举行竞争性选举为识别不同政体民主与否的核心评价标准与参照指标。在对民主采取极简主义式的研究进路的基础之上，他们将世界上不同的国家、地区的政体简单地划分为民主（democracy）和独裁（dictatorship）两种基本类型（democracy/dictatorship，简称DD）。② 与之相类似，迈克尔·伯纳德（Michael Bernhard）等也基于民主的二元分析框架发展出一套测量民主程度的数据集——BNR，对从1919年到1995年间世界范围内的民主政体进行历史和实证分析。③ 这种对民主鲜明的二分法式的理解与测量，虽然有利于简化分析过程并易于得出结论，但却带有浓厚的意识形态偏见，并且难以真实、持续地反映现实中各国政体的全貌与动态。

2. 温汉南民主化指数（index of democratization）。④ 该指数由芬兰赫尔辛基大学（University of Helsinki）教授塔图·温汉南创立。在民主概念界定与测量方面，温汉南承认世界上并不存在唯一的和绝对正确的定义与标准。但在具体操作层面，该指数仍然是以选举民主为核心标准。温汉南从竞争与参与这两大维度出发，将其测量具体化为针对选举竞争、选举参与和综合性的民主指数的度量。从测评的时空范围上看，该指数选取了1810年至1998年这样一个较长的历史时期内的多达187个国家和地区为考察对

---

① Adam Przeworski, M. Alvarez, J. A. Cbeibub and F. Limongi, *Democracy and Development*: *Political Institutions and Well-Being in the World*: *1950 – 1990*, Cambridge: Cambridge University Press, 2000.

② Adam Przeworski, Michael Alvarez, José Antonio Cheibub and Fernando Limongi, "What Makes Democracies Endure", *Journal of Democracy*, Vol. 7, No. 1, 1996.

③ http://www.personal.psu.edu/mhb5/data/data.htm, 2016 – 01 – 18.

④ Tatu Vanhanen, "A New Dataset for Measuring Democracy, 1810—1998", *Journal of Peace Research*, Vol. 37, No. 2, 2000.

象。此外，该指数自建立以来每逢选举年都会更新。

3. 政体项目（Polity Ⅰ，Ⅱ，Ⅲ，Ⅳ）。① 该指标体系延续了由马里兰大学（University of Maryland）教授泰德·格尔（Ted Gurr）创立的政体研究传统，并且从第一代一直发展至第四代。从时间跨度和测评范围上看，该项目对从1800年起至今的国际上各主要政体的发展变化过程进行不同侧面的度量，并且对相关数据进行持续性的更新。依据其相应的数据库和评估方法，它将世界上不同政体按照所谓专制程度的高低进行打分和排序。其中，世袭君主制得分最低，为-10分；巩固型民主政体得分最高，为+10分。而处于这一区间的不同政体及其得分分别为：专制政体，得分为-10分到-6分；混合政体或中间政体，得分为-5分到+5分；民主政体，得分为+6分到+10分。在政体第四代项目的基础之上，马歇尔（Monty Marshall）等及其研究机构系统和平中心（Center for Systemic Peace）自2007年至今已陆续发布了5份年度报告。②

4. 统一民主得分（Unified Democracy Scores）。③ 与其他有关民主的评估体系不同，统一民主得分更多的是对目前国际上主要测评指标的加工与综合。它由英国伦敦大学学院（University College London）的詹姆斯·梅尔顿（James Melton）、得州理工大学（Texas Tech University）的史蒂芬·梅泽夫（Stephen Meserve）和北达科他州立大学（North Dakota State University）的丹尼尔·配蒙斯顿（Daniel Pemstein）创立。依据贝叶斯统计测量模型，统一民主得分提供对1946年至2012年间世界各主要国家的民主状况的测评及其结果，其数据自2010年发布后至2014年，每年都会不定时更新。该指标体系最近的一次更新是在2014年3月，其更新数据主要来自"自由之家"（Freedom House，2014）、"政体第四代"（Polity Ⅳ，2012）和"温汉南民主化指数"（Vanhanen，2012）。

二是以政府间国际组织为主体的测量及其指标体系。其中，这类测量

---

① http://www.systemiepeace.org/polityprojee1.html, 2016-01-17.
② http://www.systemicpeace.org/globalreport.html, 2016-01-17.
③ http://www.unified-democracy-scores.org/index.html, 2016-01-18.

与指标体系以联合国开发计划署（UNDP）和世界银行（World Bank）等组织针对各成员国展开的调查与评估最具代表性，其目的主要是针对成员国开展有计划的民主治理咨询与援助。其中直接涉及民主测量的是联合国开发计划署治理指标项目（Governance Indicators Project）下的民主治理评估框架和世界银行的世界治理指标（Worldwide Governance Indicators）①，这两大项目均面向成员国展开涉及面极广的调查研究，并且每年都会形成相应的研究评估报告。与前述学术性色彩较为鲜明的测评指标体系不同，以国际组织为主体的测评更加倾向于治理等较为宽泛的概念与指标，相应地，其针对性也不如前者突出。例如，世界治理指标就以治理为切入点，通过从民众要求与政府责任、政治稳定度与暴力控制度、政府效率、监管质量、法治和反腐六个维度来对世界上不同国家的治理绩效进行具体评估。

　　三是以非政府组织（NGO）为主体的测量及其指标体系。虽然从研究主体的定位和层次上看，来自非政府组织的测量及其指标体系无论在学术性上，还是主体的级别层面上似乎都与前两者存在着一定的差距。但是，就国际影响力而言，非政府组织的测量、指标体系和排名在国际范围内无疑具有更为强大的话语权。长期以来，由它们所进行的民主测量及其最终报告在国际社会始终保持着极高的曝光度和强大的话语权威。大体而言，当前国际上来自非政府组织的较有影响力的评估指标体系主要包括：美国"自由之家"（Freedom House）的全球自由评估（Freedom in the World）②、英国《经济学人》杂志情报社（Economist Intelligence Unit）的民主指数（Democracy Index）③、德国贝塔斯曼基金会（Bertelsmann）的"贝塔斯曼转型指数"（Transformation Index）④、民主与选举援助研究所（IDEA）的民主评估（Democracy Assessment）⑤以及奥地利民主排名协会（Democracy Ranking Association）的全球民主质量排行（Democracy Ranking of the Quality

---

① http://info.worldbank.org/governance/wgi/index.aspx#home, 2016-01-10.
② https://freedomhouse.org/report-types/freedom—world#.VUErlyO1934, 2016-01-08.
③ http://www.economist.com/media/pdf/DEMOCRACY-INDEX-2007-v3.pdf, 2016-01-10.
④ http://www.bti-project.org/index/, 2016-01-11.
⑤ http://www.idea.int/publications/, 2016-01-11.

of Democracy)① 等。以下以全球自由评估和民主指数为例,对该类民主测量指数做一简要介绍。

1. 全球自由评估(Freedom in the World)。"自由之家"(FreedomHouse)是总部位于美国华盛顿的一家国际性非政府组织。它于1941年由时任美国第一夫人的埃莉诺·罗斯福(Eleanor Roosevelt)等人参与创建,战后至今主要从事民主、政治自由和人权方面的研究和行动倡议。"自由之家"将其自身定义为一家"独立的、致力于在世界范围内推广民主的监督组织",并将其基本使命描述为"代为应对民主的主要威胁并促进人们实现最基本的权利"②。虽然"自由之家"一直标榜自身的独立性,但无论是从内部人员构成还是从经费来源上看,该组织都难以称得上完整意义上的独立组织。从其董事会成员的政治立场上来看,其中大部分成员或属于老旧的保守派,或属于新保守派。例如,"自由之家"的现任董事会主席威廉·塔夫脱四世(William Taft Ⅳ)就长期在美国政府供职,并曾先后担任过国防部副部长、美国驻北约永久代表和国务院首席法律顾问等职务。而在资金来源方面,"自由之家"运营预算的近80%都不同程度地来自美国政府。从事全球范围内的民主自由评估并定期发布"全球自由评估"(Freedom in the World)报告是"自由之家"的核心工作事项,这一工作从1972年起一直延续至今,并且从1978年起开始展开年度评估。截至2015年,全球自由评估报告已经涵盖了全球195个国家以及15个地区。从测量维度上看,全球自由评估主要由政治权利(political rights)和公民自由(civil liberties)两项构成,其下又划分出若干子项,它们在调查问卷中又被细化为一系列具体问题以方便受访者进行判断。从数据来源上看,"自由之家"民主测量的基本数据来自调查问卷,其测量结果由高到低分为自由(free)、部分自由(partly free)和不自由(not free)三类。

作为全球开展较早和最具影响力的民主测评指标体系,"自由之家"

---

① http://democracyrankin.org/wordpress/,2016-01-12.
② https://freedomhouse.org/about-us#.VOiv9iNznEU,2016-01-08.

的全球自由评估报告一直在全球民主测评领域占据举足轻重的地位。大体而言，全球自由评估具有覆盖面广、测评时期长（始自1972年）、使用广泛和更新频度高（年度更新）等基本特点。进入21世纪以来，每当其评估报告出炉之际，联合国、世界银行等国际组织、全球有影响力的各大媒体，乃至不少国家的政要纷纷对其表示出极高的关注度，其在国际民主测评领域的重要性可见一斑。但是，全球自由评估也存在着一系列明显的缺陷与不足，主要包括：数据测算缺乏透明度、数据来源不明且将经济评估与政治评估相混同、意识形态偏见和数据加总问题等。可见，在片面的民主观念与浓厚的意识形态偏见的影响下，全球自由评估必然难以对世界各国的民主、自由状况作出客观、科学、全面的测评。相反，其所形成的最终评估结果还极有可能会被持相同或相似政治立场的媒体或公众人物所利用，进而沦为干涉他国内政以及误导国内外民众的政治工具。

2. 民主指数（democracy index）。相比于"自由之家"及其全球自由评估，民主指数虽然起步较晚，但依托《经济学人》杂志的平台优势，其在短短几年的时间内就已具备了极高的国际影响力。该指数由英国《经济学家》杂志社旗下的情报社（Economist Intelligence Unit）创办，于2006年首次发布，2008年进行了第二次发布。自2010年起，该指数发布频度改为一年一次。截至目前，该指数已连续发布6次，最新一期也即2015年民主指数年度报告已于2016年1月正式发布。①

从测评的内容、方法、赋分等方面来看，民主指数都对全球自由评估报告有所借鉴。在对民主的定义方面，民主指数的创建者们认为，包括全球自由评估在内的当前绝大多数关于民主的测评体系虽然各有不同，但其核心区别无非是围绕民主定义的广义与狭义之分而展开。从狭义角度来看，民主概念更多地是来自达尔关于多头政体（polyarchy）的论述②，其核心标

---

① "2015民主指数年度报告"参见 The Economist Intelligence Unit's Democracy Index 2015，http://www.eiu.com/Handlers/whitepaperHandler.ashx? if = EIU-Democracy-Index-2015. pdf&mode = wp&campaignid = DemocracyIndex2015，2016 – 01 – 25。

② 参见［美］罗伯特·达尔《多头政体——参与和反对》，刘惠荣、谭君久译，商务印书馆2003年版，第14—18页。

志是政治权力的更迭通过定期、自由和公平的选举而实现。从对民主最为狭义的定义出发，它又被人们习惯性地称为选举民主（electoral democracy）。在对"自由之家"的相关评估有所借鉴的同时，民主指数也认为，全球自由评估将民主细化为政治权利和公民自由来展开测评的做法虽然是对单纯选举民主的一种扩展，但从定义范围上来看仍比较狭隘。因此，本着从更加广义的角度来定义并测量民主的立场出发，民主指数试图超越单纯的选举民主，进而将政治参与、政府运行以至社会、经济等综合因素融入对民主的评估与测量之中。从上述立场出发，《经济学人》杂志情报社民主指数将对民主的测评指标扩展为五个大类：选举过程与多元化、公民自由、政府运行、政治参与、政治文化，这五个方面相互联系，共同构成一个有机的整体。从测评方式与评分方法等方面来看，民主指数与全球自由评估有一定的相似性。其测量结果由高到低分为完全民主（full democracy）、有瑕疵的民主（flawed democracy）、混合政体（hybrid regime）和独裁政体（authoritarian regime）四类。

如前所述，全球自由评估对于民主、自由等核心概念的定义更多地局限于狭隘的选举民主层面。在借鉴吸收全球自由评估的基础之上，民主指数试图在民主的定义与涵盖面方面有所突破，以增强其代表性和说服力。然而，民主指数在这方面虽有所改进但仍未能突破战后西方所形成并不断固化的选举民主范畴。在其为测评民主所设置的一系列子问题中，涉及选举民主的话题仍然占据最为核心的位置，对其他诸如社会、文化等领域的发展状况，虽有所提及但更多的只是作为选举民主的辅助条件而存在。以上这些缺陷都决定了民主指数难以客观、公正、准确地反映不同国家和地区民主发展的具体状况与成就。

四 西方民主测量"科学性"表象下的理论迷思

从 20 世纪 50 年代起，行为主义革命对整个西方社会科学研究产生了巨大影响。尤其是在美国政治学界，受到战后西方社会科学领域"行为主义革命"的深刻影响,西方以哲学、历史和制度分析为主要关注点的传统政治学已经日益被追求系统化、计量化和模型化的政治科学(political science)所替代。① 政治学研究在数理化、模型化方面的突飞猛进,无疑给战后的西方民主测量披上了一层"科学性"的外衣。然而,量化研究的泛滥不仅无助于提升西方民主测量的科学性,反而更加暴露了其在概念、方法以及本质层面上的理论迷思。

(一) 民主二分法与等级法之争

自民主概念诞生起,人们围绕民主的理论与实践方面的争议就从来没有停息过。评判民主究竟应该采用二分法还是等级法? 第二次世界大战结束以来,即使经历了行为主义和后行为主义革命的双重"洗礼",具备了更多"科学"色彩的西方民主理论研究仍未能彻底解决这一基本议题。作为西式自由民主理论的两位集大成者,达尔和萨托利关于民主概念及其评判标准的争论颇具代表性。在关于多头政体的研究中,达尔从公开竞争和参与这两大维度出发,构建起一个封闭性霸权政体的三个理想的过渡方向,即竞争性寡头政体、包容性霸权政体和多头政体。② 虽然达尔也曾明确指出,多头政体才是通往民主制度的唯一道路。但依据过渡条件不同,达尔对不同状态下政体的描述显然具有鲜明的等级判定色彩。与达尔不同,萨托利坚持认为,用程度来分析民主与非民主之间的区别存在根本性的缺陷,因为它完全忽视了民主是一个"有界限的整体"的概念。当然,萨托利并非完全排斥等级法或分类法,而是主张有限度地使用这一方法。即先将各种政体分为民主政体和非民主政体,然后再将更深层次的标准应用于那些通过初步二分法确证为民主化的政体。③ 实际上,关于民主二分法与等级法的争论反映的正是民主概念本身的高度复杂性,这也决定了任何试图用

---

① Giovanni Sartori, "What is 'Politics'", *Political Theory*, Vol.1, No.1, 1973.
② [美] 罗伯特·达尔:《多头政体——参与和反对》,刘惠荣、谭君久译,商务印书馆2003年版,第17—20页。
③ 转引自[美]大卫·科利尔、[美]罗伯特·艾德考克《民主和二分法:一种实用主义的概念选择》,《经济社会体制比较》2007年第5期,第115—121页。

一种简单的分析路径来测量和判定民主的尝试都将不可避免地存在理论缺陷。

虽然在采用二分法与等级法的问题上仍存在分歧，但这并不影响西方民主测量在民主判定问题上的"先分类再测量"①的基本立场。也就是说，即使在分析路径上有所差异，西方民主研究者在判别"民主政体"与"非民主政体"的问题上依然存在一个底线共识——竞争性选举。自熊彼特的精英民主理论确立了在西方民主思想中的统治地位以来，民主与专制的二元分析范式事实上已经逐渐渗透到西方民主理论的方方面面。随着战后科学至上主义在美国政治学界的泛滥，关于民主测量的理论与实证研究不断向科学化、数据化和模型化方向发展。但从本质上看，是否举行定期、自由、公平的选举仍是西方学者判定一个政权民主与否的核心甚至是唯一标准。可见，无论是主张二分法为主还是主张等级法为主，只要一个政权不符合西方民主学界的这一评判标准，都会被定性并归入非民主甚至是独裁行列。在这种意识形态色彩浓厚的理论预设之下，再进行多少所谓的计量、分析与排序都已显得无足轻重。

（二）主观性与客观性之争

除了围绕民主概念及其判定的分歧之外，西方民主测量在研究方法上还存在着主观性与客观性之争。从一般意义上讲，客观的实证数据往往更具准确性和说服力，从而更加接近民主的真实状况。然而，民主测量面对的却是最为复杂的不确定因素——人以及由不同的人共同组成的条件更为复杂的政治体系。在论述民主测量的客观方法时，博林就以大小集合的形式来说明这种所谓的客观数据的局限性。他认为，在信息总量无限大的社会之中，依靠有限的人力所获得的所谓客观、真实的数据充其量只能是其中的极小的一部分而已。以极其有限的信息量和民主调查数据去测量整个

---

① Giovanni Sartori, "Concept Misformation in Comparative Politics", *The American Political Science Review*, Vol. 64, No. 4, 1970.

政治体系的民主状况,必然会得出以偏概全甚至是完全相反的结论。[①]

认识到客观测量方法严重的局限性,在继续依靠传统的所谓客观调查数据的基础上,西方民主学界也逐渐开始重视主观方法在民主测量中的应用。在当前国际上流行的有关民主测量的指标体系中,从指标选取到数据的获取、分类、加总等方面来看,主观性方法的运用都占据了绝对的优势地位。例如,"自由之家"的全球自由评估报告主要通过专家观点来处理获取的二手或间接数据,《经济学人》杂志社民主指数的获得主要依靠有限范围内展开的调查问卷,等等。然而,对主观方法的过度依赖同样导致了严重的问题。例如,迈克尔·科皮奇(Michael Coppedge)等在梳理当前国际上主要的民主测量指标体系时就指出,除了在概念上难以达成共识之外,西方民主测量还面临着准确性、时空范围与数据源、专家评估、加总、有效性与可靠性测试五个方面的问题。[②] 不难发现,其中的每一部分及其最终结果的真实性都严重依赖于主观性的发挥程度。因此,对于当前的西方民主测量而言,继续纠结于主观性与客观性方法哪个优先或许已经不再那么重要,问题的关键是要突破主客观方法之争的局限,从而开辟出针对民主测量的崭新的方法论和理论视界。

(三)盲目追求"科学性"背后的"二律背反"困境

实际上,不论是对民主二分法与等级法的争论,还是对主观性与客观性孰优孰劣的讨论,都没有从根本上切中当前西方民主测量一系列缺陷的要害。对于民主测量这一复杂且充满争议的研究领域而言,西方尤其是美国民主研究者真正需要反思的,并非所谓的"科学性"不足,而是因盲目追求"科学性"而导致的深陷"科学性"陷阱的"二律背反"式困境。20

[①] Kenneth Bollen, "Liberal Democracy: Validity and Method Factors in Cross-National Measures", *American Journal of Political Science*, Vol. 37, No. 4, 1993.

[②] Michael Coppedge, John Gerring, David Ahman, Michael Bernhard, Steven Fish, Allen Hicken, Matthew Kroenig, Staffan I. Lindberg, Kelly McMann, Pamela Paxton, Holli A. Semetko, Svend Erik Skaaning, Jeffrey Staton and Jan Teorell, "Conceptualizing and Measuring Democracy: A New Approach", *Perspectives on Politics*, Vol. 9, No. 2, 2011.

世纪 60 年代，就在行为主义革命在美国政治学界方兴未艾之际，一些冷静的政治学者就敏锐地察觉到了这场变革可能带给政治学研究的不利影响。针对业已泛滥的行为主义革命的弊端，戴维·伊斯顿（David Easton）指出，过度的行为主义使政治学研究实际上陷入了一种实证保守主义（empirical conservatism）的陷阱之中，它将知识与现实生活完全割裂开来，片面强调所谓价值中立。但是，真正的中立从来都是不存在的。过度行为主义化只能导致从事研究的研究者们重复地进行意义不大的"系统维护"工作，从而忽视变革，以致对可能到来的危机与挑战视而不见。[①]

然而，针对可能面临的危机，美国政治学界却应对乏力。进入 20 世纪 70 年代，受到来自各方面的批评，行为主义革命在美国学界迅速走向低潮并被"后行为主义"所替代。然而，对所谓"科学性"的推崇仍然是美国政治学研究领域的主流价值取向。具体到民主测量的相关问题，美国民主研究者们所能做的也只是沿着不断增强"科学性"的路径继续前行。过度地追求所谓"科学性"的结果，只能是在更为复杂化的基础上暴露出新的"科学性不足"的缺陷，从而继续走入下一轮的自我循环之中。即使有一些学者选择从体系层面展开反思，最终也未能扭转既有的路径依赖局面。针对西方政治学界的这一弊端，萨托利就曾一针见血地指出，战后以来看似蓬勃发展的西方政治学在很大程度上只能称为"美式政治科学"（American-type political science），其基本的分析范式不仅大多来自经济学，而且缺乏自成一体的完整的方法论体系。因此，这种过度重视数据、实证分析，而忽视制度分析、理论研究的政治科学充其量只能是一种"软科学"（soft science）而已。[②]总之，西方在民主测量领域暴露出的一系列弊端的根源，并不是所谓的"科学性"不足，而恰恰是因为深陷"科学性"陷阱所产生的对创新学科理论与范式等系统性问题的无能为力。

[①] David Easton, "The New Revolution in Political Science", *The American Political Science Review*, Vol. 63, No. 4, 1969.

[②] Giovanni Sartori, "Where Is Political Science Going?" *Political Science and Politics*, Vol. 37, No. 4, 2004.

五　反思与启示：民主研究议程的转向与中国立场

经过战后半个多世纪的发展，无论是从指数自身的"科学性"与复杂性，还是从全球影响力与话语权来看，西方民主测量看似都取得了不小的"进步"。然而，"冷战"结束以来全球民主化遭遇发展悖论的严酷现实告诉我们，打着"科学"旗号的西方民主测量及其指标体系并不能从根本上扭转西式自由民主在全球范围内的日渐式微。西方民主测量领域的种种乱象表明，对"科学性"与国际影响力的过度追求并不能掩盖其在理论和实践层面的双重困境。在加强反思的同时，我们也应持续关注新兴工业化国家与发展中国家政治发展的实践与经验教训，切实树立起科学的民主发展观，积极推动世界范围内民主研究议程的转向。

（一）认清西方民主测量的实质与目的

实际上，民主测量从一开始就不是一项单纯的学术性活动。西方在将民主或计量化或价值化的背后，体现出的仍是西方世界根深蒂固的话语霸权和强权政治逻辑。凭借着对民主测量话语权的垄断，西方战略家将其包装成全人类的"普世价值"和全球性政治标准，并依托名目繁多且花样不断翻新的各种指标体系与排行榜来向外推销。因此，"民主判定和测量是一项政治性和意识形态性极强的行为，反映了国际上思想政治领域的较量与斗争。一些西方非政府组织热衷于此，正是意在突出和强调西方世界在国际政治领域的标准制定权和话语权"[①]。在国际政治现实中，民主并非抽象而不可捉摸，而是真实地存在于围绕它的种种理论与实践斗争之中。借助国际援助和投资等各种外交手段，西式民主模式在很大程度上已经被改

[①] 张树华等：《民主化悖论：冷战后世界政治的困境与教训》，中国社会科学出版社2015年版，第10页。

造成为非西方国家不得不接受的唯一标准。① 一些西方大国掌控民主测量话语权的目的绝不是简单地为非西方国家提供观察本国民主状况的参考资料。从本质上讲,它们之所以热衷民主测量与排行,正是想要借助在该领域的话语霸权以实现其对外输出民主和扩展自身全球战略利益的目标。

(二) 积极推动世界范围内民主研究议程的转向

"冷战"结束以来,随着西式"民主一元论"的式微和以中国为代表的新兴经济体展现出出色的政治发展能力与优势,全球范围内民主研究议程的转向正在悄然酝酿。一些西方大国的对外"推销民主"战略不断受挫,"颜色革命"泛起的民主"泡沫"接连破灭,大多数新兴"民主国家"也相继陷入治理困局,这些都促使人们开始对民主问题以及以西方自由民主为标准来观察衡量世界的思维模式进行反思。当前国际民主测量领域的乱象充分表明,依据"民主—非民主""自由国家—非自由国家"等线性的、单一的标准对不同国家进行所谓的民主排行,并不能真实地反映当代世界政治现实的复杂性和矛盾性。可以说,这种打着所谓"客观""科学"旗号的民主测量与排行,不仅无助于更好地阐释相关国家民主状况的发展进程,反而会起到误导舆论和加剧国际社会矛盾与冲突的负面作用。

2008年以来,全球金融危机的爆发与蔓延进一步暴露了以美国为首的西式自由民主的严重缺陷。金融危机爆发后,西式自由民主所表现出的政治对抗、金钱政治、决策不畅等政治颓势都使得西方原有的政治能力和民主成色大打折扣。与西方继续局限于"民主—专制""西方—非西方"的两极对立思维模式不同,改革开放30多年来,中国采取科学性的发展方式,沿着协调性的发展轨道,秉承着包容性价值理念,为当今世界的政治发展进程提供了非凡的答案。借助于发展价值的多元性、发展进程的包容性和发展理念的科学性,被西方世界称为"中国模式"的政治发展道路正

---

① [美]霍华德·威亚尔达主编:《民主与民主化比较研究》,榕远译,北京大学出版社2004年版,第4—5页。

在对被视为人类理所当然的政治制度的自由民主构成强有力的挑战。① 在世界政治发展的竞技场上，中国正日益表现出强劲的政治竞争力和政治发展力，展示着良好的发展前景。凭借改革开放30多年来卓越的治理能力与良好的治理绩效，中国道路创造出的伟大成就已经在理论和实践层面打破了西式民主"一元论"对政治发展道路与模式的垄断。未来，伴随中国不断崛起，西式自由民主话语霸权的衰落以及世界范围内民主研究议程的真正转向，必然指日可待。

（三）探索更加全面、科学的政治发展与评估之路

"冷战"结束后，在国际民主化的大潮中，民主不断地泛国际化、神圣化、宗教化、工具化、功利化、标签化、碎片化、庸俗化、手段化、程序化和格式化。② 在中国，与国外情形相似，民主对于国内思想理论界显得既熟悉又混乱，对民主的理解歧义颇多，在认识上还存在不少误区和模糊之处。要探寻这些问题的真正答案，无疑需要我们在旗帜鲜明地坚持民主研究中国立场的同时，树立起实践性、发展性、全面性和效能性相统一的科学的民主发展观。

首先，不应抽象地、孤立地去研究民主，而应注重分析和研究民主的历史性和实践性。要勇于跳出西式"民主—专制"单一的、线性的、两极化思维模式的误区。应结合"冷战"后国际政治领域中的一些鲜活例证，分析一些国家在民主化进程中的成败得失，以国际的视野和发展的眼光，来探讨民主化的理论逻辑、时间顺序和成长条件。唯其如此，才能真正做到驾驭民主化进程，实现综合的、全面的、协调的政治发展。

其次，注重研究民主的成长性和发展的包容性。"冷战"后国际民主化的潮起潮落以及近些年围绕东西方政治发展模式的辩论表明，民主进程是政治发展进程的重要因素，但是民主并不是唯一的、终极的内容，并不

---

① 杨光斌：《超越自由民主："治理民主"通论》，《国外社会科学》2013年第4期。
② 张树华：《"冷战"后西方民主与民主化研究：理论困境与现实悖论》，《红旗文稿》2011年第11期。

能用民主概念涵盖或解释社会发展的一切。一个国家需要什么样的政治发展方式、发展价值和目标,归根结底是与它所处的社会发展阶段密不可分的。在政治发展的总体轨道上,民主有着特定的发展顺序、速度和方式,有其特定的环境、条件和土壤,并且伴有发展成本的高低和质量优劣。①此外,从政治话语层面来看,民主的概念固然鲜明,但却难以摆脱单一性、片面性和过度意识形态化等缺陷。相比较而言,政治发展的内涵则显得更为丰富、科学和具体,也更加全面、包容和具有实践价值。

最后,在坚定立足中国发展的政治经验和理论积淀的基础上,提出评估世界政治的"中国标准"。要深入剖析西方输出民主背后的地缘政治的战略意图,努力摆脱西方在民主、人权领域的话语禁锢。对于国际政治领域而言,话语权不仅意味着舆论控制权,更是一种深层次上的制度性权力。因此,为了争夺国际政治话语权,展示中国的软实力和政治竞争力,我们迫切需要通过全面、客观与科学的比较研究和数据分析,对世界各国政治发展的历史、现状进行科学的考察与评估,研究制定具有中国特色并兼具国际解释力的、强调综合性政治发展力和竞争力的、定性与定量相结合的世界政治发展(力)评价指标体系。

(作者单位:赵卫涛,中国人民大学国家发展与战略研究院;
张树华,中国社会科学院信息情报研究院)

(原载《政治学研究》2016 年第 4 期)

---

① 张树华:《树立和坚持正确的民主发展观》,《政治学研究》2006 年第 1 期。

不平等的民主：20世纪70年代以来美国政治的演变[*]

汪仕凯

一 研究缘起

肇始于美国的次贷危机终于在2008年冲出北美大陆，演变成为全球性的金融危机。欧洲国家在金融危机的冲击下纷纷爆发了大规模的民众抗议运动，而此时的美国除了在公共舆论中围绕财政刺激方案形成了激烈的争论，美国民众似乎尚未显露出要针对金融危机发起社会运动的迹象，金融危机冲击下的美国民众似乎过于平静了。正当美国主流社会密切关注奥巴马政府提出的全面医疗保障法案之时，一场名为"占领华尔街"的社会运动悄然生发，并且迅速蔓延至美国各大城市，发展成为声势浩大的"占领美国"运动。示威者喊出了"我们是99%的人，不能再忍受那些1%的人的贪婪和腐败"的宣言，它表达了美国民众对于华尔街金融机构以及美国政府监管失责的强烈不满。[①] 金融危机诚然是引发"占领华尔街"运动的直接原因，但是美国民主政治的衰落以及蕴藏其中的越来越严重的经济不

---

[*] 本文系国家哲学社会科学基金2013年度青年项目"全球治理与主权国家之间的利益协调关系研究"和华东政法大学"华与罗世界文明与比较政治研究项目"的阶段性成果。感谢《世界经济与政治》匿名评审人的意见，文中错漏由笔者负责。

[①] 周琪、沈鹏：《"占领华尔街"运动再思考》，载《世界经济与政治》2012年第9期，第74页。

平等与政治不平等,则是隐藏在金融危机背后的更为深刻的根源。

罗斯福新政开创了美国政治的新局面,集中体现为美国政治打破了奉行多年的保守主义政治传统,转而孕育了一种进步主义的政治气象。① 而且伴随着美国霸权地位的确立和第二次世界大战之后经济繁荣的到来,美国对于本国政治体制的自信心得到了前所未有的增强。一时间,美国的政治体制成了实践民主政治的"最佳"制度形式,美国的精英乃至大众不仅陶醉于此,而且竭力将美国的政治制度输送到世界各地,以推动广大的发展中国家实现民主转型。然而,从 20 世纪 70 年代开始,由于政党政治的转型、公共利益集团的衰落、商业集团的重新崛起、公共政策的调整、公民政治参与的低迷等多种原因,美国民主体制的局限性逐渐暴露出来,从而在政治、经济、社会等领域引发了一系列严重的后果,更为严重的后果可能是政治、经济、社会等领域的问题相互强化,进而导致美国民主政治的衰落。简要言之,美国民主政治的衰落正是 20 世纪 70 年代以来美国政治演变的结果。

近年来,学术界越来越关注美国民主政治衰落的问题,弗朗西斯·福山(Francis Fukuyama)提出的"美国政治制度衰败"的观点就是其中的代表。福山认为政治制度过于僵化、不能适应环境的变迁就会导致制度衰败,他指出:"这里的政治衰败仅仅意味着,许多具体的美国政治制度遇上故障,而僵化的认知和根深蒂固的政治力量相结合,随着时间的推移而愈益强大,阻止了这些制度的革新。所以,制度改革是非常困难的,很可能会给政治秩序带来重大的破坏。"② 具体而言,美国政治制度的衰败集中体现在以下三个方面:首先,国会和司法机构的权力过大,挤占了政府的很多权力,而且滋生了人民对政府的不信任,故而严重影响了政府的质量和效率。其次,商业集团在国会的游说活动导致了极端化的狭隘利益,代议制

---

① [英]迈克尔·曼:《社会权力的来源》第三卷,郭台辉、茅根红、余宜斌译,上海世纪出版集团 2015 年版,第 327 页。
② [美]弗朗西斯·福山:《政治秩序与政治衰败:从工业革命到民主全球化》,毛俊杰译,广西师范大学出版社 2015 年版,第 423—424 页。

表达公共利益的功能受到了严重削弱。最后，总统与国会之间的分权制衡、联邦与州之间的分权制衡制造了政策过程中的一系列否决点，严重地限制了美国政府通过公共政策解决经济与社会问题的治理能力。①

福山对于美国民主政治衰落原因的诊断遵循了塞缪尔·亨廷顿（Samuel P. Huntington）的理论，这就是从政治制度寻找根源，并解释了政治制度与政治秩序之间的有机关联。亨廷顿在《变化社会中的政治秩序》一书中就直白地指出，美国政治制度在本质上是中世纪都铎王朝体制的翻版，当英国抛弃它时，美国却紧紧拥抱住它，因此"美国把世界上最为现代化的社会与世界上最古老的政体融为一体"②。政治制度是反复出现的行为模式，它构成了政治过程的框架和政治秩序的基础，同样重要的是，它也集中体现了特定的政治利益以及人们对于公共利益的特定理解，因此如果说美国政治制度没有伴随环境的变化而发展所以显得僵化的话，那么根本的原因在于美国政治制度背后存在一个强大的精英群体。美国学者承认，"和其他所有国家一样，美国的民主政治活动也是由一小部分人掌控，大多数的政治、经济和社会决策都由少数精英制定，而不是广大民众"③。由此可见，美国民主政治的衰落不单纯是制度设计的问题，而且有着深刻的社会根源，正是由于美国统治精英为了捍卫自身的狭隘利益，才引发了美国政治制度的衰败和民主政治的衰落。

威廉·多姆霍夫（William Domhoff）的研究表明美国一直以来就存在一个支配阶级。多姆霍夫在其著作《谁统治美国：权力、政治和社会变迁》中总结道："企业共同体将经济权力转化成政策影响和政治通道的能力，使得它成为联邦政府中最有影响的力量。它的主要领导被任命为执行机构的高层，它在国会中的同盟者认真地听取雇佣专家的政策建议。经济

---

① ［美］弗朗西斯·福山：《政治秩序与政治衰败：从工业革命到民主全球化》，毛俊杰译，广西师范大学出版社2015年版，第32、33、34章。
② ［美］塞缪尔·亨廷顿：《变化社会中的政治秩序》，王冠华等译，上海人民出版社2008年版，第103页。
③ ［美］托马斯·戴伊、［美］哈蒙·齐格勒、［美］路易斯·舒伯特：《民主的反讽：美国精英政治是如何运作的》，林朝晖译，新华出版社2016年版，第2页。

权力、政策专家和持续的政治胜利之间的结合，使得公司的所有者和主管们成为支配阶级（dominant class），他们不仅掌握着绝对的权力，而且拥有权力形塑其他群体和阶级必须活动于其中的经济和政治框架。因此，在与他们有关的议题上，他们赢的次数要比输的次数多得多。"① 以企业共同体为主干形成的支配阶级，实际上就是美国社会中的富裕阶级，这个阶级借助它们的巨额财富获得了巨大的政治影响力，进而决定了美国民主政治的实际运转过程。严重的经济不平等破坏了作为美国民主政治基本原则的政治平等，在事实上造成了明显的政治不平等，这就是美国民主政治衰落的实质所在。

从古希腊的亚里士多德（Aristotle）开始，政治体制类型的划分就同贫富紧密联系在一起，他认为贫富差别构成了区分寡头政体和平民政体的基础。亚里士多德写道："如以财富为凭，则一定是寡头（财阀）政体；同样地，如以穷人为主体，则一定是平民政体。"② 亚里士多德的政体理论表明了政治平等是民主政治的本质并且政治平等与贫富分化难以兼容的道理，然而现代国家的民主政治恰恰是要把政治平等与贫富分化兼容起来。民主政治的实质是公民之间的政治平等，但是政治平等的公民之间却存在经济不平等，因此民主政治只能建立在经济不平等的基础之上，或者说民主政治要在经济不平等的条件下实现和维护政治平等。③ 毋庸讳言，政治平等与经济不平等之间的张力构成了民主政治内在的困境，如果民主政治不能抑制经济不平等对政治平等的侵蚀，也不能利用政治平等孕育出的社会权力来缓和经济不平等的程度，那么民主政治的内在困境就会膨胀起来，从而阻碍民主政治的有效运转，也就是引发了民主政治的衰落。

美国政治制度的创造者们深知经济不平等对于政治的负面影响，但是

---

① ［美］威廉·多姆霍夫：《谁统治美国：权力、政治和社会变迁》，吕鹏、闻翔译，译林出版社 2009 年版，第 6 页。
② ［古希腊］亚里士多德：《政治学》，吴寿彭译，商务印书馆 1965 年版，第 135 页。
③ 汪仕凯：《贫穷、经济不平等与再分配：民主的政治经济机理》，载《国外理论动态》2013 年第 6 期，第 87—95 页。

他们告诫道:"造成党争的最普遍而持久的原因,是财产分配的不同和不平等。"① 当代社会科学理论则进一步指出,经济不平等并不只是引发党争,而且会侵蚀民主政治本身。查尔斯·蒂利(Charles Tilly)就尖锐地指出,"显而易见,不平等对于基本的政治过程有着深入的影响,它构成了政治生活的主要基础和限制,不平等对于政治过程的影响是持续强化的"②。持续强化的影响就是指富裕阶层将扭曲民主政治,从而破坏政治平等,并且进一步强化经济不平等的程度,所以查尔斯·林德布洛姆(Charles E. Lindblom)就认为:"私人大公司与民主政治显得格格不入,事实上也确实如此。"③ 罗伯特·达尔(Robert Dahl)在其晚年对于美国政治平等的现状忧心忡忡,他认为"美国的政治平等发生了实质性的下降,公民在影响政府决定方面甚至更不平等"④。概而论之,研究美国政治的学者清醒地意识到,美国民主政治非但未能在政治平等的基础上抑制经济不平等的恶化,反而导致了不断发展的经济不平等损害政治平等的局面。

政治平等与经济不平等之间的张力是理解20世纪70年代以来美国政治演变的根本。本文的基本主张是,美国民主政治未能在政治平等的基础上增强公民的社会权利,从而对经济不平等进行有效的调节,反而在富裕阶层的影响下推动了经济不平等的急剧扩大,经济不平等的急剧扩大反过来导致了政治平等的实质性下降。换言之,美国的民主政治已经衰落了,而衰落的真相就在于不平等,也就是政治平等与经济不平等之间的相互制约关系被政治不平等与经济不平等之间的相互促进关系所代替,这种状况正是美国民主政治衰落的根源所在。本文的论述将以政治平等与经济不平等之间的关系为出发点,结合美国民主政治衰落的具体表现、美国民主政治衰落的动态机制以及美国民主政治衰落导致的复杂后果,指出经济不平等对于政治平等的损害才是民主政治的最大威胁,而政治平等对于经济不

---

① [美]汉密尔顿、[美]杰伊、[美]麦迪逊:《联邦党人文集》,程逢如等译,商务印书馆2004年版,第46—47页。
② Charles Tilly, *Durable Inequality*, Berkeley: University of California Press, 1998, p. 223.
③ Charles E. Lindblom, *Politics and Markets*, New York: Basic Books, 1977, p. 356.
④ [美]罗伯特·A. 达尔:《论政治平等》,谢岳译,上海世纪出版集团2010年版,第51页。

平等的制约才是民主政治得以维系的关键所在，因此美国政治发展的前景将取决于政治平等对经济不平等的制约关系的重建。

二　美国民主政治的衰落

民主政治是政治平等基础上的多数人统治，政治平等的公民借助一系列制度化机制进行利益表达，并且在此基础上实现利益聚合，进而达成巩固公共利益和改善公民福利的目的。虽然代议制度制造了公民与决策之间的距离，从而导致了约瑟夫·熊彼特（Joseph Schumpeter）所说的决策权的转移，也就是说，民主政治蜕变成一种决定谁有权力作出政治决定的制度安排①，但与此同时，民主政治作为一种以利益聚合的方式改善公民福利的制度安排的性质是确定无疑的，并且也不会由于代议制度的出现而在理论上出现任何疑问。②就民主政治的实践过程而言，民主理论大师罗伯特·达尔指出，通畅的公民利益表达、政策对公民利益诉求的高效回应、不同群体之间充分的政治竞争以及政府对公民权利的有效保障，构成了我们判断民主政治优良与否的不可或缺的标准。③

其实，无论是在理论上还是在实践中，政治平等毫无疑问构成了民主政治的实质，能否捍卫政治平等并且在政治平等的基础上争取改善公民的福利，是判断民主政治是否衰落的基本尺度。因此，政府决策在利益聚合的基础上回应公民诉求从而改善公民福利，就构成了我们观察美国民主政治衰落的基本线索。具体而言，美国民主政治的衰落体现在以下5个方面，即政府对不同社会阶层的利益诉求回应的不平等、公民权利与福利的实质性萎缩、民主政治在限制经济不平等加剧方面的失效、政治极化以及由此导致的政策僵局、社会流动的停滞以及社会阶层的固化。

---

① ［美］约瑟夫·熊彼特：《资本主义、社会主义与民主》，吴良健译，商务印书馆1999年版，第395—396页。
② ［美］伊恩·夏皮罗：《民主理论的现状》，王军译，中国人民大学出版社2013年版，第3页。
③ ［美］罗伯特·达尔：《论民主》，李风华译，中国人民大学出版社2012年版，第31—38页。

(一) 政府对不同社会阶层诉求回应的不平等

现代国家的巨大规模使得公民难以直接决定政府政策,转而通过代议制度将决策权委托给政治精英,因此政治精英能否平等地照顾公民的利益诉求就成为检验公民之间政治平等的关键。在美国民主政治中,更加富有和受过良好教育的民众往往比贫穷阶层和教育程度低的人更有可能拥有明确表达自己的利益诉求从而获得积极回应的机会,这就是说,"真实政治系统中的政策制定者并未将民众视为政治上是平等的"①。毋庸讳言,公民在社会分层中的位置在很大程度上决定了政治精英回应其利益诉求的程度,具有社会地位和家资丰厚的人们对于政治精英和政府决策有着更高的影响力,诚如埃米·古特曼(Amy Gutmann)所言:"我们让别人听到观点或者亲自影响政治过程的能力是非常有限的,除非碰巧我们非常有钱或者有名。"② 由此可见,政府对于不同社会阶层利益诉求的回应性也是不平等的,大致上与社会阶层的分布保持了一致。

马丁·吉伦斯(Martin Gilens)的统计分析表明,在美国的民主政治中,大多数人支持的政策意向并不能成为法律,只有当政策意向得到了顶层人们的支持时,才可能有机会成为法律。如果90%的穷人支持一项政策变化,这种政策变化发生的可能性不比只有10%的富人支持好多少;与此相对照的是,当富裕阶层支持一项政策变化时,此项政策变化发生的可能性就会明显提高,具体而言,富裕阶层将一项政策意向变成法律的可能性是贫穷阶层的3倍。③ 同样值得关注的是政府对中产阶层的回应情况,当一项政策意向得到了中间阶层的强烈支持却同时遭到富裕阶层的反对时,也不可能具有比贫穷阶层的提案更大的机会成为法律,因此中间阶层与贫穷

---

① [美] 拉里·巴特尔斯:《不平等的民主:新镀金时代的政治经济学分析》,方卿译,上海世纪出版集团2012年版,第261页。
② Amy Gutmann, *Freedom of Association*, New Jersey: Princeton University Press, 1998, p. 3.
③ Martin Gilens, "Political Ignorance and Collective Policy Preference," *American Political Science Review*, Vol. 95, No. 2, 2001, pp. 379–396.

阶层在影响政策方面同样是软弱的。①美国政治中存在的公民利益诉求回应性的不平等，并不会因为政党社会基础的差异而发生显著的不同，共和党的政治精英相比民主党的政治精英来说确实更为关注富裕阶层的利益，但是在消极回应中间阶层和贫穷阶层的利益诉求方面，共和党和民主党的政治精英保持了高度一致，尽管民主党的社会基础更多地依赖中产阶层和贫穷阶层。②造成这种趋同局面的根本原因在于，同富裕阶层联系在一起的丰厚的竞选资金支持以及其他重要的政治资源，无论是对共和党还是对民主党而言都是颇为珍贵的。正如吉伦斯所指出的，美国的富人能够借用金钱来购买对政治精英的影响力，从而支持他们的政策立场。③

（二）公民权利与福利的实质性萎缩

公民之间的政治平等赋予了公民争取更多经济与社会权利从而改善自身福利的政治资格，如果民主政治能够切实地贯彻政治平等的原则，那么公民权利与福利将借助民主政治的运转而获得持续的改善。但是在美国民主政治中，"民意至多是精英在其内部政策斗争中使用和型构的一种资源"④，美国政府的决策事实上是由来自企业共同体的富裕阶层主导的，所以政治平等难以为改善公民权利与福利发挥强有力的作用。多姆霍夫总结美国富裕阶层的政策立场时写道："他们对于联邦政府通过以下方式来资助普通老百姓的能力十分警觉，包括：（1）为失业者创造由政府提供薪水的工作；（2）提供使更多人受益的医疗、失业保险和社会保障；（3）帮助雇员在工作场所获得更多的权利和保护；（4）支持雇员组建工会的努力。"⑤

---

① Martin Gilens, "Inequality and Democratic Responsiveness," *Public Opinion Quarterly*, Vol. 69, No. 5, 2005, pp. 778–796.
② ［美］拉里·巴特尔斯：《不平等的民主：新镀金时代的政治经济学分析》，方卿译，上海世纪出版集团2012年版，第275页。
③ Martin Gilens, "Preference Gaps and Inequality in Representations," *Political Science & Politics*, Vol. 42, 2009, pp. 335–341.
④ ［美］拉里·巴特尔斯：《不平等的民主：新镀金时代的政治经济学分析》，方卿译，上海世纪出版集团2012年版，第188页。
⑤ ［美］威廉·多姆霍夫：《谁统治美国：权力、政治和社会变迁》，吕鹏、闻翔译，译林出版社2009年版，第5页。

由此可见，改善公民权利与福利并不符合富裕阶层的政策立场。在进步主义联盟的支持下，美国政府在20世纪30年代至60年代推行了一系列改善公民权利与福利的政策，但是从20世纪70年代开始，美国普通公民的社会权利与福利却出现了实质性萎缩。

我们可以从以下三个方面来观察美国公民权利与福利的实质性萎缩。首先，最低工资不断受到侵蚀。虽然就绝对量而言，最低工资水平在过去40年里有了提高，但是如果考虑到通货膨胀的因素，美国最低工资的实际价值下降了约40%。而且面对公众对提高最低工资的一贯和压倒性支持，美国的政客却选择了拖延、阻挠、混淆黑白的态度。① 其次，医疗保障制度落后。美国的医疗保障制度长期以来备受批评，奥巴马政府启动了建立低成本的全民医保制度的政策过程，但是纵使在政治条件最有利于民主党的时候，奥巴马的全民医保政策也未能实现初衷，最终不得不向企业集团作出重大让步。② 最后，工会会员大幅度缩减，工会的地位和影响力不断式微。2005年美国工会率下降到了12.5%，美国工会的衰落不是偶然发生的，而是被美国政治精英的政策立场刻意引诱所致，其中的关键在于企业共同体过分的反工会活动没有遇到美国政府的多少阻力。③

（三）民主政治限制经济不平等加剧的功能已经失效

民主政治的一个重要功能就是借助再分配政策来调节国民收入在不同公民之间的分配，从而在公共财政的支持下改善贫穷阶层的经济收入状况，进而限制经济不平等不断加剧的趋势。当然，民主政治下的再分配政策离不开政府对经济的大幅度干预和公共财政支持下的公共部门的扩张，这就意味着再分配政策往往同比较高的税收水平紧密联系在一起。根据卡莱斯·鲍什（Carles Boix）的研究，公民政治参与的程度越高，公共部门的

---

① ［美］拉里·巴特尔斯：《不平等的民主：新镀金时代的政治经济学分析》，方卿译，上海世纪出版集团2012年版，第254页。
② ［美］雅各布·哈克、［美］保罗·皮尔森：《赢者通吃的政治》，陈方仁译，上海人民出版社2015年版，第277—278页。
③ 同上书，第49页。

规模就越大，通过公共财政推行的转移支付的规模也就越大，因此现代国家公民的福利水平受到了民主政治的极大影响。① 公民政治参与的程度构成了政治精英政策选择的一种制约，如果公民政治参与程度比较低，那么政治精英就缺乏推行再分配政策的动力，民主政治对于经济不平等水平的调节和限制就会不断弱化。从20世纪70年代开始，美国公民政治参与程度的降低、一波又一波的减税政策、公共部门的不断压缩、持续膨胀的财政赤字已经使得民主政治限制经济不平等加剧的功能失效了。

哈罗德·克博（Harold Kerbo）对美国经济不平等的研究表明，在经历20世纪50年代至70年代初期的缓和之后，美国公民之间的经济不平等从20世纪80年代开始急剧恶化，从1980年到2005年收入分配的差距显著拉大，集中体现为富者越富、贫者越贫。同1977年的4.4%相比，如今最底层的20%的家庭占有的总收入份额只有3.4%，而同1977年的43.6%相比，如今最上层的20%的家庭占有的总收入份额达到了50.4%。1980年到2005年间，美国的基尼指数从0.331上升到了0.469。② 要是我们把观察经济不平等的目光聚焦在富裕阶层内部更为狭小的范围上，那么经济不平等恶化的程度将是骇人听闻的。美国最顶层的1%的家庭在1977年的总收入中所占的份额是8%，2007年则增加到了18%，如果把资本增值也考虑在内，那么比重则提升至23.5%；与此同时，最顶层的0.1%的家庭在总收入中的百分比也从1974年的2.7%增加到2007年的12.3%。③ 无怪乎，理查德·弗里曼（Richard Freeman）挖苦道："如果有一块不平等的金牌颁发给发达国家，美国将唾手可得。"④ 毫无疑问，美国是发达国家中经济不平等程度最高的国家。

---

① Carles Boix, "Development, Democracy and the Public Sector," *American Journal of Political Science*, Vol. 45, No. 1, 2001, pp. 1–17.
② ［美］哈罗德·克博：《社会分层与不平等》，蒋超等译，上海人民出版社2012年版，第28页。
③ ［美］雅各布·哈克、［美］保罗·皮尔森：《赢者通吃的政治》，陈方仁译，上海人民出版社2015年版，第5—6页。
④ Richard Freeman, *America Works: Critical Thoughts on the Exceptional U.S. Labor Market*, New York: Russell Sage Foundation, 2007, p. 44.

(四) 政治极化与政策僵局的形成

美国民主政治衰落在过去几十年的时间里，最显而易见又相互联系的两个特征就是政治极化与政策僵局的形成。政治极化是指美国政治阵营按照共和党与民主党呈现出明显的分化，并且两个阵营之间界限愈发封闭、政策回旋余地越来越狭窄的情况。政治极化已经被越来越多的美国人所感受到，并且成为美国政治研究中的重要议题。① 具体而言，政治极化包括以下现象：共和党与民主党之间的意识形态分歧和对立日趋明显，政党内部团结得到了增强从而导致国会决策中一党多数反对另一党多数的局面，在总统选举中出现了红色州与蓝色州对峙的状况以及普通公民在选举中只投本党候选人的支持票的趋势。② 作为当今美国政治最为显著的特征，政治极化构成了理解美国政治过程的基本背景，进而论之，政治极化改变了美国政策过程的基本模式，政策革新很难在跨党联盟的基础上获得多数支持，于是形成了政策僵局。尤其是在维护公共利益和贫民阶层利益的政策方面，尽管政策指向的问题由来已久并且非常严重，政策本身也得到了民意的广泛支持，但政策法案仍然难以在国会两院中获得通过。

美国政治体制的分权性质本来就制造了一系列的否决点，其初衷是为了限制多数人因私利而损害少数人的利益，但是在政治实践中否决点却严重地制约了国家治理能力、损害了公共利益，这使得美国民主成为现代民主国家中的一个异类。③ 政党竞争是美国政治体制的创造者们试图极力限制的事情，而围绕政治竞争形成的政治极化则更是美国的国父们未曾预料

---

① 尽管越来越多的美国政治研究者承认政治极化的问题，但是以莫里斯·菲奥瑞纳为代表的学者则持保留态度，他们借助全国选举调查的数据以及相关民调资料，得出的结论认为美国政治并没有出现明显的极化，学者们所谈论的政治极化只不过是政治精英的极化被媒体放大后，进一步投射到普通民众身上之后而形成。事实上，大多数美国普通民众的政治态度仍然是模糊的、中立的、两可的。参见 Morris Fiorina, Samuel Abrams and Jeremy Pope, *Culture War? The Myth of a Polarized America*, New York: Person Longman, 2011。

② 张业亮：《"极化"的美国政治：神话还是现实？》，载《美国研究》2008 年第 3 期，第 7—8 页。

③ [美] 弗朗西斯·福山：《政治秩序与政治衰败：从工业革命到民主全球化》，毛俊杰译，广西师范大学出版社 2015 年版，第 447—453 页。

到的事情,政治极化与政治体制中的否决点相互结合更是锁定了政策僵局。政策僵局的背后实际上是富裕阶层的利益支配,因为政策革新将打破既定的利益格局,从而损害富裕阶层的利益。多姆霍夫指出:"北方富人控制共和党、南方富人控制民主党,由北方共和党人和南方民主党人组成的保守主义阵营在与阶级有关的议题上控制国会,在这样的情势下,在美国历史上的大部分时候,几乎没有什么机会通过选举制度来推动平等的社会变迁。"① 由此可见,政策僵局限制了公民在政治平等的基础上争取更多福利的可能性,这反过来又损害了政治平等,使之局限在虚空的政治原则的范围内。

(五) 社会流动停滞与社会分层固化

政治平等原则对经济不平等的嵌入,目的就是在经济不平等的公民之间建构相同的身份,从而在一定程度上打破由于经济不平等而导致的森严的社会分层体系,这就意味着政治平等要打破不同社会阶层之间的间隔,扩大社会流动的机会,因此社会流动性的程度与社会分层固化的程度,实际上是一个国家政治平等程度的典型反映,一个政治不平等的国家,往往是一个社会流动停滞和社会分层固化的社会。美国梦的核心就是美国社会存在着大量的社会流动机会,并且美国是一个没有阶级的社会,这样的观念之所以形成并且深入人心,是同美国建国之时就贯彻了公民政治平等的原则一脉相承的。雅各布·哈克(Jacob Hacker)和保罗·皮尔森(Paul Pierson)的研究则表明,伴随美国经济不平等在20世纪70年代的急剧恶化,美国社会流动的机会也迅速减少,绝大多数美国公民都不可能在其一生中实现阶层地位的跃升,也不可能为其子女实现阶层地位的跃升提供资源,越来越少的人能够通过自身的勤奋努力跻身规模越来越狭窄的经济赢家行列,并且统计数据表明,同欧洲的其他发达国家相比,美国社会流动

---

① [美] 威廉·多姆霍夫:《谁统治美国:权力、政治和社会变迁》,吕鹏、闻翔译,译林出版社2009年版,第387页。

的机会出奇的低。①

美国社会阶层的固化集中体现在两个方面：一方面是中产阶层规模的缩减；另一方面则是富裕阶层的封闭。中产阶层规模的缩减是在两种力量共同作用下形成的结果：一种力量是美国经济结构转型的力量，它决定了经济部门所能提供的中等收入水平的工作岗位在过去的几十年里不断减少，因此新加入中产阶层队伍的人数就下降了；另一种力量则是政府政策，尤其是税收和信贷政策的变化使得中产阶层的债务远远超过了资产，这就将很多本属于中产阶层行列的人排除了出去。② 富裕阶层的封闭并非仅仅意味着难以有人跻身富裕阶层，更重要的含义在于富裕阶层联合起来发展出一套自己的社会机制，包括隔离的住宅区、私人学校、排他性的社交俱乐部、偏僻的度假胜地等，这些社会机制创造出一种社会凝聚力和一种群体归属感，多姆霍夫将其称为阶级认知，即在占有巨额财富的基础上获得的优越感、骄傲感和貌似合理的特权感，他们在心底里认为他们要比别人优秀，因此完全应该得到他们现在这样的生活。③

三　美国民主政治衰落的根源：经济不平等与政治不平等的相互强化

美国民主政治从20世纪70年代走向衰落并不是偶然的，它是由肇始于20世纪70年代并且在愈演愈烈的经济不平等的环境中造成的，越来越严重的经济不平等损害了公民之间的政治平等，从而导致了公民之间事实上的政治不平等，政治不平等的出现对民主政治产生的负面影响是根本性的，因为政治不平等不仅颠覆了政治平等对于经济不平等的制约关系，而

---

① Jacob Hacker and Paul Pierson, "Abandoning the Middle: The Bush Tax Cuts and the Limits of Democratic Control," *Perspectives on Politics*, Vol. 3, No. 1, 2005, pp. 33–53.

② ［美］哈罗德·克博：《社会分层与不平等》，蒋超译，上海人民出版社2012年版，第238—243页。

③ ［美］威廉·多姆霍夫：《谁统治美国：权力、政治和社会变迁》，吕鹏、闻翔译，译林出版社2009年版，第161页。

且同经济不平等形成了相互强化的关系。经济不平等与政治不平等之间的相互强化关系就是指，伴随着经济不平等程度的提高，政治不平等的程度也越来越明显，并且政治不平等也将为经济不平等的持续发展开辟道路。在当今美国政治生活中，政治平等对经济不平等的制约关系已经被经济不平等与政治不平等之间的相互强化关系所取代，经济不平等与政治不平等之间的相互强化关系构成了美国民主政治衰落的根源。可以说，不平等才是美国民主政治的实质内容。

经济不平等与政治不平等之间的相互强化关系并不是直接的，而是通过多重中介机制构成的。20世纪70年代以来不断恶化的经济不平等触发了一系列重要的政治变迁，这些政治变迁是组成将经济不平等与政治不平等连接起来的中介机制的基本要素。20世纪上半叶的两次世界大战和经济大萧条促使美国不同的政治集团达成了历史性的妥协，从而在进步主义联盟基础上形成了新政共识，新政共识至关重要的内容就是在保障公民的政治权利的基础上增强公民的社会权利，从而发挥政治平等限制和缓解经济不平等水平的作用。但是20世纪70年代的经济危机刺破了新政共识，经济不平等程度重新恶化并引发了一系列相互纠缠在一起的政治变迁，其中商业集团的崛起、工会组织的弱化、金钱政治的蔓延、政党政治的转型、公共政策的转向、公民政治冷漠的强化、社会资本的降低、意识形态的保守化等，是过去40年时间里所发生的政治变迁的最为重要的内容，构成了解释美国民主政治衰落的逻辑链条上的关键环节，也组成了将经济不平等与政治不平等连接起来并使它们相互强化的三重中介机制。第一重机制是社会阶层政治影响力的分化，即不同的社会阶层凭借财富的差距而获得了相应的政治影响力，富裕阶层相对于中产阶级和劳工阶层来说有着更大的政治影响力。第二重机制是政党政治与公共政策的共同转向，即共和党与民主党都积极向富裕阶层的立场靠拢，推行有利于富裕阶层利益的公共政策。第三重机制则是公民政治冷漠的固化，即普通民众既对公共政策感到失望，又对了解公共政策的内容和实际后果缺乏兴趣，因此公民政治参与和公民对政府决策的影响力都处在持续低迷的状态，很难得到改变。

(一)第一重机制:社会阶层政治影响力的分化

由于富裕阶层具有财富上的优势,故而获得了更大的政治影响力,因此贫穷阶层就只能通过组织起来的方式来平衡富裕阶层的政治影响力,这就会形成不同社会阶层的政治影响力相对均衡的局面。工会组织与现代国家妥协从而转化为体制内的力量,就是在不同社会阶层之间形成相对均衡局面的关键步骤,因为工会动员工人积极参与选举投票,这就使得一个规模巨大的不富裕群体进入了选举过程。德里克·博克(Derek C. Bok)和约翰·邓洛普(John T. Dunlop)在评价此种变化时认为,工会进入国家体制将推动共和党和民主党"都向左移动,形成新的平衡,更多地响应不太富裕阶层人们的经济与社会需求"[①]。但是工会组织的弱化和商业集团的崛起以及商业集团为美国政治输送的巨额金钱,彻底打破了不同社会阶层政治影响力相对均衡的局面,富裕阶层同中产阶级和贫穷阶层对政府决策的影响力急剧分化,中产阶级和贫穷阶层凭借组织的力量已经难以同富裕阶层一样对政府决策产生实质性影响。

美国的工会率从20世纪70年代开始急剧下降,而且公司也开始有意识打击工会的势力,企业违反《全国劳工关系法》的行为在20世纪70年代晚期和20世纪80年代初期出现了暴涨;与此同时,工会组织的罢工率急剧下降,工人的投票率也持续下降,政府对此拒绝采取有效的应对措施,迫使工人只能采取一些绝望的抗争行动。[②] 同工会组织衰落相对照的是20世纪70年代中期开始代表商业组织的利益集团的崛起。商业组织的崛起揭示了一个潜在的更大的政治意义,恰如雅各布·哈克和保罗·皮尔森所指出的那样:"雇主学会了如何共同努力,以实现共同的政治目标。作为联盟的成员,公司可以在更为广泛的前沿,更主动地调动起来。企业领导者

[①] Derek C. Bok and John T. Dunlop, *Labor and the American Community*, New York: Simon and Schuster, 1970, p. 423.

[②] Henry S. Farber and Bruce Western, "Ronald Reagan and the Politics of Declining Union Organization," *British Journal of Industrial Relations*, Vol. 40, Issue 3, 2002, pp. 385–401.

成为不只是他们自己公司狭隘利益的推动者,更是企业共同利益的推动者。"① 毫无疑问,由金融、保险和房地产组成的华尔街集团的政治影响力的剧增,是美国商业组织崛起最为重要的组成部分,而由近 200 位大企业的高管组成的企业圆桌会议则是商业组织崛起的最佳注脚。

工会组织的衰落与商业组织的崛起,也可以从双方所拥有政治行动委员会的数量中体现出来。政治行动委员会最初是工会提出的要求,1974 年的《联邦选举法案》允许政治行动委员会存在,然而大公司却是实践这一条款的最为迅速和娴熟的行动者。1974 年,有 89 家公司建立了政治行动委员会,201 个工会组织建立了政治行动委员会;1980 年,大公司建立的政治行动委员会发展到 1200 个,而劳工组织拥有的政治行动委员会则只有不足 300 个;2007 年,大公司拥有的政治行动委员会超过了 1500 个,工会组织拥有的政治行动委员会只有 275 个,与此同时,全部政治行动委员会的数目大约 4100 个。② 面对商业组织的崛起,它们的代表辩称工会组织等营造了一个反商业的环境,因此商业界必须以针锋相对的行动使在美国得到表达的各种利益之间达成一个完美的平衡。然而平衡并未出现,商业组织崛起的实质不过是"商业界运用丰富的资源和保持其在美国优势地位的强烈决心来应对公共利益运动带来的挑战"③,根本的目的无非是保证政府政策更好地捍卫商业集团的利益。

金钱是社会阶层政治影响力急剧分化的催化剂。金钱政治泛滥已是美国政治的常态,越来越多的美国人注意到了以下事实:"新闻活动的高额花费加上有钱捐助者的政治影响力,才能在政治选举中成为领袖入主精英行列。每次选举中全部候选人、无党派政治组织的全部活动花费高达 30 亿美元!对竞选政府公职的任何候选人来讲最重要的障碍是他们需要募集资金以满足运动所需的花费。国会选举活动的花费不断创下新高。2002 年、

---

① [美]雅各布·哈克、[美]保罗·皮尔森:《赢者通吃的政治》,陈方仁译,上海人民出版社 2015 年版,第 110 页。
② [美]杰弗里·贝瑞、[美]克莱德·威尔科克斯:《利益集团社会》,王明进译,中国人民大学出版社 2012 年版,第 26 页。
③ 同上书,第 44 页。

2004年和2008年每次总统选举的开支都打破了花费纪录。每次竞选运动的开支都好像是上次竞选开支的双倍。"① 选举政治当然是金钱政治泛滥的主战场，但是利益集团的游说活动同样是金钱政治泛滥的重要领域，大型商业组织每年都要为游说活动制定预算，从数十万美元到数千万美元不等，据不完全统计，2011年企业游说组织的预算共计27亿美元。②

富裕阶层通过个人和组织捐赠等多种形式，将丰富的金钱资源有针对性地投放到选举和立法过程中，以此控制候选人、设定政策议程、影响政府决策，进而实现增进自身利益的目的。在过去若干年里，富裕阶层动用资金在选举中支持挑战者去反对那些政策立场不利于富裕阶层的在任者，从而警告他们乃至迫使他们向富裕阶层的政策立场靠拢，否则就将失去政治职位。③ 政治献金在政府决策中的作用比较复杂，但确定无疑的是，政治献金促进了政治行动委员会同说客的联系，而说客则是同议员在国会中的立法行为直接联系在一起的，所以金钱与说客结合在一起构成了富裕阶层影响政府决策的中介。④ 富裕阶层同样向同情富裕阶层利益的议员进行有力的资金支持，从而推动这些议员在国会中积极表达商业组织的政策立场。⑤ 这种资金支持实际上扮演了设定政策议程选项的作用，如果富裕阶层能够获得足够多的议员支持，那么政策选项就能够变成政府政策。

（二）第二重机制：政党政治与公共政策的共同转向

政党是现代民主政治的基本构件，它不只是将政治精英组织在一起，更重要的是它将社会中有组织的群体聚集在一起，从而在国家层面结成政

---

① ［美］托马斯·戴伊、［美］哈蒙·齐格勒、［美］路易斯·舒伯特：《民主的反讽：美国精英政治是如何运作的》，林朝辉译，新华出版社2016年版，第193页。
② 朱云汉：《高思在云》，中国人民大学出版社2015年版，第24页。
③ ［美］杰弗里·贝瑞、［美］克莱德·威尔科克斯：《利益集团社会》，王明进译，中国人民大学出版社2012年版，第98页。
④ John R. Wright, "Contributions, Lobbying and Committee Voting in the U. S. House of Representatives," *American Political Science Review*, Vol. 84, No. 2, 1990, pp. 413–438.
⑤ Richard Hall, "Buying Time: Moneyed Interests and the Mobilization of Bias in Congressional Committees," *American Political Science Review*, Vol. 84, No. 3, 1990, pp. 797–820.

治联盟。西摩·马丁·李普塞特（Seymour Martin Lipset）在评价美国政党时指出，"它们是真正的国家组织的开端，是使美国人脱离本地团体和本州并在国家政体中发挥作用的最初的成功努力"，各个重要的集团由于政党的出现而"整合进到一个更广泛的联邦之中"①。整合民意和主导政策制定是政党在民主政治中最重要的职能，如果政党能够更多地将贫穷阶层的利益纳入公共政策，那么政党政治及其主导的政策过程将发挥限制经济不平等的作用，但是如果政党更多地将富裕阶层的利益纳入公共政策，那么政党政治及其主导的政策过程将刺激经济不平等的提高。政党政治及其主导的政策过程转向富裕阶层的利益实际上就是经济不平等的产物，富裕阶层迅速膨胀的财富优势使得他们获得了更大的政治影响力，从而能够更好地增进自身的利益，因此政党政治与公共政策朝着富裕阶层利益的共同转向，就成了将经济不平等与政治不平等连接起来并使它们相互强化的又一重中介机制。

在美国民主政治生活中，政党与社会团体之间往往存在着联盟关系，这种联盟使得它们能够在选举以及其他重要政治活动中获得社会团体的资金和组织支持，但是与此同时也受到强大的社会团体政策意向的极大制约，如果有强大的社会团体感到不满，那么政党将遭遇政治威胁。政党与社会团体之间的联盟关系意味着政党必须适应社会团体的变迁，或者说必须适应社会组织环境的变迁，这种适应主要表现为政党要与选民和社会团体建立新的联盟。② 在 20 世纪 70 年代以前，民主党在自由派—劳工联盟的支持下占据了美国政治生活中的优势地位，但是伴随着 20 世纪 70 年代商业组织的崛起和工会组织的衰落，共和党的势力重新发展起来，与此同时，民主党的势力出现了衰退，美国政党政治发生了深刻的转型。美国政党政治的转型并非是指共和党与民主党之间政治势力的此消彼长，而是指美国两

---

① ［美］西摩·马丁·李普塞特：《共识与冲突》，张华青等译，上海世纪出版集团 2011 年版，第 126 页。
② ［美］雅各布·哈克、［美］保罗·皮尔森：《赢者通吃的政治》，陈方仁译，上海人民出版社 2015 年版，第 164 页。

党都或快或慢地向富裕阶层靠拢,其结果是共和党变得更加保守,而民主党内保守派的势力得以增强,并推动着民主党的政治立场向着共和党的方向靠近,因此美国政党面临的避免平民化经济措施的压力越来越大,政治议程事实上难以纳入挑战商业集团利益的经济政策。①

美国政治中长期缺乏一个代表劳工阶层利益的左翼政党,直到新政时期,得到了进步主义联盟支持的民主党开始承担起表达劳工阶层利益的职责,于是在民主党内形成了一个自由派—劳工联盟,这个联盟在得到共和党内温和派支持的基础上,成功地制定了《全国劳动关系法》、建立了职业安全和健康监察局,它们是美国公共政策基于公共利益和贫民利益的考虑而向左转的标志性事件。② 共和党内的温和派之所以选择同自由派—劳工联盟站在一起,基本的原因是 20 世纪 30 年代的大萧条改变了企业精英对于政府与市场关系的认识。正如彼得·古勒维奇(Peter Gourevitch)所指出的,"很多企业精英不再相信市场的运行可以是自动的、及时的,而且在能够接受的成本范围内。相反,他们开始相信协调、命令、稳定化、市场分配以及行政管理等有目的的行为"③。由于企业的利益离不开政府的积极干预,作为回报,企业精英也在政府保障劳工利益的政策方面进行了妥协。民主党内的左翼主导下的公共政策使得更多的收入流向了美国社会的中下阶层,这也就是美国经济不平等在 20 世纪五六十年代得到缓和的原因,而且有研究表明,左翼的政治权力越大,经济不平等的程度就会越低。④

从 20 世纪 70 年代开始,美国的共和党和民主党先后向商业集团的利益靠拢,通过不同的方式破坏过去所建立的维护公共利益和劳工阶层利益

---

① [美] 雅各布·哈克、[美] 保罗·皮尔森:《赢者通吃的政治》,陈方仁译,上海人民出版社 2015 年版,第 176 页。
② [美] 威廉·多姆霍夫:《谁统治美国:权力、政治和社会变迁》,吕鹏、闻翔译,译林出版社 2009 年版,第 369—370 页。
③ [美] 彼得·古勒维奇:《艰难时世下的政治》,袁明旭、朱天飚译,吉林出版集团有限责任公司 2009 年版,第 168 页。
④ Christopher Hewitt, "The Effect of Political Democracy and Social Democracy on Equality in Industrial Society," *American Sociological Review*, Vol. 42, No. 3, 1977, pp. 450–464.

的政策。共和党政府明目张胆地改变甚至废除实践多年的政策，包括阻止提高最低工资水平、限制社会保障的范围、废除累进税制和遗产税、持续不断地减税、压缩公共开支和公共部门的规模、反对全面医保、事实上放弃金融监管。简言之，共和党政府追求的是维护商业集团利益尤其是大型企业利益的公共政策。民主党政府则采取了放任不管的方式，实现了公共政策的转向。当20世纪70年代以来的经济形势削弱了原来的限制经济不平等和经济不安全的政策时，民主党政府的主要反应是不作为，任由商业集团破坏政策的实际效果，任由保护公共利益和劳工阶层利益的政策悄无声息地发生变化。民主党政府采取放任不管的立场是十分明智的，因为它既不会引起选民的注意，又可以满足商业集团的利益诉求。由此可见，在推动美国公共政策向富裕阶层利益转向的故事中，共和党与民主党不是意见相左的对手，反而是一个戴着黑色帽子而另一个戴着颜色越来越灰的帽子的伙伴。①

（三）第三重机制：公民政治冷漠的固化

公民政治冷漠一直被认为是民主政治的顽疾，由于现代民主政治普遍以代议制度作为基础，因此，一方面，现代国家需要公民的政治参与，才能获得政治统治的合法性，如果公民投票率太低，政治统治就遭遇到合法性危机；另一方面，公民的政治参与并不能直接决定政府决策，这就限制了政治效能感的获得，于是制约了公民政治参与的动机，造成一定程度的公民政治冷漠。美国民主政治中的政治冷漠主要包括两个方面：一是公民投票率从20世纪70年代开始出现了大幅下降；二是公民对政府决策的具体含义缺乏准确的理解，他们缺乏相应的知识、兴趣、动机去了解政策的具体内容和实际影响。美国公民的政治冷漠导致了一种"无知的利己主义"，人们尽管知道自己的利益所在，但是对于政府决策是否维护了自己

---

① ［美］雅各布·哈克、［美］保罗·皮尔森：《赢者通吃的政治》，陈方仁译，上海人民出版社2015年版，第231页。

的利益却不甚明白,因而往往支持了同自己利益相悖的政策,小布什政府废除遗产税得到了普遍的支持,就是典型的例证。①

如果说公民在民主政治下出现政治冷漠尚属正常,那么公民政治冷漠在民主政治下走向固化就是异常了。所谓公民政治冷漠的固化,就是指公民对公共政策的实际后果越来越不满,从而也对政治精英及其主导的政治过程越来越缺乏信任,进而导致公民政治参与和公民政治影响力持续低迷、难以改变的局面。公民政治冷漠的固化同样是制造经济不平等与政治不平等之间相互强化关系的中介机制。一方面,公民政治冷漠的固化是富裕阶层利用自身的财富优势持续打压普通民众政治影响力的产物,尤其是当普通民众组织起来试图以集体力量介入政府决策但却遭到富裕阶层的排挤时,公民政治冷漠在组织化的集体力量解体的打击下就很容易走向固化;另一方面,公民政治冷漠的固化提供了政治不平等得以发展的沃土,它不仅遏制了普通民众对民主政治的参与,而且弱化了普通民众之间的横向联系,这就在很大程度上限制了普通民众将政治平等作为一种资源进行使用的机会,因此推动着富裕阶层同贫穷阶层之间的政治不平等向着更深层次发展。

美国公民政治冷漠的固化可以从社会资本的明显下降和民众意识形态的保守化两个方面得到说明。社会资本是指公民之间的信任关系和社交网络,它有着政治动员、信息共享、能力培养等多个方面的重要作用。"没有社会资本的政治是一种远离民众的政治"②,社会资本的明显下降使民众在相互信任和谅解的基础上进行集体行动的可能性严重减少,于是民众陷入远离民主政治、任由富裕阶层操纵民主政治的困境之中。民众意识形态的保守化是指美国普通公民从希望政府政策保障和改善公民权利的立场上急剧后退,他们对政府行为引发的公民权利受损十分警惕,他们宁愿局限在私人领域的狭窄范围内,也不再积极支持集体力量和政府决策为改进公

---

① [美]拉里·巴特尔斯:《不平等的民主:新镀金时代的政治经济学分析》,方卿译,上海世纪出版集团2012年版,第174—177页。
② [美]罗伯特·帕特南:《独自打保龄:美国社区的衰落与复兴》,刘波等译,北京大学出版社2011年版,第399页。

民权利而进行干涉。民众意识形态的保守化实际上放弃了通过政治平等制约经济不平等的机会,同时接纳了经济不平等损害政治平等进而推动政治不平等发展的现实。

以罗伯特·帕特南（Robert Putnam）为代表的政治学家认为,"民主制度的绩效相当程度上取决于社会资本"①,然而美国在20世纪70年代开始了社会资本的下降。帕特南总结社会资本下降过程时写道:"同我们刚刚的过去相比,我们联系更少了。我们仍然对公共事务感兴趣,是对其持批判态度的观众。我们乱出主意,却不自己参与游戏。我们用一种表面上的正式联系装点门面,却很少真正露面。我们创造了一些新的方式来表达我们的需求,它更少地需要我们的参与。我们更少地参与集体协商——不论是在投票中还是会议上——而且当我们投票或开会时,我们沮丧地发现自己的朋友和邻居来得很少。我们更加吝惜自己的金钱和时间,而且我们不再像过去那样善待和信任所遇到的陌生人。当然,他们也是如此对待我们。"② 社会资本下降并不意味着人们远离了社交网络,而主要是指那些同时属于多个组织的群体减少了。在社会网络中处在交叉位置上的人即同时参与多个社团组织的公民往往政治宽容度较高,③ 因此社会资本的下降导致公民政治宽容度的降低,人们开始变得越来越愤世嫉俗甚至极端化,因此他们也就难以组织起来以集体力量的形式争取政治影响力。

美国普通公民在思想观念和政策取向上也出现了明显的保守倾向,这种倾向同长期以来就存在的"保守的平等主义"传统以及公民权利向私人生活领域的延伸等因素都有着十分重要的联系。美国人当然有着强烈的平等主义观念,他们警惕收入、财富和机会的不平等,支持解决不平等、不安全、贫困等问题的具体措施,但他们的平等主义是保守的,因为美国人对于政府以及政府官员有着强烈的不信任,他们担心政府可能被特殊利益

---

① ［美］罗伯特·帕特南:《独自打保龄:美国社区的衰落与复兴》,刘波等译,北京大学出版社2011年版,第409页。
② 同上书,第211页。
③ Diana C. Mutz, "Cross-Cutting Social Networks: Testing Democratic Theory in Practice," *American Political Science Review*, Vol. 96, No. 2, 2002, pp. 111–126.

集团控制，因此他们反对政府过多地征税，反对政府通过公共财政来补贴贫穷阶层，赞同个人奋斗的价值，守护公民个人的自由权利。① 保守的平等主义在 20 世纪 70 年代以来愈演愈烈的公民权运动的刺激下向着保守的方向深化，因为各种各样的公民权运动将"公民权的理念侵入到了私人的世界，占领了很多原本属于私生活的领域"②，这样的局面引发了私人对生活世界安全稳定的担心，因此他们反对政府立法支持公民权运动的各种诉求，反对政府以承认新式公民权利的方式介入私人生活，于是同公民权运动相对的捍卫传统价值的保守主义运动也发展了起来。20 世纪 90 年代一个日益政治化的、有组织的基督教保守主义运动的兴起，就是普通美国公民意识形态保守化的重要表现。

  总结而言，经济不平等与政治不平等之间的相互强化是 20 世纪 70 年代以来就开始的动态过程，并且这个动态过程由商业组织的崛起、工会组织的弱化、金钱政治的蔓延、政党政治的转型、公共政策的转向、社会资本的下降、意识形态的保守化等重要的政治变迁共同构成。当然，由上述政治变迁构成的动态过程并不是处在杂乱无章的混沌状态，事实上，这些政治变迁汇聚成了三重中介机制，从而将经济不平等与政治不平等衔接起来，这三重机制分别是社会阶层政治影响力的分化、政党政治与公共政策的共同转向、公民政治冷漠的固化。经济不平等与政治不平等之间的相互强化关系并不是直接的，正是借助前述三重机制的中介作用，经济不平等与政治不平等之间的相互强化关系才得以形成。

四　不平等的民主的复杂后果

  民主政治以政治平等为根基，借助政府决策的实施来扩大公民的社会

---

① Benjamin Page and Lawrence Jacobs, *Class War? What American Really Think About Economic Inequality*, Chicago: University of Chicago Press, 2009, p. 96.
② ［美］迈克尔·舒德森：《好公民：美国公共生活史》，郑一卉译，北京大学出版社 2014 年版，第 257 页。

权利,从而实现限制和缓和经济不平等的目的。如果民主政治的运转能够切实改善公民之间经济不平等的状况,这就是说政治平等能够发挥制约经济不平等的作用,那么经济不平等就不会对政治平等产生威胁,政治平等与经济不平等就能够在民主政治下共存。但是如果民主政治的运转出现了故障,不能够切实改善公民之间经济不平等的状况,经济不平等的程度反而在民主政治下越来越严重,这就意味着政治平等没有发挥制约经济不平等的作用,那么经济不平等就会对政治平等产生严重的威胁,政治平等与经济不平等就不可能在民主政治下共存下去,伴随着时间的推移,政治平等将被政治不平等取代,经济不平等与政治不平等相互强化,以致完全扭曲民主政治。

当今美国政治就是发生了扭曲变形的民主政治,借用亨廷顿的说法则是,美国政治出现了严重失衡,民主政治的理想承诺与实践结果之间形成了巨大的断裂,以致理想承诺难以变成现实。[①] 扭曲的美国民主政治的核心内容就是不平等的民主,它打破了政治平等与经济不平等共存的状态,并且被政治不平等与经济不平等之间的相互强化关系所取代。换言之,不平等的民主就是衰落的美国民主,是美国民主自20世纪70年代以来持续衰落的结果。不平等的民主产生了严重且复杂的后果:首先,美国社会形成了持续累积的经济不平等,规模更小的富豪集中了更大的财富。其次,美国政治已是徒具民主政治的形式,而其实质俨然是寡头政治。再次,美国国家治理面临危机,治理能力下降,一系列严重而又紧迫的难题得不到解决。最后,美国在国际社会中的霸权开始陨落,美国的政治体制及其背后的政治价值已经越来越难以给美国领导世界提供支持。

(一)持续累积的经济不平等

如果说经济不平等是资本主义社会的常态,那么持续积累的经济不平等则是资本主义社会的异常,经济不平等并非不能限制与缓和,只要政治

---

① [美]塞缪尔·亨廷顿:《失衡的承诺》,周端译,东方出版社2005年版,第12—13页。

平等的公民通过民主政治制定有利于普通公民的再分配政策就能够实现目标，但是伴随美国民主政治的衰落，美国社会的经济不平等陷入持续积累的困境。所谓持续积累的经济不平等，是指经济不平等以加速度的方式迅速发展。具体而言，可以从三个维度来透视持续积累的经济不平等，即经济不平等在长时段里的恶化情况、经济不平等在连续的特定时间段里持续加重的情况以及财富向少数富豪不断集中的情况。

首先，美国社会的经济不平等在20世纪70年代到21世纪10年代大约40年的时间里严重恶化。在20世纪50年代至70年代，美国社会的经济不平等达到了有统计数据以来的最低谷，美国收入层级中前10%的富人占到国民收入份额的30%，21世纪则上升到45%。更重要的情况是，美国经济不平等的曲线显得异常陡峭，这就是说经济不平等以加速度的方式在发展，如果保持现有的发展速度，那么2030年前10%的富人将会拥有国民收入的60%。① 其次，前10%的富人在国民收入中占有的份额在20世纪80年代为35%；90年代为40%；21世纪达到45%，即使2008年的金融危机也未能打破富人在国民收入分配中的优势。因此，美国社会的经济不平等在过去连续4个10年里，每个10年都是持续累积的。② 最后，美国社会最顶层的0.1%的家庭（约15万个）占有国民收入的份额，从1974年的2.3%增加到2007年的12.3%，平均每个家庭获得710万美元，总额超过1万亿美元，而更加顶层的0.01%的家庭（约1.5万个）占有国民收入的份额则从1974年的不到1%增加到2007年的超过6%，每个家庭年收入平均达3400万美元。③

不难发现，美国社会的经济不平等已经到了骇人听闻的程度，每年国民收入中越来越多的份额流入富裕阶层手中，并且越是富裕的人群获得的财富就越多，因此美国的国民收入分配就是一场赢者通吃的经济。经济学

---

① ［法］托马斯·皮凯蒂：《21世纪资本论》，巴曙松等译，中信出版社2014年版，第299—300页。
② 同上书，第301页。
③ ［美］雅各布·哈克、［美］保罗·皮尔森：《赢者通吃的政治》，陈方仁译，上海人民出版社2015年版，第6—7页。

界对此给出的流行解释是经济转型使获得更好教育、拥有稀缺技能的20%的公民,同剩余的80%的群体在收入分配方面迅速拉开了差距,造成了越来越深的鸿沟。保罗·克鲁格曼(Paul Krugman)严肃地批评道:"一切都要回到教育来谈的观点,意味着没有人会因上升中的不平等而受到责难,意味着这不过是供需作用的特例……而我们拥有日益严重的寡头制的观念则让人极为不安,它表明不平等加剧同权力有着密切的关联。"[1] 克鲁格曼的批判实际上指明了解释持续累积的经济不平等的正确方向,它是政治权力导致的,是富裕阶层操纵政治权力推行的公共政策的产物,也就是说,它是美国民主政治衰落的结果。

(二) 寡头政治的形成

富裕阶层不仅占据了大量的财富,而且能够将财富转化为政治权力,富裕阶层占有的财富越多,就越是有着将财富转化为政治权力的强大动机和能力。多姆霍夫指出:美国的富裕阶层组成了一个支配阶级,它们立足经济财富将储备的专家政策意见在选举时纳入联邦政府的议程,"通过关于某些特定公司或商业部门相关的特定议题,就主要议题提供新政策导向的政策研制网络,以及对执行这些政策的高层政府官员的任命来影响政府"[2]。体现富裕阶层利益的政策当然要顾及民意,但是在美国民主政治衰落的情况之下,富裕阶层对于公共舆论具有支配性影响,"通过划定公共辩论的界限以及影响记者对政策进行报道的方式,民意测验僵化和结构化的特性可能缩小了公共讨论的范围"[3]。富裕阶层对于民意的操纵,就是使用一些为普通公民利益而改革的政治修辞来获得民意支持,但实际上政策的实践效果则是损害中下阶层的,这样的事情在20世纪八九十年代经常

---

[1] Paul Krugman, "Graguates Versus Oligarchs," *New York Times*, February 27, 2006.
[2] [美] 威廉·多姆霍夫:《谁统治美国:权力、政治和社会变迁》,吕鹏、闻翔译,译林出版社2009年版,第323页。
[3] Susan Herbst, *Numbered Voices: How Opinion Polling Has Shaped American Politics*, Chicago: University of Chicago Press, 1993, p.166.

出现。①

　　民意对政策过程的主导或者说对政策过程的最终控制是民主政治的核心特征，但是美国政府倡导的政策并不是大部分选民的政策偏好。② 富裕阶层的利益在政策议程中排挤掉中下层民众的利益和公共利益，说明美国民主政治已经蜕变成寡头政治。拉里·巴特尔斯（Larry Bartels）就指出："用亚里士多德的术语来说，我们的政治体制运行得看上去不像一个'民主政体'，反倒像一个'寡头政体'。如果我们坚持要用称它为民主政体来给自己贴金，那么，我们应该清楚，它是一个明显不平等的民主政体。"③寡头政治意味着富裕阶层尤其是规模有限的顶级富裕群体，能够更加直接和正式地将自身的利益变成政府政策，因为他们在总统任命的委员会和国会委员会中占据了更加显赫的地位，他们组建了同政府关系最为密切的政策研制网络，并且同高级政府官员有着良好的私人交往、形成了历久弥新的友谊。他们不仅将政策研制网络中的成员输送到政府机关中，甚至亲自出马担任政府要职，于是他们"往往处在了批准他们以前在政策研制网络中的同事或者手下提出的政策提议的位置"④。由此可见，寡头政治娴熟地使用民主政治体制增进了自己的利益。

（三）国家治理的危机

　　美国的寡头统治不会脱下民主政治的外衣，因为民主政治赋予富裕阶层主导的政策得到了民意支持的表象，衰落的民主政治成为富裕阶层增进自身利益的有效形式。然而，寡头政治与民主政治终归是不能相容的两种政治生活，尽管民主政治体制没有发生变化，民主政治的衰落不可避免地要以某种形式表现出来，并对国家政治与社会生活产生消极影响，这种形

---

① ［美］哈罗德·克博：《社会分层与不平等》，蒋超译，上海人民出版社2012年版，第266页。
② ［美］纳尔逊·波尔斯比：《总统选举——美国政治的战略与构架》，管梅译，北京大学出版社2007年版，第343页。
③ ［美］拉里·巴特尔斯：《不平等的民主：新镀金时代的政治经济学分析》，方卿译，上海世纪出版集团2012年版，第296页。
④ ［美］威廉·多姆霍夫：《谁统治美国：权力、政治和社会变迁》，吕鹏、闻翔译，译林出版社2009年版，第345页。

式就是伴随时间的推移而出现的美国国家治理的严重危机。所谓国家治理，是指一个国家治国理政的系统过程，具体而言，就是指一个国家的政党、政府机构、社会组织以及公民等治理资源，为了增进公共利益、保障公民权利、改善公民福利，通过协商合作的方式对公共事务进行的管理活动以及过程，通过治国理政从而保障和增进公共利益、公民权利和公民福利，始终是国家治理的核心目标和观察国家治理的主要线索，因此也成为判断国家治理绩效水平如何的基本尺度。国家治理的危机则是指一个国家的政治体制出现了功能性障碍，从而引发公共利益明显受损、公民权利严重萎缩、公民福利持续停滞的状态，并且国家治理的危机往往具有愈演愈烈以致积重难返的特性。一般而言，如果不对政治体制进行大规模的改革，国家治理的危机将难以得到克服。

  美国的国家治理危机长期以来为世人所忽视，虽然从20世纪70年代经济危机爆发以来，美国面临的各种难题未能得到有效解决以致产生了越来越明显的负面效应，但是人们普遍对美国的民主体制和市场经济持乐观态度，直到2008年金融危机的爆发才将美国国家治理存在的严重问题暴露了出来。其实，金融危机只是美国国家治理危机的表象，美国国家治理的危机有着更深层次的内涵，简要论之，就是政治不平等与经济不平等的相互强化。巴特尔斯写道："不断加剧的经济不平等，有可能造成不断加剧的、政治回应上的不平等，政治回应上的不平等转而带来了对贫穷民众的利益越来越有害的公共政策，接下来，这又会造成更大的经济不平等，如此等等。如果是这样，那么，由技术变革、人口统计上的变化或全球经济发展引发的收入分布的变化，就有可能很快变大，并变得根深蒂固和不可更易。"[①] 弗朗西斯·福山提出的美国政治制度衰败的观点可谓切中美国国家治理危机之肯綮，面对经济不平等与政治不平等相互强化的局面，美国政治体制如果不跟随环境的变化而进行大规模革新的话，当今美国就不可

[①] [美]拉里·巴特尔斯：《不平等的民主：新镀金时代的政治经济学分析》，方卿译，上海世纪出版集团2012年版，第296页。

能走出国家治理的危机。①

(四) 美国霸权的相对衰落

美国在国际社会中的霸权既建立在雄厚的军事与经济实力基础之上，又从国际社会对美国式民主体制的认可中不断获得活力。其实，所谓霸权不过是一种意识形态方面的领导权，一个国家的政治体制以及政治体制背后的价值理念如果得到了国际社会的追随，那么这个国家就在国际社会中获得了霸权。乔万尼·阿瑞吉（Giovanni Arrighi）认为："一个起支配作用的国家如果领导着主权国家体系朝着预想的方向迈进，它便行使着霸权职能，而且在此过程中被认为是在追求共同的利益。正是这种领导权才使得起支配作用的国家具有霸权地位。但是起支配作用的国家也可能在这种意义上扮演领导角色，它将其他国家吸引到自己的发展道路上来。"② 美国从20世纪70年代开始积极向国际社会推销"自由民主"体制，并且借助自身推动形成的第三波民主化浪潮，将自由民主体制背后的政治理念发展成为"普世价值"，于是美国在国际社会中的霸权迅速膨胀，至2008年金融危机爆发之前到达顶峰，这种局面给广大发展中国家造成了相当大的政治压力。

美国民主政治的衰落不仅在国内导致了国家治理危机，而且在国际社会导致了美国霸权的相对衰落，也就是说，美国霸权相对衰落的背后实际上是美国民主政治的衰落。③ 美国民主政治的衰落从两个方面打击了美国霸权：一方面，世人意识到美国的民主实际上是寡头政治。美国的支配阶级为了狭隘的私利不惜牺牲民主政治，通过操纵民主体制损害公共利益和公民权利，甚至不惜牺牲国际社会层面的公共利益和其他国家的国家利益，2008年国际金融危机的爆发就是最好的证明，因此国际社会对于美国式民

---

① ［美］弗朗西斯·福山：《政治秩序与政治衰败：从工业革命到民主全球化》，毛俊杰译，广西师范大学出版社2015年版，第495—499页。
② ［意］乔万尼·阿瑞吉：《漫长的20世纪》，姚乃强、严维明、韩振荣译，凤凰出版集团2011年版，第32—33页。
③ 赵可金：《民主的困惑：全球化时代的美国政治逻辑》，载《美国研究》2015年第1期，第40页。

主的认可大打折扣，不再普遍地相信美国式民主是最佳的政治体制和其他国家学习的榜样；另一方面，世人猛然发现在美国民主政治的运转下竟然产生了如此严重的国家治理危机，金融失去监管、富豪巧取豪夺、经济不平等日益恶化、公民权利持续萎缩、公民福利停滞不前、政府决策陷入僵局等问题一点都不比其他国家小。依照常理，美国作为世界上经济实力最强大的国家应该具备充足的资源解决上述问题，但是美国却在应对国家治理危机上乏善可陈，这就促使国际社会更加怀疑美国政治体制的有效性与借鉴性。概言之，美国在国际社会中的领导地位已经走向衰落。

五 政治平等与经济不平等之间的民主政治

民主政治以公民之间的政治平等作为根本原则，然而政治平等的公民之间又不可避免地存在贫富差距，这就意味着政治平等原则的落实始终受到经济不平等这一严峻现实的制约，因此政治平等与经济不平等就以一种相互冲突的方式共存于民主政治之中，这样的共存方式自民主政治出现时起即给世人造成了深深的忧虑，人们担心政治平等与经济不平等之间的平衡将由于其中一方的扩张而被颠覆，进而引发民主政治的衰落甚至崩溃。其中的一种担忧认为政治平等的扩张将产生剥夺富裕阶层的政策，也就是为了政治平等而对财富进行极端的平等主义再分配；另外一种担忧则认为经济不平等最终将摧毁政治平等的原则，从而使民主政治蜕变成为少数富裕阶层控制的寡头政治。民主政治中的政治平等与经济不平等之间的冲突是一场持续的权利冲突，这就是以政治平等为基础的公民自由权利与以经济不平等为结果的财产权利之间的冲突，而民主政治的历史其实就是不断缓和两种权利之间冲突、调整两种权利之间关系的过程。①

托克维尔（Alexis de Tocqueville）可谓是第一种担忧的代表性人物，他

---

① [美]塞缪尔·鲍尔斯、[美]赫伯特·金蒂斯：《民主和资本主义》，韩水法译，商务印书馆2003年版，第43页。

指出伴随着政治平等的扩展，贫穷阶层由于在人数上占据了大多数，因而能够借助多数决定的机制获得不受限制的权力，这种不受限制的权力将会践踏少数富裕阶层的权利，从而造成多数人暴政的局面。① 多数人的暴政在很长一段时间里面充当了现代国家政治发展的紧箍咒，统治集团以此为根据阻碍政治平等的扩展、限制普选权的实行。其实，纵观民主政治的历史就不难发现，存在三个方面的原因决定了多数人的暴政极为罕见。首先，多数人并不是一个组织严整的集团，事实上多数人往往因为阶层、种族、宗教、地域等因素的影响而分属很多个不同的社会群体，每一个社会群体单独都不足以构成绝对多数。其次，劳工阶层虽然力量强大但不足以独立支撑左翼政党的执政地位，左翼政党只有在同时保障其他社会阶层利益的基础上才能赢得选举，这就意味着即使左翼政党执政，它也不得不从劳工阶层的政治立场转向更加广泛的"人民"或者"公民"立场。② 最后，民主政治虽然提供了民众以选票——对政策意向进行施压的渠道，但是民主政治的政策过程必须遵守"政治上的可行性"原则，③ 这就是说，如果民主政治采取侵犯富裕阶层财产权利的极端再分配政策，那么富裕阶层要么将财产大规模转移到国外，要么支持军事政变从而推翻民主政治。

现代政治历史中多次出现的以革命的方式实现政治平等、以废除私有财产的方式剥夺富裕阶层，从而解决政治平等与经济不平等之间冲突的重大事件，都不是在民主政治的背景下发生的，并且其最终结果也没有真正解决政治平等与经济不平等之间的冲突，实际上导致的是少数官僚特权集团同广大民众之间在政治与经济上的双重不平等。④ 由此可见，对政治平等与经济不平等之间冲突的可能前景的第一种担忧，在政治实践的发展中最终却同第二种担忧统一了起来，这就是经济不平等的扩展将损害公民之

---

① ［法］托克维尔：《论美国的民主》，董果良译，商务印书馆1988年版，第287—291页。
② ［美］亚当·普热沃尔斯基：《资本主义与社会民主》，丁韶彬译，中国人民大学出版社2012年版，第26页。
③ Dimitri Landa and Ethan Kapstein, "Inequality, Growth and Democracy," *World Politics*, Vol. 53, No. 2, 2001, pp. 289–295.
④ ［美］卡莱斯·鲍什：《民主与再分配》，熊洁译，上海世纪出版集团2011年版，第203页。

间的政治平等,甚至直接推翻政治平等的原则。第二种担忧得到了学术界左翼学者的普遍支持,其中马克思主义者的观点最为鲜明,他们认为经济上占据了统治地位的阶级必然要在政治上占据支配地位,因此现代国家中建立在经济不平等基础上的民主政治,在本质上就是资产阶级的阶级统治,虽然民主政治带来了资产阶级向普罗大众的政治和经济妥协,但这一切只不过是使资产阶级的统治技巧更加精致和复杂罢了。①

由现代国家政治历史的一般经验来看,政治平等与经济不平等之间的冲突对民主政治可能产生的威胁,主要不是来自政治平等的扩张所导致的对富裕阶层财产权利的限制,而是来自经济不平等的恶化所导致的对政治平等的损害,即富裕阶层的经济实力才是民主政治的最大威胁。迈克尔·曼(Michael Mann)指出:"我们并不是生活在理想化的18世纪英国社会,经济权力在那种社会广泛地分散在佃农、工匠、商贩以及生产商那里。如今,巨型公司和银行并不是民主的而是专制的,它们由董事会统治着,法律上只对股东负责,后者也被专制的金融机构所主宰。因此,存在着寡头、垄断及其渗入到政治民主的强烈趋势。"② 如果不对经济不平等的程度进行干预、不对富裕阶层的经济权力进行控制,那么民主政治终将难以逃脱"寡头统治铁律"③的支配。美国民主政治从20世纪70年代开始的衰落,就是经济不平等急剧恶化、财富向少数富裕阶层迅速集中的产物,在社会阶层政治影响力急剧分化、政党政治与公共政策共同转向、公民政治冷漠的固化等三重机制的作用下,当今美国政治出现了越来越明显的政治不平等,而且政治不平等与经济不平等之间形成了相互强化的关系,此种局面正是美国民主政治衰落的集中写照。

民主政治的存续必须以政治平等有效制约经济不平等为关键条件,政治平等对经济不平等的有限制约主要包括两个方面。首先,在公共政策方

---

① 《马克思恩格斯选集》第3卷,人民出版社1995年版,第92页。
② [英]迈克尔·曼:《社会权力的来源》第四卷,郭忠华、徐法寅、蒋文芳译,上海世纪出版集团2015年版,第171—172页。
③ [德]罗伯特·米歇尔斯:《寡头统治铁律》,任军锋等译,天津人民出版社2003年版。

面推行再分配政策,以累进税制调节国民收入在公民之间的分配,同时以国家财政支持的社会保障改善公民福利。其次,在经济领域延伸政治平等的原则,保障劳动者的集体权利,以劳资集体协商为主线推行经济民主,因为"经济民主的正当性同政治民主的正当性是完全一致的"①。政治平等对经济不平等的有效制约必须具备两个至关重要的条件:其一,劳工阶层必须在政治上组织起来,尤其是要组建代表劳工阶层利益的左翼政党,劳工阶层在现代国家中的地位和作用在很大程度上取决于劳工阶层政党的力量,正如亨廷顿所言:"组织是通向政治权力之路……谁能组织政治,谁就能掌握未来。"② 其二,劳工阶层必须同中产阶层结成民主支持联盟,以政治联盟的力量制约经济实力上占据优势地位的富裕阶层的力量,从而形成阶层之间力量的相对均衡,这就为推行温和的再分配政策提供了政治基础。③

美国民主政治已经在持续了近 40 年的衰落的基础上形成了政治不平等与经济不平等相互强化的局面,因此我们很难对美国政治的前景作出乐观的判断,但这并不意味着美国政治不可改变。美国政治能否扭转寡头化的局面,要看政治平等的原则是否能够在美国政治体制中得到更大范围的确立,并且能否重建政治平等对经济不平等的制约关系。具体而言,美国政治的前景存在一个突破口,同时也必须打破一个传统的体制性障碍。美国政治发展前景的突破口是指美国不断弱化的中产阶层,由于美国中产阶层的贫困化,它同劳工阶层的政治立场更加接近,因而更可能同劳工阶层结成政治同盟。美国政治发展前景的体制性障碍就是指美国选举制度导致的两党政治。④ 这种体制性障碍导致共和党和民主党分别由来自南北两方的富裕阶层控制,劳工阶层和中产阶层的利益没有独立的政党进行代表,而

---

① Robert Dahl, *A Preface to Economic Democracy*, Berkeley: University of California Press, 1985, p. 135.
② [美] 塞缪尔·亨廷顿:《变化社会中的政治秩序》,王冠华等译,上海人民出版社 2008 年版,第 382 页。
③ 汪仕凯:《西方民主发生理论辨析》,载《政治学研究》2015 年第 2 期,第 112 页。
④ [美] 罗伯特·达尔:《美国宪法的民主批判》,钱镇译,中国人民大学出版社 2015 年版,第 37—40 页。

只能以自由派—劳工联盟即民主党内左翼的形式存在，并且也只能在右翼发生分裂的时候才能获得推进，以维护普通民众利益为目标的政策革新的机会。

当现代国家的政治发展处在十字路口时，中产阶层的政治选择对于政治发展的前景有着特别重要的影响。如果中产阶层选择同富裕阶层结盟，那么政治发展将走上寡头政治的道路，最好的情况也只能是有限的民主政治；如果中产阶层选择同劳工阶层结盟，那么政治发展将走上民主政治的道路，因为中产阶层同劳工阶层的结盟将对富裕阶层的寡头统治形成巨大的压力，迫使富裕阶层接纳政治平等的原则和改善经济不平等的政策。中产阶层的政治选择取决于自身的经济状况，如果中产阶层比较富裕，那么中产阶层将会在民主政治下承担再分配政策的成本，因此中产阶层将选择同富裕阶层结盟共同反对民主政治；如果中产阶层比较贫穷，那么中产阶层会在民主政治下均沾再分配政策的利益，因此中产阶层将选择同劳工阶层结盟共同支持民主政治。[①] 美国自20世纪70年代就开始了财富向富裕阶层集中的过程，从而造成了严重的经济不平等，中产阶层家庭普遍出现了贫困化的现象，因此美国的中产阶层同劳工阶层之间的经济不平等反而缩小了，这就拉近了中产阶层与劳工阶层之间的政治立场，有利于中产阶层同劳工阶层结成更为紧密的政治联盟。

中产阶层与劳工阶层之间的政治结盟必须进一步上升到组织层面上，进而打破美国政治生活中传统的体制性障碍，这就意味着委身于民主党的自由派—劳工联盟应该分离出来组建新的政党，而这个新的政党要想在美国政治中存在和发展下去，就必须对美国的政治体制进行改革，其中的关键则是对联邦国会的选举制度进行改革。当前美国联邦国会的选举制度主要由两个相互配合的规则组成：一个是决定候选人胜选的多数决制；另一个是决定代表名额的单一选区制。美国选举制度对政治权力的分配可以用

[①] ［美］达龙·阿塞莫格鲁、［美］詹姆士·罗宾逊：《政治发展的经济分析》，马春文译，上海财经大学出版社2008年版，第90—93页。

"胜者全得"来概括,因此在美国选举制度的控制下很容易形成两大政党竞争的局面,并且两大政党主导政治竞争的局面一旦形成就会稳定下来,小党或者第三党很难在联邦国会选举中赢得有分量的席位,从而挑战两大政党的地位。在自由派—劳工联盟的基础上组建新的政党至少需要美国政治制度进行如是改革,即将选举制度向比例代表制和拥有多个代表名额的大选区制转变,唯有如此,新的政党才能在联邦国会中获得产生足够影响力的席位,从而进一步获得发展的空间。只有当代表中产阶层和劳工阶层利益的政党在联邦政治中赢得地位和影响力,美国富裕阶层对于政党政治的控制才能被打破,进而扭转当前美国政治中的寡头化趋势。

总结来看,美国民主政治的衰落源于政治平等与经济不平等之间的冲突性共存关系,20世纪70年代以来的政治变迁削弱了政治平等对于经济不平等的制约关系,引发了经济不平等的急剧发展和经济不平等对政治平等的严重损害,因此在当今美国的政治生活中,政治不平等与经济不平等之间的相互强化关系已经取代了政治平等与经济不平等之间的冲突性共存关系,这构成了美国民主政治衰落的实质内容。换言之,不平等才是美国民主政治衰落的要害所在。美国政治发展的前景令人难以乐观,若想改变美国政治寡头化的趋势就必须重建政治平等对经济不平等的制约关系,而这个条件的获得既需要在中产阶层与劳工阶层之间结成新的组织化联盟,又需要对美国政治制度中的选举规则进行大规模的革新。

(作者单位:华东政法大学政治学研究院)
(原载《世界经济与政治》2015年第5期)

西方民主化研究的认识论反思

陈 尧

20世纪后期，国际社会发生了一场几乎席卷全球每一个角落的政治转型浪潮，人们一度对民主化的前景欢欣鼓舞，甚至喊出了自由主义民主全面胜利的口号。相应地，在理论界也诞生了一个新的研究领域即民主化研究。从时序来看，西方民主化研究大体上形成了民主转型学（democratic transitology）和民主巩固学（democratic consolidology）两个领域。民主转型学聚焦于威权政权的解体过程，探讨威权政权向民主政权转型的动因、路径、特点以及影响因素等；民主巩固学则关注民主化之后政权巩固的进程、影响新生民主政权巩固的条件和因素等。

然而，今天看来，大多数转型国家并没有建立起稳定的民主体制，未能走上有效的民主发展之路，而是在经济停滞与政治僵局之间徘徊，少数国家甚至陷入了政局动荡、民主解体的困境。尤其是近年来，许多国家的民主衰落出现了加快的趋势。现在研究者谈论更多的是民主腐蚀（democratic erosion）、民主逆转（democratic reversal）、民主崩溃（democratic breakdown）、民主回潮（democracy in retreat）、民主衰落（democratic decline）等话题。除了新兴民主国家，早期西方民主国家也陷入了困境，表现为政府效能低下、社会不平等加剧、贫富分化严重、民众对政府普遍不满。制度的稳定性正是政治衰败的根源之一，当人们对制度的认知固化、得势精英和利益集团为了维护自身利益而不愿改变现状并对改革充满抵触时,制度便逐渐走向衰败,民主制度也不例外。① 当全球范围内的国家遭遇民主衰落之际,西方民主化研究也面临尴尬的境地。尽管不少学者承认民主化面临着问题和困难,但大多数研究者并没有放弃自由主义民主的幻想。许多转型国家民主建设不成功的一个重要原因,正是缘于指导这些国家民主改革实践的理论本身存在问题,西方民主化主流理论在认识论、立场乃至方法论方面均存在根本缺陷。

一 民主转型还是政治转型?

在20世纪后期全球政治变革的浪潮中,人们看到了一个似是而非的景象,即大多数非民主国家开始向民主国家转型。这在比较政治研究领域中促成了一种乐观的研究范式即民主转型范式。这一范式的基本假设认为:(1)20世纪后期后发展国家的政治变革均朝向民主的方向发生转变。(2)民主化按照一个有序的过程展开:首先是政治系统打破封闭状态,开启以政治自由化为取向的变革;紧接着是政治上的突破,前政权崩溃和民主制度建立,实行自由选举;最后是政权巩固,这是一个缓慢而有目的的发展过程。(3)相信选举在民主转型和巩固中具有决定性的作用。选举不仅赋予政府以合法性,而且扩大了民众的政治参与,强化了政府对民众的责任。(4)转型国家的经济水平、政治历史、制度遗产、部族构成、社会结构等,在推动转型或转型过程中并非决定性的因素。第三波民主化可以在那些最不可能、最特殊的地方发生,是政治精英决定了民主化的启动及其结果。(5)第三波民主化转型以整合的、有效的国家为基础。民主化的过程包括政治制度的重新设计,如建立选举制度、改革议会制度和司法制度等,但以一个有效的国家为前提。②

民主转型范式的假设几乎将所有发生政治变革的国家纳入向民主转

---

① 参见 Francis Fukuyama, *Political Order and Political Decay: From the Industrial Revolutio to the Globolization of Democrucy*, New York: Farrar, Straus and Giroux, 2014, pp. 455 – 466.

② Thomas Carothers, *The End of the Transition Paradigm*, *Journal of Democracy*, 2002 (1).

型的范围,其依据就是将民主等同于选举,将选举竞争和多党制看作民主制度确立的重要标志。① 这一理解具有误导性,因为熊彼特式的经验性民主概念不足以揭示民主的程序性标准,选举不足以证明一个国家已经进入民主国家的行列。如果缺乏自由、公正,实施选举制度的国家也可能是非民主国家,例如选举威权主义或竞争性威权主义的国家。选举政治虽然改变了政治行为者控制国家工具和资源的方式,但没有改变他们的行为逻辑。

即便在国家层次上实现了向民主的转型,也不能简单地讲已经建立了民主体制。现代民主制应该被表述为许多"局部体制"的混合物,而不是"一种单一的体制"。伴随着民主化的推进,每一个局部体制都服从一种特殊的序列,按照独特的原则,在不同的场合被制度化。② 现实的情况是,在大多数转型国家中,即便在中央层面建立了所谓的民主体制,在更广泛的次国家层面上,在地方和基层,转型前的体制基本上未发生变化,仍普遍保留了庇护主义、威权习惯甚至家长制的传统。

所以,20世纪后期后发展国家所谓的向自由主义民主的转型很难说具有多大意义,在这些国家中发生的仅仅是它们政治生活中经常经历的一种政治变革。那种认为任何摆脱威权主义统治的国家都必然走向民主的观点是误导性的、不确切的。迄今为止,在20世纪后期所有发生政治变革的国家中,只有三十多个国家显示出民主的特征。在其他大多数转型国家中,虽然出现了一些民主政治的迹象,如定期选举、政党竞争、公民社会兴起等,但同时也出现了严重的民主赤字,如公民权利遭到践踏、代表性不够、司法不公等,这些国家往往被称为混合政体(Hybrid Regime)。③ 许多国家虽然具有了一些民主的特征,但没有进一步推动民主深化,民主的前景暗

---

① 参见 Juan J. Linz, *Transitions to Democracy*, *Washington Quarterly*, 1990(2); Adam Przeworski, "The Game of Transition", in Scott Mainwaring et al. (eds.), *Issues in Democratic Consolidation: The New South American Democracies in Comparative Perspective*, Notre Dame: University of Notre Dame Press, 1992, p.106;[美]亨廷顿《第三波——20世纪后期民主化浪潮》,刘军宁译,上海三联书店1998年版,第4—11页。

② 菲力普·施密特:《有关民主之巩固的一些基本假设》,载[日]猪口孝等编《变动中的民主》,林猛等译,吉林人民出版社1999年版,第32—33页。

③ Larry Diamond, Thinking about Hybrid Regimes, *Journal of Democracy*, 2002(2).

淡。显然,摆脱威权政体是一件事情,构造民主政体则是另一件事情,全球政治变革还是一个结果不确定的进程。20世纪后期以来后发展国家经历的与其说是民主转型,不如说是政治转型。

二 民主是政治发展的唯一目标?

几乎无一例外,转型国家均将民主化作为它们的政治口号。在这些国家看来,民主就是通过自由、公正的选举方式来产生政府的方法。而普遍选举权、政党竞争、分权、法治、责任以及人人自由、平等地参与政治生活,也成为西方民主化研究关于民主构成要素的基本内容。

正是基于这种对民主的理解,许多后发展国家爆发了史无前例的自由化运动和民主化运动。基于西方民主国家以及新兴民主国家的示范效应,人们纷纷组织政党、走上街头、发动革命,以空前的激情和行动表达对民主的渴望。民主一度被推崇为国家政治发展的唯一目标。然而,近年来,转型国家的民主却遭遇了前所未有的困境。2011年,阿拉伯世界爆发了"茉莉花革命",诞生了突尼斯、埃及、也门等一批西式民主国家。但仅仅两年后,埃及军人重新夺取权力,也门陷入内战,其他伊斯兰国家的民主化同样举步维艰。即使在一些被视作民主转型成功范例的国家如西班牙、希腊、巴西、智利、波兰、南非,也存在严重的治理问题和民众不满。更糟糕的是,在大多数转型国家中,民主并未如人们所憧憬的那样带来经济增长、社会稳定和生活改善。大量研究表明,民主与经济增长之间并不存在必然关系。同样,新生的民主政权在减少社会不公方面也并未取得成功。20世纪90年代末,在前苏东国家如亚美尼亚、格鲁吉亚、爱沙尼亚、拉脱维亚、立陶宛等国,社会公平较转型前严重恶化。① 英格尔哈特从1981—2006年通过对43个国家相关情况的研究揭示,民主化不一定带来幸福。尽管在民主化初期,人们由于摆脱威权体制而感到"幸福",但几

---

① 参见王绍光《民主四讲》,生活·读书·新知三联书店2008年版。

年后人们的幸福感迅速下降。① 倘若民主政府不能有效地遏制腐败、促进经济增长、保障自由和平等、维护法治，民众最终会对民主制度失去信心。

对此，西方民主化研究只是改变了研究策略，从研究为什么发生民主转型转而追问新的民主政体是什么样的，如何评价、改进民主政体的质量。研究者提出了对民主质量进行测量或评估的方法，以此来解释新兴民主国家乃至其他国家民主化的水平。② "自由之家"（Freedom House）、政体 IV（Polity IV）、《经济学家》杂志（The Economist）、全球民主动态调查（Global Barometer）等组织以及研究者纷纷建立了对全球国家和地区民主质量的系统调查网络。大多数民主质量研究往往运用某种民主标准来衡量所有国家和地区，批评其他国家未能达到西方的民主标准。例如，国际民主和选举援助机构（International Institute of Democracy and Electoral Assistance）制定了民主评估计划，目的就是推动、援助某些国家实施民主改革运动。

三 民主就是自由主义民主？

西方民主化研究在看待转型国家的民主化时，试图将产生于西方社会的特殊价值和制度普遍化，以早期发达国家的自由主义民主作为转型国家的目标，因而具有明显的目的论和西方中心主义色彩。在这些研究者看来，转型国家的主要任务就是建立一个理想的、西方化的民主国家。福山的"历史终结论"就是其中的典型，他认为人类政治文明的发展殊途同归，最终均发展为自由主义民主。③ 西方国家更是不遗余力地宣传自由主义民主的普世性，倡导人类政治形式趋同论。

事实上，自由主义民主并非所有后发展国家的理想选择，由于脱离了

---

① Ronald Inglehart, *Democracy and Happiness*: *What Causes What*? Paper for The Conference on Human Happiness at Notre Dame University, October 22-24, 2006.

② David Beetham (ed.), *Defining and Measuring Democracy*, London: Sage, 1994; Guillermo O'Donnell et al. (eds.), *The Quality of Democracy*: *Theory and Applications*, Notre Dame: University of Notre Dalme Press, 2004; Larry Diamond and Leonardo Morlino (eds.), *Assessing the Quality of Democracy*, Baltimore: The John Hopkins University Press, 2005.

③ Francis Fukuyama, *the End of History*? The National Interest, 1981 (16).

历史传统和现实国情,很多转型国家陷入了自由主义民主的泥潭。自由主义民主的产生具有历史特殊性,是在西方社会现代化过程中,在政教分离、法治、多元主义、代议制、个人主义等的基础上形成的,这些因素的结合赋予西方民主发展道路以独特性。如果将某种民主制度如多党竞争性选举制度作为民主的标志,而不惜以牺牲其他制度为代价,将导致人们把某些特定的历史或文化中产生的结果当作尺度来衡量当代民主制的进程。① 显然,后发展国家的政治发展与西方的民主政治发展经历的是不同的道路。

实际上,在西方民主内部也有许多不同的具体形式,如北欧的福利主义民主,西欧国家的民主也不同于美国的多元民主。此外,在许多国家中还存在着协商民主、参与式民主、合作民主、共识民主、自治民主等,这些形式的民主绝非自由主义民主所能涵盖。因此,在评价民主时,"无论我们用哪一套度量衡,它都必须要有足够的容量,以便把已出现的分布广泛的各种民主类型都包括在内"②。

在当代社会中,自由主义民主本身也面临着难以适应社会发展的问题。自由主义民主以间接的代议形式、政党竞争性选举为内容,并不能体现民主的实质,这种民主如熊彼特所言,仅仅是少数精英的民主。具体来说,当代自由主义民主存在着几个致命的缺陷:(1)精英主义民主对个人自由的压制。日益庞大的官僚机构、政治活动的复杂性以及民主对日常生活的控制,严重扼杀了公民个人在公共生活中的积极性和创造性。(2)社会政治生活中普遍存在的不平等。这种不平等不仅包括资源占有方面的不平等,也包括性别、种族、信息获得等方面的不平等。在代议制度下,政治参与的机会明显偏向于社会经济地位较高的阶层。(3)对微观层次民主的忽视。当代民主集中关注国家层面上的民主建构,却忽视了公民个人的民主参与能力以及相应条件的培养。③ 美国学者巴伯更是将自由主义民主称为"弱

---

① 参见菲力普·施密特《有关民主之巩固的一些基本假设》,载[日]猪口孝等编《变动中的民主》,林猛译,吉林人民出版社1999年版,第37—38页。
② 同上书,第38页。
③ 参见陈尧《从参与到协商:当代参与型民主理论之前景》,《学术月刊》2006年第8期。

势民主"。在这种民主中,"自由变得与自私自利难以区别,并且由于冷漠、疏远和道德沦丧而变得腐化堕落;平等变成为市场交换,同时与它本来需要的家庭背景和社会背景相脱离"①。

近年来,伴随着经济危机和金融危机,西方发达国家还普遍面临着很多治理难题。政府功能普遍失调,在社会安全、医疗卫生、公共教育、基础设施等方面越来越难以满足民众的需要。西方民主日益简化为选举政治,蜕变为一种"否决体制"(vetocracy)②。政党为了获取执政地位不惜卷入恶性争斗,将政府变成了只顾眼前利益的官僚机器,将分权制衡机制变成了限权掣肘机制。民众对西方民主的信任不断下降,人们不再相信政治精英能够代表自己。西方国家的选举投票率更是不断创新低,在许多国家中参与投票的选民不到全体选民的一半。③越来越多的中下阶层人士认为自己不是生活在自由民主社会中,而是受到"财阀统治"(plutocracy)或"公司统治"(corporatocracy)。对民主的幻灭感导致这些阶层思想民粹化、行为暴力化的倾向,西方社会街头政治的蔓延即为例证。

显然,自由主义民主并非民主的最终形式,更不是所有新兴民主国家的理想目标。新兴民主国家需要结合自身条件,依据时代、历史、社会经济水平、宗教、政治文化、制度安排以及国际形势,寻求适合本国的政治制度。

四 民主化不需要前提条件?

在第三波民主化浪潮中,那些一度被认为最不可能发生民主转型的国家如刚果民主共和国、马拉维、中非共和国、尼日尔、布隆迪等,纷纷建立了"民主"体制,这使得西方民主化研究者普遍乐观地认为,民主化并

---

① [美]本杰明·巴伯:《强势民主》,彭斌、吴润洲译,吉林人民出版社2006年版,第25页。
② Francis Fukuyama, *Political Order and Political Decay: From the Industrial Revolution to the Globalization of Democracy*, New York: Farrar, Straus and Giroux, 2014, pp. 488 – 505.
③ International Institute for Democracy and Electoral Assistance, *Voter Turnout in Western Europe Since* 1945, Sweden: Stockholm, 2004, pp. 80 – 84.

不需要前提条件，民主变革可以发生在任何一个国家，所有国家均适合民主体制。西方民主化研究没有将政治转型放在一个广阔的社会历史背景中去考察，也不考虑一个社会是否具备相应的宏观结构性条件，而仅仅考察政治转型事件和过程本身，把民主化视为具体环境中各种政治精英为了自身利益而进行竞争、冲突、协调、合作等的活动。这一做法低估了各方面重要条件所带来的复杂性，而高估了选举这一单独变量在实现根本性政治变革中的作用。这种唯意志论的观点将结构主义方法抛在一边，无论从理论还是实践角度看均缺乏科学依据。事实上，在第三波民主化中，只有少数国家的政治转型符合这一模式。

回顾近代历史，可以看到，早期西方民主国家在实行选举政治之前就已经建立了现代国家（modern state），然后在法治、公民社会、责任政府的基础上渐进地推进民主化，这一过程经历了两三百年。在第三波民主化中，许多后发展国家在仓促中建立的新民主政权面临着双重挑战：在进行自由选举的同时建设一个现代国家，这几乎是一个不可能完成的任务。"在一个被内部冲突或其他日积月累的、严重的灾难击垮的国家或失败的国家中，向公开的政治竞争和选举实现快速转型是没有意义的。在将自己推向可持续的、多元主义的政治发展道路之前，国家必须具备最基本的能力以及类似于权力垄断的特性"①。对非洲国家的研究表明，新民主政权只在那些国家相对有效的地方出现并有可能得以维持。② 除了现代国家制度这一前提外，民主要有效运行还应当具备其他一些条件，否则极有可能陷入困境而退化为"有缺陷的民主"（defective democracy）。戴蒙德、林茨和利普塞特在分析了影响民主的因素后指出："在那些消除了贫困和极端不平等，教育水平和经济水平较高的国家中，在那些对民主、宽容、讨价还价等价值具有较高评价以及人们有机会组织公民社会的国家中，在那些少数民族团体结成联盟、互相信任的国家中，在那些军队特权受到限制的国

---

① Thomas Carothets, How Democracies Emerge: The Sequencing Fallacy, *Journal of Democracy*, 2007 (1).
② Michael Bratton and Eric C. C. Chang, State Building and Democratizat in Sub-Sabaean Africa, *Comparative Political Studies*, 2006 (9).

家中,以及国家在地区和国际中的地位依赖于民主进程的社会中,民主更有可能得以发生和持续。"① 应当说,结构性因素如社会发展、不平等状况、经济表现、自然资源、国家能力、公民社会的发展状况等强有力地影响着国家建立和维持民主制的可能性。当今国际社会中大量威权国家或非民主国家集中在中东、撒哈拉沙漠以南的非洲地区,并非偶然。② 总之,民主变革必须具备基本的前提以及相对有利的条件,特别是应具备某些关键的结构性条件,才可能顺利实现政治转型并获得巩固。

五 民主化是政治精英设计或外部推动的结果?

按照西方民主化研究者的观点,民主化主要就是建立一套民主制度并将其付诸实践的过程。在他们看来,政治制度就是政治精英设计、安排以规范政治生活中人们互动行为的约束条件。政治制度是政治生活中的游戏规则,决定了政治家、政党与选民之间的策略和行为,并在很大程度上决定了政治行为者的选择和博弈的结果。制度之所以引起研究者们的关注,在于制度的具体设计及其实践对转型后政权产生的影响,具体表现为:(1)制度对政治家、政府部门、政党之间协作或冲突程度的影响;(2)社会集团、公民社会、普通民众在民主制度运作过程中对政权、意识形态和公共政策的影响;(3)制度对政治领导人重视或忽视民主规则的意愿及能力的影响;(4)制度对经济发展和社会发展的稳定性和持续性的影响。③

西方民主化研究者十分重视宪法和政治制度,因为不同的宪法和政治制度通过特定的传导机制将导致不同的政治结果。在他们看来,任何宪法和政治制度都是政治精英设计的结果。也就是说,在民主化进程中,政治精英选择何种宪法和政治制度,决定了民主能否得到巩固,决定了民主的

---

① Larry Diamond, Juan J. Linz and Seymour Martin Lipset (eds.), *Politics is Developing Countries: Comparing Experiences with Democracy*, Boulder: Lynne Rienner Publisher, 1995, p.52.
② Steven Levitsky and Lucan Way, The Myth of Democratic Recession, *Journal of Democracy*, 2015 (1).
③ 参见陈尧《新兴民主国家的民主巩固》,上海人民出版社2011年版,第91页。

最终面貌。一些民主化研究者由此提出了民主工程学或宪政工程学的理论，将民主化看作一种建构民主事业的工程。① 民主工程学尤其关注民主化中新民主政权的制度设计，特别是宪政安排、政府体制、选举制度、政党制度等，以及这些制度对民主政权的支持方式。研究者们纠结于总统制还是议会制、多党制还是两党制、单一制还是联邦制等何者更有利于新生民主国家。

20世纪90年代以来，关于制度设计对民主政权的影响大体上经历了三次集中的研究。最初的研究源自林茨，其方法是一个解释变量（政体类型）对应一个因变量（民主巩固）。这一时期的主要观点认为，议会制安排提高了民主稳定的可能性，而总统制不利于民主巩固。第二波研究大约从90年代中期开始，这一时期研究的主要内容是多个变量（政体类型、选举制度和政党制度）的组合对民主稳定以及一般意义上的善治的影响。第三波研究更多地使用政治科学的一般理论来分析政治制度对于民主的影响。研究者广泛采用定性和定量的方法，借助否决者理论、委托代理理论、理性选择制度主义和新制度经济学等来分析民主实践的变化。② 在后期，关于政治转型中民主制度与政治绩效之间的关系研究在很大程度上脱离了现实，研究者热衷于某种制度设计和宪政方案，并将其标榜为理想的制度而予以推广。这突出表现为国际力量对发生政治变革的国家采用的"民主促进"策略。

20世纪中期以来，以美国为首的西方国家和一些国际组织积极、主动地推动全球的民主和人权事业，帮助后发展国家进行民主改革，向这些国家推销西方民主制度。西方的民主推动者试图通过选举管理、对政党进行培训、制定宪法或其他制度等，在后发展国家中确立多党竞争的自由民主制度，但是，他们充其量扮演了支持者而非领导者的角色。在大多数情况

---

① Giovanni Sartori, *Comparative Constitutional Engineering: An Inquiry into Structures, Incentives and Outcomes*, New York: Palgrave Macmillan, 1994.

② Robert Elgic, From Linz to Tsebelis: There Waves of Presidential/Parlimentary Studies, *Democratization*, 2005 (1).

下,这种外部推动力量并没有促进国际社会的民主转型,仅仅是帮助了这些国家内部的政治精英完成他们想做的事情。正如卡罗瑟斯指出的,在新兴民主国家中,政治冲突、法制软弱、民主缺失等始终是这些国家的核心问题,它们反映了深层次的社会、经济结构和长期的政治传统以及基本的文化模式,那种以为通过短期灌输、项目援助及技术支持就可以解决这些核心问题的想法是缺乏逻辑的。①

尽管自20世纪90年代中期以来民主工程学取得了较大发展,产生了大量研究成果,但是它将民主制度看作政治精英设计的结果,甚至将特定的民主制度强加于新兴民主国家,暴露出明显的目的论动机。民主工程学假设西方民主制度是好的,应当尽可能地避免民主的逆转,通过民主制度设计、创造有利于民主的条件来维护民主政权。诚然,对于新兴民主国家而言,新政权必然面临着政治制度的重新选择和设计,但一国的政治制度主要是历史发展的结果,民主制度是政治精英内部以及精英与大众互动、妥协的产物。民主发展的现实表明,尽管精英和大众均可能显示出对民主程序和规范的承诺,但在制度如何构建方面存在着许多分歧。② 在大多数新兴民主国家中,模仿西方国家而建立的制度并未有效运作,不是因为这些制度不好,而是它们不适合本土环境。

综上所述,在社会科学领域,客观化、科学化是学术研究的目标和生命。以经验研究为主的西方民主化研究,尽管名义上标榜科学,却在一定程度上滑向了政策研究,混淆了事实发现与对策建议之间的边界。与半个多世纪前现代化研究的做法类似,西方民主化研究采用简单的威权——民主二分法(尽管使用了家族式分类),理所当然地将后发展国家视为威权国家,将西方发达国家看作民主国家,认为政治变革的趋势就是从威权向民主的转型。这种二分法将威权等同于落后、野蛮、传统,将民主视作先

---

① Thomas Carothers, *In the Name of Democracy*: *U. S. Policu toward Latin America in the Reagan Years*, C. A.: University of California Press, 1991, p. 198.
② Timothy J. Power and Mark J. Gasiorowski, Institutional Design and Democratic Consolidation in the Third World, *Comparative Political Studies*, 1997 (2).

进、文明、现代，将威权与民主对立起来，割裂了两者之间的联系和过渡。西方民主化研究者认为，非西方的威权国家由于接触了西方民主社会而开始发生变革，否定这些国家内部自身的经济发展和社会变迁，否认这些国家之前的历史经验与它们未来政治发展之间的关联。同时，西方民主化研究集中关注所谓威权国家内部的相似性，拒绝承认后发展国家的政体形式在时空维度上的多样性，从西方自由主义民主实践中提取所谓民主的一般属性作为标准，将不符合这一标准的政体均纳入威权体制的范畴，把非西方社会的政治变革强行按照所谓的民主标准进行衡量，将后发展国家的政治发展看作向西方民主演进的直线的、进步的变迁过程。

　　上述做法不仅将当代国际社会中纷繁复杂的政治变革事实予以简化，更是将概念误以为事实，沉湎于概念及想象，而忽略了这些概念与可以观察到的政治现象之间的关系。显然，"认识那些经历过一些深刻转变的社会是一回事，而靠某个科学的概念来综合所有这些转变则是另一回事"[①]。社会学家迪尔凯姆曾经对以概念替代事实的做法进行过批评，他指出："我们自然倾向于以观念来代替实在，甚至把它们作为我们思考、推理的材料"，但是，这种做法导致"人们把这些观念和现实混淆起来"，误以为这些观念"包含了现实中全部本质的东西"，结果是"永远不能发现实在的规律"[②]。西方民主化研究试图创造出一些新的概念和理论来理解20世纪后期以来全球政治变革的状况及其发展，但不幸的是，它不是设法去理解既有的事实，而是较多地依赖想象、臆测和武断，最终损害了科学之名。

（作者单位：上海交通大学国际与公共事务学院）

（原载《天津社会科学》2016年第5期）

　　[①] ［美］迪恩·C. 蒂普斯：《现代化理论与社会比较研究的批判》，载［美］西里尔·E. 布莱克编《比较现代化》，杨豫、陈祖洲译，上海译文出版社1996年版，第125页。

　　[②] ［法］E. 迪尔凯姆：《社会学方法的准则》，狄玉明译，商务印书馆1995年版，第35—36页。

西式民主制度局限性的集中暴露
——对英国"脱欧"和美国大选的反思

刘仁营

西式民主曾一度被一些人奉为圭臬,当作人类社会最科学、最完美的政治制度。然而,近些年来,以英美等国为代表的西方国家政治问题频频发生,西式民主根深蒂固的局限性问题越来越引起人们的重视。2016年6月,英国通过公投向全世界正式宣布脱离欧盟,此事正在产生连锁反应,引发其他国家的效仿。2016年作为美国的大选年,两位竞选人各种手段无所不用其极,洋相出尽。就连在大选过程中不断为西式民主打气的福山,也不得不承认:"实际上,美国的政治体系一直处于衰弱中,只有当愤怒的民众遇到了明智的领导人,这种体系的衰弱才可能被制止。"此类事件的集中发生,无不以强烈心理冲击的方式促使人们对西式民主的局限性问题进行深入反思。

一 西式民主局限性的新特征

从英国"脱欧"到美国大选等一系列事件的集中爆发,正在越来越清晰地暴露出西式民主制度局限性上的许多新特征。

第一,西式民主的非理性。一般情况下,脱离欧盟这种事关国家和国际关系的重大事情必须是慎之又慎的。一旦作出选择,也应理性承担所有后果。然而，无论是英国的各政党还是部分投票公民，都表现出一种对政治和国家的过于随意的不负责任态度。英国脱欧公投原本是英国前首相卡梅伦在2015年大选中为获得更多选票而作出的承诺。然而最初的政治承诺却最终变成了政治事实，投票脱欧竟然成为现实，这是卡梅伦万万没有想到的。卡梅伦主导了这场政治闹剧，却在公投第二天就挥手辞职了。据谷歌公司分析，公投结果公布6小时后，英国人搜索的前三大热门问题竟然是"脱欧意味着什么""欧盟是什么""欧盟有哪些国家"。由此推测，很大一部分英国民众是在完全不了解脱欧对英国和欧盟到底意味着什么的情况下，就稀里糊涂、匆匆忙忙地投了赞同票。据调查，此次投赞同票的人当中有很大一部分是没有受过太多教育的中下层民众和老人，他们缺乏对整个事件理性和客观的认识，更容易被一些社会情绪和政客宣传所误导。不到3.9个百分点的选票结果差距对最终结果起了决定作用，可见，在很大程度上，正是这种情绪化的和无所谓的非理性态度使英国脱欧成为了事实。

同样，在此次美国大选中，两位总统候选人都秀出了美国政治非理性的相对底线。在大选中，一方从身体健康状况、政治信用、政治献金、遵守法律等方面攻击对方，另一方则从尊重女性、外交软弱等方面丑化对手；一方语言粗俗，满嘴"跑火车"，被人戏称为"疯子"，另一方则因"邮件门"事件使其经营了多年的形象坍塌，并几乎成为"骗子"的代名词，使美国大选变成了一场闹剧。然而，值得关注的是，所谓社会主义者桑德斯，仅靠人均27美元的小额捐赠将预选进行到最后，获得了约800万人助选、1300万人的支持，赢下了全美50个州的23个州，但却并没有赢得民主党的青睐，最终败给了从全世界不同国家资本力量获取政治献金的希拉里。美式民主没有表现为"选优"的机制，却体现出严重"比烂"的态势。

第二，西式民主的短视性。对于英国民众而言，他们考虑得更多的是就业、福利、安全等问题。关注这些问题无可厚非，但如何处理这些问题却存在个体利益与整体利益、眼前利益与长远利益的矛盾关系问题。国际金融危机爆发后出现的一些新矛盾，在这种情况下就可能通过全民公投不适当地被放大,从而影响英国人民的整体和长远利益。大量的外来难民在短期看会影响英国本土民众的就业、福利和安全问题,这带来了恐慌情绪,加剧了部分人的脱欧和脱英倾向。但实际上,导致这些问题发生的主要原因与金融危机后资本主义经济的整体萎缩,以及美国在世界各地的军事干涉等相关,脱离欧盟并不能从根本上解决这些问题。脱欧尽管可以为英国节省每年约100亿英镑的"摊派费",但它也不得不承担新的高企的出口关税,这也同样会反过来影响英国本国经济的发展和劳动者的工作岗位。据统计,2010年到2014年英国的进出口贸易总额中,各有一半以上是与欧盟的贸易关系,而这也关系到英国数百万劳动者的工作岗位。作为欧洲的金融中心,丧失了欧盟经济体的支撑,英国的国际金融地位将大大降低。英国通过公投最终脱欧说明,英国政客和许多民众已经被眼前的困难和短暂利益遮蔽了眼睛,很难看清自己的整体利益和长远利益所在。

与之类似,在美国大选中,两位竞选人为拉选票可以牺牲政党信念,掀起带有民粹主义性质的竞争浪潮。他们为了赢得选民可以提出带有强烈经济民族主义性质的竞选纲领,甚至主张限制中国、墨西哥和贸易保护,反对经济全球化和大规模移民。为了迎合选民,政策主张和政治立场可以变来变去,充分暴露出西式民主的短视性。

英国民众出于对就业、安全等利益考虑作出的脱欧决定,以及美国两位总统候选人不同程度的民族主义和保护主义倾向,貌似在短期内可以保护其经济利益,但从长远看,却可能在很大程度上削弱英美等国在经济全球化中创造新活力、捕捉新机遇的能力,从根本上影响国家经济的生命力。

第三,西式民主的阶级性重浮水面。虽然从客观上看,留在欧盟有利于英国所有阶级和团体的整体利益,但这并不意味着所有阶级和团体在这个问题上的意见是一致的。相反,英国民众在这一问题上表现出比较明显的阶级分歧和对立。据英国伦敦前副市长 John Ross 表示,英国统治阶级和资本集团中压倒性的大多数,包括工商业联合会、伦敦的金融资本从业者、首相、财政大臣、保守党内阁的四分之三、议会议员的四分之三、几乎所有工党议员等,都主张留在欧盟。他们甚至获得了国外政治力量和国际资本的支持，有事后颠覆公投结果的可能。而作为弱势群体的广大民众，考虑到自身目前的生活状况，则集中表现出脱欧倾向。当然，脱欧的责任不能归咎于他们，因为挑起和组织公投的正是保守党议员以及卡梅伦首相本人。面对这种国家矛盾中的阶级矛盾，西式民主不仅没有有力的引导组织能力，反而在处理国家矛盾中诱发和激化了阶级矛盾。这一方面告诉人们，阶级矛盾具有不以人的意志为转移的客观规律；另一方面也充分体现出西式民主制度在遇到此类矛盾时的低效率和破坏性。

多年以来，阶级观念在美国貌似呈现一种淡化态势，很多美国人都曾经认为自己已经是中产阶级的一部分。然而，自20世纪80年代以来，尤其是国际金融危机的爆发使得美国所谓中产阶级出现了大量破产现象，美国社会的阶级状况也因此正在发生根本性变化。第三派政治力量和民粹主义浪潮的兴起，则标志着"社会阶级固化再次重返美国政治舞台，成为核心焦点"。据盖洛普调查显示，2000年有33%的美国人自称属于工人阶级，这个数据到2015年上升到了48%，将近美国人口的一半。长期以来，精英与民众的差距越来越大，精英们越过越好，而民众的生活现状没有得到改善，一些最基本的事实也表明，国民财富是由金字塔顶端的1%的人所掌控的。特朗普与桑德斯在竞选之初就分别站到了共和党与民主党建制派的对立面，他们这种立场恰恰迎合了底层民众迫切希望改变被抛弃命运的愿望。他们虽然不可能依靠改良手段从根本上改变美国社会的阶级分化状况，但他们至少从形式上和在一定程度上反映了这种阶级分化的严重事实。人们越来越清醒地看到，面对日益激化的阶级矛盾，美国政治制度的有效化解能力越来越薄弱。

第四，西式民主的离心力增强。英国脱欧运动和美国大选都被称为"民粹主义的胜利"。所谓"民粹主义的胜利"，正是"精英主义"影响力衰弱和信任度严重下降的集中体现，是平民对精英统治阶级政治丧失信任的结果。美国盖洛普公司2016年9月7日调查数据显示，美国大多数人对垄断政坛的民主党与共和党越来越不满，有57%的受调者表示有必要出现第三个大党派。美国民众的这种意愿已经开始通过民主党与共和党中的

"建制派"与"非建制派"之间的矛盾体现出来,它表明原有的两党垄断政坛的格局已经在新的阶级需要面前开始丧失有效功能了。当越来越多的美国人民对于两个候选人无论谁获胜都已经完全无所谓,甚至用"更希望我家狗当选"来调侃的时候,人们对这种所谓科学制衡的民主体制的信任已经丧失。

由于对原有政治制度信任度丧失,英国和美国一些区和州开始闹独立,这彰显出其国家离心力正在迅速增强。苏格兰、爱尔兰与英格兰之间的民族矛盾,借助脱欧与留欧这一国家矛盾体现出来,在英国产生了一种背离统一原则的独立和分裂倾向。英国北部的苏格兰一直存在着独立倾向。2014年9月,苏格兰曾经进行过一次扣人心弦的独立公投。此次公投,苏格兰和北爱尔兰全部选区都选择了留欧,英格兰、威尔士大部分选区则选择了脱欧。这个结果表明,在脱欧和留欧这个问题上,苏格兰、北爱尔兰和英国其他地区的分歧在加深。这种分歧反过来加剧了苏格兰、爱尔兰的独立倾向。在公投结果公示后不久,苏格兰与北爱尔兰就宣布将举行脱英公投。特别令人啼笑皆非的是,英国首都伦敦也表现出与整个英格兰不同的政治立场,甚至于英国脱欧公投结果出来之后在互联网上发起了一波脱英独立运动,竟有超过10万人签字。与之类似,美国不同州的独立运动也在金融危机之后开始升温。2008年,研究美国独立运动的专门机构智库米德伯里研究院的调查结果显示,有22%的美国公众认为美国各州或地区都有权利自行脱离联邦并建立一个独立的国家。而在奥巴马连任美国总统后,美国有50个州共66万民众签署了要求独立的请愿书。这些不同州的签署人数存在较大差异,其中有7个州发布独立宣言,人数最多的是得克萨斯州,超过10万人签名。

以英美为代表的西式民主制度,不仅集中暴露出诸多新的局限性特征,而且正面临着越来越多从根本上威胁到民主理念能否真正实现的新问题、新挑战。资本势力加速操控政治、媒体制造舆论操控民主、党派之间互相攻讦不遗余力……美国著名历史学家埃里克·朱斯失望地写道,美国民主已死,谁上台都只是资本的奴仆。

二 认清西式民主局限性,坚持人民民主的优势

正确认识以英美为代表的西式民主政治的局限性,对我们理性而客观地认识西式民主制度,正确认识中国特色社会主义民主政治的优越性,加强社会主义民主政治建设,具有许多重要启示。

第一,科学处理直接民主与代议民主的关系。民主就其一般意义而言,是指在一定社会的一定阶级范围内,按照平等和少数服从多数原则来共同管理国家的政治制度。从此我们不难看出,民主的实现离不开民众的参与、民意及符合大众的利益诉求等条件。但是,这只是民主得以实现的必要条件,而不是充分条件。在当今纷繁复杂的国际情况下,在西方敌对势力不断通过网络和民间组织等途径对发展中国家进行操控和分化的大背景下,民主程序的执行既要考虑部分或整体民意,又要充分考虑国家安全和集体利益的实现,绝不应使民主制度成为外部力量的破坏手段。没有国家执政效率作为前提的民主,很可能成为一种巨大的破坏性力量,这一点不仅为中东和东亚许多国家的实践所证明,也得到了以福山为代表的西式民主吹捧者的认同。

特别需要指出的是,有些时候,以简单多数选票为基础的决策并不一定代表国家和人民的长远利益与整体利益。因为,这极有可能是在民众处于非理性状态下,某些利益集团打感情牌操纵民众情绪的结果。英国公投表面上充分体现了民意,看似实现了民主,但是从长远利益与整体利益考虑,这是不理智的行为,是西式民主局限性的凸显而不是成功。英国是典型的代议制国家,但作出这种决定的原因恰恰是因为没有处理好直接民主与代议制度的关系。当然,代议制不等于专制,它既需要以民意为基础,同时也要处理好不同代议机构的权力制衡。如果这种权力制衡关系处理不好,成为垄断政坛的少数极端对立的政党恶斗的手段,那么它同样也将无效。当下的美国,民众只能在两个不断"比烂"的候选人中无奈选择,只能任由其控制不同权力部门相互否定而伤害国家和人民的利益,就是上述

代议无效情况的最好注释。相反，中国特色社会主义的国家制度，坚持四项基本原则，强调党的领导作用和党内民主与党外民主的结合，虽然还存在很多不完善的地方，但这正是我们社会主义政治制度的巨大优势的体现。

第二，充分认识民主集中制的优越性，坚持民主基础上的集中和集中指导下的民主。国际金融危机爆发之后，西式民主模式接二连三出现严重问题。曾经被吹捧为"自由民主灯塔"的美国，因为两党制与三权分立制的简单重叠，导致不同权力部门的政党化，共和党垄断控制议会，民主党垄断控制政府，这些部门成为党争的工具和手段，政党的利益凌驾于国家整体利益之上，所谓的民主制衡体制被党争政治代替。这在实践上直接导致美国政府关门停摆，而在理论上导致了所谓"两党制加三权分立"完美论的破产，以至于"历史终结论"的提出者福山都惊叫美式政治制度可能"只有死路一条"。福山把希望寄托在英国、丹麦等欧洲国家政治体制的优越性上，希望从它们那里获取新的灵感和生命力。然而这只不过是美好的希望，他只是从理论上认识到美国民主体制缺乏凝聚力和执行力，却并不了解英国等国实际上也有类似严重情况。英国脱欧可以说是在政客不负责任引导下进行的一次错误的民主尝试，这次尝试让人们想起"苏格拉底之死"的历史悲剧。

因此，没有集中指导下的民主同没有民主基础的集中一样，同样可能事与愿违，走向民主的对立面。没有民主基础的集中，是没有政治合法性的集中；没有集中指导的民主，是没有合理性、科学性的民主。习近平总书记曾指出，民主集中制是我们党的根本组织制度和领导制度，它正确规范了党内政治生活、处理党内关系的基本准则，是反映、体现全党同志和全国人民利益与愿望，保证党的路线方针政策正确制定和执行的科学的合理的有效率的制度。因此，这是我们党最大的制度优势。社会主义民主政治制度的本质是人民当家作主，是在民主基础上的集中和集中指导下的民主的有机统一。我们应当充分认识到民主集中制的优越性，不应妄自菲薄，在西式民主的乌托邦幻想中丧失自我和自信。

第三，合理处理不同民族、区域之间的关系，防止这些因素影响民主机制的正常运行。不同民族与区域之间的矛盾上升为影响国家秩序和国际交往的重大因素，正在成为一个带有全球性质的难题。英国民众在对待英欧关系的问题上出现如此多元化的态度，可以说是由于其所属地域、利益诉求、民族传统等不同因素造成的一个结果。由于文化和经济结构与欧陆的关系不同，在脱欧投票上，苏格兰、北爱尔兰与英格兰、威尔士表现出迥然不同的态度，前两者大多赞同留欧，后两者除了伦敦大多主张脱欧，在这个问题上，民族矛盾与国家矛盾纠缠在一起，相互生发和推动，不仅影响了国家的整体利益，也恶化了国家内部的民族矛盾、地域矛盾，加剧了苏格兰、北爱尔兰的独立倾向。同样，美国的分离主义势力也涉及不同民族、区域和国家之间的矛盾。例如美国最大的两个州阿拉斯加和得克萨斯，前者曾经是俄罗斯领土的一部分，后者原本是墨西哥领土的一部分而被美国强占，不同的历史传统和民族利益强化了这里的独立倾向。历史上被美国强占、后来拥有美国公民身份却没有选举权，也不属于美国50个州之一的波多黎各，则始终存在一个身份去向问题，独立力量从来没有消失。同样，夏威夷人、关岛人和拉科塔印第安人部落的独立要求，也都与历史和民族利益有紧密关系。因此，如何处理好国家内部的民族矛盾、地域矛盾和不同国家之间的国家矛盾，不使它们相互影响、相互恶化，成为当今国际政治的一个新课题。

（作者单位：江西师范大学马克思主义学院）

（原载《红旗文稿》2017年第1期）

西方民主的衰败与中国民主的蓬勃生机

田改伟

从十月革命后俄国成立第一个社会主义国家开始，世界上两种制度、两种意识形态的斗争和竞争就从来没有停息过。20 世纪 80 年代末 90 年代初，随着苏联的解体和苏共的下台，世界社会主义运动陷入低谷，资本主义民主制度在两种制度的竞争中取得了前所未有的胜利，被有的学者称为"历史的终结"。然而，进入 21 世纪，尤其是 2008 年以后，随着国际金融危机的蔓延，西方民主制度呈现出不可遏制的衰败趋势。与此同时，中国发展取得的成就举世瞩目，中国政治制度呈现出来的生机和活力，引起国际社会越来越多的关注，不少人都在探讨此现象背后的原因。一时之胜决于力、长久之胜决于理。今年是俄国十月革命 100 周年，在一个世纪的时间内，资本主义制度和社会主义制度的这种此消彼长，很好地诠释了这个道理。

国家政治发展的实践是由一定的政治理论指导，并反过来检验这种理论的有效性和正确性。不同的政治逻辑所构建的理论与实践，呈现出来的结果也不尽相同。经历百年后，中西方民主的这种形势转变，从深层次上看，两种政治制度建构和运行所遵循的政治逻辑是其兴衰的重要因素。

一 西方民主政治基本逻辑自身的内在矛盾导致其民主制度的劣势渐现

政治逻辑有不同的层次和内容，是人们在丰富多彩的政治实践过程中形成的。归纳起来，西方民主政治主要有四个基本的政治逻辑，决定着西方民主理论对实践的指导效果。

首先，在国家理论方面，西方民主政治理论的基础是社会契约论。西方民主政治理论在国家起源和职能演变方面，一般是主张社会契约论，认为国家是每个人通过契约自愿让渡他们自己的权利而形成的；国家是不会消亡的，人民是国家权力的主人。这种社会契约论建立在假想或者空想的基础上，并成为后来西方形形色色的民主理论分析现实社会的基本方法和逻辑前提。

其次，西方民主政治追求的价值是以个人主义为核心的自由主义。自由主义以个体本位为认识社会的基石，认为自由、平等、人权、民主等都是人们的所谓自然权利，把个人的自由和权利作为政治发展的出发点，将国家视为维护个人自由和权利的工具，主张限制政府的权力。个人主义成为西方民主政治批判、衡量其他政权是否民主的主要依据。

再次，西方民主政治把理性人假设作为政治行为尤其是政治选举行为的逻辑前提。理性人假设在经济领域，是个人在市场行为中追求利益的最大化，在政治领域，是认为每个人都会理性投票，作出个人的理性选择。总之是用个人效用最大化来理解各种有关公共治理的普遍性规律，并讨论相应的公共政策问题。

最后，西方民主政治是以财产私有制为基础。私有财产的存在是资产阶级民主政治最根本的经济基础。

应该说，西方民主政治在300多年间经历了曲折的发展，也取得了辉煌的成果，但由于其内在逻辑的矛盾导致其劣势渐现。主要表现为制度僵化、政党恶斗、资本掌控权力、决策短视、民主对民众的吸引力下降等。其中的原因,除了其经济社会自身的基本矛盾因素外,还在于指导西方民主实践的民主政治逻辑存在着自身不可克服的内在矛盾。

一是社会契约论的内在逻辑导致西方民主从号召人们与封建专制斗争的理念,发展到精致烦琐的政治机制和政治游戏,使西方政治理论陷入孤芳自赏的境地不能自拔,难以实现自我革命和自我超越。根据社会契约论,国家是不会消亡的,只是"永恒的真理和正义所借以实现或应当借以实现的场所"①,尤其是资产阶级的国家是永世长存的。随着资产阶级统治地位的巩固,西方民主政治逐渐回避国家的起源、性质和政治制度存在的实际问题,更多地把民主看作一种管理方式,一种精巧的机制和程序,讳言国家和民主的阶级性,民主最终堕落为政治家竞取领导权、玩弄权术的技巧。

二是自由主义追求人的空想的、先验的价值,使西方民主政治往往忽视人的现实经济社会基础和根本的矛盾冲突,把社会价值建立在脱离一定经济基础的抽象的概念之上,成为祸乱之源。从这些概念和原则出发去探讨现实经济社会问题,把这些抽象的价值当作意识形态工具向外输出,作为干涉其他国家的借口和依据,但给这些国家带来的却是社会动荡、政治混乱等灾难,越来越不得人心。

三是西方民主的理性人只是理论的假设和想象。这种理论把人看作单个的抽象物,而不是把人放在一定的社会经济环境和社会实践中来考察,从这种空想的假定出发所得出的结论自然是不可靠的。

四是西方政治制度以经济私有制作为不可动摇的制度基础,使西方民主很容易被利益集团和游说团体所左右,成为精英追逐利益的工具,而普通民众却无可奈何。

---

① 《马克思恩格斯选集》第3卷,人民出版社1995年版,第13页。

二 中国的政治逻辑彰显了科学性和实践性优势，焕发出强大生机和活力

新中国成立近70年，中国发生了深刻变化，中国的社会主义民主政治制度更加牢固，优越性发挥得越来越突出。根本原因在于中国民主政治是建立在坚实的科学基础之上。

首先，社会主义民主是广大劳动人民享有的民主，作为国家制度，它是社会生产关系和阶级斗争发展到一定阶段的产物，是社会化大生产的产物，是比资产阶级民主更先进的民主。

其次，我国民主政治追求的价值是人的解放，把人放在具体的社会生产关系中来考察，认为每个人都不是孤立存在的，都生活在不同的集体和具体的社会关系之中，在注重个体利益实现的同时，更加注重集体主义，强调人民的利益高于一切。

再次，我国民主政治强调人民群众是历史的创造者，是历史的主人，强调在社会实践中不断促进人的进步和解放。人是环境的产物，环境的改变和人的改变是相辅相成的。民主就是调动人民参与国家建设的积极性，在推动社会进步的同时，自身也得到提升。

最后，我国以公有制经济为主体，从根本上消除了人们因财产占有不平等带来的实际民主权利的不平等，是对资产阶级私有制的超越和扬弃，反映了人类对社会发展规律的最新认识和把握。

中国民主政治在经历了艰辛的探索、曲折的发展历程后，其优势逐渐凸显出来，被世界所瞩目、所认可。这与执政的中国共产党的科学决策和人民群众的辛勤劳动、丰富创造有关，也与中国政治制度建立的政治逻辑的科学性和实践性息息相关。

一是能正确看待国家、阶级与民主的关系，有利于维护国家政治的稳定。民主是一种国家形式，民主与专政是辩证的统一，对于刚建立起来的民主政权来说，用专政的手段来巩固政权，对人民实行民主，对敌人实行

专政,是社会主义民主政治功能的正常发挥。我国民主政治建设顶住了国内外敌对势力的各种压力,在促进社会发展、人民生活水平不断提高的实践中,增强了制度的说服力,也为我国经济社会长期高速发展奠定了政治基础。

二是坚持人民主体地位,有利于调动人民群众参与国家现代化建设的积极性。以公有制为主体、多种所有制共同发展的基本经济制度,使人民的政治主体地位获得了物质基础保证,避免了资本和少数利益集团操控民主。

三是坚持民主集中制,有利于决策的民主化、科学化。民主集中制,是唯物主义的认识论在政治生活中的体现和运用,是政治生活科学化的保证。这从制度上巩固了执政党与人民群众的紧密联系,保证了人民意志及时上升为国家意志,摆脱了决策短视的局限。采取选举与协商相统一,保障了国家决策与人民利益的一致性,避免执政者在权力运行中犯大的错误,同时也提供了强有力的纠错机制。

四是坚持党的领导、人民当家作主和依法治国的有机统一,有利于统筹各方利益,使社会免于陷入各种利益集团和社会阶层的纷争之中。坚持党的领导、人民当家作主和依法治国的有机统一,有效地避免了西方国家的党派恶斗,防止了国家权力交接带来的政治分裂和社会混乱。

三 理论的科学性是政治实践兴衰的关键

人们只有认识世界,才能改造世界。人类社会各种理论能否最终成为人们改造世界的思想武器,关键在于能否正确认识世界和掌握群众。唯物主义和唯心主义是人类认识世界的两大理论体系,源远流长,各自都有丰富的理论成果,对人类社会制度的建构和精神追求产生过深刻影响。历史唯心主义者把对人类社会的理解建立在抽象的"意识"或"精神"的基础之上,并把这些意识或精神看作是脱离了现实物质基础的存在物,往往不能正确认识社会,更不能正确解释社会。随着科学的发展和人们对社会发展规律认识的深化，用历史唯心主义来指导社会发展的弊端越来越凸显。历史唯物主义把人类历史放在一定的社会生产方式中来理解，揭示了人类社会发展的客观规律，并使这一理论建立在科学实践的基础之上。中西方政治制度发展和实践的不同，既有历史文化的因素，也有不同政治逻辑所发挥作用的因素，其兴衰更替最终受制于制度背后的逻辑是否科学。

西方民主在其发展过程中形成了以分权制、多党制为主要特征的纷繁制度体系和丰富理论成果。经过多年的发展，其当初在反对封建主义、建立统一市场、消除等级差异中显示出来的先进性明显在消退，其唯心主义历史观的内在矛盾逐渐凸显并开始侵蚀西方制度和西方社会本身。从抽象的原则或概念出发去认识和解释社会，使西方政治理论很难科学认识其社会及政治制度自身存在的根本性弊端。在教条的"自由""市场"等名义下发展出各种烦琐体制机制，并演变为各种所谓的"政治正确"，已经严重窒息了其社会的活力。

与此相比，以马克思主义为指导、建立在历史唯物主义基础之上的社会主义民主政治制度，是在对资本主义制度和理论深刻分析批评的基础上，对人类社会发展规律的深刻揭示，其政治逻辑和政治制度的构建是对资本主义民主政治的扬弃。社会主义民主政治制度从理论走向实践，一开始就显示出对人类社会强大的改造能力，呈现出旺盛的生命力。苏联就是由此奠定了第二次世界大战中战胜法西斯的社会主义制度和物质基础，并在二战后迅速成为唯一能与美国对抗的世界超级大国。后来苏联的解体和苏共的下台，尽管原因很多，但与苏共最终抛弃马克思主义，在社会政治领域抛弃社会主义的政治逻辑而接受西方资本主义的政治逻辑有着密切的关系。

中国的社会主义民主政治建设虽然只有将近70年，但是在社会主义政治逻辑基础上构建的基本政治制度和权力运行原则，使这个制度显示出旺盛的生命力。尤其是在改革开放以后，随着社会主义基本制度的不断完善和发展，其保障中国发展进步的政治功能发挥得越来越明显，以至于有些西方政治家和学者认为对西方政治制度构成了严峻的挑战。这种攻守之势的转换，就在于中国坚持了社会主义的民主政治逻辑和民主话语体系，始终把社会主义民主政治发展建立在历史唯物主义这个坚实的科学理论之上，把推动社会进步和人民群众生活水平提高放在不断发展社会生产力、推动社会生产关系的变革中来实现。因此，我们坚持马克思主义的指导，就是坚守中国特色社会主义的理论优势和民主政治优势。

（作者单位：中国社会科学院政治学研究所）

（原载《红旗文稿》2017年第9期）

二

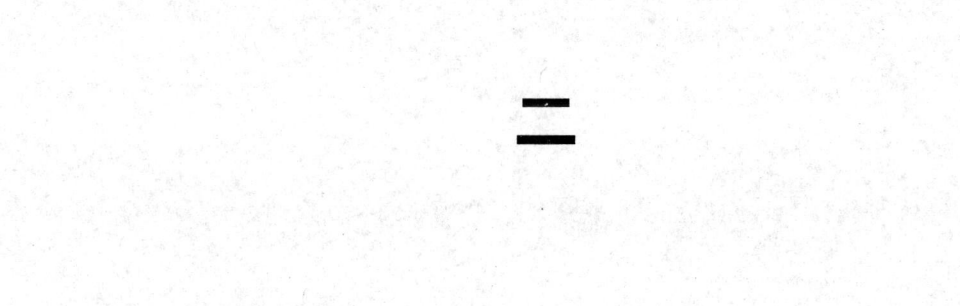

反思民主，探寻民主

欧树军

> 对美国好点……否则我们就把民主送到你们国家去！①
> 在发达资本主义国家，"选主体制"正在经历前所未有的危机。即使像弗朗西斯·福山、汤姆斯·弗里德曼这样的坚定辩护者也不时显得忧心忡忡。更严肃的思考则开始跳出"选主"框框，重新审视一些在他人看来不是问题的问题，比如民主到底是什么？"选主"究竟是不是一种实现民主的恰当方式？实现民主还有哪些更有效、更可行的方式？
>
> ——王绍光

过去十年间，29位西方知名学者对20世纪70年代以来民主在理论与实践上所遭遇的双重危机忧心忡忡，对"选主体制"做出了深刻的学理反思。他们的成果汇集成12篇文章，收录在由王绍光主编、欧树军翻译的《选主批判：对当代西方民主的反思》一书中，集中展现了对真民主（real democracy）的严肃思考。

---

① 参见 http://www.stickergiant.com/click "social-political" "progressive" and "anti-Bush." 转引自博·罗斯坦《建构政治正当性：选举民主还是政府质量》，载王绍光主编《选主批判：对当代西方民主的反思》，欧树军译，北京大学出版社2014年版，第195—218页。

一 西式民主步入泥沼

当真民主的意义被认识到的时候，人们已经准备好迎接 21 世纪了，1989—1992 年因此成为新旧两个时代的分水岭。在弗朗西斯·福山（Francis Fukuyama）的"历史终结论"里，意识形态的冲突已经结束，西方自由民主制成为最好且唯一的选择，反思民主当然还不是个问题；仅仅十年之后，在民主推手托马斯·卡罗瑟斯（Thomas Carothers）的《转型范式的终结》一文中，反思民主就已经变成了一个重要的问题①，而且至今仍然支配着政治理论家的思想。

十年之后，卡罗瑟斯的文章宣告了"转型范式的终结"。背景是大约 100 个第三波民主化国家和地区，其中拉美 20 个、东欧和苏联 25 个、次撒哈拉非洲 30 个、亚洲 10 个、中东 5 个。"转型范式"假设这些国家的政治转型为一条从独裁威权走向民主之路，先是街头抗争运动，再是苏联党报式的非理性的自我批评，最后才是以多党制定期竞争性选举为标志的成熟而稳定的民主制，整个过程无须先决条件，只要政治精英有意愿有能力，政治历史、经济状况、制度遗产、民族性格、社会文化传统或者其他结构因素都不重要，民主化优先于政府质量和国家建设。

但是，卡罗瑟斯尖锐地指出，"转型范式"的这些核心假设无一成立，结果也很是不堪。只有不到 20 个政治体建立了较好的民主制，包括欧洲的波兰、匈牙利、捷克、斯洛伐克、爱沙尼亚、斯洛文尼亚、罗马尼亚、保加利亚，亚非拉的巴西、墨西哥、智利、乌拉圭、加纳、韩国和菲律宾。其余七八十个国家和地区都被迫接受了西方国家的苛刻条件，皆以失败告终，走向了不负责任又没有效率的多元政治和政党国家化，其政府形式变成了介于民主与威权之间的混合物，又因治理失灵而变成了"失败国家"

---

① Thomas Carothers, The End of the Transition Paradigm, *Journal of Democracy* 13, No.1, January 2002.

(failing state)。① 这些国家的政治转型如此失败，以至于很快又爆发了"颜色革命"，形成了内外联动的政治拉锯战。

短短五六年之后，所谓"阿拉伯之春"加剧了"历史终结论"与"文明冲突论"的冲突。紧随其后，2009年菲律宾发生选举屠杀惨案。2013年以来，埃及总统穆尔西、泰国总理英拉、乌克兰总统亚努科维奇，这些民选的国家或政府领导人相继被街头运动拉下马，结果却是军人政府或者寡头政府得以重建。2014年9月，印度尼西亚国会立法废除了地方首长直选。21世纪以来，选举民主陷入了比以往任何时期都更为严重的正当性危机。不仅如此，2011年美国爆发的"占领华尔街"运动也宣告了老牌民主国家的变质，不再是林肯说的"of the people, by the people, for the people"，而是约瑟夫·斯蒂格利茨（Joseph Eugene Stiglitz）说的"of the 1%, by the 1%, for the 1%"。1%的富人劫持了民主，把美国从民主制变成了金融寡头专制（financial despotism），从民主政治变成了金权政治（plutocracy）。

除了政治体制的悲剧性倒退，最近五十年以来，西方世界的内部治理也先后遭遇多重困境。其一是工业、产业等经济政策的失灵，自由放任主义和凯恩斯主义都面临动力不足而难以落地的巨大困境；其二是以"福利国家"为核心的社会政策的可持续性危机；其三是在墨西哥裔等非白人族群和穆斯林等异教族群的冲击下，欧美的多元文化政策正在终结；最后，在全球化、国际化、私有化、自由化、民主化、公民社会、现代化等各种理论和力量竞相发挥主导和支配作用的时代，很多国家处在运转失灵的边缘，"民族国家"概念失效了。这些政治、经济、社会、文化进程，都在加剧而非缓解西式民主的危机。

"转型范式的终结"宣告了"历史终结论"的终结，同为美国"华盛顿首都环线圈"的重要"外事"智囊，从福山到卡罗瑟斯的思想反转，发

---

① Florent Guénard, "Promoting Democracy: A Theoretical Impasse?" *Books and Ideas*, 28 November 2007, http://www.booksandideas.net/Promoting-democracy-a-theoretical.html.

人深思。福山欢呼的是"选举寡头制"的彻底胜利,这个体系的奠基人是弗朗西斯科·圭恰迪尼(Francesco Guicciardini)、西耶斯(Emmanuel Abbe Si-eyes)、潘恩(Thomas Paine)、罗伯斯庇尔、托克维尔、约瑟夫·熊彼特(Joseph Alois Schumpeter)和罗伯特·达尔(Robert Dahl)等。卡罗瑟斯身为美国"输出民主"战略的重要推手,他的思想反转从实践中来,秉承的是更为久远的思想谱系:指责代议制民主以防止"多数的暴政"为名,建立起"精英的专制",而人类社会的未来走向是回归真民主。这些代议制民主的反思者包括马基雅维利(Niccolò Machiavelli)、奥赛亚·奥伯(Josiah Ober)、约翰·麦考米克(John P. McCormick)、詹姆斯·费希金(Jams Fishkin)、汉娜·皮特金(Hanna Fenichel Pitkin)、拉尼·吉尼尔(Lani Guinier)、谢尔登·沃林(Sheldon Wolin)、莫恩斯·汉森(Mogens Herman Hansen)、理查德·斯奈德(Richard Snyder)、博·罗斯坦(Bo Rothstein)、伯纳德·曼宁(Bernard Manin)和纳迪亚·乌宾第(Nadia Urbinati)等人。他们发现,民主并没有因为代议制而变得更好,相反,毋宁说代议制败坏了民主,因此有必要从"弱民主"回归"强民主",从间接民主回到直接民主,从"代表的统治"回到"人民的统治",从"虚民主"回到"实民主",从"假民主"回归"真民主"。

二 对"选举式民主"的反思

如果民主有真义,那它究竟是什么?反思民主者认为,只有返本溯源,回到政体流变论中去,才能找到真民主。柏拉图认为,城邦公民的习惯倾向和灵魂类型决定政体类型及其变动方向。他根据统治者的数量,把政体类型分为一人之治、少数之治和多数之治,一人之治的好形式是君主制,坏形式是僭主制;少数之治的好形式是贵族制,坏形式是寡头制;多数之治的好形式是公民宪制,坏形式是民主制。这些政体不是固定不变的,而是循环流变的,每种政体都源于之前的制度,政治制度的变动源于领导层的不团结。这就是说,民主不是唯一的可能,另一种体制是完全可能的。

在民主制下，因为平民没有财富、没有权利、没有智慧，他们那不受任何约束的灵魂，追求主奴平等、男女平等、人畜平等、畅所欲言，很容易走极端，进而因为追求极端的自由，走向极端的奴役。因此，尽管民主制包含最多样的习惯倾向、制度模式、生活模式，但它是一种不可取的坏政体，而古典民主是多数平民的直接统治，与代表无关。

古往今来，代表从来都是从属于主权的。主权在教，教皇委派代表；主权在王，国王委派代表；主权在民，人民委派代表。但是，在大多数情况下，代表与民主无关，恰恰相反，曼宁指出，代表的起源也即代表概念的精髓就在于，"代表的言行，对委派自己的人有约束力"。

在从古典共和制转向现代共和制的过程中，民主变成了好政体，但直接民主制无法支撑现代共和制，代议制才被发明出来。克里斯托弗·霍布森（Christopher Hobson）由此认为，民主与代表的结合是法国大革命和美国独立革命的重要一环。这一转变不仅仅是潘恩的功劳，也是罗伯斯庇尔的功劳，甚至后者的形象也与民主的作用相似，他的行动就是"多数的暴政"的化身，但却正是他在西方历史上破天荒地第一次断言"民主必须借助代议制"，"主权人民受自己制定的法律领导，自己去做所能做的一切事情，借助代表去做自己所不能做的一切事情"。同时，代议制也是防止或制约人民变成暴民的过滤器，人民直接参与权力行使只是一种"粗糙的民主"，必将导致巨大的灾难。换言之，现代民主制之所以是可行的好政体，正是因为它是代议制的。[①] 由此说来，作为现代共和制理论缔造者的联邦党人，以及民主时代预言家的托克维尔，都是潘恩和罗伯斯庇尔的传人，都主张用共和来约束民主，用代表来改造民主，用精英来约束人民。他们的代表观、民主观与人民观是协调一致的。

在这一点上，代表概念的精髓并没有什么古今之变。代议制民主从一开始就被"寡头统治铁律"的万有引力捕获，成了"精英统治"的俘虏，

[①] [奥] 克里斯托弗·霍布森：《革命、代表与现代民主制的根基》，载王绍光主编《选主批判：对当代西方民主的反思》，第49—77页。

"多元民主""宪政民主""否决政体"这些变体的实质也就不再难以理解。民主这个偶像似乎正在步入黄昏,不再能够开枝散叶、桃李芬芳,反而在枯萎干涸、收缩反转。那么,当代民主所面临的危机究竟是什么意义上的危机?究竟是民主没有用好,还是民主本身有缺陷?越来越多的学者倾向于后者。

首先,民主的危机是内生的还是外生的?约翰·麦考米克同意圭恰迪尼的判断,城邦共和制下的选举必将走向贵族化,大众政府必然是混合宪制。这种政制的长治久安,取决于其贵族成分能否获得相对于君主成分和大众成分的优势,这就是现代代议制政府的理论雏形。麦考米克因此把圭恰迪尼视为"现代民主之父",也就是"选举寡头制之父"。既然选举意味着贵族统治,那么共和还有希望吗?麦考米克从马基雅维利的思想中看到了希望。马基雅维利在《李维史论》中构想了大众政府的共和之道,不是排斥阶级界别机制,而是把它作为政治规则,建立让平民对抗富人的保民官、监察官制度,让大众成分也有可能获得相对于贵族成分和君主成分的优势,从而抑制达官贵人的傲慢,因为后者总是寻求对其他阶层的永恒压迫。① 也就是说,民主的危机是内生的,用容纳而非拒绝阶级因素的大众共和来制约危险的民主,这就是共和的希望所在。

其次,代表究竟是成全了民主,还是异化了民主?代议制研究权威汉娜·皮特金更倾向于后者。她主张从理论而不只是技术上反思民主:现代代议制政府成了新的寡头制,普通人被排除在公共生活之外,病入膏肓的代议制民主能否获得拯救,取决于能否克服私人权力的扩张,能否摆脱金钱干预,能否消除选举政治对普通人的观念、信息和选择的操控。② 在皮特金看来,民主被以代表制、选举制、金权政治为核心的政治操控术异化成了寡头制,把普通人带回到政治中,才能真正约束"金钱民主",才能

---

① [美]约翰·麦考米克:《抑富督官:让精英重新对大众政府负责》,载王绍光主编《选主批判:对当代西方民主的反思》,第11—48页。

② [美]汉娜·皮特金:《代表与民主:不稳定的联姻》,载王绍光主编《选主批判:对当代西方民主的反思》,第78—86页。

拯救民主。

最后,选举这种产生代表的方式出了什么问题?以选举为核心的西方民主在实践中遭遇了种种困境,诸如投票率下降,政党身份减少,政治家不被信任,平民主义政党风起云涌,代议制民主的核心机制因此受到重重质疑,选举不再被视为解决之道,而越来越被视为问题所在,有人甚至高呼"选举已死"。克劳迪娅·齐奥利斯(Claudia Chwalisz)说:我们每个人都需要反躬自问:自己是不是选举原旨主义者(electoral fundamentalists)?① 艾迪安·苏瓦德(Ètienne Chouard)质疑选举:民主的核心在于政治平等,选举是反民主的,选举设计者从没说过选举是为了民主,历史表明,选举让富人掌握了权力,权贵支持选举是因为选举不会威胁他们,他们还给选举建构了选举可以选出好人的神话,但选举实际上是坏人的统治,选举只适合人民彼此熟悉、能对自身行为负责的小群体,并不适用于选民不了解候选人、不知道他们在做什么的大群体。

越来越多的人认为,选举变成了富人或者权贵支配政治的游戏,而普通公民没有政治影响力。② 民主变得故步自封(18世纪晚期以来没有任何有价值的创新)。疲惫不堪,软弱无力,西方政府对于经济不平等并未作出有效的回应。没有超越选举的手段,尤其是保民官和监察官之类的手段,普通公民就无法迫使政治精英负责。③ 拉尼·吉尼尔认为,"通过选举的统治"或者说"选主制"已经不能充分满足民主的价值需求,选举把人民的选择权限定在选举日,选举让代表自视为金钱的代理人,选区重划等选举操控术让政客可以选择选民,代表最后成了其权位的独占者、所有者,官职成为"代表的财产"(representational property),代表越来越像"陌生的权贵",代议制民主的问责机制出了大问题。④

---

① Claudia Chwalisz, "Are We Electoral Fundamentalists?" https://equalitybylot.wordpress.com/2015/01/10/chwalisz-are-we-electoral-fundamentalists/.
② Martin Gilens and Benjamin I. Page, Testing Theories of American Politics: Elites, Interest Groups, and Average Citizens, *Perspectives on Politics*, Vol. 12, Iss. 3 (September 2014), pp. 564–581.
③ [美]约翰·麦考米克:《抑富督官:让精英重新对大众政府负责》,第35页。
④ [美]拉尼·吉尼尔:《超越选主:反思作为陌生权贵的政治代表》,载王绍光主编《选主批判:对当代西方民主的反思》,第87—134页。

在经济与社会不平等加剧的时代，民主更是危机重重。2004 年 12 月，美国政治学会"不平等与美国民主"课题组，发布了由 15 名美国政治学顶尖学者合作、历时 18 个月完成的研究报告。① 他们的研究发现，美国一直大力向国外推销民主，但其国内民主状况却很不令人乐观。虽然美国社会逐渐打破了种族、民族、性别藩篱及其他长期存在的社会隔离，但却深受收入和财富差距拉大之困扰，不平等在持续加剧。不仅社会贫富差距在扩大，享有特权的专业人士、经理、企业主与通常由白领、蓝领雇员所组成的中间阶层之间的差距也在扩大。许多中产家庭勉强度日，哪怕父母双方都在工作；很多作为家庭顶梁柱的黑人、拉丁裔和女性处境不妙；公立学校按收入与种族进行隔离的迹象不断增加。同时，富人和巨富却越来越多，20 世纪 70 年代中期以来更是如此，最富的 1% 的美国人已将穷人和中产阶层统统抛在身后。白人家庭的中位收入比黑人多 62%，白人家庭的中位财富是黑人的 12 倍；接近三分之二的黑人家庭（61%）和一半的西班牙裔家庭没有净资产，但只有四分之一的美国白人陷入这种窘境。在公民发言权、政府决策和公共政策这三个领域，美国都在放大极少数人的影响力，促使政府不回应多数人的价值观和需要，这加剧了政治发言权的不平等。结果，美国的平等公民身份和回应性政府理念正在遭遇越来越大的威胁。而美国财富与收入差距的扩大速度已经超过加拿大、法国、德国、意大利以及几乎所有其他发达工业民主国家。在实现民主理想方面，美国已裹足不前，在一些重要领域甚至走了回头路。托马斯·皮凯蒂（Thomas Piketty）的《21 世纪资本论》用更多的事实和数据证明，以美国为首的西

---

① 美国政治学会：《不平等加剧时代的美国民主》，载王绍光主编《选主批判：对当代西方民主的反思》，第 243—275 页。这些学者包括明尼苏达大学的劳伦斯·雅各布斯（Lawrence Jacobs）、马里兰大学的本·巴伯（Ben Barber）、普林斯顿大学的拉里·巴特尔斯（Larry Bartels）、哈佛大学的迈克尔·唐森（Michael Dawson）、西达·史考朴（Theda Skocpol）和悉尼·维巴（Sidney Verba）、斯坦福大学的莫里斯·菲奥里纳（Morris Fiorina）、耶鲁大学的雅各布·哈克（Jacob Hacker）、圣母大学的罗德尼·郝罗（Rodney Hero）、乔治梅森大学的休·郝克罗（Hugh Heclo）、加利福尼亚大学尔湾分校的克莱尔·琼·金（Claire Jean Kim）、雪城大学的苏珊娜·梅特勒（Suzanne Mettler）、西北大学的本杰明·佩奇（Benjamin Page）、伊利诺斯大学香槟分校的戴安娜·平德修斯（Dianne Pinderhughes）、波士顿学院的凯·莱曼·施洛茨曼（Kay Lehman Schlozman）。

方世界已经重新回到了一百多年前的"镀金时代"。①

现代民主的多数决原则也有天生的社会选择困境。乔赛亚·奥伯认为，唐斯的"理性的无知"和阿罗的"不可能定理"所导致的社会选择困境，是民主体制无法摆脱的病灶，民主的价值因此大大削弱。而民主的古典定义不是人民垄断官职，因为人民是集体意义上的整体，无法成为"官职拥有者"。民主制并不是指人民对现存宪法权威的独占，它不仅仅是人民的权力，不仅仅是人民在国家内部相对于其他潜在的权利掌控者的优势权力或独占权力。为了让人民以常规化、可持续的方式拥有政治能力，现代社会必须处理一些麻烦的集体行动和合作困境，投票从来都不是唯一的处理方式。民主制是人民在革命时刻对自身的历史性自我肯定的结果，是人民在公共领域做事、做成事的集体能力。②奥伯同样主张告别简单化的以选举为唯一标准的民主模式，激活人民的集体力量，从而改造政治。

民主与宪政是一对孪生兄弟还是冤家对头？与乐观的民主宪政论者不同，谢尔登·沃林对"宪政民主"或者"发达工业民主制"深怀忧虑。他认为，所谓宪政民主是没有人民作为行动者的民主，宪法既是在限定政治，也是在约束民主，"其设定的界限一定与社会中占支配地位的权力群体合拍，并使之正当化"，公司法人权利的自然人化就是最典型的表现。而民主的自由特征也遮蔽了反民主的权力形式，也消解了"人民"的同质性。"发达工业民主制"的民主化，最终变成"劳动、财富和公民心灵，同时得到防御与剥削、保护与压榨、养育与榨取、奖励与控制、奉承与威胁"③。沃林一针见血地指出了"宪政民主"通过消解"人民"、保障少数人权力的反民主实质。

---

① ［法］托马斯·皮凯蒂：《21世纪资本论》，巴曙松等译，中信出版社2014年版。
② ［美］乔赛亚·奥伯：《民主的原初含义：做事能力，而非多数决》，载王绍光主编《选主批判：对当代西方民主的反思》，第1—10页。
③ ［美］谢尔登·沃林：《难以抓住的民主》，载王绍光主编《选主批判：对当代西方民主的反思》，第135—151页。

三 探寻真正的民主

看起来民主痼疾已发,"人累了,选举累了,钱却不累",甚至"选举已死","政党已死",钞票却在起主导作用。那么,民主还有没有未来?新的政治科学还有没有可能出现?很多学者对此持乐观的探索态度,设想了不同的未来。

斯奈德希望尽早终结转型范式,"超越选举威权主义",从四个方面做恰当的政体分析。① 一是谁统治:是政党精英、领袖个人、军队,还是神职人员?二是统治者如何统治:通过庇护网络、种族纽带还是大众政党?三是统治者为什么统治:出于贪婪、种族仇恨还是宗教或意识形态使命?四是"国家管控度":是否有人在统治?统治者又在多大程度上在统治?这四个方面不仅仅是政体思维,也融入了政道或者治道思维。

博·罗斯坦的"政府质量论"同样将目光投注到治理对民主的影响。②他认为,政治正当性是所有政府体系的终极目标,很少有证据表明"选举式民主"是创造正当性的首要工具。公民通常更频繁、集中地接触政治体系的输出端即政府而非输入端,他们在输出端所遭遇的,常常对其福祉有至关重要的影响。作为在政治体系的输出端产生正当性的基本规范,公正(不偏不倚)与输入端的基本规范,即政治平等,同样重要。政治正当性的主要来源处于政治体系的输出端,与政府的质量相关。只有在权力行使中消除腐败、歧视以及对公平原则的违背,才能创造出政治正当性。因此,罗斯坦敏锐地指出,只是把选举式民主送给一个国家,不可能为它创造政治正当性。

莫恩斯·汉森则推进至政体分析的源头——自由民主源于孟德斯鸠的

---

① [美]理查德·斯奈德:《超越选举威权主义:非民主体制的光谱》,载王绍光主编《选主批判:对当代西方民主的反思》,第179—194页。
② [瑞典]博·罗斯坦:《建构政治正当性:选举民主还是政府质量》,载王绍光主编《选主批判:对当代西方民主的反思》,第195—218页。

分权理论，但充满了例外，漏洞百出，早已过时，而现代自由代议民主制不是纯粹的民主，最好称之为"混合宪制"；它所混合的政治制度只有一部分是民主的，其他部分则是贵族制或者君主制的，各种不同成分不会以每个机构垄断一项特定职能的方式分立，不存在什么三权分立，各司其职。① 汉森的"混合宪制论"超越了选举式民主的单向思考，为改造现代政治的运作提供了非常重要的元理论视角。

另一位代议制研究专家伯纳德·曼宁也认同汉森的"混合宪制论"。他把现代代议制政府分成了三个阶段：议会民主、政党民主、"受众民主"（audience democracy）。所谓受众民主，就是观众实时写剧本，政治家像舞台演员那样直接诉诸公众，而政党在这个过程中是多余的。② 当然，受众民主更多是正在进行时，民主的未来在于民主与非民主成分的混合，恢复现代政体的混合体制本色。③

麦考米克同意马基雅维利的看法，即富人而非人民才是共和制的最大政治困境，而选举式民主已经陷入了结构性的问责困境，更多是金钱、资源而不是选票、权利决定政策；选举也不再能够有力地确保官员负责，选举具有天生的贵族效应，只是一种有利于富人的选拔机制；威胁共和政体的首要根源是富人的资源和官员的巨大自由裁量权，而不是人民大众的无知、嫉妒、冷漠和反复无常；在富人的腐化、颠覆和篡夺企图面前，当代民主制与古代民主制同样脆弱，需要用"马基雅维利式的民主"（Machiavellian Democracy），即人民大众制约富裕公民和官员的非选举方式，包括混合抽签与选举的平民主义官员任命程序，为特定官职设定排斥富人的阶级资格限制，以及支持全体公民参与处理政治犯罪的控诉程序，来拯救当代民主。④

---

① ［丹麦］莫恩斯·赫尔曼·汉森：《混合宪制 VS 现代民主的君主制与贵族制特征》，载王绍光主编《选主批判：对当代西方民主的反思》，第152—178页。
② Bernard Manin, *The Principles of Representative Government*, Cambridge: Cambridge University Press, 1997.
③ ［美］伯纳德·曼宁：《代议制民主真的民主吗》，载王绍光主编《选主批判：对当代西方民主的反思》，第276—293页。
④ ［美］约翰·麦考米克：《抑富督官：让精英重新对大众政府负责》。

詹姆斯·费希金、布鲁斯·阿克曼（Bruce Ackerman）和卡斯·桑斯坦（Cass Suntain）把希望寄托在复兴"协商民主"上。费希金版的协商民主机制，核心是通过抽签随机抽样，建立临时协商群体，讨论重要议题，通过投票决定结果。协商民主论把协商视为民主的实质，主张在现代条件下，通过各种协商式制度实验，来复兴民主的协商本性。

劳伦斯·莱西格（Lawrence Lessig）提出了"民主券"（democracy vouchers）和抽选产生的宪法大会（constitutional convention selected by sortition）方案。莱西格方案的困境在于，三个臭皮匠真的抵得上一个诸葛亮吗？相信群众还是相信精英？三分之二的美国人甚至不知道《权利法案》是啥！这种情况下如何让普通公民提出宪法修正案？[1] 这个困境集中体现了现代代议制民主的危机与生机，代议制民主是因为不相信群众眼睛雪亮而生，也因此走上了太过倚重精英的道路。

尤拉姆·盖特（Yoram Gat）等人认为，未来的希望在于用"抽选民主"、抽选之治（Lottocracy）[2]或随机民主（Random democracy）矫正选举民主。他们认为，普通人能够对影响自身长远福祉和生活质量的事务作出决策，才是人类社会最好的治理，而抽选（sortition or selection by lot）更有助于实现这种治理，抽选是民主的，而选举是贵族制的。抽选有很多好处，它可以让我们放弃选举、竞选、竞选捐款，切断金钱与影响力的关联；可以隔离两极化、意识形态和忠诚困境，让议会更准确地代表人民，让政客不再完全操控政治，让大众有制度化的政治参与渠道，还可以缓解根深蒂固的权势和政治阶级所带来的腐败。它是对选举民主的极佳替代，不仅仅适用于古希腊和当代的陪审员遴选，也适用于地方议员和国家政治。民主的希望在于抽选民主，即在基层社区，通过抽签遴选公民组成政策陪审

---

[1] Lawrence Lessig, Republic, Lost: How Money Corrupts Congress—and a Plan to Stop It, New York: Twelve, 2011.

[2] Alexander Guerrero, "The Lottocracy," http://aeon.co/magazine/society/forget-elections-lets-pick-reps-by-lot tery/.

团①,决定立法结果,而政党的作用只限于立法与政策的倡议和辩护。抽选民主与选举民主混合运用,并与集权的、等级制的政党体系相结合,这更可能与21世纪频繁互动、高度关联的社会自身的水平权力关系相适应。此外,抽选论者还主张不再以左右划分政治,而是通过区分人民与权贵,重新构想政治的未来。

斯蒂芬·沙罗姆(Stephen R. Shalom)提出了"参与式政治体"(Par Polity),具体落实为一种嵌套式的议会(nested councils)。② 与典型的直接选举相比,每一级议会选举一个代表到上一级议会,从而建立一种有机联系,有效监控代表的表现,并在必要时弹劾之。因此,每一级议会都不能太大,不能离其支持者太远,以免无法监控或者成本太高。与典型的间接选举相比,这可以确保人民意志不因选举层级变化而减弱。

拉尼·吉尼尔构想了"集体效能论"③。集体效能论基于"相同的命运而不只是相同的长相",相信民主与自治相关,而不仅仅是代议。要点有三:第一,民主的结果应该体现集体智慧:普通人是重要的决策者,而不仅仅是个统计数据点;第二,参与过程增强了民主的正当性:人民更信任自己作出贡献、付出心血的结果;第三,民主要回应的是基于公平的各式各样的表达,而不仅仅是选票:参与不能被缩减成一个单一的选择时刻。吉尼尔认为,这些假设都建立在更普遍的参与价值之上,参与让公民有能力承担风险,挑战不公,对公共辩论有所贡献,也是在回应让"选主体制"感染瘟疫的各种因素,比如公民不参与、不信任政客、不尊重政策结果,等等。蒙哥马利罢乘公车运动中的群众大会、巴西的社区剧场、帕图阿雷格里港的参与式预算、加拿大不列颠哥伦比亚省有关选举体制改革的公民会议,都是这种集体效能论的一种实验。吉尼尔把发挥"集体效能"作为更重视参与、更有活力、更注重交往的民主问责方式,认为它至少在

---

① 政策陪审团由独立机构而非议会随机遴选,代表整个社区。政策陪审团不会取代议员,但会完善其工作:让每个公民有时间和渠道掌握他们所需要的所有信息,从而在独立论坛上作出能够赢得社区信任的明智决策,参见http://www.noosa.qld.gov.au/-/democracy-the-noosa-way。
② Stephen R. Shalom, ParPolity: Political Vision for a Good Society, *Z Magazine/ZNet*, November, 2005.
③ [美]拉尼·吉尼尔:《超越选主:反思作为陌生权贵的政治代表》。

地方层面是可行的，是对选举的升华。

沃林认为民主能否复兴，取决于共同体能否复兴。① 这种共同体，让普通个体有能力在任何时刻创造具有共同性的新文化模式，让大家可以齐心协力建立工厂工人所有制，为低收入者建造住房，提供更好的学校、更好的医保服务、更安全的饮用水，以及处理日常生活中人们共同关切的其他事务。这些共同行动，通过挑战"民主的自由和平等"所带来的各种形式的权力不平等，来实现民主的复兴。

上述种种方案都相信现代代议制民主或者说选举式民主已经陷入困境，民主要想获得拯救，需要回到混合宪制的整体思维，用民主制成分平衡寡头制成分、君主制成分，用地方直接民主拯救全国代议制民主，而选举、代表、代议制，都是需要反思、对抗、制约的寡头制机制。

四 结语

如果把过去四分之一世纪的政治理论史看作一篇文章，这篇文章的起承转合可以说只有一个关键词：民主，再没有什么比它更提纲挈领，更万众瞩目，更动人心魄。民主在这四分之一世纪达到了巅峰。当今世界上大多数国家都声称自己是民主国家，然而登上巅峰的辉煌转瞬即逝，也正是在这四分之一世纪，民主在实践上陷入了难以摆脱的泥沼，在理论上遭遇了前所未有的质疑，对于民主危机的性质的判断越来越悲观。

作为反思民主的一部分，人们对真民主的探寻从未停止，但这注定是一条充满荆棘之路。民主的正当性来自哪里，也正受到更多质疑。究竟是经济增长，还是某种政治价值的实现在支撑民主？这提醒我们，民主绝不仅仅是政治思想、观念、理想的民主化，也是工业化的民主、现实的民主，尤其是有政治主体的民主。民主不仅仅是说说而已，更应该是有效的民主、广泛的民主。

---

① ［美］谢尔登·沃林：《难以抓住的民主》。

人们也许会问，对于不民主、不那么民主或者非西式民主的国家，讨论真民主是否必要，是否缺乏正当性？这就像是在问，一个瘦子看到了肥胖的危险，可不可以自主选择不做一个胖子？答案不言自明。能否回归真民主，能否找到新的政治、好的政治，在很大程度上取决于能否超越遮蔽心智的"民主原旨主义"，能否将代表观、民主观与人民观协调一致，能否提升反思民主、追问真民主的智识能力，进而敢于构想新的未来。

（作者单位：中国人民大学国际关系学院）

（原载《开放时代》2015年第5期）

树立和坚持正确的民主发展观

张树华　陈海莹

科学的政治发展观主要包括：由政治平等、公正、公平、权利、自由等组成的民主价值；由政治效率、效果等组成的效能价值；由秩序、安全、安定等组成的稳定价值。科学的政治发展观是科学发展观的内在要求。民主发展观作为政治发展观的重要内容，在当前世界政治的发展进程中，日益受到重视。然而，某些西方国家为实现自己的国际战略目的，高举"民主"大旗，宣扬"民主和平论""民主国家不发生战争论""民主反恐阵营说"等，不惜出钱、出人、出力，在国际上大肆推销西方民主，制造"颜色革命"。在一些长期陷入经济和政治衰退的国家和地区，一些政治力量也打着"民主、自由"的幌子开始进行政治夺权行动。清醒地认识这些形形色色的民主观和民主行动，厘清错误思潮，对于我们树立正确的民主观，建设社会主义民主政治无疑有着重大的现实意义。

一　民主发展问题上的主要误区

回溯历史，环顾国际，我们不难发现，无论在东方，还是在西方，在追求民主和实施民主化的过程中，往往存在着一些思想上的误区和实践上的陷阱，其主要表现为：

（一）将民主化与西方现行的政治模式简单等同起来，将"民主"模式化

一些国家的政治势力在认识上往往将西方政治形式理想化、模式化，误将民主制度与西方的政治制度简单等同，甚至将西方的物质上的富裕简单地误认为是民主化的当然直接结果，认为只要移植西方民主形式即可自然而然地达到西方式的物质富足。因而将民主化作为普世的药方，极力主张全盘西化。在20世纪八九十年代的苏东国家，一些主张全面西化的自由主义政治势力提出：抛弃东方式的社会主义，全面西化、"文明化"；将市场与计划、民主与社会主义对立起来；政治激进化，否定历史，抛弃传统，打碎一切，搞政治"休克疗法"，等等。[①] 然而，近一个世纪以来，包括拉美、非洲在内的实际发展表明，人为移植而来的西方民主模式很少给这些国家的人民带来真正的民主、自由、平等和幸福。

（二）鼓吹民主的普世性，忽视民主化的多样性、现实性

某些国家的一些政治势力往往误认为，只要移植西方社会的普选制度、政党制度、言论自由、三权分立等民主模式，民主便会成功，将复杂的民主化进程简单化。实际上，民主政治建设是在一定的社会历史条件下进行的，是在处理种种错综复杂的社会关系中进行的。民主的发展程度与其所处的历史阶段是不能背离的。任何一种民主的本质、内容和形式，都是由本国的社会制度所决定的，并且都是随着本国经济文化的发展而发展的。对于某些西方社会来说，一些民主形式可能是美酒，但对某些发展中国家来讲则可能是毒药。民主的发展，不能只凭人们的良好愿望。脱离赖以存在的历史文化基础，脱离国情盲目发展，只能导致民主进程的倒退。

（三）将民主抽象化、庸俗化，将"民主化"作为政治斗争的手段

一些西方政治学研究者往往用抽象的民主概念去圈定社会，在国际上

---

① ［俄］阿·弗·卢金：《民主化还是帮派化？——西方学者对俄罗斯变革观点的演化》，《政治学研究》2000年第3期。

推行民主、人权的"双重标准",肆意划定一些国家为"失败国家""邪恶轴心""独裁和集权国家"。认为民主化就是政治放松、绝对自由,忽视公平与平等。认为,搞民主化就意味着要搞大规模的政治改组,搞政党斗争,大规模投票选举,全民公决。实际上,民主政治也要求良好的政治素养和成熟的政治文化,也意味着一定程度上的妥协、协商。而西方国家在向发展中国家输出民主的时候,极力寻找内部"民主代理人"。把打着反共或民族主义旗号的人士等同于"民主派";将口头上支持市场化、自由化、西化的"改革派"、反共激进势力、民族分离分子冠以"民主"头衔,成为"自由民主派"。

多年前,不少苏东地区的民族分裂势力或共产党内部的异己分子就是这样摇身一变,由"第一书记"变成"民选总统"。然而,一旦拥有国家权力,这些"自由民主"斗士们,完全背叛了"民主"原则,挥舞"民主"大旗欺世盗名,实际上成了专制的统治者。

(四) 将民主"形式化""口号化",患选举等民主形式崇拜症

极力鼓吹"第三波"的亨廷顿将"选举"作为缔造民主的重要特征,称"全民选举最高决策者是民主的实质"①。固然,在政治生活中,选举是必要的,是民主的重要表现,但并非是实现真正民主的充分条件,更不是决定社会发展方向的唯一最佳方式。如果民主仅仅简化为投票权,而不管人民是否真正行使了管理国家的权力,民主就成了一种虚饰。一些国家急忙推行普选往往犹如一场场"政治赌博"。公民投票时就像是在下"赌注",一些党派和政治领袖往往不吝许诺,让普通选民在政治制度、社会发展方向等问题上进行选择。其选择的后果不仅普通百姓无法预料,而且连某些政客也是"心中无数",他们追逐的只是选票和权力。因此,这种情况下的选举对于普通选民来讲,谈不上真正意义上的"选择"。多数选

---

① [美] 亨廷顿:《第三波——20世纪后期民主化浪潮》,刘军宁译,上海三联书店1998年版,第6—9、202—203页。

民在投票时只能凭借自己的情感和直觉。正如经济学上经常形容的那样，选民不是用脑、甚至不是用心，而是用脚去投票，成为"没有选择的选举"。在一些"民主化"国家的选举过程中金钱政治、媒体攻讦现象普遍存在，政客丑态百出，政治丑闻不断，严重影响着政治稳定和政治效能，加大了社会政治成本，造成实际上的政治停滞甚至政治衰退。

一些人过分迷信"民主"，赋予其超越时空条件的绝对价值，认为它是包治百病，能解决所有社会问题的万应灵药。他们将"民主、自由"等目标扩大化，认为"民主"是唯一的和终极的目的，不顾甚至贬低"稳定、效能、秩序"等政治价值指标，追求最大限度、所谓绝对的"自由"。然而，苏联解体、东欧剧变后，在被某些西方学者欣喜地称为"第三波"的国家里，民主化潮流来去匆匆。短短的几年时间里，这里的人民由"渴望民主"变为"厌倦民主"，又由"厌倦民主"很快变为"拒绝民主"，渴望过去的安定和秩序。在这些国家，自由派鼓吹的"自由"最后成了极少数人的自由，民主也就成了他们的"遮羞布"，成了像"娼妓"一样肮脏的字眼。

二 树立正确的民主发展观

民主发展是复杂而艰辛的过程。各国的民主实践表明，错误的民主发展观不仅没能给世界带来更多的民主，相反会带来政治动荡，社会发展受挫，人民生活水平下降。邓小平同志曾一再说"一定要向人民和青年着重讲清楚民主问题"[①]。因此，我们要从思想和认识上澄清笼罩在民主问题上的迷雾，破除西方的"自由、民主"神话，消除"民主万能论"和"民主崇拜"的盲目心理，树立科学的民主观和民主发展观。

（一）民主发展是受一定历史条件限制的

民主应是具体的和现实的，单一的民主化并不是一剂包治百病的救世

---

① 《邓小平文选》第 2 卷，人民出版社 1994 年版，第 175 页。

良方。在政治发展进程中,单纯追求所谓的"自由""民主",对政治发展往往是有害的。实践表明,片面地追求所谓民主化和自由化不仅不能带来政治发展,还可能阻碍政治发展,最终有害于民主的正常进程,就像私有化、市场化并不能自动带来经济发展一样。

民主的发展是一项社会系统工程,它必须与其赖以存在的经济、文化发展水平相适应。民主建设不能超越历史的发展阶段。一个国家的政治发展、经济发展、文化发展是互为条件的,任何民主都是建立在一定的社会经济、文化基础上的,需要经历逐步发展、臻于完备的过程。

(二)民主发展道路具有多样性

人类政治文明发展的历史和现实情况说明,民主是不断发展的,世界上并不存在唯一的、普遍适用的和绝对的终极式的民主模式。因地制宜的民主形式才富有生命力,外部强加的民主模式往往只能是华而不实的"自由外衣","普世的民主"只是一种自欺欺人的政治宣传口号。

世界各国情况的多样性,决定了民主发展模式的差异性、各国人民争取和发展民主的道路的多样性。每个国家和民族都有其独特的政治文化和价值体系,都是该民族气质和性格的自然表现,没有高低优劣之分。西方的政治模式并不一定意味着能带来更好的生活,西方的民主道路不是能适合所有国家的理想选择。

民主是政治、经济、历史、文化的产物,不可能存在一种放之四海而皆准的唯一政治模式或准则。各国的民主是由内部生成的,不是由外力强加的。一切民主,无论观念、制度,既有普遍性、社会性,也有特殊性、阶段性。即使形式上相同,也存在本质上不同。在历史上,不同文化背景、不同历史发展阶段,对民主理解不同,所建立的政治制度也有差别。即使在同一国家的不同发展阶段,民主制度也有差别。因此,民主建设必须立足本国的历史,必须与国情与本国的实际情况相结合。实践表明,"输出民主",强迫一些国家、地区脱离国情,盲目照搬,必然祸国殃民,只是掩盖或满足某些国家的战略私利。

(三) 民主发展具有阶段性和复杂性

民主政治建设是一个不断完善和发展的历史过程，不可能一蹴而就。发展社会主义民主，必须有一个从不完善到逐步完善的发展过程。每个国家、每个民族，其民主发展都应当因地制宜，应符合特定国家的历史文化传统和现实条件。

民主发展是有序的，应是逐步推进的。恩格斯在论述马克思对黑格尔辩证法所作的变革时曾经指出，整个世界不是一成不变的事物的集合体，而是过程的集合体。其中各个似乎稳定的事物以及它们在我们头脑中的思想映象，都处在生成和灭亡的不断变化中。[①] 在这种无限发展的思想面前，不存在任何最终的东西、绝对的东西和神圣的东西；它指出所有一切事物的暂时性；在它面前，除了生成和灭亡的不断过程、无止境地由低级上升到高级的不断过程，什么都不存在。这是无限发展的思想，也是与时俱进的精髓。如同世界上其他任何事物一样，民主的发展、建设、进步，都是作为一个过程而存在的。

民主发展不能脱离社会的现实基础和客观条件，都要受政治、经济、文化、历史传统、公民素质和人民政治生活的习惯等制约，民主化进程应与经济、社会发展同步。经济基础与民主是一个互动的、相互作用的辩证发展过程，要循序渐进、逐步发展。

(四) 民主自身具有一定的局限性

几百年来，人类社会的民主进程充满了艰辛和曲折。包括英、美、法等国在内的几百年的发达资本主义国家民主制度虽相对完善，然而也存在着难以克服的矛盾，打上了深深的资本主义"资本自由和金钱民主"的烙印。

民主化进程有其成长、发展的维度。

---

① 《马克思恩格斯选集》第 4 卷，人民出版社 1972 年版，第 239—240 页。

加强秩序、国家权威与维护民主、保障自由并行不悖。法治、稳定、经济发展，与发展民主同等重要，不可偏废。经验表明，在经济改革和社会矛盾突出的时期需要高效、有力的政治保障，需要有效的法律、社会规则及文化体系来维护。无论经济体制改革、政治体制改革，还是现代化建设事业发展，都是人民利益关系、利益结构的调整过程。如果步骤不当、方法不对，利益关系调整不妥，就会引发、激化社会矛盾，影响政治、社会稳定，破坏发展大局。任何可能造成社会失控、无序、破坏社会稳定的措施都是不可取的。

三 坚持和完善中国特色的社会主义民主

中国是一个人民民主的国家，中国的民主是在中国共产党领导下，经过长期追求和探索逐步建立并不断发展完善的。我国的民主本质上是人民当家作主，它体现了中华民族优秀的文化传统，并积极借鉴了人类政治文明的有益成果；我国的民主符合中国国情，适应社会发展的要求，得到了全国最广大人民的衷心拥护。改革开放以来，中国在深化经济体制改革的同时，坚定不移地推进政治发展，我国的民主政治建设取得了前所未有的成就。

（一）中国民主的主要成就

"衡量一种政治制度是不是民主的，关键要看最广大人民的意愿是否得到了充分反映，最广大人民当家作主的权利是否得到了充分实现，最广大人民的合法权益是否得到了充分保障。"① 新中国50多年的历史证明，我国的人民民主制度充分保证了人民当家作主，符合广大人民的利益，有利于调动广大人民建设美好家园和幸福生活的积极性、主动性和创造性，有利于社会生产力迅速发展、国家繁荣昌盛，有利于人民的生活水平和文化

---

① 《中国的民主政治建设》，新星出版社2005年版，第76页。

教育水平的迅速提高。新中国成立50多年来中国的国内生产总值增长了50多倍,综合国力明显增强,工业、农业、国防和科学技术领域的许多方面步入世界先进行列。中国人民不仅解决了温饱问题,而且总体上达到小康水平。在社会政治生活中,各族人民参政议政的积极性高涨,人民的聪明才智得到充分发挥。当今中国生机勃勃,各项事业蒸蒸日上,这一生动局面,充分体现了中国民主建设的巨大成就。具体表现为:

1. 中国的人民代表大会制度是具有中国特色的"代表制"民主,是国家的根本制度,它在密切国家政权机关同人民群众的联系、代表和反映人民群众利益和意愿方面发挥了巨大作用。

2. 中国共产党领导的多党合作与政治协商制度是体现人民民主的一项基本政治制度。中国政党制度是中国共产党与各民主党派在中国革命、建设和改革的长期实践中确立和发展起来的,是中国共产党同各民主党派风雨同舟、团结奋斗的成果,是当代中国的一项基本政治制度。中国人民政治协商会议,是中国人民爱国统一战线的组织,是中国共产党领导的多党合作和政治协商的重要机构,是中国政治生活中发扬社会主义民主的重要形式,具有广泛的政治代表性。

3. 民族区域自治是实现少数民族人民当家作主的有效形式。符合中国国情和各民族共同利益,有效地保障了少数民族在祖国大家庭中的平等权利和管理本地方、本民族事务的自治权力,维护了国家的统一、稳定与安全,建立并发展了平等、团结、互助的新型民族关系,大大加快了少数民族地区经济和社会各项事业的发展,促进了各民族的共同繁荣。

4. 中国的基层民主自治制度充分体现了主权在民的原则,保证了广大公民对政治生活的有序参与,是中国民主制度自我完善和发展的一项重要内容和标志。在广大农村,农民通过自我管理、自我教育和自我服务,增强了中国农民主自治,扩展了社会主义直接民主;城市居民委员会是中国城市居民实现自我管理、自我教育、自我服务的基层群众性自治组织,是在城市基层实现直接民主的重要形式。此外,企业职工直接参与企业民主管理的职工代表大会在协调劳动关系、保障和维护职工合法权益、推进企事业单位的改革发展稳定等方面发挥了不可替代的作用,职工代表大会制度也在不断地完善与发展过程中。

5. 中国人权事业取得了重大发展。尊重和保障人权,保证人民依法享有广泛的权利和自由,是发展社会主义民主的内在要求。我们党在"执政为民"和"权为民所用、情为民所系、利为民所谋"的执政思想指导下,形成了以人为本、促进社会和人的全面发展的科学发展观,确立了确保宪法实施、建立法治政府、建设政治文明的治国理念,并在实践中采取了一系列具有鲜明时代特点的尊重和保障人权的措施,在了解民情、反映民意、减轻民负、实行民主上做了大量工作,使人权状况得到了明显改善。

6. 党的民主执政、政府民主、司法民主也取得重要成就。党内民主保证了优秀人才通过有效的渠道走到各级领导岗位上。民主执政,就是中国共产党要坚持为人民执政、靠人民执政,保证人民当家作主,坚持和完善人民民主专政,坚持和完善党和国家的民主集中制,以发展党内民主带动和发展人民民主。为人民服务、对人民负责,支持和保证人民行使当家作主的权利,是中国政府全部工作的根本宗旨。改革开放以来,特别是近年来,中国各级政府按照民主执政的要求,围绕"形成行为规范、运转协调、公正透明、廉洁高效的行政管理体制"的目标,大力加强行政能力建设。中国共产党一直不断地加强和改进执政党的建设,其根本目的就是为了适应社会历史条件的变化,探索领导和执政的新的实现方式,始终保持其组织和支持人民当家作主的本质。

7. 中国的司法体制和制度,是社会主义民主政治制度的重要组成部分。多年来,中国不断建立和完善司法体制和工作机制,加强司法民主建设,努力通过公正司法保障公民和法人的合法权益,实现社会公平和正义。中国的宪法以及各项法律法规不断完善,与人民日益增长的民主要求协调发展,法治建设取得长足进步。

(二) 中国民主的主要特点

1. 中国的民主是具有广泛性的真实的民主。人民享有的公民权利是全面的,不仅包括政治权利,而且包括经济、文化、社会各方面的权利。建立在社会主义制度基础上的人民民主是广泛的,因而也是真实的民主。

2. 中国的民主是有序有"限"的民主。正如毛泽东描述的那样,"我们的目标,是想造成一个又有集中又有民主,又有纪律又有自由,又有统一意志、又有个人心情舒畅、生动活泼,那样一种政治局面"①。中国人民享受着广泛的社会权利与自由,同时又担负着社会义务与责任。中国的民主与法制密切结合,是与秩序紧密联系,有利于社会稳定大局的民主。

3. 中国的民主是渐进发展的民主。完备的民主形态是不可能一蹴而就的,中国社会主义民主政治建设正是一个不断提高人民当家作主的实现程度和水平的历史过程。中国共产党和中国人民坚定不移地推进社会主义物质文明、政治文明、精神文明与和谐社会建设的全面协调发展,不断研究民主政治建设的新情况新问题,探索和创造实现人民当家作主的新机制新方式,按社会主义民主政治发展的客观规律,有领导、有步骤、有秩序地发展社会主义民主。

中国政治发展取得的成就是在正确的民主发展观指导下取得的。中国的社会主义民主政治保证了人民以国家和社会主人的身份充分发挥建设国家、管理国家的积极性、主动性和创造性,不断推动中国的经济发展和社会全面进步。中国的社会主义民主政治,使占世界约 1/5 人口的这个东方大国的人民,在自己的国家和社会生活中当家作主,享有广泛的民主权利,这是对人类政治文明发展的重大贡献。②

(作者单位:张树华,中国社会科学院信息情报研究院;

陈海莹,中国社会科学院政治学研究所)

(原载《政治学研究》2016 年第 1 期)

---

① 《毛泽东选集》第 5 卷,人民出版社 1977 年版,第 456—457 页。
② 《中国的民主政治建设》,新星出版社 2005 年版,第 75 页。

民主及民主的质量[*]

燕继荣

一 引言

民主被认为是一种相对于家族统治、军人独裁、寡头治理的政治体系和制度安排，它通常与限任制度、选举制度、协商制度以及政策辩论相联系。随着教育的普及，公共领域的扩大，公民权利意识的增强，民主体制和实践在各国得到了不同程度的应用。但是，由于各国历史基础、传统观念、社会结构以及社会力量对比的不同，民主实践不仅在各国采用不完全相同的方式，而且，其绩效也有很大不同。在有些国家，民主运行良好，而且"正效应"显著，显示了"好民主"的特征；但在有些国家的特定时段，民主不仅运行不畅，而且还显示了"病态"特征和"负效应"。这就产生了"民主质量"的问题。

从学术界的讨论来看，提出"民主质量"问题，界定"好民主"或"优质民主"概念，并不是要否定民主的价值，而是要推动民主的完善。那么，"好民主"或"优质民主"应该具有什么样的绩效？如何衡量民主质量？本文试图从中国改革预期出发，提出关于"好民主"或"优质民

---

[*] 本文为韩国成均馆大学举办的 International Conference：A Search for "Good Democracy" in Asia（2014）国际学术研讨会提交的论文。

主"的衡量标准和考核指标。

二 民主定义的不同版本

民主通常被理解为"人民的统治",通俗的说法就是"人民当家作主"。但是,怎么才算是"人民的统治"?"人民"是谁?又将如何统治?这些问题的讨论让民主理论家们分化形成了理想主义和现实主义两大营垒。

理想主义民主理论家趋于相信,民主就是公民直接参与公共生活和公共决策。像卢梭(Jean-Jacques Rousseau)一样,他们认为"主权……不能被代表"(卢梭,1982),而且坚信,只有直接民主(通过类似公民大会的方式,实现公共事务或公共职位的公议、公投、公推、公选),才算得上是"真民主"。他们批评现实中的代议制民主有蜕化为"选主体制"[1]的倾向,认为人民的直接参与是民主的核心理念,民主化的任务在于努力创造条件,让直接民主的机会、参与的人数和民主管理的事务越多越好;如果不能召开公民大会来讨论国事,那就把"公选"和"公投"当作民主的主要方式[2];如果说"公选""公投""公议""公决"在以往时代还不太可能,那么,今天,信息和网络技术的普及,让这一切变得更加容易。

现实主义民主理论家们认为,公民直接参与式的"人民当家作主"本来就是一个玄虚的口号,历史上除了古希腊雅典曾经有过这样的尝试外,再没有哪个国家真正实践过。除非回到小国寡民的雅典时代,或者除非限定在较小范围的基层公共事务的领域,否则"人民当家作主"绝不可能。何况,那样的民主实践从一开始就受到了人们的批评和质疑。考虑到"人民"集体在智慧、理性判断、心理趋向等方面的特性,考虑到决策效率和

---

[1] 借用王绍光的概念,"选主体制"是一种"有缺陷的民主"(defective democracy),即民主堕落为公民每隔几年参与一次近乎狂欢节的选举仪式,选出新的主子。他认为,在"选主体制"下,广大人民群众参与政治决策的范围、深度、广度都受到局限,而各种资源(金钱、知识、相貌、家世)的拥有者在这种体制里却如鱼得水、占尽先机(王绍光,2008)。

[2] 民主理论中"直接民主"或"参与式民主"理论基本秉持了这样的线路(赫尔德,2008;何包钢,2008),这种民主思路体现为美国社会中的乡镇会议、俄国社会定期均分土地惯例和法国大革命中的巴黎公社,往往被归入"大民主"的营垒,被认为带有民粹主义(populism)的倾向和

质量、管理的专业化、不同群体的利益协调以及长远的公共利益追求等因素，宪政体制下的精英统治（代议制民主）可能是行之有效的民主形式（精英主义者大体上从这个角度出发来理解民主，在他们看来，国家层面上的直接民主不仅不可能，而且也未必是什么"好东西"）。

萨托利（Giovanni Sartori）可以算是一个现实主义民主理论家，他在《民主新论》（*The Theory of Democracy Revisited*）中区分了古代民主与现代民主，自由主义民主与非自由主义民主。他认为，与古希腊时期的城邦社会形成强烈反差，现代西方社会已经极为复杂庞大，如果采用古希腊的直接民主，以公民亲自参与政治决策为目的，将导致效率的低下、成本的高昂和权威的贬值。现代民主不同于古代民主，现代民主只可能是"被统治的民主"，即少数的统治者统治被统治的多数。这种体制的关键不在于被统治的多数能否亲自掌握和执行政治权力，而在于如何有效制约统治的少数，使统治者不至于过分地偏离被统治者的意志。所以，宪政体制下的精英统治，应该是民主的真实体现。

显然，对于民主的理想主义者来说，民主之所以是"好东西"，是因为它追求公民自己作主的原则，体现了人权、自由、平等、尊严和非暴力等文明人类的价值。至于说民主的绩效和质量，那似乎不应该是一个值得过多考虑的问题。

对于民主的现实主义者而言，民主是一种制度安排——一种公共决策对公民参与开放、政府行为受到民意制约的制度安排，不管你主观上喜欢不喜欢，世界上大多数国家都在不同程度地应用。任何制度都有其比较优势和比较劣势，民主的制度安排也不例外。所以，现实主义理论家区分"好民主"与"坏民主"，并概括优质民主在理论上的若干比较优势，其中包括：（1）照顾多数人的利益；（2）决策能够集思广益；（3）提供决策合法性；（4）保持政治稳定与长治久安。但现实主义者认为，一个国家能否真正实现这些优势，还取决诸多条件，至少包括：（1）政治规则是否被认为公平公正；（2）社会是否形成或存在主流价值（同质文化）；（3）贫富差距、城乡差距、社群差距、区域差距是否得到有效控制；（4）不同社会力量之间在多大程度上能够保持宽容并达成妥协。如果政治竞争规则不被广泛认可，往往会因为竞争结果遭到质疑而产生冲突；如果社会在基本政治问题上面临价值分裂，或者在阶级、阶层、地域之间存在巨大落差，民主经常被导向内乱；如果社会成员以及社会集团之间缺乏宽容，互不妥协，政治变革经常引发清算与内战。

现实主义者也经常对民主制度提出批评，批评的理由包括：多数暴政，文化与道德的低俗化，政府低效，社会冲突，"蛊惑与民主的虚位"，"压迫性统治"，非理性，等等（坎宁安，2010）。现实主义民主理论家们承认，民主政体隐含着几大不足：（1）大众不理性可能导致激情政治；（2）缺乏足够认知和远大智慧，可能导致群氓政治；（3）多数无视宪法体制，可能导致暴民政治；（4）难以达成社会共识，可能导致低效政治；（5）利益集团过于强大，可能导致集团政治；（6）政治家过分讨好"民意"，可能导致福利超载。

正是因为认识到了存在着上述可能的风险，所以，现实主义理论家们主张通过制度约束（法治）来规制民意。到目前为止，人们所能想到的弥补办法包括：第一，宪法一定要作为民主政治框架结构的基础，任何个人、团体、组织、机构都必须以宪法为最高准则，不得凌驾于宪法之上，不能以"人民"或"民主"名义和方式违反宪法原则，剥夺任何社会成员的宪法权利，确保民主不至于走向暴民政治和极权主义民主；第二，建立独立司法体系，树立专业司法角色权威，保证政治纷争纳入法治化轨道，防止民主演化为恐怖主义和内战；第三，针对不同规模的群体和不同层级的公共事务，采取不同的民主决策方式，例如，将公选、公投、公议、公决式的直接民主方式限定在小群体当中，而在大群体或在国家层面则采用代议制式的制度安排和民主决策方式；第四，以"协商民主"的精神和制度来改造民主决策模式，避免民主滑向"选主政治"和非理性政治；第五，制定《政党法》规范各政党行为，并限制政党为赢得竞选而向选民无限开价。

三 民主精神和民主绩效

民主被认为是一种政治体系和制度安排。随着教育的普及，公共领域的扩大，公民权利意识的增强，民主体制和实践在各国得到了不同程度的应用。但是，由于各国历史传统、文化特质、社会结构以及社会力量对比的不同，民主实践不仅在各国采用不完全相同的方式，而且，其绩效也有很大不同。在有些国家，民主运行良好，而且"正效应"显著，显示了"好民主"的特征；而在有些国家的特定时段，民主不仅运行不畅，而且还显示了"坏民主"的特征和"负效应"。这就为学术争论提供了两个话题：第一，标准的民主体制应该具备什么条件？第二，优质的民主应该具有什么样的绩效表现？

在学术讨论中，民主的衡量标准和民主绩效的衡量指标是不完全相同的两个话题。民主的标准回答了第一个话题；民主绩效的衡量指标回答的是第二个话题。美国政治学者罗伯特·A. 达尔（Robert A. Dahl）在《论民主》（*On Democracy*）的小册子中，从民主的起源、理想的民主、现实的民主、民主的条件、民主的前景等方面，对第一个话题作了通俗的阐释，为我们理解20世纪后期世界范围内的民主发展进程提供了很好的说明。

达尔给出了理想民主的五项标准：（1）有效的参与；（2）平等的投票；（3）充分的知情；（4）对议程的最终控制；（5）成年人的公民资格。在达尔看来，组织的规模在很大程度上决定了公共管理所采用的制度模式，当人类社会发展到民族国家而不再是市镇会议的规模的时候，民主就需要通过选举的代表来实现。他把现代大规模民主政府叫作"多元民主"，并认为"多元民主"是对扩大政治生活范围、增加参与要求的一种现实回应。因此，"多元民主"就是民族国家规模上实施的民主统治，它需要满足如下条件：a. 自由、公正、经常的选举；b. 自由的表达；c. 具备多种的、独立的信息来源；d. 独立的社团；e. 包容广泛的公民身份。基于此，达尔断言：无论一个国家的领袖们宣传得多动听，只有当它具备了民主所必需的上述制度安排时，这个国家才能算作民主国家。

如果说达尔的研究代表的是早期的学术思考，那么，英国《经济学人》(The Economist) 杂志的研究和评估则反映了近期的学术研究成果。近年来，《经济学人》杂志提出"民主指数"的概念，并试图对全球各国的民主状况作出评估。它对167个国家（或地区）的民主化情况进行了研究，并尝试通过五个方面的衡量指标来形成其"民主指数"。这五个方面的指标包括：选举程序与多样性、政府运作、政治参与、政治文化和公民自由。根据它所设计的"民主指数值"，世界上的国家按其政体被划分为四类：即，（1）成熟民主国家（8—10分）；（2）初步民主国家（6—7.9分）；（3）过渡政体（4—5.9分）；（4）专制政体（4分以下）。从2008年的民主指数报告来看，瑞典得9.88分，排名第一；朝鲜得0.86分，排名垫底。在2011年排名中，挪威、冰岛和丹麦继续蝉联三甲，亚洲只有日本和韩国属于成熟民主，经过"茉莉花革命"的突尼斯跳升幅度最大，上升53名，位居92位，中国由2008年的第136位掉到第141位。

最新的研究可以列举英国牛津大学斯坦·林根（Stein Ringen）对民主指标的讨论。林根在其新作《民主是做什么用的：论自由与德政》(What Democracy is For: On Freedom and Moral Government) 一书中引荐了《政体课题研究项目》(The Polity Project) 的衡量指标。他介绍，该项目提出了衡量民主的八项指标（林根，2012）：（1）是否建立了有效政体（是否建立有效的中央政治权威并且一直没有中断）；（2）政治制度具有公开性（民主制度）还是封闭性（独裁制度）；（3）政体持续的时间长短（自上一个政权改变以来的年数）；（4）行政权力交接的制度化程度如何；（5）行政人员招聘上的竞争程度如何；（6）行政首长的独立性与行政首长的制约如何；（7）政治表达的制度结构如何；（8）政治参与的积极性如何。项目设计者根据这八项指标，采用专家评估的方法，将政权划分为从 +10（最民主）到 –10（最不民主）的不同类型。

林根反思民主实践时提出建议，"应当把民主界定为一种权力结构而非一种程序或者方法：我们说一个政体是民主政体，就是说其公民可以以一种安全的制度化的方式对集体决策行使最后的控制权"（林根，2012：34）。现实地看，民主的本质或许并不在于选举、票决，也不在于多个政党的轮替，而在于实现人民对统治者的有效控制。选举、票决、政党轮替这些以往被认为是民主政治必不可少的因素，不过是实现"控制统治者"这一目的的手段。

林根的研究告诉我们，民主真正想要的是什么？或者说，民主是用来做什么的？归根到底主要有两点：第一，杜绝权力垄断；第二，保留民意影响政府决策的通道。现代社会中的人们意识到，不管是经济权力，还是政治权力，抑或文化权力，任何权力垄断都不是好事情。因此，反对和杜绝权力垄断是任何优良制度所追求的。为此，人们想到用"民主制度"来避免政治上"独领风骚数百年"的局面。此外，任何社会都要有民意疏通的管道，保持上层和下层的及时沟通，让政府及其官员（决策者）受到民意的适度影响和控制，为此，人们想到用"民主制度"来保证政府对人民负责，受到人民的控制。所以，完全可以用权力垄断的程度［或自由（freedom）］和政府决策受到民意影响的程度［或德政（moral government）］来衡量一个民主的绩效。

人们总是希望民主能够带来更大的绩效，特别是在激烈的国际竞争中，期待民主体制还能够在决策和执行效率、管理和服务质量、经济发展甚至军事实力等方面都有超越非民主体制的全面收获。为此，人们提出"好民主"（good democracy）的概念，并试图以此推动民主绩效的改善。

拉里·戴蒙德（Larry Diamond）和里奥纳多·莫里诺（Leonardo Moreno）在《关于民主质量的概述》中指出，民主意味着：（1）普遍的成年公民选举权；（2）反复的、自由的、具有竞争性的公正选举；（3）一个以上的正式政党；（4）多元的信息来源。而"高质量的民主"，即"好的民主"意味着通过正规合法的稳定机制的运作来赋予其公民充分的自由、政治平等以及对公共政策及政策制定者的控制。"这样的政权将满足公民对治理（结果的质量）的期望；它将允许公民、协会、团体享有广泛的自由和政治平等（内容的质量）；它也将提供一种氛围，在这种氛围中，全体公民能通过诸如选举机制来评价政府的表现，而政府机构和官员则确保彼此在法律和宪法上承担责任（程序的质量）。"考虑到以上各点以及没有绝对客观的方法来设计一个测量民主质量的框架，他们大体确立了民主质量变化的八个维度，即（1）法治；（2）参与；（3）竞争；（4）垂直可问责性；（5）水平可问责性；（6）对公民与政治自由的尊重；（7）政治平等；（8）回应性。

许多研究指出，"好民主"并不一定完全让公民满意。政府在民主质量的各个维度表现不错，但仍不能让多数人满意，这种情况是完全可能的。其中原因无非如下：第一，公民未必完全了解政策的意义；第二，大量的资讯以前所未有的速度到达公民那里，它们彼此竞争，争夺人们的注意力，导致大众媒体追求轰动效应和曝光负面新闻的倾向，从而使得民主的失误看上去比以前影响更坏；第三，社会利益高度分化，政府不可能对所有的利益和关注点都作出回应，而民主又是竞争和选择的，失败者注定不会满意（戴蒙德、莫里诺，2004）。

四 "好民主"的测度：中国学者能提供什么

讨论民主的质量具有重要的意义。从经验层面看，20 世纪 90 年代"冷战"结束之时，福山（Francis Fukuyama）指出，自由民主是人类历史的终结。在最近的 20 年里，一方面，民主化进一步推进，不仅亚洲地区出现了新的民主化国家，而且北非和中东地区也遭遇了"茉莉花革命"，突尼斯、埃及、利比亚燃起了民主化的火焰；另一方面，2008 年美国金融危机，使欧美世界陷入经济和财政危机之中——这也被认为是"民主的经济危机"——引发了人们对于民主的反思。这些事例或许说明，民主精神值得追求，但民主绩效经常不太理想。"民主质量"概念的提出，算是对这一现象作了理论解释：同为民主社会，但民主质量的高低有所不同。

从价值层面讲，民主质量概念的提出并不否定民主的价值和政治发展的方向，但它提醒人们，每个国家都必须就希望要什么样的民主这一问题作出最初的价值选择。民主质量或民主绩效的讨论实际上肯定了以下结论：第一，对于实现了民主转型的国家来说，如果要使民主得到巩固，亦即要取得广泛和持久的合法性，通过改革改善民主质量是必要的；第二，对于老牌民主国家来说，如果想解决公众对其不满甚至失望的问题，也必须通过改革来改善民主绩效。

从技术层面看，民主质量的测量为我们开启了理解民主的新的视角和方法。用指标来判断民主的质量，使不同国家的民主有了进行比较的可能性，而且清晰，便于理解，进而为互相学习、推进本国民主改革提供了路径。

从中国学者的角度看，民主质量和民主绩效是一个更容易接受的话题。事实上，中国学术界一直在为"中国式民主"的构建寻求理论根据。

中国官方语言习惯于区分"程序性民主"和"实质性民主"，强调"中国式民主"更看重民主结果。基于这样的现实考虑，中国学者一般不太赞同把老牌民主国家的政治特征——如，自由竞选、多党政治、分权制衡等——定义为民主化的唯一"通用指标"。他们提出，"善治"是政治改革的目标，而民主不过是实现"善治"的重要手段。

中国学者强调，民主化的任务无非两条：一是防止民意不受理性主导；二是防止权力不受民意控制。如图1所示，如果横轴 X 表示大众影响力，纵轴 Y 表示精英领导力，那么，45 度角的 C 方向代表了理想的政治发展方向。换句话说，"善治"意味着实现精英与大众的基本平衡。图中 A 显示了寡头化的发展方向，表明统治者主导力日渐强大，决策带有寡头化倾向；B 显示了民粹化的发展方向，表明民意影响力日益显著，决策带有平民政治的特点。我们可以在这张图上标出世界各国的大体位置，并可从中看到，有的国家偏向 A 的方向；有的国家偏向 B 的方向；而有的国家接近中间位置。如果引入时间概念，或许还可以看到，某一国家在某个历史时期可能偏向 A 方向；而在另一历史阶段又可能偏向 B 方向。所谓的民主化，其实就是一个国家的治理状态由 A 方向或 A 区域向着 B 方向或 B 区域的调整过程。只不过有的国家（或在某一时期）接近于 C 线，保持了所

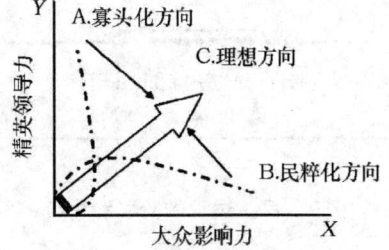

图1 大众的影响力和精英领导力

谓"好民主"的发展态势，而有的国家（或在某一时期）跨过 C 线，甚至滑向民粹主义方向，显现了所谓"坏民主"的特征。

上述观点建立在政治学一般理论之上。政治学的研究表明，社会秩序是制度化水平的产物（亨廷顿，1988）。也就是说，制度供给是治理绩效的关键性因素。"善治"以法治和良好的制度为基础，这样的法治和制度安排必须保持政府与社会、精英与大众、统治者与被统治者之间的适度均衡。因此，保持精英政治和平民政治的平衡，让精英团队保持领导力，让平民团队保持影响力，这是最理想的政治状态。这种现实主义的民主观念应当成为中国民主建设理论构建的基石，寻求决策精英和普通大众的平衡，应当成为中国民主建设的总方向。

此外，中国有学者认为，民主的本意并不在于公民"选主"，而在于公民的自主管理，即自治，所以，"民主治理"的概念更能体现民主的实质。因此，"民主治理"应当成为中国民主建设的核心概念。

民主"不是一个有无的问题，而是一个程度问题"（王绍光，2008）。民主通常也被看作是一个过程，也就是说，它从不完善、不成熟到较完善、较成熟，在不同的时段会有程度上的差异。如果将民主建设视为一个系统工程，那么，根据公共决策的流程，我们可以将它划分为前、中、后三个环节和四项任务（如图2所示）。

与上述过程相对应，我们也可以区分三种民主形式：（1）作为自由选举的民主——民主选举，它关注管理者：选举精英人物去负责制定公共政策，实施管理；（2）作为决策过程的民主——民主协商，它关注管理过程：

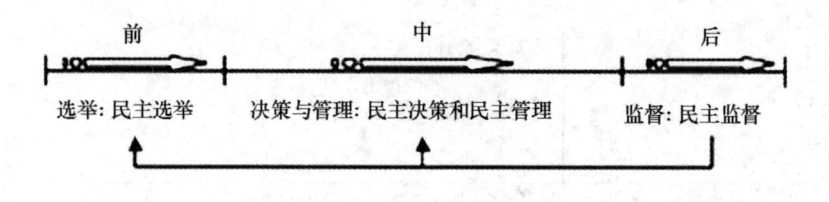

```
    前           中              后
选举：民主选举  决策与管理：民主决策和民主管理  监督：民主监督
```

图 2　民主过程的阶段和内容

不同利益群体参与决策和管理过程，充分表达各自利益，在讨论协商的基础上产生公共政策或为公共决策提供依据；(3) 作为决策评价的民主——民主监督，它关注管理效果：民众对于管理者及其行为（包括公共政策）实施评价监督。因此，中国民主建设应该从上述三个方面展开。

至于说民主政治应该具有怎样的绩效表现，中国学者更加赞同这样的观点：如果新生的民主国家要避免回潮和战胜威权体制，必须让民主从选举民主过渡到自由民主；如果民主治理不善，表现出低质量，那么民主就很难巩固。正如戴蒙德所言，"民主结构要想存续而且值得存续下去，它们就不能仅仅是一个空壳。它们必须具有实质内容、良好的品格以及实际意义。它们必须逐渐地听从人民的声音，接纳他们的参与，容忍他们的抗议，保护他们的自由，并回应他们的需要"（戴蒙德，2013）。"如果民主体制没有在控制犯罪与腐败、实现经济增长、缓和经济上的不平等和保障正义与自由等方面起到更好的作用，那么人们或迟或早会失去信心，并拥抱（或者容忍）其他非民主的替代体制。"（戴蒙德，2013）

那么，中国学者对于民主的绩效会有怎样的期待？"好民主"（good democracy）约等于"好政体"（good polity）；"好政体"意味着"好政府"（good government）之下实现社会"善治"（good governance）。俞可平曾经主持研究中国治理评估指标体系，提出了 12 个方面的指标，包括公民参与、人权与公民权、党内民主、法治、合法性、社会公正、社会稳定、政务公开、行政效益、政府责任、公共服务、廉洁性。应当承认，这项研究多少反映了中国学者基于中国政治状况的一些考虑。

从中国的实践需要来看，一种理想的民主政治应该在法治进步、经济发展、政治自由、绩优选拔、公民参与、社会福利、政府效能方面发挥积极作用并具有良好表现。因此，法治水平、经济发展、政治自由、绩优选拔、公民参与、社会福利、政府效能应该成为评价和测量民主质量的重要维度。不过，这仅仅提供了民主治理质量评估的 7 个方面，具体指标还有待进一步讨论。从中国的经验和人们所期待的改革方向来看，这些指标似乎应该包含如下内容：

表1　　　　　　　　　　民主质量评测指标设计

一级指标	二级指标	三级指标
1. 法治水平	司法独立性 政党行为的合法化 政府行为的合法性	法官的地位 政党领袖行为的有限性 政府依法行政程度
2. 经济发展	经济增长 经济发展均衡度	技术创新性 国民收入增长幅度 贫富差距的控制程度 城乡公共服务的均等性 区域经济发展差异度
3. 政治自由	言论自由度 政治宽容度	媒体的管控方式 异见人士的待遇
4. 绩优选拔	人才选拔的开放性 人才选拔的公平性	人才选拔方式 人才储备与使用的合理性 人才培养的连续性
5. 公民参与	选举的自由度 政治协商度 社团组织影响力	候选人提名与差额度（竞争性） 重大决策的开放程度 社会组织在决策中的作用
6. 社会福利	公民基本福利保障程度 特殊人群福利保障程度	医疗、住房、教育、失业救济保障程度 社会弱势群体的待遇
7. 政府效能	政府回应性 政府决策透明性 政府职员的廉洁度	政府服务的便捷性 基本信息公开程度 政府腐败行为类型及程度 公民对政府服务的满意度

五　结语

毫无疑问，没有任何一个指标体系是尽善尽美的。民主质量的测量意图在于推进"好民主"的实现，或者说旨在改进民主的质量（优质民主）。仅就这个测量指标而言，还有以下的问题值得进一步讨论。

第一，民主质量的评价究竟采用"好民主"（good democracy）的概念，还是"高质民主"（high quality of democracy）的说法？从字面来讲，"好"相对于"坏"，因此，"好民主"通常让人想到"坏民主"的概念，这难免会引发歧义。"高"相对于"低"，"高质民主"相对于"低质民主"，它强调"民主是好，但希望它更好"。

第二，民主质量的测量采用的是量化的方法，应该满足科学性和客观性的要求，但是，民主质量（优劣）指标的选取具有价值主导性，为什么选择这个指标而不选择另一个指标？这需要进一步理论论证。

第三，民主指标选取以后，各项指标的权重问题也是一个值得考虑的问题。所有的指标权重都相同，还是规定不同的权重？怎么规定？如何为不同的国家打分？由谁来打分？

第四，如果民主质量的指标仅仅涵盖一些政治和行政因素，那么，民主质量的指标和达尔所强调的程序民主就很接近[①]；如果民主质量指标的选取涵盖了经济和社会等方面的内容，那就比较接近于实质民主的定义。这也会带来一些问题，因为这些指标既可以说是民主政治的前提，也可以说是民主制度的结果。民主制度和这些指标的因果关系应当如何确定？

第五，传统上所界定的"非民主"国家是否也可以进行民主质量测定？如果可以，是否模糊了传统上民主国家和"非民主"国家的界限？或者说，是否需要修正传统的民主定义？

---

① 罗伯特·达尔关于程序民主的内涵包括：第一，选举官员；第二，自由与公正的选举；第三，包容的选举权；第四，竞选官员的权利；第五，言论自由；第六，选择性的信息；第七，结社自治。

此外，从比较政治的角度看，亚洲民主应该是什么样子的？亚洲国家能够为民主贡献什么？这也是需要深入思考的问题。目前，从中国的政治实践来看，亚洲民主可能的开拓方向在于：（1）精英民主（elite democracy），而非熊彼特式（Schumpeter's model）的民主；（2）协商民主（deliberative democracy），但超越政党政治；（3）高效民主（efficient democracy），需要给政府能力留下更大空间。

参考文献

[1] 何包钢：《民主理论：困境与出路》，法律出版社 2008 年版。

[2] 王绍光：《民主四讲》，生活·读书·新知三联书店 2008 年版。

[3] [英] 戴维·赫尔德：《民主的模式》，燕继荣等译，中央编译出版社 2008 年版。

[4] [加] 弗兰克·坎宁安：《民主理论导论》，谈火生等译，吉林出版集团有限责任公司 2010 年版。

[5] [美] 拉里·戴蒙德、里奥纳多·莫里诺：《关于民主质量的概述》，张丽娟译，原载《民主》2004 年第 4 期。

[6] [美] 拉里·戴蒙德：《民主的精神》，张大军译，群言出版社 2013 年版。

[7] [法] 卢梭：《社会契约论》，何兆武译，商务印书馆 1982 年版。

[8] [美] 塞缪尔·亨廷顿：《变革社会中的政治秩序》，李盛平等译，华夏出版社 1988 年版。

[9] [英] 斯坦·林根：《民主是做什么用的：论自由与德政》，孙建中译，新华出版社 2012 年版。

（作者单位：北京大学政府管理学院）

（原载《经济社会体制比较》2014 年第 3 期总第 173 期）

当代资本主义民主制度的
现实困境与反思[*]

蒯正明

关于资本主义民主制度,马克思早在《共产党宣言》中就指出:"现代的国家政权只不过是管理整个资产阶级共同事务的委员会罢了。"① 20世纪70年代以来,资本主义民主制度发生了很大的变化,包括选举制度更加完善,权力竞争更加公开化和透明化,与此相适应的政党政治活动的范围和基础也更加广泛。一些资产阶级学者一直鼓吹资本主义民主的优越性和普世性,尤其是东欧剧变之后,西方一些学者(以日裔美籍学者福山为代表)得出了"历史的终结"的结论。福山认为,在后"冷战"时期的世界中由于自由主义民主解决了人类所有真正的重大问题,"构成历史的最基本的原则和制度可能不再进步了"②,历史因此到达终点。而有的人则更为直接地将普世价值与西方民主画等号。如1999年印度籍哈佛大学教授阿玛蒂亚·森在1999年美国《民主》杂志第3期上发文,就直截了当地提出了"民主政治是普世价值"③的论断,认为"民主政治的普世性就像善行一

---

* 基金项目:浙江省高等学校中青年学科带头人学术攀登项目"中国共产党意识形态资源建设研究"(pd2013371)阶段性成果。

① 《马克思恩格斯全集》第4卷,人民出版社1958年版,第468页。

② [美] 弗朗西斯·福山:《历史的终结及最后之人》,黄胜强等译,中国社会科学出版社2003年版,代序第3页。

③ [印度] 阿玛蒂亚·森:《民主政治是普世价值》,载刘军宁主编《民主二十讲》,中国青年出版社2008年版,第232页。

样，是没有边界的"①。亨廷顿的文明冲突论在"西方"和"非西方"文明的分析中，实质上把西方文明等同于资本主义所谓的"民主""自由""人权"等价值观，而非西方文明则意味着权威主义或专制主义。

与此相对的是，西方诸多学者从未停止过对资本主义民主制度的批判，如马尔库塞就对资本主义民主程序进行过批判。他说："因为赞同法西斯制度（而且可以说是真正赞同这样一种制度）也可能符合民主程序。"② 戴维·赫尔德在其所写的《民主的模式》一书中也指出了自由主义民主并不是唯一的民主模式。英国学者拉尔夫·密利本德在其《英国资本主义民主制》一书中认为，资本主义民主并不是它所宣称的那样可以让民众表达意见，因为"资本主义制度和所有其他统治制度一样，历来需要并且目前更甚需要遏制来自下层的压力"③。德国学者马丁在其《全球化陷阱：对民主和福利的进攻》一书中更是对资本主义民主扩张所造成的后果进行了深入分析。戴维·施韦卡特在其《反资本主义》一书中认为，资本主义民主选举是让"财富可以通过多种渠道来提高让正式的民主程序反映有钱人利益的可能性"④。此外，罗伯特·赖克的《资本主义与民主开始分道扬镳》（《科学社会主义》2008年第1期）、艾伦·梅克森斯·伍德的《民主反对资本主义——重建历史唯物主义》（重庆出版社2007年版）都对此进行了较为深刻的分析和批判。

在中国，近年来学术界对资本主义民主制度的研究大致集中在以下几个层面：一是从相互比较的角度分析资本主义民主与社会主义民主的差别。其主要代表作如阳黔花的《划清中国特色社会主义民主同西方资本主义民主的界限》（《思想理论教育》2010年第11期）。二是分析了资本主义民

---

① ［印度］阿玛蒂亚·森：《民主政治是普世价值》，载刘军宁主编《民主二十讲》，中国青年出版社2008年版，第232页。
② ［美］赫伯特·马尔库塞：《单向度的人：发达工业社会意识形态研究》，刘继译，上海译文出版社2008年版，第94页。
③ ［英］拉尔夫·密利本德：《英国资本主义民主制》，博铨等译，商务印书馆1988年版，引言第3页。
④ ［美］戴维·施韦卡特：《反对资本主义》，李智、陈志刚等译，中国人民大学出版社2002年版，第213页。

主制度存在的主要问题，特别是揭示了其选举过程往往被金钱所操纵和控制的现实，如林红的《试析资本主义民主政治的多数规则及其困境》（《政治学研究》2006年第4期）。三是对资本主义民主输出及其所造成的问题进行了分析，如罗艳华的《美国输出民主的历史与现实》（世界知识出版社2009年版）。四是对资本主义民主发展趋势进行分析，认为资本主义民主越来越表现出了它的历史的和阶级的局限性，这也为民主政治走向更高历史阶段准备了条件，如宋惠昌的《论资本主义与民主的几个关系》（《科学社会主义》2007年第3期）等。

笔者认为，资本主义民主制度虽然第一次以完备的制度形态将民主化、法治化纳入人类政治发展的轨道，但必须看到的是，这并不能掩盖它的局限性。为此，本文将从以下几个层面展开分析：一是分析资本主义自由市场经济与民主政治不相兼容的现实，这有利于从更深层次上看到资本主义制度体系的内在矛盾，以及其民主虚假性的本质和根源。二是结合近年来尤其是欧美金融危机以来资本主义的现实情况，分析其具体运作中存在问题的具体表现，进一步展现资本主义民主制度的局限性。三是分析近年来美国为民主输出而在伊拉克、阿富汗发动战争，以及在利比亚、叙利亚、波兰等地推动"颜色革命"所造成的后果，以此进一步说明资本主义的民主并不具有普世性。

一 "民主政治"与"经济自由"变得越发不相兼容

关于"民主政治"与"经济自由"的关系，弗里德曼（Milton Friedman）在他所写的《资本主义与自由》一书中进行了分析。在他看来，经济上的自由与民主政治是一致的，正因为如此，他进一步指出："我找不到任何例证来表明：人类社会中曾经存在着大量政治自由而又没有使用类似自由市场的东西来组织它的大部分的经济活动。"[①] 他认为竞争性资本主

---

① ［美］米尔顿·弗里德曼：《资本主义与自由》，张瑞玉译，商务印书馆1986年版，第11页。

义才是最好的制度。"直接提供经济自由的那种经济组织,即竞争性资本主义,也促进了政治自由。"① 但从当代资本主义的现实情况来看,弗里德曼的观点却显然是错误的,可以说当代资本主义,"经济自由"与"民主政治"变得越发不相兼容。

在资本主义社会,自由市场经济是其产生和发展的基础,它所彰显的是资本的力量,而民主所要彰显的是民众的力量。它在承认人民拥有主权、自由和平等的基础上,按多数人的意志裁决程序行使政治决定权的统治形式和政权组织形式,是维护人民大众的利益的一种有效方式。可是,由于大众的力量是分散的,这种分散的力量是难以与资本的力量相抗衡的,因为资本家可以"把资本力量扩张到经济系统之外,用于支配国家权力,支配意识形态,从而使全社会的上层建筑都成为资本增值的工具"②。

更进一步地说,民主的主要功能在于民主能够对权力进行制约,并使权力受控于公众的意见。它与专制政治的一个显著区别就在于:在专制政治下,统治者可以对其行为不负任何责任,而在民主政治下,统治者必须就其行为对人民负责。因此,在民主制度条件下,社会大众可以以民主的形式联合起来维护他们的共同利益。也就是说,民主本来就应具有维护社会大众利益,实现社会公平正义这一基本职能,但在资本主义生产资料私有制和以资本为主导的经济社会结构中,民主的这一功能却难以得到有效发挥。正如艾伦·梅克森斯·伍德所指出的:"在资本主义制度下,经济权力已经扩展到了'民主'远不能对之进行控制的程度;无论是作为一套制度还是一种观念,自由主义民主都不是被用作将其影响延伸到那种不能控制的程度。"③ 罗伯特·赖克也指出:"民主的初衷是让公民以建设性方式解决这些问题。然而没有哪个民主国家有效地控制了资本主义的消极副作用。资本主义的作用是做大经济蛋糕,仅此而已。"④ 美国共产党全国委

---

① [美]米尔顿·弗里德曼:《资本主义与自由》,张瑞玉译,商务印书馆1986年版,第11页。
② 鲁品越:《社会主义对资本力量:驾驭与导控》,重庆出版社2008年版,第51页。
③ [加]艾伦·梅克森斯·伍德:《民主反对资本主义——重建历史唯物主义》,吕薇洲、刘海霞、邢文增译,重庆出版社2007年版,第231页。
④ [美]罗伯特·赖克:《资本主义与民主开始分道扬镳》,《科学社会主义》2008年第1期。

员会主席山姆·韦伯更是明确指出,在当代资本主义社会,"工人阶级处于被动防守的地位,并没有足够力量对国家的现状加以改变"①。正因为如此,美国"占领华尔街"运动中社会大众所打出了诸多不满的口号:"99%为1%服务""还权于人民""权利是属于人民的不是公司的""不要再以民主的名义犯罪!""美国公民团结起来,反对贪婪和纵容贪婪的政治家!"② 这些口号不仅反映了民众对当下资本主义民主政治的不满,而且也反映了当下资本主义民主的现实困境。

总之,当代资本主义建立在理想化的"市场"概念之上的"经济自由",实际上与资本主义宣称的"民主政治"存在着深刻的矛盾。在实际的政治生活中,"民主政治"由于受制于资本权力并不能带来社会的"正义",民主也不是真正的"人民当家作主"或"多数人的统治",而是以所谓的"自由"来限制"民主"。也就是说,以资本的"自由"来限制社会大众争取平等、争取当家作主的"民主"权利,由此也"阻断了国家权力回归到人民手中的途径"③。

二 钱权交易大行其道,民主政治运作走样变形

当代西方国家普遍采用多党竞争的政党体制,在这个体制中,不同政党扮演着不同的角色,执政党、在野党(或叫反对党)共同构成了西方民主政治运作的图画。西方政治思想家认为,通过这种政党博弈不仅可以起到制约权力的作用,而且还可以起到保护资本主义制度的作用。正如美国政治学者李普塞特所概括的:"一种竞争性的政党制度保护其国家不受公民不满引起的破坏:抱怨和攻击针对的是那批仍在其位、仍谋其政的官员,

---

① Webb, S., Structural crisis exposes neoliberalism as disaster, http://peoplesworld.org/structural-crisis-exposes-neoliberalism-as-disaster/, 2011-11-23.
② 谭扬芳:《从"占领华尔街"运动的100条标语口号看美国民众的十大诉求》,《思想理论教育导刊》2012年第5期。
③ 吴赋光、王子丽:《从西方民主模式的演进看西方民主何以不能移植》,《求实》2011年第4期。

而不是整个制度。"①

由此看来,在资本主义政治运作中,竞选成为政党谋取政权的重要手段。或者说,竞选是政党通往权力巅峰的阶梯。但在目前的西方民主政治中,任何一个政党(政治家)要想上台,都离不开金钱的支撑,因为参加竞选的政党(政治家)在竞选中不仅要设立庞大的竞选机构,而且还要利用广播、电视等媒体加以宣传。不仅如此,在媒体日益发达并日渐主导选举的情况下,选举费用也呈现出节节攀升的态势。"1860年,林肯被选为美国第16任总统只用了10万美元,到1960年,10万美元只能让总统候选人在电视镜头上露面30分钟,而2012年,这一数字只够罗姆尼为赢得佛罗里达一个州初选造势时每日广告开销的十分之一。"②

一般来说,西方资本主义国家的竞选经费的来源主要有以下几个方面:一是候选人本人及其家族;二是公民个人的捐款;三是公司和特殊利益集团的捐款;四是本党资助;五是政府补助。在上述5个来源中,公司和富有人的个人捐款(美国政治术语把富有捐款者称为"肥猫")历来是候选人竞选费用的主要来源。以美国为例,"2008年金融、保险、房地产行业相关的个人和政治行动委员会(political actioncommittee)给政客们的捐款高达4.63亿美元,其51%给了民主党,49%给了共和党。同一年,民主党总统候选人奥巴马从这个渠道获得的资金比任何其他渠道都多——除了诉讼律师这个群体之外。奥巴马从金融行业的捐助者那里获得了3760万美元"③。当然,这些捐款都是要得到回报的,即政府通过"税收减免措施、规则和决议来换取选举捐款、竞选帮助、工作以及其他的好处,等等"④。"'金钱选举'公开化使富人可通过手中的金钱来控制总统选举从而控制美国"⑤,具体表现为大资产者通过向候选人捐款来影响选举结果和政府政

---

① [美]摩西·马丁·李普塞特:《一致与冲突》,张华青等译,上海人民出版社1995年版,第138页。
② 刁大明:《美国大选中的金钱政治》,《红旗文稿》2012年第21期。
③ [美]亨特·刘易斯:《经济学的真相:凯恩斯错在哪里》,曹占涛译,东方出版社2010年版,第105页。
④ 同上书,第104页。
⑤ 朱继东:《"金钱选举":美国式民主不是世界的标杆》,《党建》2012年第11期。

策，以谋求私利。从这方面来看，在当代西方资本主义社会中，尽管表面上看权力的获取仍然要经过公开竞选来进行，但站在背后的却是一大批拥有资金实力的金融资本家，政治运作表面上的"民主"与背后的权钱交易形成鲜明对照，形式的民主在实际的政治运作中堕落为"反民主"。

金钱不仅操纵着选举，同样也影响着政府人员的构成，具体表现为金融寡头派代理人或亲自出马担任政府要职。例如，美国金融寡头洛克菲勒就曾亲自出任过美国副总统，其所掌控的洛克菲勒基金会就有三位高级官员曾在美国政府中担任国务卿一职：一是腊斯克（Dean Rusk），他曾担任杜鲁门政府的副国务卿和约翰逊政府的国务卿。二是杜勒斯（John Foster Dulles），他从洛克菲勒基金会董事长位置上退下来之后，曾担任艾森豪威尔政府的第一任国务卿。三是赛勒斯·万斯（Cyrus Vance），他也同样是在洛克菲勒基金会董事长的岗位上卸任后，走马上任当上了卡特政府的国务卿。在布什政府成员中，大都是百万富翁。"据美联社记者乔纳森·萨伦特统计，大多数内阁成员净资产至少达6位数，许多人还是大公司的股东。"① 如商务部长唐纳德·埃文斯在从事石油和天然气开发的汤姆·布朗公司拥有价值500万—2500万美元的优先认股权；财政部长保罗·奥尼尔曾任美铝公司首席执行官，同时拥有该公司500万—2500万美元的优先认股权。② 同样，奥巴马政府成员也存在类似的情况。在原政府内阁的10个人中有8个是百万富翁，国务卿希拉里·克林顿的个人资产净值达3100万美元，是内阁成员中最富有的。紧随其后的是白宫办公厅主任威廉·戴利（2800万美元）。2010年，希拉里、戴利、前办公厅主任拉姆·伊曼纽尔和奥巴马在摩根大通银行的私人账户总额超过了5000万美元。③ 除此之外，在奥巴马政府其他人员中，如白宫社交秘书迪泽尔·罗杰斯2008年的个人收入也达到180万美元。他不仅领白宫工资，而且还在两家天然气公司和

---

① 臧秀玲：《当代资本主义新发展问题研究》，山东大学出版社2004年版，第280页。
② 同上。
③ 《"占领"运动揭开资本主义"皇帝新装"》（http://news.xinhuanet.com/world/2012-01/05/c_122536583.htm），2012年1月5日。

全美最大的私人商业保险商好事达公司任职,并担任美国最大出租公寓经营者"公平住屋信托"的董事。奥巴马的高级顾问戴维·阿克塞尔罗德个人资产至少有 380 万美元。他从 1985 年开始经营一家政治咨询公司,因为奥巴马成功当选美国总统,这家公司市值不断升高。①

三 福利资本主义进退维谷,政治妥协难以实现

政治市场理论认为,在竞争性的民主社会里,政党(政治家)和选民是政治市场上的两个行为主体,民众和政党(政治家)的关系就像消费者与企业的关系一样,政党(政治家)是政策的供给者,民众则是政策的消费者。民众用自己的选票或者以其他方式来购买政党的政策,表示对政党的支持,而政党要获得民众的支持或取得民众的选票就必须满足民众的要求,并在上台执政以后,兑现自己对民众的政策承诺。从这方面来看,在西方民主选举的过程中,候选人与选民之间的关系实质上是一种以利益关系为中心的政治交易。在这种交易中,政党(政治家)所追求的目标并不是某种真理或者理想,而是为了赢得选举。同样作为选民来说,他们的目标也是基于自身的利益诉求,即政党(政治家)当选以后能给自己带来的实际利益,属于典型的"福利选民"。在这种情况下,政党(政治家)为了获得更多的选票,就会极力迎合选民,甚至开出诸多不切实际的承诺。

此外,从选民的利益诉求来看,由于选民是由不同阶级阶层的人所组成,选民利益诉求包括不同的层次,因而利益诉求又呈现出多样性的特征。如对社会大众来说,其利益诉求可能表现为要求更加充分的就业和更好的社会福利,而对于富有的人来说,其利益诉求可能更渴望国家税收的减免,由此导致的结果是在每一次的大选中,候选人只好在已经很高的社会福利水平基础上,进一步提高社会福利水平和减免税收,并且一旦竞选人当选,

---

① 《"占领"运动揭开资本主义"皇帝新装"》(http://news.xinhuanet.com/world/2012-01/05/c_122536583.htm),2012 年 1 月 5 日。

又被迫要采取种种措施兑现自己的承诺（往往是不能完全兑现的，甚至根本兑现不了的），由此导致的结果是：一方面国家的税收不断流失；另一方面社会福利开支不断提高。长此以往，国家财政收入必然会入不敷出，政府不得不寅吃卯粮，依靠沉重的债务来维系高成本的民主选举。当这种举债发展到一定程度必然导致国家的主权债务危机，而竞选人为了在竞选中获胜则罔顾国家偿还债务的能力，其所看重的只是个人当选的成功与否，最终的结果是国家福利水平的盲目提高。

在这种情况下，如果"自由经济"可以实现增长，国家福利可以继续维持，资本主义的民主制度还能有效运作，政治主体的各方也易达成妥协和共识。但是，当"自由经济"的运作难以维系，就不可避免地导致社会冲突。以近年来欧洲国家为例，欧债危机以后，欧洲资本主义国家普遍采取了削减社会福利、增加税收等举措以应对危机，由此导致民众的不满和愤怒情绪不断上升，并继而采取大规模罢工行为以表达自身的利益诉求。此时，如果政府作出让步，必然进一步加重国家的债务负担，但如果政府不作出让步，必然进一步导致民众对"民主政治"的失望，进而进一步加剧西方"民主政治"的危机，从而使资本主义民主制度的运作面临两难的困境。[①] 并且，由于资本主义基本矛盾的存在，即生产社会化与生产资料私人占有之间的矛盾的存在，"自由经济"危机不可避免，可以预见，西方社会的冲突将会一直伴随着资本主义。

总的看来，在当代资本主义阶段，民主政治在具体的运作过程中，不仅要受到资本家的左右，同时还要受到社会大众的"绑架"。所有这些使得当代资本主义民主的运作陷入"两难选择"的困境之中，其结果不仅使得福利资本主义进退维谷，而且如何达成政治主体各方的政治妥协也成为其面临的现实难题。

---

① 蒯正明：《主权债务危机背景下欧洲左翼政党发展的状况及其评析》，《江西师范大学学报》（哲学社会科学版）2013 年第 6 期。

四 民主输出与民主制度的野蛮化和军事化

所谓的"民主输出",就是指"采用政治、经济、军事等多种手段,运用和平或非和平方式,将其所认同的民主理念和政治制度向世界其他国家和地区传播扩散,以谋求改变别国政权性质、影响别国政治发展的行为和过程。简单地讲,就是一国为达到某种目的而主动地、有意识地将其民主制度和民主理念传播或强加给其他国家"①。

以美国为代表的资本主义国家总是习惯将西方的民主看作是"正统"的,看作是放之四海而皆准的"真理",而对于不符合他们标准的民主,则动辄就贴上"邪恶"的标签。"冷战"时期,受"冷战"环境的影响,输出民主被打上了清晰的时代烙印,成为以美国为代表的资本主义国家遏制战略的重要组成部分,而反共也成为其输出民主的重要特点。"冷战"结束以后,资本主义民主输出的战略并没有停止,如 2001 年和 2003 年美国所发动的阿富汗战争和伊拉克战争,2011 年利比亚的政权更迭,还有今天依旧处在动荡之中的叙利亚、乌克兰,所有这些都与以美国为代表的资本主义国家在全世界进行所谓的"民主"扩张有着很大的关系。它不仅对现行的国际秩序造成了严重冲击,而且引发了地区的动荡和不安,主要表现在以下几个方面:

首先,从民主的输出方式上看,以美国为代表的资本主义国家更多地采取的是不民主的手段,由此直接引发了地区的动荡不安。如在叙利亚动乱中,一些西方大国与叙利亚反对派相互呼应,不断插手叙利亚国内事务。在一些西方国家的支持下,反对派力量由弱变强,叙利亚国内各种严重流血冲突不断升级。同样,今天的乌克兰危机也与西方国家的干预和幕后操纵有着很大的关系。由此可见,西方"民主人权输出"助推的"颜色革命"不可能结出什么善果,反而造成地区严重的政治动荡,甚至是流血

---

① 罗艳华:《美国输出民主的历史与现实》,世界知识出版社 2009 年版,第 12 页。

冲突。

其次，从民主输出的后果来看，以美国为代表的资本主义国家把自己的价值观看作是普世的真理，以自己的标准画线，进而扶持亲西方的"民主政府"，硬性移植西方的民主制度，但是，由于宗教信仰、文化和制度传统、思想观念等方面的差异，这种硬性移植必然引发诸多不良后果，具体表现为：

第一，移植的"民主制度"难以运作。以阿富汗为例，"9·11"事件后大批美军进入阿富汗，培植了一个亲美的政府，并按美国认可的"普世价值"的模式，为其量身定做了一套政治制度：在权力分配上，阿富汗按照美国的设计建立起了立法、行政、司法三权分立的权力运作架构，但这种三权分立的权力运作架构在实际生活中难以运作。在立法机构上，通过西方式的"民主"程序进行议员选举，但选出的议员不仅素质低下，而且很多议员为地方权贵和军阀。"一项调查显示：至少有17名新议员自己就是走私犯，24人同犯罪团伙有联系，40人是武装团伙的指挥官，19人面临严重的战争罪和践踏人权罪的指控。"① 由上述人所组成的议会是不可能真正体现民主要求的。在行政权力方面，因为卡尔扎伊政府管辖的地域有限，对于阿富汗经常出现的恐怖袭击事件难以应对。"在阿富汗34个省的31个当中，塔利班设立了'影子政府'，掌管当地的交通、商业以及司法等事务，极大地压缩了卡尔扎伊政府的生存空间。"② 同时，行政权力的腐败问题也比较严重。"在2009年透明国际（Transparency International）公布的一份各国政府腐败指数的榜单中，阿富汗位于倒数第四。"③ 就司法权而言，阿富汗在其宪法颁布后，由于管辖的地域有限，同时也因为塔利班势力的影响，结果是阿富汗的司法权难以得到实际的执行。在伊拉克，虽然战后伊拉克顺利地进行了议会选举，但是由议会选举而引发的教派、政党之争激化了原本就已错综复杂

---

① 赵雅婷、高梵：《西方民主制度在阿富汗失灵的原因探析》，《新疆社会科学》2012年第4期。
② 邓红英：《阿富汗政治和解：问题与前景》，《社会主义研究》2010年第5期。
③ 姚大学、闫伟：《民族主义视野下的阿富汗重建》，《世界民族》2011年第2期。

的民族矛盾和教派斗争。什叶派、逊尼派和库尔德人之间大搞宗派政治，其结果不仅加剧了政治冲突，同时也加剧了教派之间、政府与恐怖组织之间无休止的战争，从而助长了恐怖主义。

第二，社会动荡不安。以美国为代表的西方国家的民主输出不仅没有给输入国带来和平安定，反而给这些国家带来极大的不安定因素。以伊拉克为例，由于党派、教派和民族矛盾严重，战后伊拉克的社会秩序基本处于失控状态。"官方数字显示，2004年至2010年，共计有159710名伊拉克人受伤。2005年后死于战火和暴力事件的平民人数为50578人。"[1]而据英国《卫报》网站2014年1月1日报道，在2013年伊拉克就有8868人死于暴力事件。[2]不仅如此，恐怖主义的泛滥更进一步加剧了社会危机，如ISIS（伊拉克和黎凡特伊斯兰国）就是在这一时期迅速发展起来的，而它的快速崛起既与伊拉克的教派冲突有着很大的关系，"什叶派为主的马利基政府，加剧了本来就十分严重的伊拉克逊尼—什叶教派矛盾，原本式微的逊尼派原教旨极端势力获得了趁战后伊拉克无政府状态渗透、壮大的良机"[3]，同时，也与美国等西方国家"民主输出"有着直接的关系。因为在对叙利亚的"民主输出"中，美国等西方国家纵容支持以恐怖主义为主要力量的反政府武装，ISIS得到了西方支持，并在叙利亚内战中经历了实战锻炼，得到迅速发展和壮大。ISIS主张极端，手段残忍，自冲突发生以来，仅2014年6月5日至22日就有1000多人被武装人员打死，600多人受伤，其中至少有3/4为平民。[4]在利比亚，在推翻卡扎菲政权的战争中成长起来的民兵武装，山头林立，派系众多，并且大部分武器掌握在利比亚数百个大大小小的民间武装组织手中，利比亚临时政府对局势的掌控力非常有限。2014年5月以来，利比亚局势

---

[1]《伊战损失：难算清的"天文数字"》（http://news.xinhuanet.com/mil/2011-12/19/c_122448118.htm），2014年6月25日。
[2]《伊拉克2013年恐怖袭击暴力冲突致8868人死亡》（http://news.xinhuanet.com/world/2014-01/02/c_125943709.htm），2014年1月2日。
[3]《伊拉克ISIS缘何突然"崛起"》，《新京报》2014年6月19日。
[4]《伊拉克冲突17天逾千人被杀》（http://news.xinhuanet.com/world/2014-06/25/c_126667545.htm），2014年6月25日。

开始恶化，且有愈演愈烈之势。与此同时，在班加西、德尔纳、扎维耶等地的武装冲突也在继续。在2014年7月，武装冲突就造成至少97人死亡，400多人受伤。① 在叙利亚，自内战爆发以来，截至2014年5月，在冲突中死亡的人数已超过16万。②

第三，经济发展受阻。以美国为代表的资本主义国家的"民主输出"，不仅使得输入国国家经济的发展缺乏稳定的政治环境，而且各党派力量忙于争权夺利，难以集中精力发展经济。在阿富汗，战争摧毁了阿富汗十分薄弱的工农业基础，人民在极度贫穷中苦苦挣扎；没有资金，连临时政府也不能维持其正常运行。在此情况下，大量的农民从事毒品生产，"在驱使阿富汗农民种植罂粟的各种因素中，贫困和鸦片的高额出售价格仍然是非常重要的原因"③。在毒品经济的支持下，反政府武装与喀布尔政府长期对抗，由此反过来进一步影响了阿富汗政治的稳定，使阿富汗陷入政治混乱与经济倒退的恶性循环之中。在叙利亚，持续多年的叙利亚冲突给经济带来巨大的创伤，根据联合国难民救济和工程处2014年4月2日发布的叙利亚"社会经济和损害评估报告"称，叙利亚国民经济至少需要30年的时间才有望恢复到2010年的水平。同时，该报告还显示：有近九成的家庭被迫削减食物及基本必需品的花费；86%的人需要依赖人道救援过活，但仅有约38%的家庭能够获得国际援助。④ 在乌克兰，乌克兰财政部2014年7月初公布的数据显示：乌克兰经济在2014年上半年下滑5%，预计2014年全年将下滑6.5%。⑤ 总之，以美国为代表的资本主义国家将自己的民主准则和民主观念作为普世价值，企图用其"民主"来"改造"世界，使各国逐步成为美国模式的"民主化"和"资本主义化"，其结果不仅没有带来世界的和谐与安宁，反而严重扼杀了社会的和平和多元的社会文化。历

---

① 《中国驻利比亚使馆建议国人尽快自行组织撤离》，《环球时报》2014年7月29日。
② 《叙利亚冲突死亡人数超过16万》，《环球时报》2014年5月20日。
③ 刘向阳：《阿富汗毒品问题对其政治、经济及社会安全的影响》，《新疆社会科学》2011年第6期。
④ 《联合国报告：叙利亚冲突造成广泛的灾难性经济影响》（http://fujian.people.com.cn/n/2014/0403/c181466-20919352.html），2014年4月3日。
⑤ 《新马航事件引资本"大逃亡"》，《国际金融报》2014年7月28日。

史的发展一再证明，任何人的设计和愿望要获得人们的普遍认同，都是有条件的，这就是：它必须适合人类绝大多数个体的生活方式和切身利益，只有在主观和客观上都具备条件的价值选择，才有可能实现，否则，只能以失败而告终。以"美式民主"为例，这一制度是结合美国国情而逐步形成的，这种民主模式并非适用于所有国家，如果不考虑其他国家和地区的特殊情况而采取硬性移植的做法，其结果只能是南辕北辙，适得其反。

五 结论

第一，"自由平等"，这是以美国为代表的资本主义国家标榜自己民主制度优越性的重要内容，但资本主义的自由民主从一开始就是建立在财产占有极为不平等的基础之上的。以财产不平等为基础，这是资本主义民主政治的致命弱点。财富占有的极不平等，以及把这种极不平等变成铁的法律，这就使人人生而平等和一切权力属于人民，变成了冠冕堂皇的文字游戏。在当代资本主义发展阶段，资本主义民主政治的这种弊端暴露得更加明显，经济上的不平等不仅使得普通民众远离财富，而且也远离民主。

第二，"金钱是政治的母乳"。资本主义民主政治的运作始终离不开金钱的作用，因为几乎所有的政治活动都会花费金钱。这不仅表现在政党政治的选举之中，而且表现在金融寡头通过"参与制"实现其对经济领域的统治，并力图实现对国家政权的渗透和控制等方面。金钱可以操纵政治，这是资本主义民主的癌症。从实践方面来看，"占领华尔街"运动就是对这种金钱操纵的反抗，只不过，在当代资本主义社会，这种金钱操纵的力量既强大又隐蔽，以至于虽然每人手中都握有一张选票，但却无法与之抗衡。

第三，在竞争性的政党体制中，政党（政治家）为了获得足够多的选票只能采取各种方式取悦于民众。选举人最为关切的是自己能否当选，为了能够在选举中获胜他们会漫天许诺，甚至采用"愚民政策"和饮鸩止渴的方法和行为，并且，在西方选举制度背景下，任何执政党又都不敢轻易触碰增税这一"高压线",其结果只能是政府债台高筑。这样,它不仅使选举民主本身陷入"同意困境"和"绩效困境"之中①,而且也导致了福利资本主义进退维谷。

第四,社会民主"既不能输入,也不能外包",世界的民主制度应当是多元的、多样性的。现在世界各国的民主制度都有自己的历史背景和文化背景,也有自己有效运作的条件,但是,以美国为代表的资本主义国家却忽略了这一点,并错误地认为它们所信奉的"民主"是治愈世界上一切弊病(包括恐怖主义在内)的法宝,把自己的民主准则和民主观念作为普世价值,企图用其"民主"来"改造"世界,其结果造成很多国家社会动荡不安,甚至引起战争,同时也不可避免地导致"民主"输入国对"资本主义民主"的抵制和反抗。如2012年9月,美国电影《穆斯林的无知》造成多个国家的伊斯兰教教徒掀起"反美浪潮",引发流血冲突,造成美国驻利比亚大使及3名外交官身亡。所有这些均表明,以美国为代表的资本主义国家所力推的"民主"并不具有"普世价值",它在给输入国带来巨大灾难的同时,也必将受到各国的抵制和反抗。

(作者单位:温州大学马克思主义学院)

(原载《河南大学学报》(社会科学版)2015年第55卷第4期)

---

① 张聪、蔡文成:《选举民主:政治合法性的建构及其困境》,《理论与改革》2014年第5期。

西方民主衰败的五大原因
——近期媒体对西方民主的反思

田改伟

由于西方国家长期走不出金融危机的阴影,而走向民主的乌克兰又出现战乱和分裂,中国台湾和泰国的民主也出现了病灶,加上北非、中东的混乱,民主无论是在其老牌国家还是新兴政治体内,好像都出现了病灶。近一段时间,国内外一些学者和媒体对西方民主体制较为集中地进行了反思和批评,其中不乏一些著名的西方学者如弗朗西斯·福山、斯特恩·雷根(Stein Ringen)以及《经济学人》《华盛顿邮报》《赫芬顿邮报》等知名媒体。国内一些学者如张维为发表了《西方民主真的该吃药了》、观察者网组织学者撰写了《当代西方民主能否走出困境?》《西方意识形态的攻防转换大历史》等文章,来会诊西方民主。

一 共同认为西方民主已经开始衰败

这些文章普遍认为西方"民主正在经历困难时期",民主在"20世纪晚期的进步势头在21世纪终止了"。"英美两国本应是民主的中坚力量,然而由于缺少领导和培育,民主制度正在这里走向崩坏。"西方民主衰败主要表现在:

(一)民主在全球的发展停滞了,甚至可能已经逆流。《经济学人》

2014年3月发表了《西方民主病在哪儿?》[①]的长篇文章,指出,2013年是全球自由指数下降的连续第8个年头。2000年以来,民主面临的障碍越来越多。民主的问题已经没法用简单的数字来呈现。独裁者被赶下台以后,反对派大多无法建立行之有效的民主政府。甚至在那些业已建立民主制度的国家,体制问题已经变得十分明显,社会上弥漫着对政治的幻灭情绪。

(二)许多名义上的民主国家已经滑向专制政权,民主只剩选举这一外在形式,缺少民主制度有效运转所需要的人权和体制保障。一些新的民主国家转型失败,苏联解体是20世纪西方民主扩张最大的成就,然而俄罗斯的民主徒具形式,虽然维持着每个人都可以投票的形式,但严重缺乏新闻自由,反对派往往遭到关押。委内瑞拉、乌克兰、阿根廷等地的独裁者依样画葫芦,没有完全抛弃,而是维持着民主的假象。一些全球认可的新兴民主国家或者堕入腐败与专制的深渊,如土耳其,或者反对党抵制大选、拒绝接受选举结果,如泰国、孟加拉。因此,"那种以为民主可以自己迅速生根发芽的想法已经烟消云散"。

(三)在西方民主制度内部,民主常常与债台高筑、运作失灵等字眼联系在一起,人们民主参与的积极性大为降低。西方民主体制在面对2008年爆发的金融危机时显得体制僵化,应对迟缓。美国已成为政治僵局的代名词,国家如此痴迷于党派之争,致使过去两年间两度站在债务违约的悬崖边缘。"欧盟也是如此,不是民主的榜样了"。民主传统大本营的表现,使民主失去了昔日的光辉形象。

(四)民主对民众的吸引力越来越小。据《经济学人》报道,发达国家的党员数量持续下降,现在英国人仅仅1%参加政党,而1950年的数字是20%。选民数量也在下降,一项针对49个民主国家的研究显示,选民数量自1980—1984年至2007年13年间下降了10个百分点。2012年针对7个欧洲国家的调查显示,逾半数选民"根本不信任政府"。同年Yougov

---

[①] 《经济学人》2014年3月1日 (http://www.guancha.cn/JingJiXueRen/2014_03_05_210932_s.shtml)。

公司针对英国选民的调查表明，62%的受访者认为"政客永远在撒谎"。

二 五大原因导致西方民主衰败

西方民主究竟哪里出了问题，导致其制度迅速衰败，这些学者和媒体分析的角度不尽一致，大致有以下几种观点：

（一）民主制度结构决定论，认为是西方民主制度本身的结构造成了其迅速衰败。福山[①]提出，美国制度三大相互盘根错节的结构特征决定了其衰败：第一，司法和立法部门（也包括两大政党所发挥的作用）在美国政府中的影响力过大，由此就催生了立法部门解决行政问题的局面。久而久之，这种处理行政需求的方式变得成本极高且效率低下。第二，利益集团和游说团体的影响力在增加，扭曲了民主进程，侵蚀了政府有效运作的能力。第三，由于联邦政府管理结构在意识形态上出现两极分化，美国的制衡制度变成了否决制。决策机制变得过于松懈，集体决策难以实现，使政府难以调整公共政策。

（二）民主基因缺陷论。张维为认为西方民主衰败，是由于其模式本身的三个假设前提就存在问题。这三个假设分别是：人是理性的；权利是绝对的；程序是万能的。"人是理性的"，也就是所谓人可以通过自己理性的思考，投下自己庄严的一票。但事实是人可以是理性的，也可以是非理性的，有时候人非理性的一面往往更容易占上风。"权利是绝对的"，就是权利与义务本应该是平衡的，但在西方民主模式中，权利绝对化已成为主流。各种权利的绝对化、个人主义至上，以及社会责任的缺乏。美国两党把自己的权利放在美国整个国家的利益之上，互相否决。"程序是万能的"则导致了西方民主制度的游戏化，民主已经被简化为竞选程序，竞选程序又被简化为政治营销，政治营销又被等同于拼资源、拼谋略、拼演艺表演。在国际竞争日益激烈的世界上，西方所谓"只要程序正确，谁上台都无所

[①] ［美］弗朗西斯·福山：《美国政治制度的衰败》，《参考消息》2014年4月8日。

谓"的"游戏民主"似乎越来越玩不转。

（三）西方领导选拔模式缺陷论。贝淡宁在《选民应该接受测试吗？》① 中提出，在欧洲，领导通过选举进行选拔的模式本身存在缺陷。一是在面积庞大、人口众多、由不同国家组成的高度多样化的政治组织内，期待民众以知情的方式投票本身就不现实。二是选民不知道他们在干什么。理论上，欧盟的政策影响到各成员国的国民和欧洲公民，欧洲选民应该投票支持那些代表国家利益和欧洲利益的政党，欧洲选民应该很好地理解国家政治和欧洲政治，愿意了解最新消息，因为它对国家政治和欧洲政治产生影响，同时详细了解不同政党的政纲以便作出知情的决定。但实际上，欧洲选民缺乏知情投票所需要的政治知识，大多数选民从来不主动了解选举信息，选举的参与率在逐年降低。

（四）西方民主制度退化论。宋鲁郑在《当代西方民主能否走出困境？》② 中提出，制度逐渐衰败，是任何政治制度都难以避免的现象。西方民主除了制度结构性矛盾外，西方民主制度已经退化决定了其在当下的衰败局面。美国民主政治制度退化主要表现在：一是金钱的重要性日益增大；二是裙带和家族政治日益突出；三是政党利益高于一切，政党恶斗成为惯例。牛津大学教授斯特恩·雷根③也提出：雅典民主最终衰亡的历史经验告诉我们，成败无常，美国的民主制度在持续了250年后，可能正面临着与雅典民主一样的历史命运。他提出，民主制度是一种必须受到精心呵护的政治制度，民主制度的缔造者与践行者们必须付出上期的决心与恒心，否则它最终不过是一触即溃的沙上楼阁而已。英美等国存在的诸多问题与政府不作为有着密切的关系，原本赋予宪政体系的权力被各种外围集团榨取、篡夺，金钱越出市场的边界，金主追逐候选人。社会的不平等和金钱的越界一起构成了对西方民主致命的威胁。

---

① http://www.guancha.cn/bei-dan-ning/2014_04_28_222019.shtml.
② http://www.guancha.cn/song-lu-zheng/2014_04_22_223948_s.shtml.
③ Stein Ringen：Is American Democracy Headed to Extinction? 《华盛顿邮报》2014年3月29日（http://www.guancha.cn/Stein-Ringen/2014_04_04_219515_s.shtml）.

（五）中国崛起论。《经济学人》认为，是中国共产党打破了民主世界在经济发展方面的垄断，加上始于2007年的金融危机导致了西方民主的衰败。金融危机之所以发生，一方面，是由于全球化改变了一国的政治根基，使国家领导人将一大部分权力移交给全球市场和跨国主体，使得西方政治家无法向选民兑现承诺。英国、美国等民主国家的底层在不断地向中央政府夺取权力，由于互联网的发展，使"微观权力"正在扰乱传统社会，使得每隔几年才举行一次的政治选举越来越与时代脱节。另一方面，西方选民沉溺于日常生活的享乐，而民主政府逐渐习惯于背负庞大的结构性债务，借钱满足选民的短期需求，忽视长期投资。

与此同时，中国的崛起打破了西方民主的神话。美国每30年生活水平翻一番，而中国过去30年间每10年生活水平翻一番。共产党紧密控制和稳定的选贤任能方式，是中国崛起的关键。中国领导人每10年左右换一届，按照完成施政目标的能力选拔干部，使得中国体制显得比民主效率更高，更能避免僵局。中国领导人有能力处理国家建设方面的重大问题，而这些问题可能困扰民主国家数十年。因此，"针对民主的优越性和必然性这一理念，中国造成的威胁远比共产主义来得大"。

三　如何看待西方民主衰败及对其反思

当前，西方学者和媒体对西方民主较为密集的进行反思，引起了国内一些学者对西方民主反思的热潮。中西互动共同会诊西方民主，反映了当前世界政治格局的变动和人心的变化。

（一）西方民主制度的神圣光环逐渐消退，中国制度越来越具有吸引力。尽管分析西方民主衰败的原因各自的角度不同，但都提到了西方民主衰败的三个共同原因，就是金钱政治、选举至上和分权制衡的失效。金钱政治导致了政治成为资本控制的带线木偶，是家族政治的温床，使西方民主成为少数人的民主。选举至上不仅导致选举成为民主的僵化形式，盲目相信选举，唯程序至上，政治家一味邀宠于选民，使选举已难以选拔出杰出的国家领导人。分权制衡大大限制了西方政府的作用发挥，使得重大政策长期议而不决，难以根据形势的变化进行科学决策。这三个方面相互影响，都不是靠西方政治制度自身短期内能够克服的。西方长期摆脱不了2008年以来金融危机的影响，社会发展乏力，集中暴露了其体制的虚弱和不足。相反，中国通过30多年的快速发展，越来越引起国际社会的认可和关注。西方从承认中国经济发展的成就到目前一些有识之士羞羞答答的认可中国政治制度的优越性，在中国崛起的历史进程中具有标志性意义。

（二）西方不会放弃继续把民主作为向国外进行意识形态渗透的工具。西方反思其制度的弊端，一方面显示了其自我改革、自我调适的本能。另一方面，是想借此反思来纠正其民主体制的弊端，从而重振其民主事业，延续所谓民主的辉煌，而绝不是想从此放弃其在全世界推销民主的行动和坚持其政治制度的决心。《经济学人》尽管分析了西方民主面临的深刻问题，不少问题在西方制度本身是无解的，但最后结论还是认为"民主是20世纪意识形态之争的伟大胜利者"。可见，无论西方民主遭遇多大的挫折，西方国家都不会放弃从意识形态斗争的高度来看待其民主理念的作用，依然会把民主作为"普世价值"向国外兜售。

（三）中国要保持清醒头脑，贯彻落实全面深化改革的各项措施，实现改革的总目标，实现中华民族伟大复兴，我们还有很多长期艰苦的工作要做。中国的崛起使中国政治制度对西方民主提出了很大的挑战，这是"冷战"结束之后首次出现的局面，必然大大提高了我们的"三个自信"。然而我们要十分警惕西方对中国的"捧杀"意图。现在一些媒体都在热炒世界银行认为中国今年经济规模可能要超过美国的报道以及兰德公司《对华冲突——前景、后果与威慑战略》的报告。把西方在政治、经济、军事三个方面的舆论结合在一起，我们可能更容易看清楚当前的世界局势。西方通过购买力计算来抬高中国经济实力的做法虽然不是第一次了，但是这种经济上鼓吹中国很可能快成为世界第一和政治上不断抬高中国模式的论调可能会相互作用，成为让中国承担超过自身能力的世界责任的证据，甚至成为"中国威胁论"的借口。因此，我们在宣传中国改革发展的成就和经验、剖析西方的制度缺陷的时候，应该保持清醒的头脑。正如斯特恩在回答环球时报记者时所说的："美国已维持强劲发展近250年，而中华人民共和国才60多年历史。因此，中国仍有200多年来证明自己。当然，中国有可能发明一种优于民主的模式，但是现在庆祝还为时过早。"

（作者单位：中国社会科学院政治学研究所）

（原载《红旗文稿》2014年第15期）

民主的社会主义之维
——兼评资产阶级与民主政治的神话

杨光斌

在我们的社会科学知识体系中，充斥着不少神话般的故事以及由此而来的"常识"，它们被不加辨别地接受，被视为理所当然，渐渐地被内化为"定理""规律"和思维方式，以至于人们对"常识"不再辨别，用"常识"去思考，用"常识"去讲故事、说历史、评现实，而这种神话般的"常识"却可能是伪知识、假规律。在思想界，美国著名现代化理论家巴林顿·摩尔的一句"没有资产阶级，就没有民主"，就是一个神话般的故事。我们知道，巴林顿·摩尔是根据英国、法国、美国、德国、日本、俄国以及中国农业社会的资本主义化程度而得出这一著名论断的。[①] 自1968年摩尔的著作问世以来，虽然也有批评，比如摩尔的学生认为其忽视了国际事件对民主化进程的影响[②]，有左翼学者则完全否认资产阶级在民主政治中的中心位置[③]，但是摩尔的论断，事实上却一直是国际社会科学界研究民主化进程的一个重要标杆。沿着摩尔宏观的阶级分析方法论，亨

[①] 参见［美］巴林顿·摩尔《民主和专制的社会起源》，拓夫等译，华夏出版社1987年版。
[②] 参见［美］斯考切波《国家与社会革命：对法国、俄国和中国的比较分析》，何俊志、王学东译，上海人民出版社2007年版，第19—24页。
[③] G. Therborn, The Rule of Capital and the Rise of Democracy, New Left Review, No. 133, 1977, pp. 3 - 41.

廷顿将"没有资产阶级就没有民主"置换成"中产阶级带来民主"。[①] 但是和摩尔一样,亨廷顿不能回答中产阶级通过什么样的机制、制度而走向民主。Dietrich Rueschemeyer 等人在沿着发展主义路径,以发达工业国家、拉丁美洲为观察对象进行研究时发现,民主的兴起和存续既不能用资本主义与民主之间的总体性结构适应来解释,也不能用资产阶级作为民主改革的代理人来解释。事实上,是资本主义的发展为民主的发展创造了条件。资本主义的发展改变了阶级结构,扩大了劳工阶级和中产阶级,加速了他们的组织化,使得政治精英在政治运行过程中很难将他们排除在外。同时,资本主义的发展还削弱了民主最顽固的敌人——大地主阶级。[②] 这样,Dietrich Rueschemeyer 等人就将 20 世纪 60 年代流行的发展主义(发展—民主)改版为新发展主义,即"资本主义发展—有利于民主的制度安排—民主"。

无论是亨廷顿的"中产阶级带来民主"还是 Dietrich Rueschemeyer 等人的新发展主义,事实上都是从不同的角度强化了摩尔的神话,民主说到底还是被当作资本主义的产物,民主自然也就有了资产阶级性质——尽管新发展主义也承认,发达工业国家中的工人阶级对特定时期(20 世纪之交)的民主飞跃具有决定性的作用[③],但无论如何,却是资本主义制度本身为民主的发展创造了条件。因此,不管从什么样的角度而言,大部分主流学者都将民主看作是资本主义的产物,这些观点从本质而言,都没有超出自由主义意识形态的范畴。正因为大部分学者都把民主与资本主义制度本身看作是共生的关系,因而,很多研究中国政治的海内外学者,都认为只有中国新兴的企业主阶层才是推动中国民主进程的动力。当他们谈到中国新兴企业主阶层时,一个自觉或不自觉的话题就是新兴企业主与民主政

[①] [美]亨廷顿:《第三波——20 世纪后期民主化浪潮》,刘军宁译,上海三联书店 1998 年版,第 76 页。

[②] Dietrich Rueschemeyer, Evelyne Huber Stephens and John D. Stephens, *Capitalist Development and Democracy*, Chicago: University of Chicago Press, 1992.

[③] Dietrich Rueschemeyer, Evelyne Huber Stephens and John D. Stephens, *Capitalist Development and Democracy*, p. 141.

治的关系，海外很多基金会也乐意资助这样的研究项目，其中暗含着对中国共产党主导政治体制改革的质疑。遗憾的是，由于是在研究"神话"，几乎所有的研究都得出了与其期望相反的结论：中国的新兴企业主更愿意在体制内实现利益诉求。① 这种结论似乎是意料中的，每个国家的政治发展都有其自身的特点，企图用一个基于特定经验的研究范式移植在中国政治研究上，结果只能是南辕北辙。摩尔、亨廷顿和 Dietrich Rueschemeyer 等人不能回答的一个难题是，尽管资本主义经济带来新的商业化阶级并形成有利于民主的制度条件，为什么很多国家的商业阶级不再是民主的推手或代理人，他们甚至成为民主的反动力量？我认为，这既有政治时空变迁由此导致的民主功能转化的原因，也有阶级合作主义的政治文化上的因素，因而使产生于特定语境中的概念的分析功能大打折扣。基于此，本文的目的在于重新认识民主的政治属性，认为大众民主是在资本主义社会这个母体中孕育的一个社会主义因素。

　　本文的研究路径主要是社会主义运动史的视角，辅助以政治文化视野的诠释。为了打破"没有资产阶级，就没有民主"的"神话"，首先需要弄清楚"神话"是如何产生的，为什么"神话"会有广泛的市场？

一　"神话"的脚本

　　"神话"有两种，一种是根本不存在的"嫦娥奔月"式的民间传说；一种是曾经在特殊条件下发生过的故事，却被渲染成普世性的、神话般的"常识"和"奇迹"，人们渐渐地把故事当作了"神话"。

　　民主是一种和文明的人类社会一样古老的政治理念和政治实践。在民主的古希腊语 δημοκρα ία 中，δ η′μος 包含全体公民与平民两层含义，

---

① 代表性研究参见 Bruce J. Dickson, *Red Capitalists in China: The Party, Private Entrepreneurs and Prospects for Political Change*, New York: Cambridge University Press, 2003.

καρτεν 的含义主要是统治、权力。① 两个希腊词汇组合在一起之后，民主（δημοκρατία）也就包含了两层含义，即公民统治和平民统治。亚里士多德也正是在这个意义上论述古希腊共和政体与平民政体的。② 这是民主的原始形态。在大多数时候，本文所谈的民主是原始形态意义上的民主。资产阶级革命以后，资产阶级民主的理论基础虽然是"人民主权"，但是"人民"变成了以财产权为基础的少数人。现代西方"宪政民主"（它由法治、权力制衡、代议制、选举制、多党制、任期制等一系列制度构成），在理论上被总结成"精英民主"。"精英民主"排除了大众对民主的贡献，这是完全不符合历史的。"没有资产阶级，就没有民主"的"神话"正是源于对历史的误解和歪曲。

学术界很多人认为，没有以新兴资产阶级为主体的"第三等级"攻占巴士底狱，就没有法国的民主，因而，法国民主是典型的资产阶级制造。这里，法国民主与资产阶级的关系就被简单化和神话化了。首先，尽管"第三等级"的主体是新兴资产阶级，但是，如果没有巴黎下层民众的冲锋陷阵，资产阶级能否取得革命的成功？其次，在法国大革命过程中出现了雅各宾专政，雅各宾专政的极端措施，引发了资产阶级学者对"暴民专政"的批判和"宪政"的呼唤，但这种批判本身并不能否定下层民众对民主的推动作用。最后，正是法国资产阶级的脆弱性和政治上的依附性，导致了法国大革命后民主政治的反复。

从法国大革命到 1958 年第五共和国，其间经历了十个"朝代"，资产阶级在大多数时期都不能独立地发挥作用，总是依附于波拿巴皇帝和国家力量，由此才形成了中央集权制的自主性国家。托克维尔指出："民主革命扫荡了旧制度的众多体制，却巩固了中央集权制。"③ 革命导致的混乱使法国人更加渴求秩序，因而先后有拿破仑皇帝和波拿巴皇帝。在整个 19 世

---

① 郭小凌：《古希腊作家的民主观》，施治生、郭方主编：《古代民主与共和制度》，中国社会科学出版社 1998 年版，第 288 页。
② [古希腊] 亚里士多德：《政治学》，吴寿彭译，商务印书馆 2008 年版，第 135—139 页。
③ [法] 托克维尔：《旧制度与大革命》，冯棠译，商务印书馆 1997 年版，第 100 页。

纪，中央集权制更加完备，法国并没有因为资产阶级革命而使资产阶级强大起来并主导国家发展，从而形成了马克思所说的自主性国家。根据英国经验，马克思总结出了社会中心主义的工具主义国家理论。但是，在历史与现实中，国家作为凌驾于市民社会/生产关系领域之上的力量并未完全表现出工具性，有时甚至不顾统治阶级的诉求而采取行动。马克思注意到了国家的这种自主性现象。马克思认为，波拿巴国家之所以能够摆脱工具性角色，取得相对于社会的自主地位，主要与两方面因素有关：首先，法国的行政机构十分庞大，深入到社会生活的各个领域，严密控制着整个社会，导致市民社会相当软弱。其次，法兰西第二共和国时期分裂的阶级关系为波拿巴国家赢得自主性创造了条件，使"行政权成为不可克制的权力"。[①]简单地说，在法国，资产阶级掀开了民主政治的序幕，却没有能力巩固民主，最终还是国家力量将法国的民主定型，这就是戴高乐的法兰西第五共和国。

美国民主的故事同样是制造"神话"的脚本。我们知道，"五月花号"的船民们在航行中就开始依据社会契约观念[②]设计新大陆的生活方式和政治秩序，最初的13个州基本上都是依照社会契约观念而形成的新型共同体，也就是我们今天所看到的美国政治的原初形态。[③] 我们需要追问的是，"五月花号"的船民们都是些什么人？最初到新大陆的一批人全是资产阶级吗？历史告诉我们，他们中间有的是受迫害的异教徒，有的是为了逃避法律制裁的罪犯，更多的是在英国生活不下去的穷人。因此，所谓的"美国的民主"很难说是资产阶级创造的。美国独立战争之后，尽管签署1776

---

① 参见《马克思恩格斯选集》第1卷，人民出版社1995年版，第624页。
② 今天流行的社会契约观念来自洛克和霍布斯，而他们的理论不过是英国历史和文化的写照，因为在英国的中世纪就存在"神法"观念，国王和封臣都普遍地接受这种观念而约束自己的行为，这就是为什么有奠定英国"王在法下"的大宪章运动。因此，不能简单地认为接受社会契约观念的人都属于资产阶级，或者说社会契约论并不是资产阶级的专利。
③ John Canup, Out of the Wilderness: *The Emergence of an American Identity in Colonial New England*, Middletown, Conn.: Wesleyan Univ. Press, 1990; S. E. Morison, ed., The Mayflower Compact, in Daniel Boorstin, ed., An American Primer, Chicago: University of Chicago Press, 1966. 转引自施米特、谢利、巴迪斯：《美国政府与政治》，梅然译，北京大学出版社2005年版，第24—25页。

年《独立宣言》和参加1787年制宪会议的129个开国元勋们来自最富有、最显贵的家庭——他们是种植园主、律师、商人、金融家、制造商和高级官员,但是当时美国并没有形成一个具有统一阶级意识的资产阶级,他们拥有的只是来自英国的天然自由气质。更重要的是,当时这些精英分子设计的制度是一种精英主导的共和政体,而不是强调平等的民主政体,他们反对大众参与政治①,追求的是罗马共和国中的贵族政体,一个限制多数的"由少数公民亲自组织和管理政府的社会"。② 特别需要强调的是,即使像某些人宣传的那样,美国是西方宪政民主的"典范",那这个"典范"的形成也绝不该忘却两个重大的历史事件:第一,正是1830年代由民粹主义运动破除了财产资格限制,才使得80%的美国白人男性有权参与总统选举以及其他各类选举。第二,直到1964年通过《民权法案》,美国黑人才获得了平等的选举权,而《民权法案》显然是作为下层阶层的黑人运动推动的结果。可以说,美国的共和政体产生于开国之父们的理性设计,而民主范围的扩大则是迫于下层民众运动的压力。因此,美国的政治学家才经常这样说,如果美国的开国之父们活到今天,他们一定会为面目全非的政体而目瞪口呆。③

与美国有所不同的是,英国早期的宪政民主主要是阶级博弈即新兴资产阶级与皇室和贵族阶层斗争的结果。"光荣革命"从根本上约束了国王的肆意妄为,实现了"王在法下"的宪政,使英国不再存在因国王借钱不还而导致的"君主债务危机"即国家财政危机。然而,"光荣革命"的成功并不意味着民主的胜利。资产阶级获得选举权以后,立刻变得保守起来,和传统的贵族势力一道,扼杀工人阶级的民主诉求。19世纪三四十年代英国发生了规模浩大的宪章运动,工人提出了《人民宪章》,要求取得参政权。但是,议会不但没有讨论《人民宪章》,统治阶级还残酷地镇压了宪章运动,因为工

---

① [美]汉密尔顿、麦迪逊:《联邦党人文集》,程逢如等译,商务印书馆1995年版,第45、323页。
② 同上书,第48页。
③ Paul Pierson, Transformation of American Politics, *Conversations with History*: Institute of International Studies, UC Berkeley, Dec. 1, 2005.

人阶级政治权利的要求直接威胁着资产阶级的财产权利。从宪章运动所表现出的阶级对立和冲突中，我们看不出被后人颂扬的英国渐进和妥协的政治传统，而是坚定不移地血腥镇压。更重要的是，宪章运动同时催生了资产阶级和无产阶级的阶级意识，资产阶级从宪章运动中看到了无产阶级的力量和其对资产阶级私有财产权的威胁，在威胁面前，正是资产阶级与政府的团结才使得政府毫不动摇地对宪章运动进行镇压。宪章运动虽然被镇压了，但是下层阶级所表达的参政诉求是一种持续性的强大压力，最终迫使20年以后两党在选举中竞相承诺开放选举权，催生了1867年的选举改革。1867年的选举改革法使选民总数扩大到230万，其中城市选民的增加人数大大超过了农村选民的增加人数，中产阶级、城市中的手工业者和大多数家境富裕的产业工人也获得了选举权。[①] 因此，如果说英国第一阶段的民主是资产阶级推动的；第二阶段的民主则是工人阶级推动的，而且资产阶级是非常不情愿让工人阶级获得选举权的。这就是英国宪政民主的早期历程，这也是所谓的资产阶级推动民主的"神话"故事。

　　关于英国、美国和法国的民主神话，大致可以进行这样的总结：资产阶级创建了宪政体制和有限的精英民主，而工人阶级和其他被压迫民众才是以平等为基础的大众民主的主力军。英、美、法三国的民主发展历程告诉我们，民主需要在宪政的基础上才能正常运转，没有宪政的民主往往是极端危险的（法国），而没有民主的宪政也是极端不公正的（英美）。尽管国内外许多学者往往把现代西方民主制度称作"宪政民主"，似乎民主和宪政密不可分。然而，事实上二者之间相去甚远，民主的诉求是人民统治和平等，而宪政的本质恰恰是要维护秩序和限制民主。发展到现代的西方"宪政民主"是各个阶级博弈的结果，所谓"没有资产阶级，就没有民主"，完全是西方国家为了维护现行秩序而制造的"神话"。

---

　　① 伯里编：《新编剑桥世界近代史》第10卷，丁钟华等译，中国社会科学出版社1999年版，第259、456页。

二 没有资产阶级参与的民主

对于第一波现代化国家而言,即使"没有资产阶级,就没有民主"是可以接受的命题,但是民主运动中的下层阶级已经是不可忽视的重要力量,因而,可以说,英、法、美三国的民主进程是资产阶级和工人阶级共同推动的结果。这三个国家的民主进程,为"没有资产阶级,就没有民主"论提供了一定的论据。然而,在其他国家的民主发展过程中,我们更多看到的是"没有资产阶级参与的民主"。

"没有资产阶级参与的民主"包含两个意思:一是一个国家没有资产阶级但发展了民主;二是一个国家虽然存在资产阶级,但它没有起到推动民主的作用。现代化的后发国家纷纷实现了民主政治,到底是什么力量在推动着民主呢?还得从主要国家的民主历程说起。

第二波现代化国家包括从19世纪60年代开始形成的一些新型帝国或开始中兴计划的古老帝国,前者以德国和日本为代表,后者以中国和俄罗斯为代表。

德国的资产阶级曾经一度有希望把德国变成代议制民主国家,但是资产阶级力量的薄弱决定了它不能担此重任。在1862年的"宪法之争"中,在议会中居多数席位的资产阶级代表主张把军队变为议会军队,要求把德国变成和英国一样的"王在法下"的国家,威廉一世也一度决意退休,但政治强人俾斯麦在关键时刻维护了君主政体。从此,德国资产阶级就成为军国主义战车下的一只轮子,在军国主义的呵护下从事赚钱的营生,西门子和克房伯就这样壮大起来,并和君主一道压制下层阶级的民主要求。资产阶级的进步党领袖欧根·李希特尔这样说:同反对派斗争是次要的事,同社会民主党斗争才是主要的事。[①] 就这样,资产阶级政党和俾斯麦一道于1878年炮制了对工人阶级实行白色恐怖的"非常法"即《反对社会民

---

① 丁建弘:《德国通史》,上海社会科学院出版社2002年版,第242页。

主党企图危害治安的法令》。在"非常法"时期,帝国政府实行戒严和报禁,解散工会,禁止集会,大肆逮捕、监禁、流放社会民主党人。但是,恰恰是在"非常法"时期,社会民主党斗争方式的转换使得工人运动更加强大。在德国社会民主党所领导的工人运动的压力下,俾斯麦不但建立了世界上第一个"福利国家",还在欧洲比较早地实行了普选,使得工人阶级的代表有机会进入议会进行和平斗争。

和德国相比,其他第二波现代化国家的资产阶级对民主的贡献更不值得一提,有的国家甚至根本没有资产阶级,因为阶级存在的必要条件是阶级意识。在俄国,即使有所谓的资产阶级,脆弱的资产阶级也和所有其他阶级一样,依附于沙皇而没有独立性——因为在这个专制主义国家,人们的地位不是依照财产关系,而是依据个人与宫廷的私人关系而确立的。因此,当代表国家的沙皇政权运转不灵时,1905年的资产阶级政权也只能是昙花一现。在日本,现代企业是天皇扶持的结果,没有天皇就没有以三菱为代表的现代企业,更不会有企业家。那时的日本文化根本不可能产生与皇权对立的具有独立阶级意识的资产阶级,有阶级的话也只是阶级合作主义。日本今天的宪政民主来自外来统治。开启中国现代化进程的洋务运动,更显示所谓的企业家阶层只不过是官本位的另一个更经典的诠释,当时人们推崇的是胡雪岩式的"红顶商人",这些"红顶商人"怎么可能追求民主?

和德国一样,第二次世界大战以后成功走向现代化的新兴民族国家基本上走了一条国家主导下的发展道路。这些国家的资产阶级力量不能和英国相比,甚至也没法和德国相提并论,他们如襁褓中的婴儿,根本不能指望他们去支持民主。何况,下面我将指出,他们根本不想要民主。例如,被西方当作发展中国家民主典范的印度,其民主来自民族独立运动中国大党的民主式运动和目标诉求,而在民族独立运动中所形成的国家意识便是民主和民族主义(国家发展)。[①] 印度独立以后,强人和国大党建构的代议

---

① [美]科利:《国家引导的发展:全球边缘地区的政治权力与工业化》,朱天飚等译,吉林出版集团公司2007年版,第246—247页。

制民主并不是建立在阶级基础之上,何况当时的印度根本不存在一个强大的商业阶级。在独立以后的 30 年时间里,印度的经济政策一直被称为尼赫鲁模式。尼赫鲁模式的基本原则,第一是社会公平,印度不能等待工业化以后再实现社会公平,而要把社会公平作为政府的首要目标。为此,印度借鉴苏联模式实行计划经济式的统制经济,所以,印度虽然在所有制上是公私并存的混合制经济,但是保护公营部门,抑制私有经济是印度政府几十年的基本政策。"混合经济并非印度所独有,但是赋予公营经济以如此重要的地位和如此广泛的功能,这在世界资本主义国家中还是罕见的。"①在尼赫鲁看来,要实现社会公平,必须限制私有经济的发展。第二个基本原则是自力更生,认为政治上的独立必须以经济上的自立为保障,以免成为发达国家的经济附庸,为此长期实行进口替代政策。在典型的资本主义代议制民主政治制度中建立了苏联式的计划经济体制,这种设计恰恰说明了国家而不是阶级在推动民主中的作用。

如果说印度的民主在形成过程中看不到资产阶级,那么在国家统合主义的南美和威权主义的东亚更找不到资产阶级的影子。在巴西,国家和资本之间存在正式与非正式的合作关系。商人不仅与政策制定者合作,也与中间层次的官僚合作,在外汇管理、执照发放、关税以及信贷等领域都有密切的合作关系。②怎么能指望与官僚有着全面合作关系的商业阶级去推动民主?但是巴西确实有了民主。巴西 20 世纪 60 年代的民主来自军人。因为在第二次世界大战中与美军一道作战,战后又在美国受训,巴西军官产生了强烈的民主意识,于是他们在 1964 年发动军事政变后挟持总统实行民主政治。到 20 世纪 70 年代以后,巴西的民主则主要来自劳工运动的推动。具有讽刺意味的是,和当初德国资产阶级一样,与国家紧密结盟的私人资本和国家一道,控制和镇压劳工运动。

在威权主义下的东亚国家韩国,国家的目标和私人企业家的目标高度

---

① 林承节主编:《印度现代化的发展道路》,北京大学出版社 2001 年版,第 84 页。
② [美]科利:《国家引导的发展:全球边缘地区的政治权力与工业化》,第 218—219 页。

一致，那就是经济发展和利润最大化，私人资本得到政府的充分保护，并以此为无上的光荣。在民主化以前的韩国，商人们议论最多的趣事便是谁能到青瓦台（总统府）喝茶、议事。因此，不能指望这样的资本力量反对自己的"父母官"而去追求所谓的民主。和巴西相似，韩国的民主主要得益于劳工阶层，尤其是学生运动，而为办奥运会所面临的国际压力更是韩国民主化的直接动力。

被西方人当作"第三波"民主典范之一的苏联东欧国家，当时根本就没有发育出私人资本阶层，谈不上所谓的资产阶级。我们知道，苏联解体直接来自苏共上层失败的改革战略——戈尔巴乔夫完全按资本主义政体设计苏联的改革[1]，而有美国学者却把苏联解体归结为资本主义经济力量，认为其是经济上资产阶级化的上层的一场阴谋。[2] 这种说法完全颠倒了因果关系，完全不顾历史基本事实，是非常不严肃的学术行为。或者说，这样的学者中毒太深，他们实在难以想象：没有资产阶级怎么可能会有西方式民主？因此，也可以认为他们在潜意识中继续演绎着"没有资产阶级，就没有民主"的神话，把苏联解体而转型为西方式政体看成是资产阶级推动民主的另一个证明。

亨廷顿同样在延续着这样的神话。是什么力量推动着"第三波"民主化浪潮？亨廷顿认为是中产阶级。亨廷顿这样定义中产阶级：由商人、专业人士、店主、教师、公务员、经理、技术人员、文秘人员和售货员组成的社会力量。显然，亨廷顿关于中产阶级的范畴有问题，他列举的若干有助于民主化的变量包括：一个强大的资产阶级；一个强大的中产阶级。拥有生产资料并具有再生产能力的商人属于资产阶级，而那些受过良好教育并以自己的专业技能谋职者属于中产阶级，二者的利益根基是完全不一样的。一个是可继承、可转让的生产资料；一个是不可继承、不可延续的个

---

[1] 参见杨光斌、郑伟铭《国家形态与国家治理——苏联—俄罗斯转型经验研究》，《中国社会科学》2007年第4期。

[2] 参见大卫·科兹、弗雷德·维尔《来自上层的革命：苏联体制的终结》，曹荣湘、孟鸣岐等译，中国人民大学出版社2002年版。

人能力。不但利益根基不一样，二者的阶级或阶层意识也不一样。何况，把"售货员"都归类为中产阶级，中产阶级就成了一个无所不包的概念。

上述故事告诉我们，民主来自中产阶级的说法也过于笼统，何况有些国家的民主根本不是来自中产阶级，比如印度和拉开"第三波"民主序幕的葡萄牙。在《第三波》中，亨廷顿还说菲律宾和阿根廷的民主来自中产阶级的推动。如果把这两个国家的民主力量归类为中产阶级，中产阶级的标准也未免太低了，中产阶级也太泛滥了，成了一个包罗一切阶层的概念。和巴西一样，阿根廷的民主推动者是广大劳工，否则就不存在典型的民粹主义即庇隆主义。同样，被称为"人民的力量"的菲律宾民众主要是一般大众。

在过去150年的历史中，无论是第二波民主还是第三波民主，资产阶级都不是民主政治的主力军和推动者。作为资产阶级的一个连续体，中产阶级在有些国家的民主化进程中确实起到了积极的作用，但是很多国家的民主恰恰不是中产阶级推动的，尤其不是拥有生产资料的中产阶级（即资产阶级）推动的。不仅如此，中产阶级甚至是代议制民主政治的反动者。在泰国，中产阶级要么以拥护军事政变的方式推翻民选政府，要么以"街头政治"的方式推翻民选政府。在2008年的政治动荡中，代表中产阶级的"人民民主联盟"提出了新的政治模式，即泰国政府组成"30%靠大选、70%靠任命"。这个"反动性计划"恰恰说明，在泰国这样一个贫民居多而中产阶级为少数的国家，中产阶级为了捍卫自己的利益是不愿意看到以一人一票为基础的代议制民主政治的。在大多数国家，说中产阶级有利于民主的巩固倒是正确的，因为受过良好教育、有好工作和丰厚收入的中产阶级不愿意采取极端的方式。也正因为他们不愿意诉诸极端方式，他们往往不能成为民主化的领导者，或者说他们没有意志和决心投身于民主运动。那么，很多其他国家民主化的主力军和推动者到底是谁呢？为什么不是资产阶级？

三　为什么不是资产阶级

获得政权后，资产阶级或有产阶级不再是民主的推动者，这既有财产权与民主的关系，也有国家与社会的关系，还有民主语境转换的关系。在我看来，说到底，是因为反对资本主义的社会主义意识形态已经成为世界的一种主流思想，各种形式的、轰轰烈烈的社会主义运动已经成为一种改变传统观念和旧秩序的重要方式。

财产权与民主　人们往往认为，拥有了财产权的资产阶级自然地、必然地要求民主，只有民主才能更好地保护他们的财产权。如果这一命题正确，也要把这一命题放在特殊语境中去看。在君主借钱不还的时代，民主是保护财产权的最好武器，因此才有英国资产阶级的"光荣革命"和法国大革命。而从第二波的现代化运动开始，比如德国和日本，就不能再用"君主债务论"来解释一些国家的行为，相反，政府更多的是强化市场和保护产权的力量。因此，我们才看到，私人资本和政府有着良好的合作关系，而不是财产权上的对立关系。

更重要的是，财产权对于民主的作用非常有限。事实上，拥有财产权的人并不愿意看到大众民主。这是因为，财产权是少数人的特权，而民主是多数人的权利。在财产权上，企业老板和他的雇员是绝对不平等的；在政治上，二者的人格又是完全平等的，一人一票。这样，多数人就有可能依据民主选举而控制立法机构，并进而改变财产权的性质，从而形成多数人对少数人的剥夺。这就是很多资产阶级学者眼中所谓的"多数人的暴政"。托克维尔在《论美国的民主》中曾经谈道："普选制度事实上使穷人管理社会。""制定法律的人大部分没有应当课税的财产，国家的公共开支似乎只能使他们受益，而决不会使他们受害；其次，稍微有钱的人不难找到办法，把赋税的负担转嫁给富人，而只对穷人有利。这是富人当政时不可能出现的事情。因此，在穷人独揽立法大权的国家，不能指望公共开支会有显著节省。这项开支经常是很大的，这是因为立法抽税的人可能不纳税，或者因为他们不让赋税的负担落到自己身上。换句话说，民主政府是唯一能使立法抽税的人逃避纳税义务的政府。"①

正因为民主会侵犯到有产者的财产权，为了保护自己的财产，有产阶级在民主问题上变得更加保守，在各国的民主进程中，有产阶级都充当了反对者甚至是镇压者的角色。

政治文化以及现代化道路的差异　正如上文曾分析过的，"没有资产阶级，就没有民主"的脚本是英国—美国式的现代化道路。英国—美国式的现代化是社会力量，尤其是商业阶级主导的现代化，社会的利益和诉求总是适时地成为国家的利益和诉求。有人这样评价英国的国家与社会、观念与政策的关系："思想和政策的新阶段的特征是政府利益和私人利益的结合，国家和商人利益的结合，而他们所追求的理念不仅是国家实力，而且是国家势力与私人及社会利益的结合，而这阶段的开始应该追溯到1622年。"② 我们知道，国家具有内在的稳定诉求，习惯于维持现状，而思想家总是向前看，二者之间经常或多或少地存在观念与政策上的冲突。在英国，经济和国家战略的要求，商人利益和国家利益的要求，得到了相当成功的平衡。因此，当资产阶级强大以后，他们的政治诉求自然而然地得以实现，正所谓"资产阶级带来民主"。

但是，从19世纪60年代开始，几乎所有国家的现代化都走了一条以德国为代表的国家主导型的现代化道路，形成了国家中心主义的现代化模型。国家中心主义的次生形态是政党代替国家而主导的现代化道路。在很多国家，国家组织失效以后，政党担当起组织国家的使命，如俄国、中国以及很多发展中国家，形成了党和国家一体化的组织体系。③ 在国家为主导的现代化运动中，各个阶级，尤其是有产阶级非常脆弱，只能依附于国

---

① [法]托克维尔：《论美国的民主》（上），董果良译，商务印书馆1988年版，第238—239页。
② 波斯坦等主编：《剑桥欧洲经济史：16世纪、17世纪不断扩张的欧洲经济》第4卷，王春法等译，经济科学出版社2002年版，第470页。
③ 参见杨光斌《制度变迁的路径及其理论意义：从社会中心论到国家中心论》，《中国社会科学内刊》2007年第5期。

家,得到国家的保护才能壮大。得到国家权力呵护的私人资本缺乏挑战国家权力的动机。我们一定要认识到,同样被称为"资产阶级",后发国家的资产阶级完全不同于早发达国家的资产阶级,此资产阶级非彼资产阶级,二者具有很大的差异。因此,把早发达国家资产阶级在现代化过程的角色移植到后发国家,是一种认识上的误区。

由于根本不同的国家社会关系以及由此导致的不同的现代化道路,我们才会看到,很多发展中国家要么被定位为国家统合主义,要么被定位为发展型国家。

作为一种政治形态或政治结构,统合主义形成于两次大战期间的欧洲和拉美,第二次世界大战以后在拉美国家得到进一步发展。施密特对统合主义的定义是:在国家体系中,组织化的利益被整合到国家的决策结构中;这些代表性组织具有如下特征:有限的数量、单一性、强制性、非竞争性、层级秩序、功能分化、受国家承认、代表的垄断性以及国家对领导选择和利益表达的控制。[1] 施密特强调了统合主义的结构特征和制度基础,其重心在于描述利益集团之间和利益集团与国家之间的制度安排。韦尔达归纳了统合主义的三个基本特征:强指导性的国家;对利益集团自由和行动的限制;将利益集团整合到国家系统中,使其既代表其成员的利益,又帮助国家进行管理和政策的执行。[2]

而在东亚地区,统合主义国家的次生形态则是发展型国家。[3] 早期的发展经济学均重视国家在经济发展中的作用。但是,发展型国家的提出,还源于对"东亚奇迹"的研究。根据查默斯·约翰逊的总结,发展型国家的构成要素是:第一,一个规模小而廉洁的为发展经济而有效存在的精英官僚体系;第二,一个将职能限定在立法和司法的"安全阀"上的政治体制,官僚体系能够在其中发挥主动性;第三,国家干预经济适应市场经济

---

[1] P. Schmitter, Still the Century of Corporatism? in Philippe C. Schmitter & Gerhard Lehmbruch, eds., *Trends Toward Corporatist Intermediation*, London: Sage publications Ltd. 1979, p. 21.
[2] Howard J. Wiarda, *Corporatism and Comparative Politics: The Other Great Ism*, Armonks, NY: M. E. Sharpe, 1996.
[3] 禹贞恩编:《发展型国家》,曹海军译,吉林出版集团公司2008年版,第32页。

的需要；第四，一个协调各个经济部门和企业的类似通商产业省之类的导航组织。①

查默斯·约翰逊的"发展型国家"迅速成为研究东亚国家的一个主流范式。在韩国，发展型国家表现为凝聚性资本主义国家：在一个具有凝聚力的军人领导层内权力越来越集中于总统一人身上；国家具有发展经济的强烈愿望以及与大商业集团合作的愿望；四处延伸的具有经济倾向的官僚体系；民族主义的社会动员；利用强大的情报机关来实施控制并威慑社会底层的反对者。②在中国台湾地区，政治权力集中于一个"列宁主义"式的国民党手中，有着与韩国相似的特征。

在总结东亚地区经验的基础上，"发展型国家"被概括为：（1）在国家结构上，政府具有明晰的发展议程，权威结构的非人格化以及一个纪律严明的官僚体系，国家权威自上而下渗透到社会之中；（2）国家建立了具有导航能力的诸多经济结构；（3）一个新型的国家—社会关系：因为共同的发展愿望而使得国家与商业集团结盟，并因为限制权利而采取成功的压制劳工的策略控制工人和农民。总之，"一个具有清晰的以发展导向为目标的官僚化的渗透性威权国家，加之全副武装与有产阶级结盟以抗衡劳工社会阶级的经济机构，乃是国家控制转型权力的关键"。③统合主义国家和发展型国家的核心特征是国家主导，商业阶级与国家密切合作。在这样的体制内，资产阶级怎么会有民主政治的动力呢？

统合主义国家形态的存在必然有其文化基础，韦尔达基于对拉美的观察，指出统合主义并不是一件可随意选择的工具，它的出现需要一定的社会文化条件。④从政治文化的角度看，绝对不能将二元对立下的国家—社会关系移植到具有不同文化传统的国家，以为拥有经济权力的私人资本必然

---

① Chalmers Johnson, *MITI and Japanese Miracle: The Growth of Industrial Policy, 1925 – 1975*, Stanford: Stanford University Press, 1982, pp. 314 – 320. 转引自［美］查默斯·约翰逊《发展型国家：概念的探索》，禹贞恩编：《发展型国家》，第45—47页。

② ［美］科利：《国家引导的发展：全球边缘地区的政治权力与工业化》，第85页。

③ ［美］科利：《高速增长的体制从何而来？韩国"发展型国家"的日本谱系》，参见禹贞恩编《发展型国家》，第154—155页。

④ Howard J. Wiarda, *Corporatism and Comparative Politics: The Other Great Ism*.

和国家处于对立状态。事实上，在日本、韩国为代表的东方社会，自古以来传承的和谐文化，追求的是国家与社会的和谐，社会内部的和谐，并没有明确的"阶级意识"。因此，我们才会看到，私人资本和国家总是天然的盟友，二者的目标和目的具有高度的一致性。这种合作主义的文化不仅是东方社会的主流，也是南美国家的传统。

民主语境的转换 有产阶级不再是民主的推动者，那么谁是民主的主力军呢？很多国家的历史已经告诉我们，下层阶级是民主的主力军！19世纪中叶开始的欧洲社会主义运动标志着大众政治时代的来临，民主也因此经历了正—反—合的语境转换。马克思在对摩尔根《古代社会》一书的研究中，对民主形式进行了探讨，认为未来社会的民主正是原始民主的回归。正是经历了原始民主，到近代阶级社会的民主形式，再通过无产阶级新型民主的过渡，才最后实现了全人类的自由。这就是马克思所认为的民主在更高形式上的"复活"和"复归"。①

民主是希腊人的发明，其原始意义就是多数人统治。古希腊的民主体制以古雅典城邦为代表，而雅典的民主体制是针对迫近的现实社会问题不断对既有政治体制进行修改的结果，其间历经梭伦改革、克里斯提尼改革和厄菲阿尔特改革而最终形成，至伯里克利时代达到极盛。雅典政制的每一次民主化改革都是城邦贫富矛盾加剧的结果，改革也可能伴随着政客们的争权夺利，但每一次改革都标志着城邦平民阶层政治力量的增强和政治影响力的扩展。到伯里克利时代，雅典民主政制已经完全成熟，由于财富差异而对平民施加的政治限制已经完全取消，所有公民都取得了平等的政治权利。民主政制曾经创造了雅典城邦的辉煌，整个希腊世界在雅典的带领之下击退了波斯帝国的进攻，雅典成为海上同盟的霸主和"整个希腊的学校"。但是，随着伯里克利时代的结束和雅典在伯罗奔尼撒战争中的失败，雅典民主政治的缺点逐渐暴露，逐渐陷于各种政客、煽动家和私人利益的无休止竞争之中。因此，雅典民主受到来自各方面的批判，而且这些

---

① 参见《马克思恩格斯全集》第45卷，人民出版社1985年版，第398页。

批判者往往是思想界的巨擘。修昔底德认为，雅典的失败，归根结底在于民主政治制民主的社会主义之维度。① 众所周知，苏格拉底、柏拉图、亚里士多德等举足轻重的思想家都曾经批判过雅典的民主政制。总结起来，对雅典民主政制的批判主要体现在以下几点：第一，民众缺乏政治智慧，容易受人煽动，造成政治混乱；第二，将国家交由没有专业知识的民众，违背专家治国的基本原则；第三，民主制赋予了广大素质较低的民众过大的、不相称的权利，造成对其他阶层的侵犯。

希腊化的罗马人则实行混合制政体，大众和精英各得其所。但是，罗马以后，欧洲陷于长达千年的寡头政治和专制政治之中，民主被淹没，资产阶级革命以后民主才重见曙光，比如1832年英国的选举改革。但是，民主的主体"人民"已经从大多数人演变为以财产权为基础的少数精英阶层，民主从原初的人人平等变成了保护少数人财产权的工具。

《共产党宣言》的出版、1848年欧洲二月革命以及第一国际，揭开了社会主义运动的序幕，社会主义从此成为能与自由主义和保守主义相抗衡的第三大主流意识形态②，民主因此逐渐恢复其本来面目，具有了新的政治属性。正因如此，甚至在社会主义意识形态还没有成为主流之前，民主就遭遇到来自自由主义和保守主义两大阵营的攻击。在自由主义阵营中，托克维尔关于"多数的暴政"的思想众所周知，认为"民主政府的本质，在于多数对政府的统治是绝对的，因为在民主政治下，谁也对抗不了多数"。③ 沿着托克维尔，密尔认为多数压制少数、抑制少数派意见的表达是一种"社会暴虐"。④ 在保守主义阵营中，保守主义的鼻祖柏克发明了"多重暴政"说，认为民众的统治是一种暴政，而且是"多重的暴政"。⑤ 直到20世纪之交，保守主义者依然认为民主是乌合之众的事，是对传统和秩序

---

① ［古希腊］修昔底德：《伯罗奔尼撒战争史》，徐松岩等译，广西师范大学出版社2004年版，第150—151页。
② 在亨廷顿看来，能够称得上意识形态的只有三种，即自由主义、保守主义和社会主义。参见 Samuel Huntington, Conservatism as an Ideology, *American Political Science Review*, Vol. 51, No. 2, 1957, pp. 468–469.
③ ［法］托克维尔：《论美国的民主》（上），董果良译，商务印书馆1988年版，第282页。
④ ［英］密尔：《论自由》，许宝骙译，商务印书馆2006年版，第5—6页。
⑤ ［英］柏克：《法国革命论》，何兆武译，商务印书馆2003年版，第125—126页。

的破坏。① 因此，如果恢复到民主的原始形态，20世纪以前的主流舆论大都敌视民主。

　　不管如何敌视原始形态上的民主，包括社会主义力量在内的各种势力所推动的反资本主义政治的、以选举为主要形式的大众民主已经成为不可阻挡的潮流。1848—1849年，法国、德意志、奥地利、意大利、匈牙利相继爆发民众广泛参与的革命。1848年革命震动了欧洲的精英阶层，其中部分人开始意识到民主潮流难以阻挡，谈民主的人多起来，民主变革也接踵而至。自由主义大师约翰·密尔态度的转变最具有代表性，有必要长篇引证。这位曾发明"社会暴虐"思想的自由主义者，其晚年则重点思考社会主义问题。谈到1867年扩大工人阶级选举权的改革，他说，"在我看来，这场变革的伟大性迄今既没有被它的反对者，也没有被最近发动这次宪政改革的人所完全意识到。"谈到当时的社会主义运动和社会主义学说，密尔这样说："现在，政治根据工人阶级的观点受到科学研究，根据这个阶级特殊利益而获得的观点被组织成为了体系与信条，这些体系与信条要求在政治哲学论坛上获得一个位置，要求拥有同以往的思想家所详细阐释的体系一样的权利。"智慧的密尔要求人们正视已经成为体系和信条的社会主义，"被上代人认为理所当然的基本信仰现在又处在考验之中。直到当代，从过去继承的完整的财产制度，除了在一些纯理论家那里，还没有受到严肃的怀疑。因为，过去在阶级之间发生冲突时②，各个阶级对于当时的财产制度都有利害关系。事情将不再是这样了。当几乎没有自己财产的阶级参加到争议时，他们仅仅对与公共利益相关的制度感兴趣，他们不会把任何事情视为理所当然——当然包括私人财产原则"。③ 在轰轰烈烈的社会主义运动的推动下，大众民主已经不期而至。可以这样说，马克思主义以及马克思主义指导下的国际工人运动的一个最重要的贡献，是将民主由保护少数人财产权的工具转变为实现多数人平等权的工具，实现了由精英

---

　　① 参见［法］勒庞《乌合之众：大众心理研究》，冯克利译，中央编译出版社2004年版。
　　② 同上。
　　③ ［英］密尔：《密尔论民主与社会主义》，胡勇译，吉林出版集团公司2008年版，第296—298页。

民主向大众民主的转变。因为，在社会主义流派中，影响最大的是马克思的思想。

四　民主的社会主义属性及其限度

不管精英们是否喜欢由工人运动推动的，以选举为主要形式的民主政治已成为西方的普遍现象。而技术革命的影响，从印刷、广播、电视再到互联网，政治生态已经发生了革命性变化，已经从过去的精英政治演变为第二次世界大战以后（在欧洲是从19世纪末开始）的大众权利政治甚至是民粹主义政治。技术革命普及了民权观念，公民权利早已成为一般大众的自觉诉求。就权力关系而言，可以把权力分类为政治权力、经济权力和文化权力，权力主体分别是政府、企业家和知识阶层，那么一般老百姓的权力呢？民主就是他们最好的武器，在经济上、文化上处于劣势地位的大众在政治上以多数决方式影响政府，控制立法机关，从而形成有利于自己的社会政策和公共政策。

因为民主与民粹之间界限的模糊性，有产阶级非常不愿意看到民主的财产再分配功能。在精英政治时代，私人资本会寻求具有贵族政治色彩的共和政体而更好地实现自己的利益；在民权普世化的大众政治时期，民主则是无权无势的大众保护自己权益的最好武器。也就是说，民主的工具价值已经发生了革命性变化，从过去保护财产权的工具变成了实现平等权、实现下层阶级集体权利的一种利器。尽管由于资本主义制度的限制，大众平等权的实现在当今世界仍然是一个梦想，但是，大众民主确实为大众平等权的实现提供了一个绝佳的途径。从精英民主向大众民主的转换，这个成就要归功于社会主义运动。当今世界，很多学者赞同哈耶克的观点："民主在本质上是一种个人主义的制度，与社会主义有着不可调和的冲突。"[1] 事实上，这种观点既歪曲了民主发展的历史，也歪曲了社会主义的

---

[1] ［英］哈耶克：《通往奴役之路》，冯兴元等译，中国社会科学出版社1997年版，第30页。

性质。

值得思考的是，"民主"怎么会从上层阶级眼中的洪水猛兽变成今天西方资产阶级的"专利"？原来，在设置了宪政体制之后，资产阶级发现民主并没有他们原先想的那么可怕，民主是可以规制的。可以规制的民主反而为以财产权为基础的政权增加了政治合法性，资产阶级由此才变得更加自信，并接过民主的旗帜而挥舞。事实上，这种为宪政制约的民主已经排除了质疑资本主义制度的可能性。将大众民主与宪政体制结合得如此巧妙，应该说是人类政治史上的一个奇迹。

在此值得思考的一个问题是，一个并不符合很多国家历史的"神话"为什么依然流行或者以不同的面目在延续着？这就必须从认识论上追问，即对于我们所处的世界我们能够知道些什么、我们又是如何知道的？一般地说，社会科学就是使我们如何知道的知识体系，而社会科学深受观念的影响，观念又来自经验传统。这就对我们如何运用社会科学的有关理论来认识、知道我们所处的世界提出了挑战，我们是简单地套用既定的概念呢，还是要追问概念本身的意义，尤其是其渊源？无疑，要想更好地认识世界，就需要在比较制度变迁的基础上，对概念进行追根溯源式地辨析。具体而言，我们的社会科学基本上是产生于西方经验的西方观念，而且是基于特定经验而产生的特定观念。其中，基于英国和美国经验而产生的社会中心论是由流派众多的政治哲学所构成的"社会科学群集"，或者说绝大多数政治哲学流派都有社会中心论的印记。就这样，基于其他现代化经验而产生的思想和理论就自觉不自觉地被遮蔽了，或者说人们不愿意接受根据德国经验而产生的国家中心主义模式，更不愿意接受根据俄国—中国经验而产生的政党中心主义模式。[①]

就这样，基于特定经验而产生的"没有资产阶级，就没有民主"被制造成神话，这个神话今天又被演绎为"中产阶级带来民主"。真实的民

[①] 关于社会中心主义、国家中心主义和政党中心主义的详细论证，参见杨光斌《制度变迁的路径及其理论意义：从社会中心论到国家中心论》，《中国社会科学内刊》2007年第5期。

主历程告诉我们，从一开始，下层阶级就一直是推动民主的重要力量；而到了大众政治时代，下层民众则更是很多国家民主政治的主力军。如果说早期的精英民主与资产阶级联系在一起的话，那么当代的大众民主则与下层民众为主体的工人运动密不可分。在这个意义上，大众民主的本质是社会主义。社会主义的含义可能是多方面的，但是，无论是什么样的社会主义都必须承认，社会主义是反对等级社会和不平等的产物，因而其核心是平等与公正；而追求平等与公正的社会主体（即社会主义运动的主体）必然是那些无权无势的下层民众。一人一票的选举民主就是下层阶级斗争的成果，并进而成为进一步实现平等权的工具。在此，我们特别强调的是民主的本质具有社会主义性质。至于民主历程中的曲曲折折，比如民主与"多数人暴政"、民主与"民粹主义"的复杂关系，到底应该实行什么样的民主，以及如何实现民主，那是特定语境中的特定课题。

虽然社会主义运动揭开了大众权利政治的序幕，民主的本质因而具有社会主义属性，以选举为主要形式的民主也成为实现大众权利的一种重要形式，但是我们必须看到选举式大众民主在特定时空中的局限性。虽然马克思、恩格斯肯定大众选举民主的到来，但是对选举民主有着最全面、最深刻认识的也是马克思。首先，马克思强调了普选权对人民的意义。通过对1848年法国二月革命后情势的考察，在1851年《路易·波拿巴的雾月十八日》一文中，马克思指出，普选制在法国具有重要的作用。他认为，只有将普选权归还给人民，行政权和立法才能真正代表人民的意志。恩格斯晚年在为马克思《1848年至1850年的法兰西阶级斗争》一书所作的"导言"中再次重申："争取普选权、争取民主，是战斗无产阶级的首要任务之一，"并认为有效地利用普选权等议会民主形式，是无产阶级的一种新的斗争方式。[①] 同时，马克思也将选举制当作是未来民主政体实现人民主权的主要形式。在《法兰西内战》中，马克思提出了选举式直接民主与

---

① 《马克思恩格斯全集》第22卷，人民出版社1972年版，第602页。

人民代表制相结合的思想,巴黎公社的普选制实现了这一结合。"公社是由巴黎各区通过普选选出的市政委员组成的。这些委员是负责任的,随时可以罢免。其中大多数自然都是工人或公认的工人阶级代表。""普遍选举权不是为了每三年或六年决定一次由统治阶级中什么人在议会里当人民的假代表,而是为了服务于组织在公社里的人民。"①

在强调普选权意义的同时,马克思还指出了在资本主义社会中,大众的选举权至少受到两个方面的限制。首先是受经济关系以及由此而导致的阶级关系的限制。马克思指出:"选举是一种政治形式,在最小的俄国公社和劳动组合中都有。选举的性质并不取决于这个名称,而是取决于经济基础,取决于选民之间的经济联系。"②"国家内部的一切斗争——民主政体、贵族政体和君主政体相互之间的斗争,争取选举权的斗争等等,不过是一些虚幻的形式——普遍的东西一般说来是一种虚幻的共同体的形式——,在这些形式下进行着各个不同阶级间的真正的斗争。"③第二个是政治程序对实体的限制,即在只有选举权而不能决定国家生活的具体环节的情况下,选举式民主的价值在实质上就会受到限制。马克思深刻地指出:"在民主制中,任何一个环节都不具有与它本身的意义不同的意义。每一个环节实际上都只是整体人民的环节。"④用今天的话说,必须建立一套实现人民主权的政治机制。

关于资本主义社会大众民主的问题,韦伯的出发点与马克思所说的"环节"相似。⑤ 如果说马克思因为看到国家只不过是资产阶级的管理委

---

① 《马克思恩格斯选集》第 3 卷,人民出版社 1995 年版,第 55、57 页。
② 同上书,第 289 页。
③ 《马克思恩格斯选集》第 1 卷,人民出版社 1995 年版,第 84 页。
④ 《马克思恩格斯全集》第 3 卷,人民出版社 2002 年版,第 39 页。
⑤ 关于韦伯与马克思的关系,在"冷战"的第一个阶段(20 世纪 50—60 年代),西方主流社会科学为了证明资本主义政治的合法性,特别强调现代社会科学的来自韦伯的知识渊源,并以韦伯来否定马克思。1970 年,吉登斯的研究(参见 Anthony Giddens, Marx, Weber and the Development of Capitalism, *Sociology*, Vol. 4, No. 3, 1970, pp. 289 – 310)打破了这样的局面,使得马克思思想被认为是现代社会科学的一种重要知识渊源,同时还认为,马克思和韦伯无论是在方法论上,还是对资本主义、民主政治、阶级与集团等很多具体问题上,虽然有差异,但更多是互补。事实上熊彼特在其著名的《资本主义、社会主义与民主》中早就有类似的看法和论断。因此,将二人对立的观点已经很落伍了。

员会这个本质，而认识到选举民主的局限性，韦伯则因为看到国家是由社会精英阶层组织起来的等级结构的科层制，而质疑甚至否定了"大众民主"的价值。在韦伯看来，工业资本主义所导致的宰制结构无处不在，"毫无例外，社会行动的每一部分是深刻地受着宰制（优势 dominancy）的影响……优势的结构仍旧决定性地规定了社会行动的形式，以及它怎样朝'目标'取向（定取方向朝向目标）"。① 在这种由精英构成的宰制结构下，"面对这里令我们感兴趣的国家官员的日益不可或缺和由此所制约的日益上升的权力地位，如何能提供某种保障能有一些权力来限制这个日益重要的阶层的巨大优势并有效地监督它？如何才能使民主哪怕仅仅在这个有限的意义上变为可能？""'少数的原则'，也就是说，小小的领导集团里优越出众的、运筹帷幄的政治能力，总是控制着政治的行动。这种'独裁专制的'特点（在大的国家里）是无法根除的。"②显然，在韦伯看来，国家的主权者不是民主的主体即"人民"，而是庞大的官僚机器。在韦伯这样的国家主义者眼里，国家机器实际上使民主变得不可能。但是，与马克思不同的是，韦伯是以精英主义的立场来看待他提出的"大众民主"（mass democracy）。秉承传统的精英主义者的一贯看法是大众是情绪化和非理性的，在他看来，"群众民主（即'大众民主'——作者注）在国家政治方面的危险，最首当其冲的是感情的因素在政治中占强大优势的可能性……因为正如种种经验告诉我们的一样，群众总是处于现实的纯粹感情的和非理性的影响之下"。这样，"群众性民主化"的一个后果就是"采取群众性蛊惑煽动的手段赢得政权"。在韦伯看来，大众民主是与议会制度相对立的，"因为真正的议会制仅存在于实行两党制时，而这只有政党内部实行贵族式的绅士统治才是可能的"。③ 这样，作为精英论代表的韦伯一方面正确地认识到大众民主遭遇

---

① Max Weber, *The Religion of China*, New York: Free Press, 1968, p. 941. 转引自洪镰德编著《从韦伯看马克思》，台北：扬智文化事业股份有限公司1999年版，第48页。
② ［德］韦伯：《经济与社会》（下），林荣远译，商务印书馆1998年版，第756、786页。
③ 同上书，第810、800、793页。

官僚政治的难题；另一方面又贬抑大众民主的积极意义，并把它与议会制对立起来。

韦伯的精英主义民主观被熊彼特演绎为著名的"熊彼特式民主"。在熊彼特看来，"民主是一种政治方法，即，为达到政治——立法与行政——决定而作出的某种形式的制度安排"。因此，民主"就是那种为作出政治决定而实行的制度安排，在这种安排中，某些人通过争取人民选票取得作决定的权力"。① 这是经典的精英民主主义的表述，将民主当作民众选举统治者的过程。我们知道，精英民主主义既是对古典民主主义所倡导的人民主权理论的一个修补，也是为了回答资本主义遇到的现实难题，即如何回答人民与政治统治合法性的关系。这是因为，资本主义就是一个合理化的过程，而来自理性主义的资本主义现在却与理性主义形成紧张关系。熊彼特这样说，"当日常生活的合理分析习惯和合理行为已习以为常和相当成熟的时候，它转过来使群众产生集体的观念，批评和在一定程度上以质疑来'合理化'生活中的某种现象，他们提出为什么要有国王、教皇、臣属关系、什一税和财产"。因此，"资本主义创造了一种批判的心理结构，这个结构在毁坏许许多多其他制度的道德权威之后，最后掉过头来反对它自己；资产阶级人士惊异地发现，理性主义态度在得到国王和教皇信任状后没有停步，而是继续攻击私有财产和资产阶级价值的整个体制"。② 说白了，理性主义对资本主义批判的结果就是以群众的集体观念为基础的社会主义，而大众民主正是具有社会主义属性的民主对资本主义批评与改造的产物。

我认为，无论从什么立场来看待大众民主，无论是积极的肯定或消极的贬抑，其实都是把民主当作社会主义的本质，或者是实现社会主义的工具与手段。毕竟，自19世纪中叶社会主义成为一种主流意识形态以来，民主已经有了完全不同的含义，它已经是大众的诉求，是大众实现

---

① ［美］熊彼特：《资本主义、社会主义与民主》，吴良健译，商务印书馆1999年版，第359、395—396页。
② 同上书，第197、225页。

平等权的工具。可以说,以平等的选举权为要义的大众民主是资本主义母体中孕育出的社会主义胚胎,正如封建社会母体曾经孕育出资本主义生产方式一样。

(作者单位:中国人民大学国际关系学院)

(原载《中国社会科学》2009年第3期)

论马克思主义民主观[*]

陈曙光

在"言必称民主"的时代,究竟何谓民主、民主意欲何为却依然是一个悬而未决的问题。今天,面对"民主灌输论""民主速成论""程序民主至上论""民主目的论""选票至上论""民主一元论""民主万能论""民主终结论"等论调的纷纷来袭,我们的"全部问题在于确定民主的真正意义"[①]。

一 民主的发生:民主不是商品,不能拿来贩卖

民主不会横空出世,民主制度不是"飞来峰",任何民主都只能从自己的文化土壤中成长起来,只能从本民族的文化血脉中衍生出来,只能与本民族所处的历史阶段和发展水平相适应。马克思曾经批判黑格尔的民主观,"黑格尔认为民主因素只有作为形式上的因素才能灌输到国家机体中去……其实恰巧相反,民主因素应当成为在整个国家机体中创立自己的合理形式的现实因素"[②]。也即是说,民主因素无法通过外部灌输,必须依靠

---

[*] 本文系教育部新世纪优秀人才支持计划项目"中国学术话语的基本问题研究"(NCET-13-0433)和湖北省社科基金重点项目"构建中国特色学术话语体系研究"的阶段性成果。
① 《马克思恩格斯全集》第7卷,人民出版社1998年版,第304页。
② 《马克思恩格斯全集》第1卷,人民出版社1956年版,第389—390页。

各个国家的内生演化才能发生发展。习近平也说:"每个国家的政治制度……都是在这个国家历史传承、文化传统、经济社会发展的基础上长期发展、渐进改进、内生性演化的结果。"① 每个民族的民主都一定带有本民族的独特基因,都一定要与本民族的水土相服。民主不是商品,不能随意拿来贩卖,更不能靠进口来弥补。"在西方,民主往往是社会经济发展的产物。但在发展中国家,民主往往是人为引入的产物,没有社会经济的基础,"② 是导致发展中国家民主低质化的重要原因。

一个国家实行什么样的民主模式,首先与这个国家的文化基因密切相关。中国和西方文化精神各具特色,性质迥异,没有理由采取相同的民主模式。文化基因对民主的影响远比想象的要大,而身在其中的人们却常常意识不到这一点。正如西方一位学者所说,文化所隐含的远比它所展现出来的要多,更奇怪的是,它在本国人民面前隐藏得尤其有效。这也正是很多国人不顾一切要求抄袭西方民主的重要原因。在西方,民主精神古已有之,但近代以来,西方推进民主的进程也是极其艰难和曲折的,西式民主直至今天依然在途中。中国的文化血脉中民本精神凸显,民本精神本身包含着民主的价值,这与西方对民主的理解有着很大的不同,因而推进民主的进程也是不一样的。我们既要发展民主,但又不能脱离中国的文化实际,简单移植西方的民主。

一个国家实行什么样的民主模式,很大程度上是由这个国家所处的历史阶段决定的。列宁指出,在实际生活中,民主制度永远不会是"单独存在"的,而总是"共同存在"的,它会影响经济,也会受经济发展的影响,这是"活生生的历史辩证法"③。古希腊产生了很好的民主理念,但此后的两千多年里一直没有流行起来,更没有转化为相应的民主实践,一个重要的原因就是缺乏与之相适应的经济条件和制度基础。古往今来,任何超越历史阶段的输入型民主,其结果都是民主的异化。比如,美国的开国

---

① 习近平:《在庆祝全国人民代表大会成立60周年大会上的讲话》,《人民日报》2014年9月6日。
② [新加坡]郑永年:《当代民主出现了什么问题?》,《联合早报》(新加坡)2014年5月6日。
③ 《列宁专题文集·论马克思主义》,人民出版社2009年版,第250页。

元勋和美国宪法的奠基者们对民主制度并不看好,为了与"民主制"相区别,他们把自己的制度称为"共和制"。"美国宪法之父"詹姆斯·麦迪逊曾在制宪会议上公开指出:"民主制是最坏的政府形式。"① 可见,同是为了发展民主,若国情不同,发展阶段不同,民主的形式也必然不同。

"民主输出"是西方国家的"崇高使命"和"伟大目标",是西方主宰世界的一种方式。然而,它们大概并不知道,民主的观念本身"是一种历史的产物,这个观念的形成,需要全部以往的历史,因此它不是自古以来就作为真理而存在的。现在,在大多数人看来,它在原则上是不言而喻的,这不是由于它具有公理的性质",而是由于它过往的全部历史②。作为一个现实主义者,美国政治学家塞缪尔·亨廷顿一直强调西方式民主是西方文化的特有产物,并非具有普世性。20 世纪以来,西方在全世界掀起了一波又一波的民主化浪潮,但这种外部强加的民主往往"水土不服",那些急欲贴上"西式民主"标签的国家大都跌入了"民主陷阱",因为"民主所造成的代价比它带来的好处要高昂得多"③。

二 民主的内容:"程序民主"固然重要,"实质民主"更为根本

民主是形式与内容的统一,是"实质民主"和"程序民主"的结合。看待民主,既要看到民主的实现形式,更重要的是透过形式的外壳把握民主的实质。"把民主简化为'程序民主',是对民主的异化,"④ 是西方话语的陷阱。"程序正当"固然重要,但"结果正义"更为根本。"一旦程序正义被当作正义的最高要求,一旦程序正义被绝对化,后果往往是结果非

---

① James Madison Quotes,http://www.scmidnightflyer.com/madison.html.
② 《马克思恩格斯文集》第 9 卷,人民出版社 2009 年版,第 355 页。
③ [英]马丁·雅克:《当中国统治世界:中国的崛起和西方世界的衰落》,张莉、刘曲译,中信出版社 2010 年版,第 173 页。
④ 张维为:《民主是"实质民主"和"程序民主"的结合》,http://theory.people.com.cn/GB/148980/9460436.html.

正义。"①

任何民主都离不开恰当的实现形式,离开了必要的程序设计,谈不上民主。但是,同样的民主形式在这里可能酿成美酒,在那里可能是一剂毒药。任何民主形式的设计,必须立足于这个国家的国情,立足于这个民族的文化基因,被这个国家的人民所理解和接受,为这个国家的成功实践所检验,否则就难以避免水土不服的结局。"程序正确高于一切"的"游戏民主"在现实中是玩不转的。

有的民主,程序是完美的,形式是真实的,但内容和实质是虚假的。资本主义民主大致属于这一类。这类民主的"虚假性"在于,它"是一种残缺不全的、贫乏的和虚伪的民主,是只供富人、只供少数人享受的民主"②。这类民主的"真实性"在于,它的程序设计非常华丽,可谓一俊遮百丑。但是,形式上的民主不等于事实上的民主,"选举形式、民主形式是一回事……内容却是另一回事","着眼于形式上的民主,那是资产阶级民主主义者的观点"③。西式民主由于"资本逻辑"这一先天的基因缺陷,打扮再美丽的民主也仍然无法掩饰其内容上的空乏。在所谓资产阶级民主制度下,"'纯粹的'民主愈发达,(排斥群众的)方法就愈巧妙,愈有效"④。西式民主在"形式合理性"与"实质合理性",亦即"工具理性"与"价值理性"之间产生了断裂。缺乏价值理性的维度,工具理性的膨胀必然走向理性的反面,成为一种非理性。

有的民主,内容是真实的,形式是发展的。社会主义民主大致属于这一类。这类民主的"真实性"在于,它是大多数人的民主,是人民当家作主,是实质性民主。但社会主义民主也必须通过好的形式来实现,必须有好的程序设计。社会主义民主从形式上来说具有典型的"发展性""阶段性"特征。今天,我们已经摸索出一套社会主义民主的中国实现形式,但

---

① 张维为:《中国超越:一个"文明型国家"的光荣与梦想》,上海人民出版社2014年版,第84页。
② 《列宁专题文集·论马克思主义》,人民出版社2009年版,第261页。
③ 《列宁选集》第3卷,人民出版社2012年版,第627、626页。
④ 同上书,第605页。

还处于初级阶段,民主的实现形式还有很大的发展和完善空间。

评价一个国家政治制度是不是民主的,不能拘泥于形式。既要看人民是否在选举时有投票的权利,也要看人民在日常政治生活中是否有持续参与的权利;既要看人民有没有进行民主选举的权利,也要看人民有没有进行民主决策、民主管理、民主监督的权利。归根结底,民众的支持度是政权合法性之所在。过去10来年,西方许多独立的民调机构发现,中国中央政府的民众支持率远高于号称民主社会的西方政府。美国皮尤中心(PEW)的民调显示,美国民众在2009年和2012年对自己国家现状满意程度分别为30%和29%;英国为30%和30%;法国为32%和29%;意大利为25%和11%。2013年85%的中国人对本国发展方向"十分满意",而在美国这一数字仅为31%。英国学者马丁·雅克指出:"你可能认为,一个国家或政府的合法性或权威性几乎全是由西方式的民主功能所带来的。但是,民主仅仅是其中一个因素,民主本身并不能保证合法性。"①

三 民主的形式:民主不等于选举,协商也是民主

民主不等于选举,民主和选举不能等量齐观、等同视之。然而,现代资本主义民主却大都沉迷于"选举"这一初始环节,"人民主权"被置换成"人民的选举权",民主被简化为选举,选举又进一步简化为投票,而对于决策是否民主、管理是否民主、监督是否民主却并不感兴趣。比如,极力鼓吹"民主化第三波"的亨廷顿就认为,"民主的精髓是最高决策者通过普选产生"②。且不论这里的"民主选举"是否是打折扣的民主,更不提如此厚此薄彼是否是别有用心,单论如果过分强调选举,就必然导致民主机制的失调,民主链条的断裂,民主就只能止步、定格于"选举"这一外在的形式。

---

① [英]马丁·雅克:《西方比中国更民主吗?》,http://www.aisixiang.com/data/58766.html。
② [美]塞缪尔·亨廷顿:《第三波:20世纪后期的民主化浪潮》,欧阳景根译,中国人民大学出版社2013年版,第6页。

在西方，普选权蜕化为统治集团窃取国家政权的工具，异化为统治阶级手中的玩物，只是让人民每隔几年玩一次①。正如启蒙运动的思想家卢梭在批判英国代议制民主时所说："英国人民自以为是自由的，他们是大错特错了。他们只有在选举国会议员的期间，才是自由的；议员一旦选出之后，他们就是奴隶，他们就等于零了。"② 西式民主就是选民一人一票选举政治家，选举之后的事选民就管不了了，顶多等下次再来投一次票。正如习近平所说"人民只有投票的权利而没有广泛参与的权利，人民只有在投票时被唤醒，投票后就进入休眠期，这样的民主是形式主义的"③。选举民主的周期性休眠正是西式民主的病根之一。

其实，民主是基于文化传统和现实国情的长期实践之上的，采取何种民主形式必须与各个国家的历史文化传统、社会状况、人口结构、宗教信仰、民族构成、经济发展水平、法制意识、国民素质等多因素相结合，否则很难有效运转。民主的形式并非只有一种，"选举"是民主，"协商"也是民主。习近平说，"通过依法选举让人民的代表来参与国家生活和社会生活的管理是十分重要的，通过选举以外的制度和方式让人民参与国家生活和社会生活的管理也是十分重要的"，"这两种民主形式不是相互替代、相互否定的，而是相互补充、相得益彰的"④。不能以一种民主形式代替、否定另一种形式，好的民主常常是多种形式相互补充、相得益彰。

"选票至上论"者将"选举"视为民主的唯一标志，将"普选"抬升为民主的唯一形式，将"选票"作为执政合法性的唯一来源，将"有没有普选"作为衡量民主国家的唯一门槛，这是片面的。马丁·雅克直言不讳地指出："在西方，民主（普选）是政权合法性的唯一来源，这已经几乎成为一条公理。但这是错误的。"⑤ 须知，"选举"是民主的重要

---

① 《马克思恩格斯选集》第 3 卷，人民出版社 2012 年版，第 141 页。
② ［法］让－雅克·卢梭：《社会契约论》，何兆武译，商务印书馆 2008 年版，第 121 页。
③ 习近平：《在庆祝中国人民政治协商会议成立 65 周年大会上的讲话》，《人民日报》2014 年 9 月 22 日。
④ 同上。
⑤ ［英］马丁·雅克：《中国治理国家比西方更成功》，http://news.xinhuanet.com/world/2014－10/25/c_1112974106.htm。

表现和实现形式,但并非民主的全部和实质。西式民主坚持选票至上,迷信少数服从多数的原则,但"民主和少数服从多数的原则不是一个东西"①,两者之间不能完全画等号。我们承认"选举",但反对"选票至上"。"选票"只是民主的一种辅助工具,而不是民主的指挥棒。"选票"的多少可以说明一些问题,但不能说明全部问题。获取选票的能力与治国理政的能力并没有直接的关联。"选票"一旦上升为特殊的"以太",可以左右政党的政纲,可以决定治国理政的思路,政党围着"选票"转,政客为了"选票"邀宠于选民,民粹主义将变得不可避免,最终受伤的就是整个国家和人民。

四 民主的价值:民主既有目的价值,也有工具价值

"民主既是目的又是手段"②,是目的和手段的统一。过去强调民主只是手段,其实是片面的。说民主是目的,是因为资产阶级革命也号称是为了民主,是因为社会主义革命就是为了"争得民主"③;是因为民主构成人的自由全面发展的重要指针,人的发展本身就包含人的自由民主权利的实现;是因为民主是社会主义的生命,是社会主义的核心价值,是当代中国的价值目标。说民主是手段,是因为民主不过是保障民主革命胜利果实的一种制度安排,是因为民主作为上层建筑,"是为经济基础服务的,为提高人民生活服务的"④,是因为民主不过是推进人类社会发展和进步的一种制度安排,是因为通过民主的方式可以有效地促进社会和谐,促进社会的公平正义,促进国家的发展繁荣,增进人民的安居乐业,提升人民的幸福指数。如果因为推行某种水土不服的民主形式,导致政局动荡,社会纷扰不安,人民无法安居乐业,甚至民不聊生,那么,这种民主就是不合时宜

---

① 《列宁专题文集·论马克思主义》,人民出版社2009年版,第253页。
② 逄先知、金冲及主编:《毛泽东传(1949—1976)》(上),中央文献出版社2003年版,第653页。
③ 《马克思恩格斯文集》第2卷,人民出版社2009年版,第52页。
④ 逄先知、金冲及主编:《毛泽东传(1949—1976)》(上),中央文献出版社2003年版,第653页。

的，就背离了民主的初衷。实际上，西方大部分民主理论大师，从孟德斯鸠到熊彼特，都不主张为民主而民主，都认为民主首先是一种制度安排，其特点是"有限参与"而不是"无限参与"。

"极端民主派"认为，民主是最高的目的，有了民主就有了一切，依靠民主可以解决一切问题，这是片面的。其实，正如弗朗西斯·福山所说，"民主既可能是有效的，也可能是破坏性的"①，既可能解决问题，也可能加剧问题。马丁·雅克也指出："认为民主之重要高于其他任何事……认为我们这个时代的主旋律就是事事围着民主转，那这样的观点也只不过是将西方狭隘的心态暴露无遗。"② 然而英国牛津大学欧洲问题教授蒂莫西·加顿·阿什先生却是西式民主的高级营销员，是十足的"民主目的论"者。尽管他也发现，"全球最大的民主国家印度在经济增长率、通胀率、人均国内生产总值、失业率、预算赤字、腐败、透明度等诸多经济与社会指标方面，都不如世界上最大的独裁国家中国"③，但是，他依然不遗余力地为印度民主摇旗呐喊，"印度，加油！……印度必须在政治上击败中国"。在阿什先生的逻辑中，"民主"的印度一定比"独裁"的中国好，这真是印证了那句老话：偏见比无知离真理更远！

其实，西方推销民主也是从目的和手段两个层面着力的。从目的来说，西方惯于利用自己的话语优势，将"民主"包装成点石成金的"魔杖"，制造"西方的繁荣乃拜民主所赐"的神话，渲染"民主高于一切"的价值观念。从手段来说，"民主"成了西方大国政治和外交干涉的遮羞布，成了西方世界追逐经济利益和思想霸权的有力武器。

我们既要重视民主的目的性价值，也要重视民主的工具性价值。从目的来说，要逐步完善民主的实现形式和程序设计，拓展人民的民主权利和民主空间。从手段来说，任何民主制度的安排都一定要服从、服务于良治

---

① 《环球时报》社评：《福山给出顺序，强政府、法治、民主》，《环球时报》2014年10月14日。
② [英] 马丁·雅克：《当中国统治世界：中国的崛起和西方世界的衰落》，张莉、刘曲译，中信出版社2010年版，第175页。
③ [英] 蒂莫西·加顿·阿什：《自由应当超越独裁》，《国家报》（西班牙）2014年2月7日。

和善政,都不能扰乱社会安定团结的政治局面,不能阻碍经济社会的发展繁荣,不能破坏人们安居乐业的社会环境,不能降低人民生活的幸福指数。那种忽视民主的"目的性",并以此为借口拖延乃至拒斥民主的做法是错误的;同样,抛开民主的"工具性"而奢谈其"目的性",以为民主就是一切,有了民主就有了一切的想法也是天真的。

五 民主的标准:民主没有通行的国际标准,各有各的模式

"民主"不是资本主义的专利,不是西方特有的价值观,而是人类社会在漫长的历史过程中共同形成的文明成果,也是人类共同追求的价值观。世界上有2000多个民族,200多个国家和地区,他们的文化传统不同,发展水平各异,民主的形式和途径必然各不相同,判断民主的标准也必然是多元化的,这种文化的多样性是不以人们的意志为转移的。

民主没有通行的国际标准。"物之不齐,物之情也。"各国国情不同,每个国家的民主模式必然是独特的。西方有西方的标准,东方有东方的标准。即使"在各先进的资本主义国家中,民主的形式都不同,民主的运用程度也不同"①,每个国家都有权寻找适合自己的民主模式。尊重民主标准的多样性,不搞一元化,这是基本的国际准则。亨廷顿早就指出:"普世主义是西方对付非西方社会的意识形态。"② 然而,西方凭借对"民主"概念的垄断,将"西式民主"上升为政治宗教和政治圣经,不遗余力地向全世界传经布道。西方奉行的霸权逻辑就是:我即民主,民主即我,谁不与我共舞,就是民主的敌人。他们将根植于西方历史文化传统的民主模式这个"特殊"当作"一般",在民主问题上竭力推行西方标准,奉行西方中心主义的霸权逻辑,对其他的民主模式要么嗤之以鼻,要么干脆将其归于

---

① 《列宁选集》第3卷,人民出版社2012年版,第699页。
② [美]塞缪尔·亨廷顿:《文明的冲突与世界秩序的重建》,周琪等译,新华出版社2010年版,第45页。

专制与威权体制的行列①。国内也有人跟着起哄,"他们奴隶似地崇拜资产阶级民主,把它叫作'纯粹民主'或一般'民主'"②。其实,没有一般的民主,只有具体的民主;民主越是纯粹,就越是走向了民主的反面。

尽管西式民主模式是当今世界的主导模式,但它既不是完美的模式,也不是唯一的模式,更不是最后的模式。西方国家自己的问题扎堆,西式民主的"试验田"更是沦为内乱、贫困、分裂的代名词,这套民主模式又如何能成为裁判他国的标准,又如何能成为他国效仿的榜样呢?"脱离中国历史和文化的西方民主并不适合中国,中国应该拥有自己特色的民主体制!"③

"本土的民主常常是最好的民主形式。"④ 中国仍处于工业化初期,有自己的历史、文化传统,有自己的民主观,中国不会成为一个西方式民主国家。"你不可能把一些外国的、与中国的过去完全不符的标准强加给它,"⑤ 用西方的民主模式衡量和要求中国是不适宜的。邓小平早就指出,"我们评价一个国家的政治体制、政治结构和政策是否正确,关键看三条:第一是看国家的政局是否稳定;第二是看能否增进人民的团结,改善人民的生活;第三是看生产力能否得到持续发展"⑥。习近平也指出:"评价一个国家政治制度是不是民主的、有效的,主要看国家领导层能否依法有序更替,全体人民能否依法管理国家事务和社会事务、管理经济和文化事业,人民群众能否畅通表达利益要求,社会各方面能否有效参与国家政治生活,国家决策能否实现科学化、民主化,各方面人才能否通过公平竞争进入国

---

① 典型表现就是"两个凡是":凡是符合西方民主标准的国家,哪怕其国内政局动荡、民不聊生,那也是民主国家,如菲律宾、泰国等;凡是不符合这一标准的国家,哪怕其国内政局安定、社会和谐、人民安居乐业,那也是威权体制的国家,如新加坡、中国等。
② 《列宁选集》第 3 卷,人民出版社 2012 年版,第 834 页。
③ [英]马丁·雅克:《当中国统治世界:中国的崛起和西方世界的衰落》,张莉、刘曲译,中信出版社 2010 年版,第 XIII 页。
④ 《西方民主的病在哪儿》,《参考消息》2014 年 5 月 4 日,原载《经济学家》(英国)2014 年 3 月 1 日。
⑤ [新加坡]李光耀口述、[美]格雷厄姆·艾莉森、[美]罗伯特·D. 布莱克威尔、[美]阿里·温尼编:《李光耀论中国与世界》,蒋宗强译,中信出版社 2013 年版,第 16 页。
⑥ 《邓小平文选》第 3 卷,人民出版社 1993 年版,第 213 页。

家领导和管理体系，执政党能否依照宪法法律规定实现对国家事务的领导，权力运用能否得到有效制约和监督。"① 民主是个好东西，评价一国的民主制度好不好，只能拿事实来说话。离开实践的检验，根本无法评断一种民主制度、一种民主形式的优与劣，甚至无法评断其是不是民主的。

现在，国内外有一股势力污蔑中国"不要民主"，实际上他们要的是西式民主，是"多党轮流执政""三权鼎立""西方议会"那一套。我们批判他们这些谬论，绝不是不要民主，而是为了发展"中国式民主"。"中国式民主"只能脱胎于中国的历史文化传统，内生于当代中国的政治架构，契合于当代中国的现实国情，具有合理性、合法性，我们应该有这样的定力，不必在乎别人说三道四。

六 民主的发展：民主无法速成，民主建设是一个过程

民主是具体的、历史的和发展的，"民主建设是一个过程"②。每一个既成的民主形式都不过是民主进程中的一个阶段，因而都只能从它的暂时性方面去理解。不存在与生俱来的民主，也不存在一劳永逸的民主模式。没有民主速成论，只有民主过程论。

资产主义高举着"民主"的旗而来到人间，但民主并不是资本主义制度与生俱来的产物。在西方，妇女、少数民族（种族）、土著居民为了争取形式上的民主权利经历了漫长的斗争。"现在，很多西方学者和政治人物把非西方民主统称为'非自由民主''竞争性权威主义'和'模仿民主'等。但历史地看，西方民主在很长的历史时间里也都是'非自由民主'。民主制度的核心——普选权——也只有在上世纪六七十年代才得以真正实现。"③ 比如法国，1789年颁布的《人权宣言》第一条即宣示"人们生来是而且始终是自由平等的"，但妇女直至1944年才获得选举权，此时距法

---

① 习近平：《在庆祝全国人民代表大会成立60周年大会上的讲话》，《人民日报》2014年9月6日。
② 《江泽民文选》第1卷，人民出版社2006年版，第122页。
③ ［新加坡］郑永年：《当代民主出现了什么问题?》，《联合早报》（新加坡）2014年5月6日。

国大革命已经过去155年。再比如美国,《独立宣言》宣告"人人生而平等",但千百万黑奴却被排除在这"人人"之外,美国黑人的民主权利是在20世纪60年代末废除了种族限制之后才获得的。西式民主的发展史告诉我们,发达国家没有一个在实现现代化之前实现了普选,"没有哪个国家的民主进程与经济腾飞是同步进行的"①。可见,将资本主义制度与民主制度画等号是何等的浅薄。

民主不可阻挡,但也无法速成。民主依赖经济的、政治的、文化的、法律的等诸多条件,"民主必须自己慢慢地成长"②,而不应该是催熟的。期待一朝一夕建好民主大厦,结果往往会是一座危楼。早在第一次世界大战后,战败的德国成立了魏玛共和国,通过了《魏玛宪法》,该宪法被认为是当时最自由、最民主的宪法之一,"结构之严密几乎到了完善的程度,其中不乏设想巧妙、令人钦佩的条文,看来似乎足以保证一种几乎完善无疵的民主制度的实行"③。当时便有人断言,德国将迅速崛起,成为世界上最民主的国家。但是,事与愿违,有学者这样描述当时的情景:民主的《魏玛宪法》草拟出来,就像是为真正的政治打开了一扇大门,而德国人站在门口,目瞪口呆,好比一群乡下农夫来到了皇宫门口,无所适从,不知道该怎么办。理想的设计完全没有变成现实。德国人的重大错误在于把民主想象成一夜之间就能完成的事情。今天,西方依旧在推销"民主速成论",一些国家依然在做着"民主速成梦",其实,泰国、乌克兰、埃及、伊拉克等国家的民主实践已经给出了明确的答案。

社会主义民主建设也是一个过程。习近平指出:"中国特色社会主义民主是个新事物,也是个好事物。当然,这并不是说,中国政治制度就完美无缺了,就不需要完善和发展了。"④我们一直认为,我们的民主法治建设

---

① [英] 马丁·雅克:《当中国统治世界:中国的崛起和西方世界的衰落》,张莉、刘曲译,中信出版社2010年版,第173页。
② 同上。
③ [美] 威廉·夏伊勒:《第三帝国的兴亡》(上),董乐山等译,世界知识出版社2012年版,第55页。
④ 习近平:《在庆祝全国人民代表大会成立60周年大会上的讲话》,《人民日报》2014年9月6日。

同广大人民民主和经济社会发展的要求还不完全适应，社会主义民主政治的体制、机制、程序、规范以及具体运行上还存在着不完善的地方，在保障人民民主权利、发挥人民创造精神方面也还存在一些不足。但这些都不能成为我们迷信西式民主可以在中国速成的理由，中国必须遵循民主发展的基本规律，走"中国式民主"之路，千万不能落入"民主速成论"的话语陷阱之中。中国式民主的突出特点是增量民主，是渐进式民主。邓小平早就指出："我们是要发展社会主义民主，但匆匆忙忙地搞不行。"① 这是建设"中国式民主"的重要方法论。

七　民主的成效：本土的民主是个好东西，但也不是万能钥匙

民主是个好东西！这是近年来的流行语，但这绝不意味着民主是把万能钥匙，可以单打独斗，单骑走天下。历史是最好的老师，"民主并非万能"，这就是历史给出的答案。福山在其新著《政治秩序和政治衰败：从工业革命到民主全球化》中，根据20多年来的观察，终于鼓足勇气修正了自己的观点，将民主放归到一个正常的位置。福山最新的政治学发现表明，秩序良好的社会离不开三块基石：强大的政府、法治和民主问责制。三者的顺序至关重要，民主并不是第一位的，强政府才是。尚未获得有效统治能力就进行民主化的政府无一例外地都遭到失败，比如非洲，民主加剧而不是修正了现存的问题②。根据福山的理论，如果说民主是个好东西，那么强政府、法治也是个好东西，而且是更好的东西。

民主是个好东西，但极端民主化不是个好东西。"民主"与"集中（权威）"相辅相成，是一个矛盾统一体的两个方面。不存在没有制约的"纯粹民主"③，也不存在没有例外的"一般民主"，"完全的民主等于没有

---

① 《邓小平文选》第3卷，人民出版社1993年版，第285页。
② 《环球时报》社评：《福山给出顺序，强政府、法治、民主》，《环球时报》2014年10月14日。
③ 《列宁选集》第3卷，人民出版社2012年版，第695页。

任何民主。这不是怪论，而是真理"①。讲民主，人人都欢迎，讲集中，好像就是"独裁""专制"，这是片面的。我们不应当片面地强调某一个方面而否定另一个方面。没有集中的民主，就不是真正的民主，而只能是无政府主义；没有民主的集中，就不是真正的集中，而只能是专制主义。现在有的人所要的"民主"，"实际上是无法无天的极端民主化，是无政府状态，同民主根本不是一回事，是对民主的反动和破坏"②。这种极端民主化，不仅在中国行不通，在世界上任何一个国家，也都是行不通的。

民主是个好东西，并非是无条件的好东西，民主的适应范围和作用边界是有限度的。法国政治思想家托克维尔指出：本土的民主常常是最好的民主形式。③ 任何民主形式都有其产生的土壤、适应的范围、生长的条件以及作用的边界，一旦超出自己的适应范围和边界，民主也会无能为力，也会结出恶果。西方民主理论认为，西式民主要具备5个条件：现代化，中产阶级的壮大，受教育程度，外部的强大压力，民族/种族/宗教矛盾的可调和性（最好是单一民族国家）。有的人"相信一般'民主'万能，可以包治百病，而不了解……它的有用和必要是有历史局限性的"④。比如美国，政府关门就是美式民主的杰作，奥巴马的"高铁梦"就是政党纷争的牺牲品，美国人的"禁枪梦"更是沦为"白日梦"。纵观世界，泰国的民主乱象、乌克兰的民主乱局、埃及的民主困境、伊拉克的持续内战、利比亚新政府的软弱无力，等等，无不警醒我们，如果民主蜕变为无政府主义和民粹主义，如果民主以政府的软弱涣散为代价，如果民主导致了政府的劣政，恐怕就走向了民主的反面。

民主是个好东西，但不意味着西式民主是破解中国问题的万能钥匙。现在有一种观点认为，中国的很多问题在于没有民主，只要搞了西式民主，这些问题均会迎刃而解。这就是所谓的"民主万能论"。其实，西式民主

---

① 《列宁全集》第31卷，人民出版社1985年版，第162页。
② 《江泽民文选》第1卷，人民出版社2006年版，第62页。
③ 《西方民主的病在哪儿》，《参考消息》2014年5月4日，原载《经济学家》[英国] 2014年3月1日。
④ 《列宁选集》第3卷，人民出版社2012年版，第581页。

也是特殊条件下的产物,中国有中国的特殊性,只能发展具有中国特色的民主。实践已经并将继续证明,西式民主没能解决反而加剧了发展中国家的问题,我们没有理由再增加一块失败的"试验田"。近年来,西方社会已经开始深刻反思自己的民主制度,我们一些人却依然对它顶礼膜拜,这是值得深思的。

八 民主的目标:西式民主不是终点,民主自然在路上

马克思主义认为,民主"将会消亡"。这一"民主消亡论"特指民主作为一种国家形式,将会"自行停止",国家的消亡也就是民主的消亡。列宁说,"民主是国家形式,是国家形态的一种"[①],"它将随着国家的消失而消失"[②]。但同时,民主也是一种管理形式,作为管理形式的民主将始终有其存在的价值,不会消亡。

"历史终结论"的实质是"民主终结论"。20世纪80年代末以来,面对苏联解体、东欧剧变的地缘政治灾难,很多西方学者失去理智,福山就是典型的代表,他傲慢地向全世界发布他的草率结论:西式自由民主已经发展到顶峰,"自由与民主的理念已无可匹敌,历史的演进过程已走向完成"。资本主义的自由民主已成为"人类意识形态进步的终点与人类统治的最后形态,也构成历史的终结"。一时间"历史终结论"甚嚣尘上,弥漫全球。其实,"历史终结论"本质上并非是说历史本身的终结,而是说西式自由民主模式的终结。因此,"历史终结论",准确地说是"民主终结论"。

然而,民主的发展真的止步于西式民主模式了吗?实践是最好的裁判。"民主终结论"问世后的20多年,西式自由民主模式从顶峰跌落、名声扫地:拉美和苏东,要么掉入陷阱,要么陷入休克,梦醒后纷纷弃西方而去;

---

① 《列宁专题文集·论社会主义》,人民出版社2009年版,第40页。
② 《列宁全集》第27卷,人民出版社1990年版,第255页。

颜色革命和阿拉伯之春，要么花容失色，要么寒冬来袭，往事不堪回首；美国和欧洲，要么陷入危机，要么濒临破产，至今自身难保；亚洲、非洲、中东等西式民主的"试验田"，要么陷入内战，要么重回专制，恍如一场梦。20多年来，从不迷信西式民主的中国可能是唯一的例外，"中国模式"在全球性的寒冬中依然傲立枝头，一花独放。福山2009年在反思时也慨叹，"历史似乎没有终结"，"'中国模式'的有效性证明，西式自由民主并非人类历史进化的终点。人类思想宝库要为中国传统留有一席之地"①。

西式民主不是终点，"民主终结论"违背了历史发展的一般规律。我们知道，"民主"属于上层建筑的范畴，决定于一个国家的经济基础，并最终决定于生产力的发展水平。列宁指出："任何民主，和任何政治上层建筑一样……归根到底是为生产服务的，并且归根到底是由该社会中的生产关系决定的。"② 这说明，一个国家采取什么样的民主形式，归根结底要与这个国家的生产力发展水平相适应。很难想象，生产力发展水平和经济基础迥异的不同国家却能共享一套普世的民主模式。我们还知道，生产力是最革命、最活跃的因素，处于永恒的运动变化之中。很难想象，生产力永无止境地奔涌向前，而作为上层建筑的民主政治体制却可以任凭风浪起，我自岿然不动。

西式民主不是终点，"民主终结论"违背了民主发展的辩证法。从专制到民主，从低级民主到高级民主，从较高级民主到更高级民主，从民主到民主的消亡，这是民主发展的辩证法③。民主推进到哪一步，是由其所处的历史阶段决定的。现阶段，西式民主还是低品质的民主，正因为如此，美国学者布莱恩·卡普兰指出，美国现在要做的是提高民主的"质"，而不是增加民主的"量"④。资本主义民主存在着自身无法克服的"软肋"和"硬伤"，不过是民主发展中的一个阶段——低级民主阶段。人类社会从专

---

① ［美］弗朗西斯·福山：《日本要直面中国世纪》，《中央公论》［日本］2009年9月号。
② 《列宁选集》第4卷，人民出版社1995年版，第405页。
③ 《列宁全集》第31卷，人民出版社1985年版，第156页。
④ Bryan Caplan, *The Myth of the Rational Voter: Why Democracies Choose Bad Politics*, Princetion: Princetion Univercity Press, 2008.

制走向低级民主历经几千年,而从低级民主走向高级民主依然将会是一个漫长的过程。

西式民主不是终点,"民主终结论"否定了人类理性认知和实践发展的无限性。实践、认识、再实践、再认识,循环往复以至无穷,这是认识的一般规律。"民主终结论",实际上是将一种自由民主制度代替现存的所有政治制度,是将暂时性的自由民主制度变成永恒的制度,是将西方特殊的自由民主价值变成全球普世的价值。"民主终结论"不仅没有给西方人自己改革、创新民主模式留下任何空间,也否定了其他国家量身打造发展模式的可能性。这种以过去的认识成果来结束思维的做法,意味着温柔的理性蜕变为理性的暴力,意味着有限的理性上升为万能的理性。这种以西方民主模式为标尺对非西方国家说三道四的做派,意味着理性的僭越,意味着理性变成了非理性。这种一致性对多样性的压制,意味着人的创造性抑制着人的创造性本身,意味着过去的创造性终结了创造性的未来前景。这种同一性对差异性的扼杀,意味着西方从自恋情结走向自虐的行为,意味着理性的建构功能变成了社会的伤害力。

总之,民主是社会主义的核心价值,是社会主义的生命,没有民主就没有社会主义。中国一直在探索中国特色的民主模式,虽然走了一些弯路,但也取得了显著的进步。中国式民主政治模式有其优越性,但也还存在广阔的发展和完善空间。今天,我们要树立马克思主义的民主观,推动中国式民主之路越走越宽广。

参考文献

[1] 习近平:《在庆祝全国人民代表大会成立 60 周年大会上的讲话》,《人民日报》2014 年 9 月 6 日。

[2] 习近平:《在庆祝中国人民政治协商会议成立 65 周年大会上的讲话》,《人民日报》2014 年 9 月 22 日。

[3] [法]托克维尔:《论美国的民主》,董果良译,商务印书馆 1988 年版。

[4] [美]塞缪尔·亨廷顿:《第三波:20 世纪后期的民主化浪潮》,欧阳景根译,中国人

民大学出版社 2013 年版。

［5］李玲：《邓小平协商民主思想及现代价值》,《毛泽东思想研究》2014 年第 6 期。

［6］李转、杨洪：《论延安精神的民主意蕴与当代价值》,《毛泽东思想研究》2014 年第 6 期。

［7］钟德涛：《建国前毛泽东多党合作思想述论》,《毛泽东思想研究》2015 年第 1 期。

（作者单位：武汉大学马克思主义学院）

（原载《马克思主义研究》2015 年第 5 期）

马克思论民主的两种视角

唐爱军

一　民主与阶级统治

把握民主本质，最重要的是揭示其阶级属性；考察一种民主制度，最重要的是要认识其阶级统治的实质，这是马克思主义民主观的根本观点。从阶级统治角度看，马克思民主理论包括以下几个内容：

第一，揭露资产阶级民主虚假的普遍性、全民性，指出资产阶级民主的实质是资产阶级专政。

马克思、恩格斯早在《共产党宣言》中，明确指出了资产阶级代议制国家的阶级性质。资产阶级"在现代的代议制国家里夺得了独占的政治统治。现代的国家政权不过是管理整个资产阶级的共同事务的委员会罢了。"① 资产阶级统治的彻底的形式是民主共和国。民主制是资本主义社会中最普遍、最基本的国家形式。从人类社会发展进程来看，资产阶级民主共和制的确立，是历史的巨大进步。但它是否像资产阶级宣称的一样，是"全民民主""普遍民主"呢？无产阶级在1848年6月发动起义，主张进行彻底的民主革命，但遭到资产阶级的残酷镇压。马克思从这一历史事件中得出基本结论："欧洲的问题并不是争论'共和国还是君主国'的问题，

---

① 《马克思恩格斯选集》第1卷，人民出版社1995年版，第274页。

而是别的问题。它揭示出,资产阶级共和国在这里是表示一个阶级对其他阶级实现无限制的专制统治。"① 马克思指出,广大的人民群众是排除在资本主义民主之外的,无法真正参加民主生活,资本主义民主的实质,就是容许被压迫者每隔几年决定一次究竟由压迫阶级中的什么人在议会里代表和镇压他们。列宁总结道:"极少数人享受民主,富人享受民主,——这就是资本主义社会的民主制度。"②

第二,科学论述了无产阶级民主即无产阶级专政的真实内涵。阶级统治和国家形态同样是马克思分析无产阶级民主的基本框架。

首先,无产阶级民主是从资本主义到社会主义的过渡时期的国家制度和民主形式。恩格斯在《共产主义信条草案》中,第一次明确使用了"过渡时期"的概念,认为从资本主义的财产私有向共产主义的财产公有过渡的"第一个基本条件是通过民主的国家制度达到无产阶级的政治解放"。在《共产党宣言》中,马克思、恩格斯指出:"工人革命的第一步就是使无产阶级上升为统治阶级,争得民主。"两人还将国家定义为"组织成为统治阶级的无产阶级"。除了"工人阶级专政"的说法外,马克思明确提出"无产阶级专政"的概念。"这种社会主义就是宣布不断革命,就是无产阶级的阶级专政,这种专政是达到消灭一切阶级差别,达到消灭这些差别所产生的一切生产关系,达到消灭和这些生产关系相适应的一切社会关系,达到改变由这些社会关系产生出来的一切观念的必然的过渡阶段。"③ 1852 年,马克思在致魏德迈的信中论及无产阶级专政的必要性和任务。(1) 阶级的存在仅仅同生产发展的一定历史阶段相联系;(2) 阶级斗争必然导致无产阶级专政;(3) 这个专政不过是达到消灭一切阶级和进入无阶级社会的过渡……④1875 年,在《哥达纲领批判》中,马克思明确地将过渡时期与无产阶级专政联系起来。"在资本主义社会和共产主义社会之间,

---

① 《马克思恩格斯选集》第 1 卷,人民出版社 1995 年版,第 593 页。
② 《列宁专题文集:论马克思主义》,人民出版社 2009 年版,第 258 页。
③ 《马克思恩格斯选集》第 1 卷,人民出版社 1995 年版,第 462 页。
④ 《马克思恩格斯选集》第 4 卷,人民出版社 1995 年版,第 547 页。

有一个从前者变为后者的革命转变时期。同这个时期相适应的也有一个政治上的过渡时期，这个时期的国家只能是无产阶级的革命专政。"① 列宁在《国家与革命》中详细论述了马克思、恩格斯的无产阶级专政理论。无产阶级专政不能理解为少数人的专制或独裁，它本质是无产阶级的政治统治形式。"无产阶级专政，向共产主义过渡的时期，将第一次提供人民享受的、大多数人享受的民主，同时对少数人即剥削者实行必要的镇压。"②

其次，无产阶级民主是新型民主和新型专政的统一。马克思主义经典著作所说的新型民主和新型专政是相对于资本主义国家乃至一切剥削阶级国家而言的。在剥削阶级统治的国家，民主仅仅是少数统治阶级的民主，专政是剥削阶级对被剥削阶级的镇压统治。在无产阶级国家，社会成员中绝大多数人享有民主，多数人的被剥削阶级对少数剥削阶级实现专政"人民这个大多数享有民主，对人民的剥削者、压迫者实行强力镇压，即把他们排斥于民主之外，——这就是民主在从资本主义向共产主义过渡时改变了的形态"③。由此可见，马克思主义也不是抽象地论述无产阶级民主，不是将之视为"纯粹民主"，阶级统治同样是无产阶级民主的核心要义。民主和专政是无产阶级民主不可分离的两个组成部分，是无产阶级民主（无产阶级专政）的两个不同方面，对一部分人的民主也就是对另一部分人的专政。

二　民主与人的解放

从人的解放与民主的关系分析民主政治是马克思主义的另一重要视角。"马克思主义在考察和把握'民主'概念所表达的实际社会和政治生活内容时，不仅将民主问题同国家和阶级统治结合起来，揭示民主的本质，而且将民主与人类解放结合起来，从历史唯物主义的角度，把握民主与人类

---

① 《马克思恩格斯选集》第 3 卷，人民出版社 1995 年版，第 314 页。
② 《列宁专题文集：论马克思主义》，人民出版社 2009 年版，第 261 页。
③ 同上书，第 260 页。

发展、人类解放之间的关系。"① 在人的解放视阈中，民主是手段与目的的统一。

首先，民主是实现无产阶级和人类解放的重要手段。恩格斯曾说过："如果不立即利用民主作为手段实行进一步的、直接侵犯私有制和保障无产阶级生存的各种措施，那么，这种民主对于无产阶级就毫无用处。"②

其次，民主是无产阶级追求的目标，是人的解放的应有之义。马克思、恩格斯在《共产党宣言》中告诫工人阶级要"争得民主"。恩格斯在《1848年至1850年的法兰西阶级斗争》的"导言"中说道："争取普选权、争取民主，是无产阶级战斗的首要任务之一。"从人的解放角度考察民主，关键在于指出，民主的终极价值旨归或民主建设的落脚点是人的解放。

民主与人的解放之间的内在关联，不仅体现在价值层面上，而且体现在人类社会发展进程之中。民主最一般的含义就是"人民掌握权力""人民自我统治"，人民在多大程度上掌握自我命运即民主的实现程度取决于人类自身解放的程度。人类的解放过程就是人类逐步摆脱一切外在束缚关系，提高"当家作主"的能力，以便最终成为具有自由个性、全面发展的人。马克思指出，人类解放过程依次会经历三个历史阶段：人的依赖关系阶段、物的依赖性阶段和自由个性阶段。"人的依赖关系"指血缘关系、人身依附关系，在这种关系中，个人是没有人身自由，没有独立的存在权利和价值。"以物的依赖性为基础的人的独立性"指商品经济社会，在这种社会中，个人虽然仍然受商品、货币以及资本等物的统治，遵循商品交换规律活动，但个人在形式上和法律上获得了独立性。"自由个性"指未来共产主义社会，在那里，个人摆脱一切束缚，获得了真正的独立性。我们可以看出，人的解放包括两个基本内容：摆脱人的依附关系和物的依赖关系。前者是人的"政治解放"，后者是人的"经济解放""社会解放"，

---

① 王沪宁：《政治的逻辑》，上海人民出版社2004年版，第227页。
② 《马克思恩格斯选集》第1卷，人民出版社1995年版，第239—240页。

也就是彻底的人类解放。

（一）政治解放与政治民主

政治解放是人的解放的重要形式，但不过是资产阶级的、局限性的人的解放。"政治解放"是马克思民主政治理论的重要范畴。政治解放是近代资产阶级所领导的革命，推动人类社会由封建专制社会走向资产阶级社会。具体到《论犹太人问题》相关论述，政治解放的内涵有三个基本方面：第一，政治解放指国家从宗教的束缚中解放出来，实现政教分离。第二，政治解放使市民社会从政治国家中解放出来，消除了旧市民社会的政治性质。第三，政治解放指人们从传统共同体和身份制度中解放出来，成为独立的现代人。

马克思指出，政治解放作为"现代解放"，为现代民主政治以及现代人的解放与发展奠定了基础。首先，政治解放推翻了传统君主国家，将国家建立在抽象的人民主权原则上，建构了自由民主制度。马克思说得很清楚："政治解放同时也是同人民相异化的国家制度即统治者的权力所依据的旧社会的解体。政治革命是市民社会的革命。旧社会的性质是怎样的呢？可以用一个词来表述。封建主义。"[①] 在封建社会，国家的权力不在人民手中，政治革命的意义在于它打破了君主主权，将国家权力回归到人民手中。这是作为国家形态的民主最为核心的含义。尽管在奴隶社会和中世纪也存在民主制，但这样的民主制是以人在经济上和政治上都不平等为前提的，在经济上受奴役、受压迫的人，在政治上也受奴役和压迫，他们在政治上没有民主、自由和平等的权利。建立在经济和政治双重不平等的民主制是"不自由的民主制"。"在中世纪，人民的生活和国家的生活是同一的。人是国家的现实原则，但这是不自由的人。因此，这是不自由的民主制，是完成了的异化。"[②] 政治革命实现了政治国家与市民社会的二元化，人们在

---

① 《马克思恩格斯全集》第 3 卷，人民出版社 2002 年版，第 186 页。
② 同上书，第 43 页。

政治国家领域获得了政治平等，以此为基础设计了"自由的民主制"。其次，政治解放实现普遍的人权或人的自由民主权利，使人获得政治领域内的民主即人在政治领域的解放。政治解放作为资产阶级的社会革命，冲破了"人的依赖关系"，消灭了市民社会的政治性质，导致了市民社会与政治社会的分离。这也意味着人的经济生活和人的政治生活的分离，人的存在二重化了。"政治解放一方面把人归结为市民社会的成员，归结为利己的、独立的个体，另一方面把人归结为公民，归结为法人。"① 这种分离以及人的二重化意味着，市民社会的等级差别完全变成了没有政治意义的私人生活的差别。由此而来的结果是，人们能够在政治上平等地享有政治权利和公民自由（尽管经济的、社会的不平等依然存在）。最后，政治解放确立了现代民主建构的逻辑起点。政治解放导致了市民社会与国家的分离。西方学者普遍认识到，这一分离是现代民主确立的前提条件"国家和公民社会的划分必然是民主生活的核心特征。"② 古典民主制的逻辑起点是城邦（国家）。市民社会从国家中解放出来的过程，同时也是人从诸多共同体（包括国家这样的强力共同体）解放出来的过程，人成为独立的个人。"国家与市民社会分离，市民社会分解为独立的个人，彻底改变了传统的政治逻辑，确立了社会决定国家、国家服务于独立的社会与个人的政治逻辑。"③ 摆脱了"人的依赖关系"的私人或独立个体成为现代资产阶级民主制度建构的逻辑起点。"这种人，市民社会的成员，是政治国家的基础、前提。他就是国家通过人权予以承认的人。"④ 在现代社会"国家制度不仅自在地，不仅就其本质来说，而且就其存在、就其现实性来说，也在不断地被引回到自己的现实的基础、现实的人、现实的人民，并被设定为人民自己的作品。国家制度在这里表现出它的本来面目，即人的自由产物。"⑤ 这段话集中反映了，人与国家之间的抽象契约关系构成了现代国家和民主

---

① 《马克思恩格斯全集》第 3 卷，人民出版社 2002 年版，第 189 页。
② [美] 赫尔德：《民主模式》，燕继荣等译，中央编译出版社 2008 年版，第 312 页。
③ 林尚立：《建构民主》，复旦大学出版社 2012 年版，第 27 页。
④ 《马克思恩格斯全集》第 3 卷，人民出版社 2002 年版，第 187—188 页。
⑤ 同上书，第 39—40 页。

制度的基础。这同时也意味着,作为"人的自由产物"的民主制度必须是围绕人的自由和个体权利而展开的,个体的自由和权利是现代民主的价值支点。这也是自由主义民主理论的核心主张。

政治解放是人类解放的一大进步,但其本身还不是人类解放。政治解放所给予的政治民主并不是彻底的真正民主,它是有不可避免的历史局限性的。第一,资产阶级民主国家成为追求自身特殊利益的机构,并不代表真正的普遍利益。资产阶级高呼自由、民主等口号,指出其所建构的国家是"自由国家",是人的自由的表现,实现了人民的普遍本质。马克思指出,资产阶级国家不过是虚幻共同体,并不是人民"类生活"的真实展现。此外,"自由国家"不可能摆脱市民社会的权力关系,而只作为超越所有特殊利益的机构,即作为"公共权力"为"公众"服务。民主国家和政治民主制度以私有财产和市民社会利己主义原则为前提,"国家还是让私有财产、文化程度、职业以它们固有的方式,即作为私有财产、作为文化程度、作为职业来发挥作用并表现出它们的特殊本质。国家根本没有废除这些实际差别,相反,只有以这些差别为前提,它才存在"①。第二,人们所获得的人权不过是利己主义的、狭隘的个人权利。资产阶级之人权是囿于孤立自身的狭隘人权,它同共同体相分离。资产阶级的自由同样也是与共同体相对立的私人自由,它建立在人与人相分隔的基础上。这些个人权利都是"消极"意义上的,缺乏积极参与共同体的民主潜能。第三,政治民主的狭隘性。人们在政治领域获得了自由平等的政治权利,但人们的平等仅仅局限于政治领域,并没有在经济领域实现。经济领域和社会领域的不平等依然存在。

言而总之,从政治解放视角看政治民主,需要把握三个方面的要义:一是政治解放为政治民主(现代民主制度)奠定了基础。二是政治民主意指人在政治领域的解放,人们获得了政治权利和普遍人权。三是政治民主是以承认资本主义生产关系和"自由"市场为前提的,它的有限性和狭隘

---

① 《马克思恩格斯全集》第 3 卷,人民出版社 2002 年版,第 172 页。

性需被更高层次的民主形式所消解。

(二) 社会解放与社会民主

同政治解放一样,人类解放(主要表现为社会解放)也是人的解放的一种形式,且是一种彻底的解放形式。马克思发现,政治解放只是使得人们的自由平等限于政治领域,并没有在经济领域即市民社会领域实现。人要成为真正自由的人,获得彻底解放,就必须消除经济领域的奴役和不平等,就必须摆脱物的依赖关系(资本拜物教)及其对抗的社会分裂状态。所谓社会解放,就是将自由民主从政治领域扩展到社会经济领域,实现社会民主,最终完成人类解放。马克思、恩格斯等经典作家都认为,政治民主不可能自然趋向社会民主,社会民主的实现需要进行彻底的社会革命。马克思指出,资本主义私有制是导致经济社会领域不平等的根源,因此,实现社会民主就需要消灭资本主义私有制及其国家机器。无产阶级以消灭资本主义、实现共产主义为己任,他们是社会革命和社会解放的历史主体,是实现真正的社会民主制的"物质力量"。所以,无产阶级革命是人类社会通向完全的社会民主的根本途径。

马克思如何分析"社会民主"的呢?马克思主要通过"国家—社会"二元分析框架来说明之。马克思根据唯物史观基本原理,把社会规定为国家的始源和基础。社会自身的阶级冲突、阶级分裂导致统治阶级需要借助于国家这一"虚幻共同体"来管理整个社会。"这种从社会中产生但又自居于社会之上并且日益同社会相异化的力量,就是国家。"[①] 在马克思那里,民主的本义就是社会民主,即社会中的人们"自作主张"、自我管理。但在阶级社会里,作为一种异己力量,国家成为社会的统治物,奴役和压制社会的自治和人民的自由。实现社会民主,就是摆脱国家统治,使得国家向社会的完全复归,社会成为治理的真正主体,"自由就在于把国家由

[①] 《马克思恩格斯文集》第 4 卷,人民出版社 2009 年版,第 189 页。

一个高踞社会之上的机关变成完全服从这个社会的机关"①。马克思的"真正的民主制""自由人联合体""社会共和国"等概念都反映了"国家回归社会"的社会民主思想。在《黑格尔法哲学批判》中，马克思提出，只有"真正的民主制"才能消除社会与国家之间的对立；"真正的民主制"的真谛就是人民的自我规定。在《共产党宣言》中，马克思提出用"自由人联合体"代替资产阶级的阶级统治和国家。在《法兰西内战》中，马克思提出用"社会共和国"代替旧的国家机器，逐步实现国家向社会的过渡"应该剥夺资本家和地主阶级手中的国家机器，……公开宣布'社会解放'是共和国的伟大目标，从而以公社的组织来保证这种社会改造"②。作为一种过渡形态，公社是实现社会解放的政治形式："社会把国家政权重新收回，把它从统治社会、压制社会的力量变成社会本身的充满生气的力量……这是人民群众获得社会解放的政治形式。"③赫尔德正确地把握到"国家回归社会"的民主思想。他说："社会和国家将完全合一的生活方式，在这种方式中，人们将共同管理他们的共同事务，所有要求将得到满足，'每个人的自由发展'与'所有人的自由发展'将是一致的。"④

"国家回归社会"也就意味着阶级消亡和国家消亡。这也说明，建立在阶级统治和国家形态上的民主让位于建立在"国家回归社会"上的社会民主。西方诸多学者将马克思的社会民主理解为"政治终结"的民主模式。这同样反映出，马克思语境中的社会民主之实现的前提是：消灭社会阶级并最终废除一切形式的阶级权力和阶级斗争。马克思勾勒出人类社会的民主发展辩证法：原始的社会民主→阶级统治（国家形态）的民主→更高层次的社会民主。可见，仅仅从阶级统治和国家形态角度，并不能把握马克思民主理论的全部。

在社会民主完全实现的社会形态里，生产力高度发达、生产资料社会

---

① 《马克思恩格斯文集》第 3 卷，人民出版社 2009 年版，第 444 页。
② 同上书，第 205 页。
③ 同上书，第 195 页。
④ ［美］赫尔德：《民主模式》，燕继荣等译，中央编译出版社 2008 年版，第 134 页。

占有、劳动者联合劳动。社会成员享有同等的经济社会权利，每个人享有劳动的权利，也享用劳动的成果，即人人"各尽所能、按需分配"；人人都拥有自由发展的条件，垄断自由发展的社会条件消失了；社会的一切成员完全平等地享有管理社会生活的机会。社会民主呈现的是人们在经济、政治和社会等各个领域的自由发展和彻底解放。

概述之，从社会解放视角看社会民主，基本内容有：一是社会革命和社会解放是实现社会民主的根本途径。二是社会民主就是将"国家回归社会"的社会解放，它让社会及其人民成为治理的真正主体。三是社会民主意指人们自由平等权利的完全实现，也就是人们在经济、政治和社会等各个领域的自由发展和彻底解放。

三　结语

政治民主化是现代社会不可阻挡的潮流。民主政治及其建构也是中国特色社会主义事业的应有之义。我们要以马克思主义民主理论为指导，不断推进中国特色社会主义民主政治建设。但前提条件是，要完整准确地把握马克思主义民主思想。我们要充分意识到马克思分析民主的两种视角，将阶级性框架和人的解放框架结合起来理解马克思民主理论，既要避免西方民主"普遍话语"的陷阱，也要防止"左"的教条对民主真谛的消解，两者不可偏废。只有这样，我们才能避免在建构民主过程中走入歧途。

（作者单位：中共中央党校马克思主义学院）

（原载《科学社会主义》2014年第6期）

论民主的内涵与外延

李良栋

在政治学研究领域，民主内涵与外延的关系本来不是什么新鲜的话题，但在当下"泛民主理论时代"，由于研究者们在话语上的多样化而造成的概念混乱，使得重新梳理一下民主的基本理论问题仍有必要。一百多年来，论述民主的著作汗牛充栋，谈及民主的文章连篇累牍，其中关于民主的定义更是林林总总。放眼西方，诸如"精英民主""多元民主""自由民主""参与民主""社群民主""协商民主""选举民主"等话语相继登场，甚至影响着世界；环顾域中，近些年来本土学界有关民主的新鲜概念例如"宪政民主""法治民主""治理民主""儒家主义民主""民本主义民主"等也不断出炉，令人目不暇接。在人类走向政治现代化的进程中，民主引起人们广泛关注不难理解，因为民主的确就是政治现代化的重要标志之一。问题是：民主到底是什么？民主内涵与民主外延之间是什么关系？如果对这些基本问题不加以廓清，民主问题的研究可能就无从谈起，甚至走上迷茫的歧路。萨托利（Giovanni Sartori）曾经在《民主新论》中自称要为民主问题做一个清理房间的工作，但由于其特有的学术立场，他实际上只是把自由主义民主看作是真正的民主，而将他不接受的其他民主理论扫了出去。笔者不才，试图在拙文中通过重新梳理民主内涵与外延的关系为人民民主正名。

一 民主内涵是民主本质的体现

在人类历史上,"民主"一词非常古老。中国公元前11世纪的文献中就出现过"天唯时求民主"(《尚书·多方》)的话语。然而这里的"民主"意为"民之君主",恐怕与现代民主毫不相干。西方公元前5世纪的古希腊历史学家希罗多德(Herodotus)在《历史》一书中也使用了"民主"的概念。希腊文中民主的含义是"人民的权力"和"多数人的统治"[①],这与民主本义比较接近,然而也不无瑕疵。因为,民主从来都是在人民内部进行的,在人民内部按照多数人的意见办事不等于是多数人对少数人的统治。马克思和恩格斯在创立科学社会主义理论的进程中,是重视民主问题的,在著名的《共产党宣言》中就提出"工人革命的第一步就是使无产阶级上升为统治阶级,争得民主。"[②] 在《黑格尔法哲学批判》中,马克思也深刻地指出,"民主制是国家制度的类"[③]。从而科学地揭示了民主政治的本质。但是也应该看到,民主的本质并不是民主的定义。

笔者认为,民主是一个同专断和独裁相对应的范畴,是在主权在民原则指引下按照多数人的意志进行公共决定的社会活动机制。民主可以从广义和狭义两个层面上来理解[④],我们当下讨论的民主主要是指狭义上的民主即政治层面的民主。民主首先是一种价值追求;又是一种按照价值追求的制度设计;也是一种在制度框架内的实践活动。民主的价值追求即是民主的思想内涵,主要有:

第一,核心是主权在民。主权在民或称人民主权是民主的第一要义。民主的其他几个价值追求都从属于主权在民的原则,是为主权在民原则服务的。

[①] 参见李铁映《论民主》,人民出版社、中国社会科学出版社2001年版,第2页。
[②] 《马克思恩格斯文集》第2卷,人民出版社2009年版,第52页。
[③] 《马克思恩格斯全集》第3卷,人民出版社2002年版,第39页。
[④] 参见李良栋《论民主共性与个性的统一》,《中共中央党校学报》2004年第6期。

近代以来的人民主权理念是西方的思想家们在反对和批判"君权神授""主权在君"等封建专制意识形态基础上形成和发展起来的。17 和 18 世纪资产阶级革命时期，英国的霍布斯（Thomas Hobbes）、洛克（John Locke）和法国的孟德斯鸠（Baron de Montesquieu）、卢梭（Jean-Jacques Rousseau）等人以人性论的"自然权利""天赋人权"为起点，认为自由、平等、生命和财产安全是人类与生俱来的权利，而现实社会却常常背离和践踏这些权利。为了解决现存社会事实上的不自由和不平等，恢复人类在自然状态下的自由和平等权利，人们共同制定"社会契约"作为协调社会的一种新手段。"社会契约"形成之后，人们是把自己的一切权利转让给全体而非任何个人，这样根据协议而形成的"全体"就是国家。但国家的权力即主权者应当是谁？不同思想家的看法是不一样的。霍布斯认为主权者是开明君主，而洛克则是模糊地提出人民主权思想[①]。作为激进的小资产阶级革命民主主义者，卢梭在"社会契约论"基础上系统地论述了人民主权原理。卢梭认为：社会契约产生的是具有公共人格的共同体，而每个人又都是结合成共同体的成员。"至于结合者，他们集体地就称之为人民；个别地，作为主权权威的参与者就叫作公民。""人民作为整体来说就是主权者，而每一个个人就是属民。"[②] 卢梭强调，通过理想的社会契约建立起来的东西是主权而不是政府，主权总是在人民这一边，因为人民实际上就是公民的集合体。所以，他认为人民才是国家政治生活的主人，而人民主权是至高无上的、不可转让、不可分割的。尽管卢梭的主权在民思想由于历史和阶级的局限还存在这样那样的不足，譬如他否认民主的代议制形式，主张直接民主；对于主权在民的理念给予了更多理想化的色彩，等等，都可能不符合现实的政治实践。但是他提出的主权在民的原则和理念，确实揭示了民主的核心所在。正因如此，马克思主义经典作家对他给予了充分肯定。马克思主义经典作家正是在批判性地汲取其合理内核的基础上，将

---

① 参见［英］霍布斯《利维坦》，商务印书馆 1985 年版；［英］洛克：《政府论》下篇，商务印书馆 1964 年版；［法］孟德斯鸠：《论法的精神》上册，商务印书馆 1961 年版。

② ［法］卢梭：《社会契约论》，商务印书馆 1980 年版。

主权在民原则升华到一个新的高度。早在 1843 年的《黑格尔法哲学批判》中,马克思就批判过黑格尔将君主看作是"人格化的主权"的错误观点,指出君主主权与人民主权是两个完全不同的概念,"在君主制中是国家制度的人民;在民主制中则是人民的国家制度。"并且进而指出,"民主制独有的特点是:国家制度在这里毕竟只是人民的一个定在环节。"① 在成为共产主义者之后,他运用历史唯物主义观点,在总结巴黎公社经验基础上进一步阐发了民主就是人民当家作主的思想,他称赞巴黎公社是人民掌权的政府。在《哥达纲领批判》中,他强调"'民主的'这个词在德语里意思是'人民当权的'"②。可见,马克思坚定地认为,民主就是人民当家作主。

主权在民的思想是一切民主制度的不二法则。当今世界无论是真民主的国家还是假民主的国家,无一例外地都要祭起这面旗帜。20 世纪上半叶以来,由于西方学者熊彼特(Joseph Alois Schumpeter)和达尔(Robert Alan Dahl)看到了西方的代议制政治并没有充分实现主权在民,而分别在"精英民主"和"多元民主"理论中对"主权在民"提出质疑后,否定主权在民作为民主的核心就事实上成为一种思想潮流。持这一观点的,不仅西方国家大有人在,中国也有人亦步亦趋。

一些人常常这样提出问题,人民是什么?意即人民这个范畴事实上是不存在的,任何社会公共权力只能掌握在精英手里。人民是一个与敌人相对应的政治范畴,这本来是一个常识,它既抽象又具体。在抽象的层面,它表征的是一定社会合法公民的集合体;在具体的层面,它又是历史的、即时的发展概念。单个的公民不能称自己是人民,但一旦结成公民的共同体后就是人民。在不同历史条件下人民具有不同的内涵。奴隶制国家中,奴隶主阶级和平民才是人民,而奴隶阶级只是会说话的工具,根本不能成为人民。同样,一个国家在不同发展阶段,人民的范围也在不断变化,中共的十一届三中全会之前与改革开放之后对人民含义的理解就发生了很大

---

① 《马克思恩格斯全集》第 3 卷,人民出版社 2002 年版,第 39—40 页。
② 《马克思恩格斯文集》第 3 卷,人民出版社 2009 年版,第 443 页。

的变化，这个无须多说。

主权在民是人类社会在政治上的理想追求，也是人类社会在政治发展上的精神动力，激励着一代又一代的人们为之奋斗。理想转化为现实总是要经过艰难困苦的长期过程。资本主义社会虽然是按照主权在民的原则建立起政治制度的，但由于其金钱政治的本性，并没有真正实现主权在民。社会主义制度的人民性为主权在民原则的实现提供了广阔的空间。当然，由于现有的社会主义国家都是在经济文化不发达的国度里建立的，由于历史包袱和探索社会主义建设的艰难性，社会主义民主如何真正充分实现主权在民的原则，还需要在实践中通过政治建设不断探索和解决。

第二，前提是自由平等。实现主权在民是需要一系列相关条件的。不仅需要经济的发展和文化的进步，还需要政治生活自身要素的支撑。自由和平等就是其中的基本要素。从动态上分析民主的过程，通常可以分为讨论协商和按照多数意志作出决定两个阶段。无论是在民主的讨论协商阶段，还是在按照多数意志作出决定阶段，自由和平等都是必不可少的前提。在民主活动中，必须坚持保证所有参与主体都应该享有法律规定的自由和平等权利，能够充分地发表个人意见和看法，不受任何外力特权干扰，独立自主地参与表决，民主活动才能健康顺利地进行。所以，民主离不开自由和平等。

第三，通行多数原则。推行主权在民，实际上只能按照人民中多数人的意愿来决定国家制度、政府构成以及作出政治决策。作为民主主体的人民在阶级社会里是划分为不同的阶级和阶层的，各自都有反映不同权益的政治要求。民主通过权益表达、意见磨合等环节最终形成比较一致的多数人认可的意见，这个过程就是少数服从多数的过程。在一般情况下，多数人的正确性可能要多一些，但是人类在认识世界的过程中，真理有时候可能在少数人手里。因此，现代民主在实行少数服从多数的原则时，也要求注意尊重和保护少数。需要指出，实行"多数原则"并不等于"多数人的暴政"。从托克维尔（Tocqueville）以来，一些学者认为"多数原则"必然导致"多数人暴政"，并且以法国大革命时期的"雅各宾专政"和中国的

"文化大革命"作为证明,甚至主张民主应该是"维护少数人的利益"。须知,真正的民主应该是理性和有序的过程。"雅各宾专政"和"文化大革命"并不是建立在理性和有序基础上的"多数原则"实践,从而也不是真正的民主,以这两者证明"多数原则"必然导致暴政是不成立的。至于民主是"维护少数人的利益"的主张,更不值得一驳。民主只能是在尊重多数人意见的同时注意保护少数,但如果民主的结果通常是维护少数人的权益,那还是民主吗?

人民当家作主,也不可能由人民中的每一个人来直接管理国家事务,只能通过人民选举自己的代表,委托他们来实现和维护自己的利益和意志,但人民对其政治代表应该享有最终控制权。西方的代议制学说正是由此而生的。代议制理论的提出者英国的密尔(John Stuart Mill)认为,"能够充分满足社会所有要求的唯一政府是全体人民参加的政府;……但是既然在面积和人口超过一个小市镇的社会里除了公共事务的某些极次要的部分外所有的人亲自参加公共事务是不可能的,从而就可得出结论说,一个完善政府的理想类型一定是代议制政府了"。"代议制政体就是,全体人民或一大部分人民通过由他们定期选出的代表行使最后的控制权,这种权力在每一种政体都必定存在于某个地方。他们必须完全握有这个最后的权力。无论什么时候只要他们高兴,他们就是支配政府一切行动的主人。"[1] 正因如此,西方国家实行代议制,社会主义国家实行人民代表制。

第四,实行权力制约。为了防止在民主基础上产生的公共权力背离人民和走向异化,对公共权力要实行制约。西方早在古代希腊和罗马的时候就已经具有了不成熟的权力制约思想,近代以来,英国的哈灵顿(James Harington)和李尔本(John Lilburne)也较早地论述了分权学说。孟德斯鸠在洛克关于行政权和立法权应当分立的基础上,提出立法、行政、司法应当实行"三权分立"的学说。孟德斯鸠认为,"防止滥用权力,就必须以

---

[1] [英]密尔:《代议制政府》,商务印书馆1982年版,第55、68页。

权力约束权力"①。他提出，立法权应该由人民集体享有；人民应派代表来做他们自己不能做的事情。司法权应由全体人民挑选出一些人来组成一个法庭来行使。行政权则是"公意"的执行者。他特别重视三权之间的互相制约，主张立法权在制定法律的同时还应该享有监督行政机关执行法律和公共决议的过程及结果的权力。为了防止立法机关凭借其在国家生活中的特殊地位而走向专制，他主张行政权拥有废除立法权决议的权力和解散立法议会的权力。司法机关在按照司法独立原则进行审判的同时，也对立法机关的活动和行政机关的执法结果进行监督。应当指出，孟德斯鸠的"三权分立"原则实质上是权力制衡的理念，而权力制衡只是权力制约的一种形式，权力制约的形式可以是多种多样的，一切视不同国家的不同情况而定。

第五，推行制度化、法治化。民主与法治之间紧密相连，相辅相成。人类民主活动的实践经验表明，民主离开了制度维护特别是法治保护就会落空。民主的价值追求和基本原则必须有一整套具体制度尤其是法律加以确认和规范，并且也只有在制度和法治的轨道上运行，民主的实践活动才能切实得到保障，真正落在实处。

二　民主的外延是民主的具体实现形式和不同发展类型

上述这些民主的价值追求即内涵是要通过民主的外延来体现的。离开民主的外延，民主就是看不见摸不着的东西。世界上任何事物都是共性与个性的统一，民主也同样如此。民主的内涵作为价值追求是抽象的、有共性的，但民主的外延却是具体的、有个性的。民主的内涵转化为民主的外延，是一个从抽象到具体，从理念到现实的实践过程。民主内涵转化为外延的过程离不开人们的实践活动方式和具体的时空条件。因此，民主的外延在体现民主内涵的同时，总是具有鲜明的个性特征。人类社会产生民主

---

① ［法］孟德斯鸠：《论法的精神》上册，商务印书馆1961年版，第184页。

以来，在不同时期、不同社会和不同社会的不同发展阶段呈现出林林总总、千姿百态的实现形式和不同类型，这些形式和类型便是民主的外延。

民主的外延首先表现为民主的具体实现形式，这是民主内涵得以体现的重要载体。民主归根结底是按照多数人的意志和意见作出公共决定，而人类在政治生活作出公共决定的目的主要关系到用人和决策，"票决"和"协商"就是其中的主要形式。"票决"通常是按照多数人的投票结果作出决定，既体现在选人上，又体现在决策上。体现在选人上就是通过选举产生政治代表和公共权力的执掌者，这是民主政治的重要内容。因为在政治生活的某些专门领域，公众不可能完全直接参与所有政治活动和从事政治行为，通常只能通过选举的方式推选出自己的政治代表和公共权力的执掌者，委托他们代行自己的政治权利。所以，选举活动无疑是民主政治的重要形式。选举活动又可以分为直接选举和间接选举，譬如我国基层群众自治中的直接选举和地级市以上人民代表的间接选举。选举又可以分为无限竞争性选举和有限竞争性选举，譬如美国式的绝对竞争选举和新加坡式的相对竞争选举。采取何种形式进行选举，由各国不同发展时期的历史条件决定。体现在决策上，就是事关重大国计民生和社会公众重大切身利益的问题需要通过"票决"方式按照多数人意志作出决定。无论是用人还是决策的"票决"方式，都需要一连串的具体活动程序来保障，这些程序有些是约定俗成的，更多的则是由法律确认和规范的。

"协商"则是民主活动的另一种重要形式。无论选人还是决策，协商都是现代民主的重要体现。协商就是用讨论和审议的方式就选人或者决策进行充分的讨论和商量，各种不同意见经过磨合，最终形成比较一致的意见和共识。这些已经形成的一致意见和共识，要么直接形成决定；要么为"票决"提供基础。毫无疑义，"票决"是民主活动的主要形式，但它并不是唯一形式。从古代希腊的"贝壳投掷"到现代的电子投票，都是用票数的多寡来选拔人才和确定政策，但政治生活中"票决"式民主通常只是在一个较小的政治空间内进行，并且参与主体的人数也相对较少，难以充分体现民主主体的多数人原则。西方的"协商民主理论"正是由于看到了民主的"票决"形式存在的某些不足,为了弥补"票决"式民主的缺陷,倡导人们按照普遍应该具有的公共理性就立法和决策进行讨论和审议来形成共识而最终进行决定。现代人提出的协商民主,是将民主活动过程中的讨论和协商原则放大以后的结果,这种"协商"式的民主活动当然是有益的。但是应该看到,"票决"和"协商"两者是互为作用、相辅相成的民主活动方式。与票决式民主需要协商式民主补充一样;协商式民主也不能简单代替票决式民主。还应该看到,民主理论研究中的"选举民主"或者"协商民主"概念可能都不是规范用语。"票决"和"协商"都只是民主活动的部分内容,部分不等于全部。

公民经常性的政治参与也是民主活动的重要内容,甚至是现代民主一种不可或缺的重要内容。在现代民主活动中,无论是选人还是决策,都需要公民的广泛政治参与和自下而上的民主监督。公民的民主参与不仅表现在选人或决策活动的当时,还体现在政治机构和政治代表产生之后对其的监督和对政策执行过程的监督。可以说,公民的政治参与能否贯穿民主活动的全部过程,是衡量现代民主社会的"温度表",西方的"参与民主理论"就是有鉴于此而提出来的。但是必须明确,公民的政治参与必须在公民具有较高的政治素质和现代法治观念的前提下进行。公民的政治参与程度好坏和效果大小,是同公民作为民主活动主体的自身政治素质和现代法治观念成正比的。在现代社会,由于科技水平的发达导致消息来源丰富,更由于互联网时代公众表达平台的多样化,公民进行政治参与的范围越来越广泛,参与的层面也越来越向纵深发展。与此同时,在经济全球化趋势客观存在并且不断发展的历史条件下,一国的国内环境和国际环境相当复杂,各种政治思潮冲突激荡,不同政治力量角逐激烈,这就在客观上要求公民在政治参与活动中必须具有良好的民主素质、参与能力和法治观念。在一个现代民主社会,政治参与活动必须是在前提真实、判断准确、表达理性、遵守法律的轨道上运行。这就客观要求公民作为政治参与主体应该掌握民主的基本知识,具备相应的政治参与能力,善于透过错综复杂的政治现象认清事物的本质,能够对一些重大政治问题作出准确判断,能够从政治理性出发去提出政治要求和进行政治表达，始终在理性的轨道上健康地进行政治参与。同时，公民进行政治参与也要坚持现代法治精神，真正了解和把握民主政治必须法治化的原则，自觉维护法律的尊严，做到权利和义务相统一，保障政治参与始终在依法有序的轨道上运行。

民主的外延还表现在民主的类型上。在不同的历史条件和社会制度下，民主又可以划分为不同的类型。例如直接民主与间接民主。古代雅典的城邦制民主由于是在一个人口较少的城市里进行，因而能够采取直接进行民主选举的方式，为卢梭的直接民主理论提供了范例。马克思和恩格斯赞赏的1871年法国无产阶级革命时期建立的巴黎公社的民主也是这种直接民主。但是，现代生活的民主绝大多数是在地域辽阔、人口众多的国度里进行，不得不采取代议制民主的间接民主形式，由人民通过协商或者选举推选出政治代表代行公众的民主权利。还例如与不同社会制度相关的民主。在不同社会制度中，民主总是打上深深的制度烙印。从古至今，人类经历了原始社会的简单民主、奴隶社会奴隶主阶级内部的民主、资本主义民主和社会主义民主。每种社会制度都有与之相适应的民主制度。再譬如与不同国家国情相关的民主。考察近代以来民主国家发展的历史，不难发现，任何国家发展民主的道路都是在坚持人类民主共性的同时，受本民族和国家的客观实际即国情所制约，形成自己的特有模式。譬如，中国式民主、英国式民主、美国式民主、法国式民主、日本式民主，等等。

国情通常是由一个国家或民族的社会制度、历史传统、文化传承和经济社会发展状况所决定的，是一种实然的客观存在。民主的外延之所以表现出种种不同的类型，归根结底还是与不同国家的具体国情有关。每一个国家的民主类型在遵循民主基本价值追求的同时，都不可避免地打上深深的国情烙印，具有自己的民族或国家特点。历史发展的轨迹也已经客观地证明了这一点。人们都知道，西方资产阶级革命胜利以后，欧美主要国家基本上都按照古典民主理论建立了代议制民主政体，但是各个国家由于国情的不同而建立的民主政治制度模式也不同。在同样是代议制的国家中，美国、法国就是民主共和制，而英国就是君主立宪制。这是因为，法国资产阶级革命的彻底性使得法兰西民族能够完全抛弃路易王朝的传统封建专制制度；而美利坚合众国的建立是因为美国人民通过独立战争胜利摆脱殖民统治之后在北美洲这块"白纸"上塑造了全新国家。相形之下，英国就有很大不同。历史上王权政治的连续性、议会活动的传统性、1688年"光荣革命"的妥协性，这些因素势必造成君主立宪式的英国政体。而同样是民主共和制，美国就是"三权分立"下的总统制，而"三权分立"发明者孟德斯鸠的故乡法国却由于其政治发展历程的不确定性而至今仍实行半总统半内阁制。之所以出现这种情况，绝不是偶然的，这都是每个国家的政治历史传统和现实情况使然。同时，世界上的政党制度也不是千篇一律，完全雷同的。当今世界上，有的国家实行的是两党制，有的国家实行的是多党制，也有国家实行的是一党制。可见，世界上任何国家的民主制度，即民主的外延都存在差别，所以，将一个或者某些国家的政治模式说成是"普世价值"，即当成民主内涵，并且到处加以推广，是不合乎客观真理的。

三 加"限定词"的民主概念在理论上的混乱

民主内涵与外延的关系本来是比较清楚的，但由于种种加"修饰词"[①]（本文称之为"限定词"）的民主概念的出现，民主理论被搞得复杂和混乱了。西方资产阶级革命胜利以后，虽然欧美各国由于国情不同而建构的政治制度模式有差别，但是作为民主政体，它们都按照古典民主理论的基本原则建立了资本主义政治制度。应该说，这一时期民主这个概念并没有被加上"限定词"。带"限定词"的民主理论主要产生于20世纪。1929—1933年席卷欧美的经济危机爆发之后，西方社会不得不改变原有的自由放任市场经济政策而代之以国家干预经济的政策。在国家垄断资本主义盛行时期，一方面，自由竞争资本主义时期传统的消极自由空间相对缩小；另

---

① 王绍光：《警惕对民主的修饰》，《读书》2003年第4期。

一方面，政府职能和地位突出，使以往议会优先的状况发生变化。特别是法西斯主义的出现和20世纪60年代西方左翼运动的兴起，使以古典民主理论为基石的西方民主制度遭到严重冲击。激烈的政治动荡势必引起学者们的关注。在这种情况下，古典制度主义政治学的价值规范研究方式遭遇挑战，以研究实证问题为特征的行为主义政治学兴起。受此影响，西方学者开始质疑古典民主原则，试图去构建一些新的民主理论和原则，所谓实证性的民主理论应运而生。

我们先分析一下西方自由主义阵营内部主张消极自由的民主理论流派。在这方面首当其冲的是"精英民主理论"。"精英民主理论"的前提是否定古典民主理论的"人民主权"学说。在其主要代表人物韦伯（Max Weber）和熊彼特等人看来，"人民实际上从未统治过，但他们总是能被定义弄得像在进行统治"[1]。他们认为，在现实社会中人民既不能真正行使统治权，也不可能对许多政治问题作出决定或选择能实现这些决定的代表，而只能选择作出决定的"精英人物"。公众只能决定政府的产生，而不能控制政府的行为。为此，他们提出"民主方法就是那种为作出政治决定而实行的制度安排，在这种安排中，某些人通过争取人民选票取得作决定的权力"[2]。"民主政治就是政治家的统治。"[3] 所以，"精英民主理论"的倡导者普遍鄙视民众，主张节制民主。"精英民主理论"否定人民是民主的主体，这与民主的第一要义，即主权在民完全背道而驰。"精英民主理论"看到了政治精英在民主活动中的特有作用，但却无限制地加以夸大。精英人物在人类政治活动中确实享有一席之地，但他只有代表了人民的利益，顺应历史的潮流，才能发挥自己的聪明才智；同时，精英人物本身就是人民大众的一员，他只有在代表人民的利益时候才是精英，离开人民群众的支持和拥护就根本谈不上是什么精英。"精英民主理论"在民主前边冠以

---

[1] [美] 熊彼特：《资本主义、社会主义与民主》，吴良健译，商务印书馆1999年版，第365—366页。
[2] 同上书，第395—396页。
[3] 同上书，第415页。

"精英"的限定词，从而否定民主的"主权在民"要义，将民主实质上归结为少数人的活动，这在理论上是完全站不住脚的。

作为西方新自由主义的重要组成部分，"自由主义民主理论"是当代西方社会的主流政治话语。由于其表述上的杂乱，迄今为止还没有人对其做过理论上的准确概括。在一些人看来，财产的私有制、建立在充分个性自由基础上的个人权利、为了保证个人权利对公共权力的限制是"自由主义民主理论"的关键词语。"自由主义民主"的理论基础是把自由看作民主的核心，其代表人物之一萨托利在《民主新论》中就认为，自由民主是一种将自由作为目的，将民主作为实现自由手段的民主观[①]，而实施自由民主的目的是"经由自由之路推动良好的精英政治"[②]。这充分反映出"自由主义民主"既与"精英民主"一脉相承，又把维护个性自由作为民主的核心理念。

追求自由是人类的天性，也是人类社会得以发展的内在动力。所以，推崇自由绝不是坏事。问题在于，世界上只有相对的自由，没有绝对的自由。西方主张消极自由的理论家们将自由无限放大，把个性自由推崇到极致，甚至不惜以伤害平等和公正为代价，这就脱离了真理的轨道。而政治层面的自由主义民主的误区在于它混淆了自由与民主的区别，把自由当作民主的核心，把自由简单地等同于民主。尽管萨托利一直强调"自由主义民主理论"的起点是政治自由，但众多的"自由主义民主"拥护者还是常常将一般意义上的"个性自由"看作是民主的核心价值。众所周知，一般自由与政治自由既有联系，更有区别，两者不能混为一谈。一般自由属于广泛的哲学范畴，而政治自由则是由法律来确认和规范的，表现为权利和义务的有限度的自由。"自由主义民主"论者事实上将政治自由偷换成一般自由的概念，从而为"自由主义民主理论"奠定个性自由的基石。即使是从政治自由的角度考察自由与民主的关系，也不能将两者混为一谈。诚

---

① 参见张飞岸《为自由民主正名的得失——萨托利"民主理论"评析》，《中共杭州市委党校学报》2013年9月。
② [美]萨托利：《民主新论》，上海人民出版社2009年版，第421页。

然，政治自由和政治平等是与政治民主紧密地联系在一起的政治范畴。要实现民主，就必须坚持以政治自由和政治平等为前提。但是，政治自由作为民主活动的前提并不是主题。从形式逻辑上看，自由和民主是两个不同的范畴。自由是人类摆脱外界束缚的渴望和状态；而民主则是按照多数人意志进行公共决定的机制，两者具有不同的客体和指向，是不能混淆的。从辩证逻辑上看，民主的主要原则是"少数服从多数"。实行少数服从多数的原则本身，就包含着民主决定作出之后事实上少数人的某些自由意志必须向多数人作出让渡。所以，任何一种民主都不可能是实现所有人自由意志的民主。把自由这种民主的前提当作民主本身，这在学理上是说不通的。

我们再分析一下主张积极自由这一理论流派的民主思想。尽管在自由主义阵营内部，"积极自由"派比"消极自由"派更加强调平等和公正，因而具有一定的进步性，但是由于"限定词"民主概念的滥用，也没有摆脱理论混乱的窠臼。在这方面开先河的是以达尔为主要代表的"多元民主理论"。达尔的思想经历的确比较复杂，在他的早期和晚期理论研究中，积极自由的倾向显而易见，但对他中期提出的"多元民主理论"，学界的看法却不完全一致。有论者认为，"达尔的'多头政体'理论上是熊彼特的'选举民主'理论再加上'利益集团'理论，经过他的发展，民主的定义与美国的自由民主实践更加接近了"①。笔者以为，对达尔的"多元民主理论"应当客观辩证地看待。虽然达尔的"多元民主"具有一定的"自由民主"色彩，但从当时"多元民主"与"精英民主"之间的那场辩论上看，达尔对"精英民主理论"将民主主体简单归结为政治精英是不满意的。正因如此，他将民主的主体扩大到由更多社会成员组成的多元利益集团，显然具有积极自由的成分。达尔的"多元民主理论"也是在痛感西方社会并没有实现古典民主理论的主权在民思想基础上形成和发展起来的，所以，他也认为"人民主权论"只不过是对政治平等的一套价值追求，在

---

① 张飞岸：《被自由消解的民主》，中国社会科学出版社 2015 年版，第 240 页。

现实世界是难以实现的。达尔认为，古典民主理论之所以没有很好协调"多数制"原则和"保障少数人自由"原则之间的关系，是因为过分强调了国家权力内部制约机制的作用，而忽略了社会中多元力量的制约和平衡作用。他认为只有这两种制衡机制同时运行，才能有效地防止政治专制现象。所以，他认为"多元政治"能够保障社会的公开竞争和公民参政，使不同意见能够自由地表达，保证民主机制的顺畅运行。他认为，"在民主国家里，有组织的政党和利益集团是必要的、正常的、理想的政治生活参与者。"① 当然，达尔后来也看到了"多元民主理论"存在的不足而加以反省。问题在于，在民主活动中，民选的公权力机构和各种利益群体都是民主活动主体的不同方面。所以，民主主体的多元性本来是民主的题中应有之义。但是，达尔将民主主体的多元性作为限定词放到民主前边，将民主主体混同为民主本身，这是"多元民主"在理论上的失误。

20世纪60年代末至70年代初的欧美政治动荡时期，"参与民主理论"在西方曾经活跃一时。在"参与民主理论"代表人物马尔库塞（Herbert Marcuse）、麦克弗森（C. B. Macpherson）和佩特曼（Carole Pateman）等人看来，作为资本主义制度和个人主义意识形态捍卫者，"自由主义民主理论"实质上是反民主的。他们指出，自由主义的理论掩饰了现代资本主义社会的巨大不平等，这种不平等状况必然会产生一种社会依附关系，并使一部分人失去个人自由。为此，他们批评现代资本主义国家是和公民社会相分离的，是社会不平等和公民权利异化的始作俑者。正是在批判"自由主义民主理论"的基础上，他们提出"参与民主理论"。他们认为，公民参与政治最恰当的领域是与人们生活息息相关的领域，因为这是人们最为熟悉也最感兴趣的领域。只有当个人有机会直接参与和自己生活相关的决策时，他才能真正控制日常生活的过程②。"参与民主理论"认为，要使

---

① [美]罗伯特·达尔：《多元主义民主的困境》，求实出版社1989年版，第10页。
② 参见[美]马尔库塞等《工业社会与新左派》，商务印书馆，1982年版；C. B. Macpherson, The Political Theory of Possessive Individualism: Hobbes to Locke, Oxford University Press, 1962; C. B. Macpherson, The Real World of Democracy, House of Anansi Press Limited, 1992, p.11.

社会从技术异化的状态下解脱出来,恢复人的自由和平等,就必须实行以直接民主为核心的参与制,即扩大公民在社会和国家事务中的直接参与。只有通过直接参与,人民才能变成自我的主人,决定自身的生活方向,"公民个人参与的实践越频繁,他就越有能力参与"①。才能达到"大多数人(非精英)以他们最小的政治输入(参与)获得最大的政治产出(政策决定)"②。他们主张凡生活受到某项决策影响的人,就应该参与那些决策的制定过程。与坚持消极自由的"精英民主论"和"自由民主论"相比,"参与民主"倡导公民积极投入民主活动,甚至强调卢梭式的直接民主,这些反映出西方知识分子对代议制民主的失望和主张公民对国家和社会生活更多地参与,无疑是有着进步的一面。但是,参与本身就是民主活动的重要形式。现代民主理论认为,公民在通过投票选举产生政治代表和公共权力机构之后,还应该进行经常不断的政治参与和政治监督。所以,政治参与是现代民主的重要形式。将"参与"放在民主的前面,把民主的形式看作是民主的内涵,这也是在逻辑上混淆了民主内涵与外延的关系。

受"参与民主理论"的影响,由麦金泰尔(Alasdair Chalmers MacIntyre)等人提出的"社群主义民主理论"③也在西方产生过重大影响。与"自由主义民主理论"过分强调个性自由与个人权利而主张限制政治生活范围完全不同,"社群主义民主理论"倡导扩大政治生活的范围。针对自由主义者关于扩大政治生活领域可能导致极权主义的指责,社群主义者回答说,极权主义的根源不在于此,而恰恰在于对政治领域的限制。社群主义者倡导个人积极参与社会的公共生活主要有两个主要依据。一是认为只有通过积极的政治参与,个人的权利才能得到最充分的实现。二是认为个人积极的政治参与是防止专制极权的根本途径。针对自由主义者认为个人是否参与政治是个人的自由选择,积极动员个人政治参与的结果可能是对个人自由的限制的看法。社群主义者认为,使人们脱离公共争论和公共活

---

① [美]佩特曼:《参与和民主理论》,上海人民出版社2006年版,第24页。
② 同上书,第13页。
③ 参见[英]麦金泰尔《德性之后》,中国社会科学出版社1995年版。

动就为专制独裁创造了基本的条件,没有公民积极而广泛的政治参与,就谈不上真正的民主政治。社群主义者主张,包括政府在内各种政治社群应当在保护和促进公民的公共利益方面更加有所作为,甚至为了社群的普遍利益可以不惜牺牲个人的利益。"社群主义民主"在"参与民主理论"基础上主张扩大积极自由,强调群体(集体)在民主发展中的地位和作用,诚然有其合理性和进步性。但是,"社群主义民主"也同样在表述上存在问题。社群既是一个公民民主活动的空间单位,也是一个民主社会的单位主体。在现代社会中,社群的民主固然十分重要,但它只是庞大的民主系统工程中的一个部分,并不能涵括所有的民主主体。这种将民主的部分主体加以夸大的做法,特别是依此限定民主,显然也是不合理的。

20世纪后半叶,主张积极自由的民主流派在"协商民主理论"中达到高峰。1980年,约瑟夫·毕塞特(Joseph M. Bessette)在《协商民主:共和政府的多数原则》[①]一文中首次使用"协商民主"一词之后,很快得到众多学者的关注和认同。尤其是哈贝马斯(Jürgen Habermas)和罗尔斯(Rawls, J.)的加入,使得协商民主理论异军突起,声名大振。西方"协商民主"论者认为,传统的西方社会代议制民主已经远远不能解决新的历史条件下的新问题。针对代议制政治存在的弊端和不足,"协商民主理论"认为只有发展"协商民主",才可以弥补代议制民主存在的非全民性和事实上少数人作出政治决策的问题。"协商民主理论"的发明者认为,"协商民主"主要是指在一个共同体中自由平等的公民在具有公共理性的基础上,通过对话、讨论、审视各种相关理由而赋予立法和决策合法性的一种治理形式[②]。其代表人物之一博曼(J. Buhmann)认为,"协商过程促使公民通过诉诸共同利益,或者以在公共辩论中'所有人都能接受'的理性话语,来证明他们的决定和看法的正当性。"[③] 毫无疑义,"协商民主理论"

---

① Joseph M. Bessette, "Deliberative Democracy: The Majority Principle in Republican Government", in Robert Goldwin and William Shambra, eds., *How Democratic is the Constitution?* American Enterprise Institute, 1981.

② 参见[德]哈贝马斯《在事实与规范之间》,生活·读书·新知三联书店2014年版;[美]罗尔斯:《正义论》,中国社会科学出版社1988年版。

③ [美]博曼:《公共协商:多元主义、复杂性与民主》,中央编译出版社2006年版,第5页。

具有进步的意义,因此在世界范围产生很大影响。但是,"协商民主理论"将协商这种民主形式也当成民主本身,同样是将民主的外延当成了民主的内涵。中国共产党人在十八大上提出积极发展协商民主,认为它与选举民主一样是中国民主发展的两种重要形式。可见,中国共产党是从民主形式的角度来认识协商民主的。

改革开放以来,中国思想界经历了一个从学习模仿西方学术话语而后又独立思考的过程。在这个过程中学术界难免发生分化,在民主研究领域也随之出现了两种不同的理论分野,笔者冒昧地将其概括为"西化派"和"国情派"。围绕着在走向现代化的历史进程中中国如何推进民主,两派之间有着完全不同的看法。受西方消极自由理论流派的影响,中国的一位"自由主义民主"代表人物就认为,民主就是自由民主,民主不在于"多数的统治",而在于宪政、分权和法治,在于政府的权力能够得到限制,个人的自由和权利能够得到保障[①]。对此,前文已经有所涉及,不再赘述。循着这条路线,近年来有些人提出的"宪政民主"。"宪政民主"的概念不过是从西方引进的舶来品,只是国内学者对它注入了自己的一些理解罢了。需要指出的是,在倡导"宪政民主"问题上,既有要求在中国实行西方多党竞争式的"宪政民主"主张;也有提出在共产党领导下按照宪法和法律实行"社会主义宪政民主"的要求,对此不能笼统看待。但主张"社会主义宪政民主"的这部分学者忽略了中国政治体制改革尚未完成,国家公共权力还没有理顺,短时间内对"社会主义宪政民主"在理论和实践两个方面都难以说清,至少目前的现实情况谈及这个问题还为时过早。而主张西方式"宪政民主"的学者尽管也希望推进中国民主,但他们给出的药方却是要求走西方宪制主义的老路。按照有学者在百度词条上的解释,"宪政民主是指为了解决对政治权力的制约问题,限制政府权力,以有效地保障人权、自由与社会公正,而建立的民主制度。宪政的实质是限政,即对政

[①] 参见刘军宁在《市场经济与有限政府》和其他一些文章中的观点。http://www.aisixiang.com/data/6816.html,2016年7月28日。

治权力进行有效的限制,防止它被滥用,尤其要防止它被用来侵犯人权和人的自由。因此,宪政的意义就是限制政治权力,保障公民权利,促进公共福利。它所奉行的原则是:政府权力有限,必须遵照宪法和法律治理国家。宪政民主的主要特点是:(1)以宪法和法律对政府权力加以限制;(2)实行分权制衡;(3)人民主权和民选政府;(4)建立宪法审查制度;(5)司法独立;(6)保障个人权利与自由。宪政与民主、法治的职能分工各有不同,民主负责权力的归属,法治负责权力的实施,宪政负责权力的制约。将宪政、民主、法治三者结合起来乃是在可以达到的范围内的最优选择。而宪政本身就包含着法治,宪政的基本含义就是依照宪法和法律治理国家。所以,宪政、民主、法治三者的结合可以化约为宪政民主"①。上述的所谓"宪政民主"其实是"自由民主"的话语翻版,其概念本身就是一个混乱的思维集合体。按照"宪政民主"论者的看法,宪政是民主、法治和宪政三位一体的结合体。首先,这在理论上就将民主与法治混为一谈了;其次,既然"宪政民主"的功能主要是限制权力,而民主的内涵属性已经包括了由民选产生的公共权力还应该受到公民的监督和权力结构内部的制约,那么"宪政民主"这不是用部分来代替整体么?人们不要忘记,西方意义上的宪政民主不仅要限制政府的权力,还包括要防止民主过当。本文不在这里具体分析"宪政民主"的思想是否正确(那是另一篇文章的任务),但就其语言逻辑而言恐怕也让人难以苟同。

学术界还有一些人提出"法治民主",这恐怕也值得商榷。众所周知,社会主义民主必须制度化、法治化,这是中共十一届三中全会以来党和人民在总结历史教训基础上得出的深刻结论。中国共产党十八届四中全会通过的《关于全面推进依法治国若干重大问题的决定》指出,积极推进社会主义民主政治的法治化②,正是着眼于此的。民主的法治化是指民主必须通过一系列法律制度来确认,依靠法的强力来维护,民主才能切实得到保

---

① 参见互联网百度搜索"宪政民主"条目。http//baike.baidu.com/link? Url = yrmbhxknjdidcz2zato,2016年7月29日。

② 《中共中央关于全面推进依法治国若干重大问题的决定》,《人民日报》2014年10月29日。

障。但是，民主与法治虽然息息相关，却分属不同范畴，具有不同的客体指向。民主是国家生活的重大问题必须依据多数人意志进行决定；而法治则是国家的治理和社会的组织必须依据法来进行。一位"法治民主"论者在其文章摘要中归纳："从实施方略角度看，民主可区分为人治民主和法治民主两类。人治民主是社会革命后接踵而至的一种普遍现象，但不是正常的民主形式，只能作为通往法治民主道路的一个中介。法治民主有四项基本特征：立法民主；法律至上；限权宪法或权力受限制的政府；法律得到严格实施。今天我国处在从人治民主向法治民主过渡的阶段。应当适应我国现阶段基本情况，切实推进社会主义法治民主。"[1] 姑且不论事实上有没有"人治民主"这个东西，单说把法治这个范畴加在民主范畴前面，将法治当成民主的核心，就与"自由民主"将自由当成民主的核心一样在逻辑上是不通的，而且容易造成理论上的混乱。

还有一个概念叫作"治理民主"，也是近年来从西方引进并经过国人加工后的舶来品。由于其在民主前面加上"治理"一词，更是将民主概念弄得面目全非。中国共产党十八届三中全会通过的《关于全面深化改革若干重大问题的决定》提出，全面深化改革的总目标是完善和发展中国特色社会主义制度，推进国家治理体系和治理能力的现代化[2]。由于执政党将国家治理现代化问题提上日程并且给予高度重视，国家治理问题一时成为中国学术界的显学。但是，在研究过程中，常有论者自觉不自觉地将中国式的国家治理与西方的"多元共治"治理理论混为一谈。对此，习近平同志明确指出，国家治理是中国共产党领导下管理国家的制度体系和制度执行力[3]。显然，这与西方治理理论标榜的"多元共治"是有区别的。尽管在推进国家治理现代化的进程中，应该研究和借鉴西方治理理论的某些合理之处和实践中的有益做法，但不能将西方的治理理论和全部做法放到中

---

[1] 童之伟：《论法治民主》，《法律科学》（西北政法学院学报）1998年第6期。
[2] 《十八大以来重要文献选编》（上），中央文献出版社2014年版，第512页。习近平：《切实把思想统一到党的十八届三中全会精神上来》，《人民日报》2014年1月1日。
[3] 何显明：《治理民主：一种可能的复合民主范式》，《社会科学战线》2012年第10期。

国来"张冠李戴"。但学界有些人偏不这样做,非要提出不中不西的所谓"治理民主"。一位论者在文章中说,"治理理论的民主话语尝试大胆扬弃代议制民主,融会自由民主与共和民主,打破建制性民主与非建制性民主、政治民主与行政民主的界线,并将民主的实践领域扩展到社会各个领域,实现程序民主与实质民主的统一。就此而言,治理民主是复合民主的当代形式,预示着一种可能的新的民主范式"①。且不论社会主义民主不能够"融合"自由主义民主,仅就民主与治理的关系而言,"治理民主"的概念也曲解了治理与民主的联系。国家治理现代化的实现途径当然包括发展民主和推进法治。但是,国家治理现代化是一个庞大的系统工程,民主和法治建设只是其中的部分构成和部分途径。将"治理"作为民主的前缀,将国家治理这个错综复杂的事情简单归结于政治领域的民主,这不仅在逻辑上难免混乱,在实践中也会产生误导。

与西化派针锋相对的是"国情派"。"国情派"认为中国民主发展的进路应该从中国国情实际出发,打上深深的中国国情烙印和传统优秀文化底蕴,就这一点而言与我们现在倡导的"中国式民主"是一致的。然而,在探索中国式民主的进程中,"国情派"也没有走出加"限定词"民主的老路。在"国情派"队伍中,"大陆新儒家"倡导的"儒家民主主义"是一个重要代表。"儒家民主主义"论者赞赏和肯定西方的"社群主义民主",认为个人主义不仅不利于任何真正民主的人类社群的建立,而且是任何民主社群的大敌,所以,他们赞同西方社群主义民主的基本观点。同时,他们认为中国古代儒家的学说中早就存在社群主义思想并且比西方更加古老。在"儒家民主主义"者看来,中国古代的儒家思想倡导民本、强调整体、注重民生都与西方的社群主义民主不谋而合,而且比西方对此的认识还要早很多。所以,儒家民主应该是中国式民主的主要文化标志②。诚然,中国的民主在吸收人类文明共同成果的同时,必须从自己的国情实际出发,

---

① 参见杜维明《儒家民主并非臆想,而是一种美好的愿景》,http://guoxue.ifeng.com/a/20160318/47949750_0.shtml,2016年8月5日。

② 陈素芬(Sor-hoon Tan):《儒家民主》,中国人民大学出版社2014年版。

在充满时代精神的同时,应当传承民族文化的优良成果,这已经成为多数中国人的共识。但是,中国式民主在继承传统文化优秀成果时,必须将传统文化中的优秀成果与封建专制主义的糟粕严格加以区分。笼统地提出儒家民主就使人难以辨别儒家学说的精华和糟粕,以至造成思想上的困惑。同时,将一种民主的文化底蕴当作民主本身来概括,这在学理上也难以说通。

最近一个时期,也有学者提出中国式民主应该是"民本主义民主"的理念[1],其用意是以此同西方的自由主义民主相抗衡,其动机无疑是好的。但是仔细想来恐怕也值得推敲。"民本"一词最早出自《尚书·五子之歌》,原句是:"民惟邦本,本固邦宁。"孟子后来提出的"民为重,君为轻,社稷次之"(《孟子·尽心下》)则成为中国历朝历代民本主义思想的座右铭。中国古代社会的统治阶级能够认识到民众是国家的根本,主张作为统治者要敬民、重民、爱民,自我约束,修善德行,慎重处理民事、国事。这种主张的确具有进步性。但是这无疑是中国封建社会统治阶级用来维护封建统治比较开明的统治术,与社会主义国家的人民当家作主是完全不同的两回事。"中国古代思想中的民本思想,虽有重民、贵民的思想内涵,甚至还由民本思想推导出反对封建君主专制的大胆结论,但是它始终没有赋予人民以政治权利的思想内涵,因而没有、也不可能发展为民主思想。"[2] 试问:"民本主义民主"理论的倡导者使用的"民本主义"含义是什么呢?如果是中国古代政治文化中的"民本主义",那么它就是一种封建社会的进步理念。而如果它是指中国社会主义社会的民主机制,那么用"人民民主"不是更恰当吗。显然,在中国式民主表述中使用"民本主义"的限定词只能使对中国式民主的研究陷入混乱。习近平同志在纪念中国共产党成立95周年大会上的讲话中指出,要坚持道路自信、制度自信、理论

---

[1] 《民本主义民主与中国的未来》,http://www.cssn.cn/ts/dlz/rwsk/rmzgw/201411/t20141126_1416502_2.shtml,2016年8月5日。

[2] 李铁映:《论民主》,人民出版社、中国社会科学出版社2001年版,第321页。

自信和文化自信①。毫无疑问,中国式民主的发展道路必须坚持文化自信。但这里讲的文化自信,是指在马克思主义指导下,既传承了中华民族优秀文化传统的精华,又充满着时代精神的社会主义文化。简单地把中国传统的儒家文化或者民本主义思想当作社会主义文化,事实上是混淆了不同性质的文化,而且把这种文化理念作为民主的前缀,也容易把民主问题的研究搞得更加复杂。

综上所述,是否可以得出这样的认识,民主内涵的核心就是人民当家作主,离开这一民主的根本要义,将民主的具体形式或者实现类型当成民主的内涵,或者以形形色色的加限定词的民主理论避开主权在民原则去谈论民主,其结果只能是使民主理论研究越发混乱。

(作者单位:中共中央党校政法部)
(原载《政治学研究》2016年第6期)

---

① 习近平:《在庆祝中国共产党成立95周年大会上的讲话》,《人民日报》2016年7月2日。

新马克思主义对西方民主政治逻辑的辨析

谢亚洲

现代民主政治国家的诞生是近代以来最具历史性的人类事件之一，它将人类关于"善的生活"的思考重新摆置在一个前所未有的高度，人类凭借"民主政治国家"再次向自然、向上帝证明了自己作为理性动物的全部天才和禀赋。但同时，作为人类迄今为止"最富成效"的政治设计，民主政治国家似乎并没有如人类所希望的那样，给人类带来新的解放的可能性，反而是以行星命运般的力量来"座架"人类生活，把人类抛向一条更为严峻的"奴役之路"。面对西方现代民主政治国家这个政治创造，人类毫无成就感，甚至陷入了一种黑格尔式的历史与命运怪圈——"人首先成为他现在的这个样子，并且仿佛当人的现实的历史开始之初人就已经成了这个样子的了。"① 所以，当我们在谈诸如"领土国家""民主国家"等现代国家概念时，又理所当然地将其视为某种自明的、先行给定的事物，仿佛其现实的历史开始之际就已经如此。那么，现代民主国家究竟如何生成，又如何从"福音"变成"利维坦"？隐藏在民主国家这一"怪物"背后的秘密是什么，从何处寻找？对这些问题的追问和回答其实就是对民主政治逻辑的质询与反思。本文旨在探究新马克思主义对西方现代民主政治逻辑的

---

① Herbert Marcuse, *Heideggerian Marxism*, University of Nebraska Press, 2005, p.116.

空间政治学分析，进而揭示现代民主国家生成的秘密和其政治逻辑，并在此基础上探讨新马克思主义重塑人类可能性的现代性规划。

一　政治理性主义及其困境

在这个信息、经济、金融、生产、技术和交通相互依赖度越来越高的全球化时代，有人指出"通过迄今普遍采用的主权国家间达成的协议形式是无法解决"各种新出现的风险和挑战的，"所以，有必要建立和扩大具有较强政治行为能力的跨国组织"[①]。同时，"在最根本的意义上说，国家主权正在被重新定义，尤其是被全球化和国家合作的力量所重新定义"。[②] 主权已经获得一种新的形式，这种形式由一系列国家和超国家的组织所构成，而这些组织统一于某种单一的规则逻辑之下。在哈特和内格利看来，这种新的全球主权形式——他们称为"帝国"——已经取代了帝国主义阶段，进入试图在境外扩展其主权的历史阶段。当前的"帝国"是没有领土性的权力中心，也没有固定的边界。"帝国"是一种去权力中心化的、去领土化的规则设备，这种设备逐渐将整个全球领域和开放的疆域合并在一起。换言之，在这个高度发达的全球时代，现代（民族）国家已经（或者说即将）被更高的主权形式所超越。从历史叙事的角度看，"民族国家"向"后民族社会""帝国"的过渡同现代国家自身实现一体化的过程在逻辑上是一致的。

许多人在谈及现代性和现代文明之时，都会从经济、生产方式、18世纪晚期兴起的工业革命与文化出发，并没有多少社会思想家赞同现代国家像现代经济和工业生产一样只是"现代规划"的一个部分。但确实如韦伯所认为的那样，西方社会走出中世纪、迈向现代化的过程是一个逐步理性化的过程。理性化过程在政治上主要体现为理性的、法理的权威的兴起，

---

① ［德］尤尔根·哈贝马斯：《包容他者》，曹卫东译，上海人民出版社2002年版，第126—127页。
② Stuart Elden, "Contingent Sovereignty, Territorial Integrity and the Sanctity of Borders", *SAIS Review*, Vol. XXVI, No. 1, 2006, p.16.

而这一过程最重大的标志应该首推现代民主国家的形成。因为根据韦伯的定义，现代国家有如下特征：第一，国家表现为一套制度或机构（institutions）；第二，国家以特定的领土为界域；第三，更为重要的是，国家垄断了合法使用暴力的权利。[1] 无论是制度或机构的设置、领土界域的划分，还是暴力的"合法"使用，都以一种理性的、自然正当的形式展现出来，并诉诸理性，以理性为名。吉登斯甚至更为直接地将现代国家视为一个"监控体系"，这种监控不同于福柯所指的那种直接的诸如监狱、学校以及露天工作场等的监控，而是一种更为重要的基于信息控制方面的监控，是对"社会关系"进行规则化的监控。[2] 正是借助于理性和技术，一种基于"信息控制"的监控、一种对"社会关系"进行规则化的监控才成为可能。换言之，一种统一的、具有普遍性的现代国家模式才从近代欧洲兴起，然后扩展到全球。显然，"所有当代政治都深深感染了理性主义……理性主义不再只是政治上的一种风格，它已成了一切应受尊重的政治的风格标"。[3]

欧克肖特在批评西方近代政治理性主义的种种弊病时指出，理性主义的政治是完美的政治（the politics of perfection）和一式的政治（the politics of uniformity），这种政治相信"人类可以用理性来控制、设计、监视社会和政治生活的一切方面"，[4] 而且相信人类必然能通过运用理性而让自己的生活达到完美境地。这种政治理性主义的核心便是政治的时间性，也即认为政治是可生成的、有目的的、发展的，政治必然沿着某种线性的历史前进。政治理性主义与历史主义是同构的，政治的发展遵循历史，而历史是遵循社会发展的某种内在自律逻辑的时间之流，又被超历史的进步法则所塑造。因此，试图在对社会历史发展的整体性与统一性的思考中发现历史发展的内在逻辑和基本规律，进而探求政治的本质，便成为近代以来几乎

---

[1] John A. Hall & G. John Ikenberry, *The State*, University of Minnesota Press, 1989, pp. 1 – 2.
[2] 陈嘉明：《现代性与后现代性十五讲》，北京大学出版社 2006 年版，第 243—244 页。
[3] ［英］迈克尔·欧克肖特：《政治中的理性主义》，张汝伦译，上海译文出版社 2004 年版，第 20—21 页。
[4] 同上书，第 5—6 页。

所有社会科学理论的主题。这其中最具历史意义的,莫过于黑格尔的"历史哲学"。在黑格尔看来,历史中理性的辩证展现是根本的现实,而民族国家则是世界精神在历史中的具体化,是理性自由的体现。各民族国家被卷入历史辩证展现的过程之中,个人和国家成为起作用的世界精神的"无意识工具"。① 黑格尔的继承者们虽然以社会阶级和经济力量代替"理性",但大多未跳出这种目的论历史主义的轮廓,他们同黑格尔一脉相承地认为历史是进步的,并把这种"进步"观念引入政治,一道造就"时间政治学"。

全球化似乎只是经济的全球化,以时间性为依据的现代政治理性规划,它宣称随着历史的进步,现代国家终将被超越,人类将进入遵循单一逻辑、单一价值的社会。但这又好像是资本逻辑主导下的政治妄想:一方面,正如新自由主义一直所宣扬的那样,资本逻辑确实已经在宣告它的胜利,同时资本逻辑本身所涵育和携带的各种工具性价值(如民主、自由、人权)也似乎已经成为最合法、最正确的政治选择,某种新的以世界、全球、人类为逻辑起点的"不可逆的"政治出路似乎已经成为可能。但另一方面,政治似乎仍在按自己的方式展开,面对来势汹汹的资本与经济冲击,政治开始报复(英国脱欧公投、难民危机、ISIS 等便是最好的例证),传统政治力量似乎在复兴,并开始彰显政治自身的政治存在感。现代民主政治试图通过单线式的时间政治观念来取缔差异、冲突的存在,使资本运行的语境尽可能地均质化,从而按照资本自身的逻辑来安排"差异":如"中心—边缘""发达—不发达""不平衡发展"等。但事实是,资本主义民主在突破现代国家的边界时遇到了挫折(即便在边界之内它已经获得成功),现代国家边界之外的空间以最清楚的方式昭示着真正差异的存在,而这些"差异"暴露了资本逻辑的局限。换言之,这些"差异"彰显了政治的存在与政治的回归。那么,"在我们这个后政治(post-political)世界,也即

---

① [美]肯尼思·W. 汤普森:《国际思想之父:政治理论的遗产》,谢峰译,北京大学出版社 2003 年版,第 143—145 页。

这个我们时常被告知,当前的新自由主义全球化模式没有替代方案的世界,何种激进批判仍可能?"①

二 现代民主政治的"领土逻辑"

历史主义在回答现代国家的生成逻辑时,只关注现代国家与时间的内在关联,并倡导一种基于线性历史观的社会解放策略和实践,而忽略了空间在现代国家生成过程中所扮演的关键性角色,因此必然陷入历史决定论,同时导致政治理性化与政治技术化。由于一种"世界精神"的人类历史观念,现代国家被纳入更大范围和更大尺度的世界,同时被赋予趋于同一的历史理性,因而现代国家的自主和自治仅仅成为手段而非目的,现代国家只是实现某种更高历史目的的阶段,甚至是一种技术工具。但这样来理解现代国家,并不能洞察现代国家的全部秘密,更不能洞察现代民主国家的本质。正如巴迪欧所提醒的那样:"尝试着去思考国家,很有可能为一种国家思想所俘获,也就是用国家所产生和保证的思想范畴去思考国家,进而误识了国家的深层真相。因为国家最主要的力量之一,就是将思想的范畴强加于我们,并让我们自发地将之运用于社会世界中的所有事物,包括国家本身。"② 这种"历史主义"的思想范畴正是现代国家本身强加于我们的,这种反思方式恰恰是现代国家所允诺的,也是现代国家所希望的。因此,通过时间、历史并不能真正认识现代国家,也不能认识政治。直到20世纪,伴随着对启蒙理性、现代性、现代化等理论的诸多质疑,这种关于现代(民主)国家的时间性历史主义解释方式才逐渐被打破。尤其是,20世纪60年代之后,随着新马克思主义理论家们对"空间"(这一具有存在论性质的范畴)观念的发掘与政治哲学的"空间转向",对此一问题的思

---

① Chantal Mouffe, "Space, Hegemony and Radical Critique", 见 *Spatial Politics: Essays for Doreen Massey*, edited by David Featherstone and Joe Painter, John Wiley & Sons. Ltd, 2013, pp. 21-22.

② [法]皮埃尔·布尔迪厄:《科学的社会用途——写给科学场的临床社会学》,刘成富、张艳译,南京大学出版社2005年版,第11页。

考才进入新的理论境地。

在继承和发展马克思的资本主义批判和社会解放理论的基础之上,以列斐伏尔、马西(Doreen Massey)和埃尔顿(Stuart Elden)为代表的新马克思主义空间政治学开辟了社会解放策略的另一条道路,他们揭示了历史主义叙事对空间的遮蔽以及空间的历史与政治意蕴,指出了当代资本主义条件下发展空间政治学的迫切性,因为空间政治学能更为根本地揭示隐藏在理性和"政治正确"之下的现代民主政治的原始权力结构。按照新马克思主义的理解,现代(民主)国家生成逻辑的根本据点原来并不是政治的时间性,而是政治的空间性。或者说,理解现代国家并不是只有时间这一条维度,隐藏在这一维度之下的、被时间维度(比如说"现代化"问题、"发展"问题、"进步"问题)所遮蔽的是空间维度,通过空间才可以发现现代国家的秘密。在某种程度上说,这便为更深层次地理解民主政治打开了视域,也为寻求新的政治解放敞开了道路。

作为"第一位也是最重要的一位历史地理唯物主义者",列斐伏尔就国家通过空间生产来处理现代资本主义危机趋势的战略做过创造性的分析,影响了诸如哈维、索亚和史密斯等一大批社会空间理论家。列斐伏尔同时也对不同政治形态的空间生产加以分析,这同样为政治理论家图绘政治和历史的空间性提供了一套有用的概念工具。在他那里,空间不再是"思想的先验性材料(康德),或者世界的先验性材料(实证主义)",[①] 而是"一种社会和政治产物"。因此,"空间既不是一个起点(比如,在哲学性假设中的精神空间和社会空间),也不是一个终点(一种社会的产品,或者这种产品的所处的场所)",而是"一个中介,即一种手段或者工具,是一种中间物和一种媒介……一种在全世界都被使用的政治工具",[②]"空间是政治性的"。这意味着每个社会(因此,每种生产方式及其所有变种)都在生产某种空间,即生产自己的空间。在列斐伏尔看来,现代(民主)

---

① [法]亨利·列斐伏尔:《空间与政治》,李春译,上海人民出版社2015年版,第31页。
② 同上书,第23—24页。

国家的诞生便是整合早期现代欧洲各种前资本主义社会形态的杂质空间的结果，而与之相伴随的是资本主义的生成和国家市场的发展。换言之，现代国家整合空间，是为了调动"一种统一的、合逻辑的、可操作的、可量化的理性，以使经济增长成为可能，同时让它能够在这种经济增长中获得力量，以便它扩延到将占有整个地球的地步"。① 因此，与前资本主义社会的绝对空间不同，现代国家致力于将复杂多态的现代资本主义社会空间描述成一种似乎均质的、自明的、既定的"抽象空间"。抽象空间"摧毁它的（历史）条件，摧毁其自身的（内在）差异及所有（新兴的）差异……如此便使生产和交换领域持续的、理性的经济积累成为可能，也使国家治理领域广泛的、综合的控制成为可能"。② 而通过这一"掩星"（occultation）过程，巩固这种空间生产的许多战略决策、政治干预、意识形态磋商及社会斗争的痕迹便被魔法般地隐藏了。所以，列斐伏尔感叹道："在空间中可以发现国家的秘密，不是吗？国家的秘密之所以被隐藏，就是因为它足够明显。"③ 由此，列斐伏尔空间政治学的主旨便是，现代民主国家通过生产空间来生产自己，空间生产本身表明了民主的权力结构和其运作机制，任何国家尺度上的社会与政治空间都非既定的，而是一直处于被各种各样的国家空间战略所塑造和重塑的过程之中，我们不能简单地将世界化（mondialisation）化约为某种线性因果关系或者机械决定论，而是应该寻求其可能性条件。

与列斐伏尔一道但不同于列斐伏尔的是，埃尔顿对现代国家之生成及技术本质的追问，是从一个极为关键但却在各种国际关系学、空间政治经济学文献中做了古怪处理的概念入手，即"领土"概念。列斐伏尔讲："如果空间的形态相对于内容来说是中立的、公平的，因而也就是'纯粹'形式的、通过一种理性的抽象行为而被抽象化了，那么，这正是因为这个

---

① Neil Brenner and Stuart Elden, "Henri Lefebvre on State, Space, Territory", *International Political Sociology*, 2009, p. 359.
② Ibid., p. 358.
③ Ibid., p. 372.

空间已经被占据了、被管理了,已经是过去的战略的对象了。"① "领土"作为国家空间的一种特殊形态,正是这样一种"以历史性的或者自然性的因素为出发点"而被政治地加工和塑造的空间形态。因为现在几乎所有领土争论、国家理论,"但凡定义领土之处,要么将领土假设成一种关系,这种关系可被理解为领土性(territoriality)的一种结果,要么假设成一种有边界的空间",②认为领土在意义上是自明的,转而探索其他据称更为根本的问题,而对领土自身的成问题性并没有进行系统质问。在埃尔顿看来,"领土"是政治组织和政治思想在历史和地理上的一种特殊形态,要对"领土"进行历史意义上的概念式检查,而不是直接将其当作出发点,才能跳出"领土陷阱"。③

通过对"领土"概念史的梳理——从希腊城邦一直到17世纪的现代国家,埃尔顿发现:领土的诞生是个现代的事情。古希腊语和古拉丁语文本中,虽然处处都关涉"领土"所处理的实际政治问题,但却并没有"领土"这个词,只是到了现代,"领土"才具有规定和限制政治的实践作用,"领土这个词成为用以描述一套关于地方(place)和权力之间关系之实践和观念的方式,这套实践和观念是特殊的,在历史意义上讲是有限的。"④之所以到17世纪现代国家这里,领土在一种可识别的现代意义上出现,似乎得益于两件事情:第一,科技革命;第二,罗马法的重现发现及重新制作。笛卡儿式的空间理解是"领土"的酵母,"领土可被理解为这种计算性空间概念的政治配对物,随即可将领土当成是国家权力的广延"。⑤ 现代

---

① [法]亨利·列斐伏尔:《空间与政治》,李春译,上海人民出版社2015年版,第37页。
② Stuart Elden, *The Birth of Territory*, The University of Chicago Press, 2013, p. 3.
③ 关于国家权力地理学的传统理解有三重假设:(1)现代国家主权要求有被清晰定界了的领土;(2)在现代世界,"国内"与"国外"事务之间有根本的区别;(3)领土国家被视为充当现代社会的地理"容器"。如 Agnew 所说,这便导致"领土陷阱",即将领土扩张、领土构造、国家权力的有界性视为理所当然。参阅: John Agnew, "The Territorial Trap: The Geographical Assumptions of International Relations Theory", *Review of International Political Economy*, Vol. 1, No. 1, 1994, p. 53; Stuart Elden, "Land, terrain, territory", *Progress in Human Geography*, 34 (6), p. 801; Neil Brenner and Stuart Elden, "Henri Lefebvre on State, Space, Territory", *International Political Sociology*, 2009, p. 354.
④ Stuart Elden, *The Birth of Territory*, The University of Chicago Press, 2013, p. 7.
⑤ Ibid., p. 322.

国家在欧洲近代早期生成的时刻,所提倡的进行全面土地测量和绘制地图的规划,以及划分边界与发展防御工事等空间实践无一不以这种空间理解为前提。此外,中世纪意大利城市—国家中罗马法的重现发现和制作,为皇权与教权之争作出了仲裁,领土(territorium)概念才逐渐明确地与统辖权联系到一起。正是在这个意义上,埃尔顿说:"不应该将领土理解为静态的产物或客体,而应该理解为理性的一个部分:依赖于计算,就像依赖于控制和斗争那样,也即福柯所谓的'政治技术'。"① 所以在埃尔顿看来,"统治者在领土之内垄断权力的观念远早于那些领土的边界在任何情况下都固定不变的观念"。② 通过对"领土"概念的历史性考察,埃尔顿认为:"应该将领土理解为一种政治技术,或者理解为一套政治技术也许更好。"③ 通过该政治技术,"差异被纳入一个单一的机体,民主作为多数人(the many)的统治,变成了'将这些社会差异整合或简化为同一身份'的人的统治"。④ 正如哈特和内格利所言,"整个政治理论传统似乎达成这样一个基本原则:只有'一人'(the one)才能够统治,无论是将此'一人'构想成君主、国家、民族、人民,还是构想成政党"。⑤ 所以,就民主的真实历史与逻辑而言,埃尔顿发现民主的诞生与"领土"的诞生相伴随。

"列斐伏尔将国家生产模式(SMP)的巩固描述为20世纪的重大事件,因为国家生产模式(SMP)的巩固为理解法西斯主义、斯大林主义和诸如美国新政、欧洲社会民主主义的西方自由民主模式提供了基础。"⑥ 同样,在埃尔顿的"领土"政治技术学中我们可以清楚地理解民主政治。在"领土"这一政治技术中,埃尔顿让我们看到了现代(民主)政治所特有的驯

---

① Stuart Elden, *Territory*, 见 *The Wiley-Blackwell Companion to Human Geography* (First Edition), Edited by John A. Agnew and James S. Duncan, Blackwell Publishing Ltd, 2011, p. 266.
② Ibid.
③ Stuart Elden, *The Birth Of Territory*, The University of Chicago Press, 2013, p. 322.
④ Stuart Elden, *Speaking against Number: Heidegger, Language and the Politics of Calculation*, Edinburgh University Press, 2006, p. 3.
⑤ Ibid., p. 2.
⑥ Neil Brenner and Stuart Elden, "Henri Lefebvre on State, Space, Territory", *International Political Sociology*, 2009, p. 369.

化并生产其空间的工具——计算性理性（数学），或者说，现代（民主）政治正是通过一种数学方式来展开其自身逻辑的。埃尔顿认为，巴迪欧在其《存在与事件》中已经很好地指出了数学是一个现代世界的存在论事件。"巴迪欧将数学规定为存在论"，并认为数学"比其他任何经验主义的捐赠物更富有令人惊讶的规定性"。① 在现代世界中，政治与数学实现了合谋，政治通过数学的存在论性质实现了对世界的完美规定，数学是建构现代（政治）世界的存在论基础。也正是因为数学在现代世界的存在论性质，这个建构才变得有效和那么"合乎"人的存在，或者说使这个建构本身具有"座架"意义。② 这其实回答了"现代民主政治为什么要借助理性、律法和资本等具有计算和数学性质的工具来建构自己的逻辑"这一问题。通过"领土"概念所蕴含的数学与政治之间的合谋关系，我们可以看到，现代国家民主观念实际上起源于一种计算理性意义上的空间权力观念——通过可计算性的理性和律法来实现对空间（"领土"）的控制和占有。由此可见，建立在理性和律法基础上的契约精神，实际上只是与教权争夺统辖权的一种特殊的民主权力政治观念。所谓卢梭笔下的能让人类形成野蛮与文明区分的可计算性理性和律法，只不过是"民主"的帮凶，其本质上是一种基于计算理性的系统的权力政治规划（或者说现代政治技术）。通过对"领土"概念的历史性分析，埃尔顿认为现代西方的民主政治逻辑本质上是一种"领土逻辑"（the logic of territory），它历史地表明了民主的政治本质就是一种基于可计算性（理性）的权力政治——追求一种对空间的占有和操控，追求空间的"领土性"乃是民主的根本目的，也是维系其政治生命的运行机制。不难看出，"领土"和空间同时又是民主政治实践的前提。

"我们称之为全球化的历史时刻，说明可计算性的空间理解已经扩展到

---

① Stuart Elden, *Speaking against Number: Heidegger, Language and the Politics of Calculation*, Edinburgh University Press, 2006, p. 179.
② 巴迪欧在这里丰富了海德格尔的"技术座架"思想。在一定意义上说，巴迪欧将数学规定为一种存在论补充了海德格尔的"技术之思"，即巴迪欧回答了技术为什么能"摆置现代与未来世界"这个根本问题。

了全球。这意味着尽管国家变得不那么成为焦点,但领土依然非常重要。"①
这种民主的空间权力观念,一直是最重要的对我们现代世界的地理规定。英国和美国的现政府(以及许多其他地方的现政府)所告诉我们的"无可避免的"全球化故事并"不是自然法则的结果(其本身是一种还在争议的现象)。它是一种规划。所有类似克林顿这里所发表的主张,其目的是试图说服我们:这里别无选择。这不是对世界本身的一种描绘,因为它简直就是一种镜像:世界正在被这样制造出来"。② 而作为霸权话语和物质实践,这种新自由主义的全球化"在说服我们相信全球化无可避免中起作用的关键伎俩之一,是在时间和空间概念系统方面玩魔术",③ 即将地理转化为历史,将空间转化为时间,对空间事物进行时间性聚集,即顺着一条时间轴重置同期发生的差异。这样,就不难理解有些地区和国家之所以被定位成发达、发展中或落后了。"(这种定位其实)是一种简化,即把(这些地区和国家的)各种事物——宁可被理解为同期存在的各种差异——简化成历史序列上的一个时间段。"④ 通过这种"魔术",空间因其多样性被重组成某种单一的时间性而遭湮灭。民主正是通过资本逻辑和所谓理性与法律精神驯化了空间,实现了对空间的控制与征服。"这一'单一叙述'的宇宙学,取消了多元性,取消了空间的同期异质性。它同时把共存简化成了历史序列中的地点/位置。"⑤ 民主的"领土逻辑"所展现的是一种隐秘地"支配与被支配"和"控制与被控制"的民主权力关系。通过空间时间化,民主不但实现了统治对象(由统治人转化为控制空间)的转化,而且形成了新的统治逻辑("领土逻辑")。资本主义之所以还长久不衰,就是因为民主政治可通过所谓理性、律法与资本等现代文明与价值工具来不断地粉碎"地方"来生产自己可以操控的空间。在资本逻辑的表象之下,真正维系资本主义生命的是民主的"领土逻

---

① Stuart Elden, *Missing the point: globalization, deterritorialization and the space of the world*, Royal Geographical Society (with The Institute of British Geographers), 2005, pp. 8 - 9.
② [英] 多琳·马西:《保卫空间》,王爱松译,江苏教育出版社 2013 年版,第 8 页。
③ 同上。
④ Doreen Massey, *Talking of Space-time*, Royal Geographical Society (with The Institute of British Geographers), 2001, p. 259.
⑤ [英] 多琳·马西:《保卫空间》,王爱松译,江苏教育出版社 2013 年版,第 8 页。

辑"。纵观列斐伏尔等众多新马克思主义学者，通过埃尔顿的"领土逻辑"，我们不难发现隐藏在"政治正确"和理性与普遍价值之下的当代民主政治的原始权力结构和真相：（1）就新马克思主义学者们所认为的支撑资本主义社会运行的两大逻辑（资本逻辑和领土逻辑）的关系而言，是领土逻辑支配资本逻辑，资本、理性和律法等只是民主用来粉碎地方空间和生产自己可控空间的具有存在论性质的现代文明工具，所以经济全球化背后隐藏的是一种民主的全球空间政治实践。（2）因此，对民主政治来说，权力优先于价值，所谓的普遍价值只是一种"抽象空间"里存在的虚假意识。（3）不难看出，就我们当下所争论的现代性问题而言，是政治现代性推动社会现代性，社会的理性化进程服从政治的现代性规划。（4）就政治现代性本身而言，追求空间的领土性是民主政治的根本目的和运行逻辑，可以说，领土性（或者说一种民主的空间权力观念与实践）构成了整个现代性的前提。依据民主政治的"领土逻辑"，我们也不难理解"帝国"这种新的主权形式的政治意义。"帝国"这种超国家的主权形式其实向我们表明，世界上没有不能被征服和驯化的空间，民主政治已经取得了一种全球政治话语形式。同时，民主已经实现了空间在形态意义上的突破，它不但要驯化我们的社会与政治空间，而且要驯化并生产我们的精神空间，因为"帝国"的精髓就在于败落。

但问题的关键在于，空间是多元轨迹的同期共存，是不可被取消的。因此，在马西看来，需要将时间空间化，需要为全球化话语中运作的各种空间想象（无论是假设全球化是西方化、全球化导致"时间对空间的湮灭"，还是假设地方是均质的）提供某种替代性想象。在马西看来，我们要突破民主的"领土逻辑"，首先就是要重构全球和地方的关系，可以让我们以不同的方式来直观世界和政治事务（politics），同时敞开了反思政治活动的可能性。

三 政治是空间的：重构权力与地方关系的空间政治学

"同海德格尔一样，列斐伏尔也认识到，笛卡儿式的空间理解——这种空间理解是笛卡儿更为广阔的形而上学观点的一部分——使社会和技术统治成为可能。"① 因此,他在将"抽象空间"视作现代国家、现代世界的根本维度时,尖锐地批判与这种战略相关的技术统治论和政治冷漠症,同时更令人信服地坚持声称,抽象空间"并不是均质的,抽象空间只是将均质性当作自己的目标,当作自己的意义、自己的'对象'……就其本身而言,它是多样的"。② 如他所言,尽管国家和资本试图将空间"粉碎"成一种可控制的、可计算的、抽象的网格,但不同的社会力量同时试图创造、保护并扩展社会再生产的空间、日常生活的空间以及基层控制(工人自治)的空间。尽管"在技术官僚的头脑中,存在着一种总体性规划的错觉",③ 企图让整个社会落入控制论的枷锁中,但政治仍在这一规划的缝隙之中找到了自己的位置,政治并没有被"摧毁"。因此,列斐伏尔不同于卢卡奇、葛兰西、马尔库塞等西方马克思主义者,试图通过阶级意识、意识形态和文化革命来重塑革命主体,而是规划了一种囊括生产方式、政治、日常生活、都市、文化、社会关系等重大命题的总体性革命,以此来复活政治(the political)。但这种总体性革命必须从改变空间开始:"为了改变生活,我们必须首先改变空间。"④

之所以从改变"空间"开始,是因为空间是一种社会和政治产物,空间是斗争最终的所在地,也是斗争的媒介。正是在这个意义上,列斐伏尔宣称"存在一种空间政治学,因为空间是政治的"。⑤ 但在埃尔顿看来,"存在一种空间政治学"不仅是因为存在关于空间的政治论争,也不仅是因为政治必须要在一个空间架构内演绎,最根本的是因为空间是政治的本

---

① Stuart Elden, *Between Marx and Heidegger: Politics, Philosophy and Lefebvre's The Production of Space*, Antipode, 2004, p. 93.
② Henri Lefebvre, *The Production of Space*, Translated by Donald Nicholson - Smith, Oxford: Blackwell, 1991, p. 287.
③ [法]亨利·列斐伏尔:《空间与政治》,李春译,上海人民出版社2015年版,第5页.
④ Henri Lefebvre, *The Production of Space*, Translated by Donald Nicholson - Smith, Oxford: Blackwell, 1991, p. 190.
⑤ Stuart Elden, "There is a Politics of Space because Space is Political", *Radical Philosophy Review*, volume 10, number 2, 2007, p. 107.

构要素。因此,他进一步宣称:"存在一种空间政治学,因为政治是空间的。"① 显然,这是在海德格尔意义上所言的,即在海德格尔所谓"此在之历史场所"的 polis 意义上来谈政治的。在海德格尔看来,"'政治'(the political)属于 polis,因此只可根据 polis 来规定政治,而不可根据政治来规定 polis",而"polis 本质上是情境化的、空间的,或者更确切地说,是 platial"。② 但在现代人眼中,"政治"成了历史实现自身的方式,同时就其本身而论,"政治"是不成问题的,这与其总体性(totality)相关,而其总体性并不单单奠基于独裁者的任意武断,而是基于更为一般的现代形而上学本质。"现代政治观念同现代技术态度一样,不仅仅是一种区域化的、历史意义上的有限事件,而且是一种从现代存在方式之中获得其本质的事件。"③ 因此权力与地方(place)④ 的关系不能只沦为主权与领土的关系。

要在"全球化时代"重构空间想象,必须将现代化、现代性的故事空间化。正如马西所说,"将'空间'从概念的星系中连根拔起(它已如此不加任何质疑地、如此经常地被嵌于这种概念的星系中:静止、封闭、再现),将其置于另一组观念中(异质性、关联性、同时性……的确,还有活力)",会释放出一种更具挑战性的政治景观。⑤ 将现代化的故事空间化,最明显的后果是对现代性进行重整,使之不再是单纯在欧洲展开的故事,不再是单纯的欧洲内部的故事。同时,通过空间化,会暴露现代性的前提及其暴力、法西斯主义、压迫的后果。"换言之,现代性的后果之一就是确立了一种在地理学中得到反映的特殊的权力/知识关系,这种地理学本身也是一种权力地理学(殖民权力/被殖民的空间)——一种轨迹相互交叉

---

① Stuart Elden, *Between Marx and Heidegger: Politics, Philosophy and Lefebvre's The Production of Space*, Antipode, 2004, pp. 99 – 100.
② Stuart Elden, "Rethinking the polis implication of Heidegger's questioning the political", *Political Geography*, 19, 2000, pp. 412 – 413.
③ Ibid., p. 419.
④ 在埃尔顿看来,地方(place)是属于存在者自身的某种东西,是存在者在场的能力,是存在者存在的构成,因此更富经验性和生命力。而空间(space)是更数学的、抽象的东西。参阅 Stuart Elden, *The place of geometry: Heidegger's mathematical excursus on Aristotle*, HeyJ XLII, 2001, p. 316.
⑤ [英] 多琳·马西:《保卫空间》,王爱松译,江苏教育出版社 2013 年版,第 18 页。

的权力几何学（power-geometry）。而且在后殖民时刻，报应到自己身上也就在这里。"① 因此，需要一种认可空间体的差异性、多样性、开放性及共时性的真正的"空间化的全球化"，需要在这种"真正的全球化"中来重新构思地方（place）与全球的关系，而不是像某些对全球化的反对那样，陷入一种地方与全球的对置关系当中：要么对地方进行政治保卫，抵制全球；要么放弃地方，诉诸某种超地方的共同体。正是在这个意义上，马西提出了一种"超越地方的地方政治学"，主张在地方之外思考问题，承认地方是在全球意义上生产的，同时全球也是在地方意义上生产的，"地方敞开了没有界限的汇集场所以及所有这一切"② ——"全球地方感"（a global sense of place）。由此，强调地方在构造社会关系、创造公共领域和政治生活的生命力方面的重要性。这有助于我们理解空间维度在政治事务（politics）中的重要性，更有助于通过空间来复活政治。因此，马西对我们的告诫是："少一点受线性进步的想象框架所主宰的政治（而且确实不是单一的线性进步），而多一点关系、塑形的协商的政治。"③

"旧的民主体系现在正在衰落，而民主结构依然存在，只是普遍认为这些结构'被掏空了'，因为真实的权力已经转移到其他机构，同时公民的参与集中在别的地方。"④ 这几乎是新马克思主义者们集体对民主政治当下处境的判断，也是西方民主政治的现实困境。但问题是，为什么"真实的权力已经转移到其他机构"？"公民的参与集中"在别的什么地方？民主结构又以什么样的方式存在？和马克思一样，在新马克思主义看来，这是由于来自社会的法律和普遍理性（技术）力量对政治的冲击所造成的。这最为充分地体现在这种"来自社会的法律和普遍理性（技术）力量"按资本逻辑对空间的剥夺、重新分割和整合上，在资本面前，空间的异质性和多

---

① ［英］多琳·马西：《保卫空间》，王爱松译，江苏教育出版社2013年版，第87—89页。
② Doreen Massey, "The Possibilities of a Politics of Place Beyond Place? A Conversation with Doreen Massey", edited by Sophie Bond & David Featherstone, *Scottish Geographical Journal*, Vol. 125, 2009, p. 416.
③ ［英］多琳·马西：《保卫空间》，王爱松译，江苏教育出版社2013年版，第201页。
④ Jane Wills, *Place and Politics*, *Spatial Politics*: *Essays for Doreen Massey*, edited by David Featherstone and Joe Painter, John Wiley & Sons Ltd, 2013, p. 22.

样性似乎被取消了，空间的同期共存性似乎被驯化成了线性的时间序列。换言之，"民主"和政治被资本所带来的理性化进程所绑架，政治似乎只能是一种规则或律法的理性存在状态——这正是现代政治逻辑的成功之处。在新马克思主义看来，即便在这资本逻辑看似胜出的时代，政治总还会以这种或那种形式回来，差异不可能无限地被理性和律法所压制，它总能找到一条自己的来路，因为"政治是空间的"，不可能被取消。因此，认为某种脱离政治观念的、单纯经济合作式的"超国家共同体"是可能的，这是经济全球化带来的历史错觉，当历史回归其政治本质的时候，政治就会回来，政治仍然是一个不能被剥夺的权力意志领地。在这个经济全球化的时代，中国如何应对由全球化浪潮所带来的"空间褫夺"而形成的政治挤压，如何建构自己的政治空间，如何保证中国特色社会主义的空间政治优势，这是一个需要在新的时空座架上来思考的事关中华文明之未来与命运的问题。

（作者单位：兰州大学马克思主义学院）
（原载《厦门大学学报》（哲学社会科学版）
2017年第1期总第239期）

西方历史虚无主义四种理论形态及其批判[*]

马 华 冀 鹏

一 问题的提出

自20世纪90年代以来,种种历史虚无主义思潮一直困扰着当代中国人的思想,如否定中华民族文化自身的起源,主张"中华文明西来说";戏说、恶搞、翻案、假设中国古代史,否定和歪曲中国革命史,主张重估、重写近现代史;借口反思历史,歪曲、贬损、诋毁、丑化、否定中国共产党领导人民百年探索的历史,直至反对走中国特色的社会主义道路,在政治上主张"全盘西化"。这看似具有明显错误的历史虚无主义现象,如果只是对其加以简单的指责、表面上的全盘否定,而不是去剖析和论证其谬误的性质和理论根源,那么对以"否定""怀疑"和"重估"为基本特征的历史虚无主义的批判就缺乏应有的理论说服力。因为,在中国,没有人自誉是一个"历史虚无主义者",他们都自称是还原历史真实面貌,把握历史的正义价值,弘扬正确的时代精神。那么,从马克思主义的历史唯物主义立场、观点和方法出发,在理论上剖析历史虚无主义谬误的思想根源

---

[*] 本文为中国博士后基金第59批面上资助项目"'长时段理论'视角下资源型地区政治生态的优化机理"(项目编号:2016M591408)的阶段性研究成果。

和本质及其社会危害,达到辨别历史事实的真假、分清历史价值的善恶、认识历史和现实及未来的关系、实现"以史为鉴"的目的,就具有了重要的理论意义和现实意义。

某种程度上,整个西方文化传统的主流可以说就是一部历史虚无主义的历史。延绵两千年之久的古希腊形而上学、中世纪基督教道德、近代启蒙思想都被马克思看作是没有历史维度的、非历史的、超历史的、遗忘了真正历史中存在着的现实的人的历史虚无主义文化。宗教试图通过麻痹人们的神经,通过虚幻的天国来历经苦难,却陷入了历史和现实的虚无主义之中;人文理性主义试图用理性的"普照之光"观照历史,却陷入了任意裁减历史的历史事实虚无主义;科学实证主义在追求真实的历史事实和强调为人类提供物质财富的同时,陷入了历史价值虚无主义;而后现代文化干脆是一个彻底的、非理性的历史虚无主义世界,"什么都行"的自由主义成为最流行的话语,并最终走向了历史本质虚无和历史规律虚无的道路。所以,看起来貌似繁荣和不断创新的当代西方科学主义和人文主义文化,实际上存在着某种深刻的困境和危机,其本质是现时代精神面临的人的物质和精神异化的全面困境和危机,集中表现为历史虚无主义的扭曲的繁荣。总之,整个西方文化传统就其实质而言是一部历史虚无主义的文化传统。

虽然马克思主义是西方文化传统的产物,但在历史观上却是不符合西方历史虚无主义传统的一个"另类"。马克思在批判柏拉图主义的形而上学历史虚无论、基督教虚幻的天国救世历史观、法国启蒙理性主义和德国古典哲学的历史事实虚无论、19世纪德国历史实证主义的历史价值虚无论的基础上,创建了实践的、辩证的、唯物的历史观。这样的历史观传播到中国的时候,很容易被一向具有深厚辩证思维传统和历史主义文化传统的中国人所接受,并被改造和吸收为现代中国文化的一个重要组成部分——中国化的马克思主义。但是,文化的传播和接受是多元的,西方主流文化同样以各种形式随着中国现代化的进程进入中国;西方现代化所造成的人的"异化"现象及其在思想上的反映——"虚无主义"思潮,同样在当代中国社会结构急剧变化过程中找到了自己生存的土壤。就像马克思唯物史观在批判和克服虚无主义的历史过程中成长和发展起来并为无产阶级乃至人类幸福和人类解放提供理论武器一样，在当代中国大地上，唯物史观在克服和治疗"现代化病"——历史虚无主义的过程中，不论是在过去、现在还是将来，同样会为中国人民的历史选择和幸福追求提供强大的精神力量。所以，被马克思奉为自己终生奋斗目标的"无产阶级解放"和"人类解放"事业的理论武器——唯物史观，再一次成为我们批判和克服历史虚无主义的强大的思想武器。

二　古代形而上学的历史虚无论

西方文明的两大源头柏拉图主义和基督教文化有着共同的形而上学特点：有一个真实的永恒的世界存在，这个真实的世界拥有绝对的真理、至上的善、最高的美，是一个幸福的世界；相反还存在一个不真的变化的世界，这个世界是虚假的、邪恶的、丑陋的，是一个苦难罪恶的世界。美好的真实世界在"理想的彼岸"；而不幸的虚幻世界在"现实的此岸"。这样，不仅"上帝"和"英雄"成了神秘化和世俗化的真善美化身的神圣偶像，而且还构成了人们的一切思想和行为的根据、标准和尺度。"上帝"和"精英"的故事就是真实的人类历史，而在现实生活中的普通大众的苦难历史成了"虚无"，普通大众没有历史，或者说是虚无的历史。这种统治了西方思想文化几千年的非历史的、超历史的形而上学文化传统，被想把劳动大众从"神的异化"和"人的异化"中解放出来的无产阶级革命导师马克思批判为形而上学的历史虚无主义。马克思以历史的维度批判传统形而上学把真实的人类历史虚无化，把劳动大众的幸福和希望寄托给虚幻的理念世界、美妙的天国和空想的自由世界。

非历史、超历史的形而上学的历史虚无主义的理论来源之一是以柏拉图为代表的古希腊文化。在古希腊文化中流传着三个朴素的信念或观点：其一，不相信随历史变化而变化的现实世界是可捕捉和可把握的，因而历史和现实世界是不可靠和不真实的虚幻世界；只有那些由心灵所能把握的不变的、永恒常驻的神圣世界才是真实可靠的实在,而且这个真实可把握的世界在现实世界的背后,是不可见的。其二,怀疑普通民众自身获得幸福的能力,认为普通民众只能通过感觉认知现实生活世界产生"意见",只有具有理性能力的人才能通过思维捕捉虚幻现象世界背后的"真理";其三,认为世界和人类有其历史起源,但是在时间上难以溯本求源,只有在逻辑上寻求起点。所以,对于历史求索,古希腊思想家一方面由于无法跨越人类经验的局限而陷入猜想世界起源的困境;另一方面对历史起源在时间上的追溯会导致无穷后退的困境,不得不转而通过理性逻辑推理推出一个起点,作为思考世界历史本原的基础。于是,从赫拉克利特提出"逻各斯",巴门尼德论证"存在",到柏拉图的"理念"论,古希腊人放弃了历史主义的现实道路,走向了形而上学的逻辑主义道路。从此,古希腊思想家为西方文化传统开辟了一条形而上学的历史虚无主义之路。

赫拉克利特把世界划分为"真实"和"虚幻"的两个世界:不变的真实的逻各斯世界和流变的虚幻的万物界。他断定变化的虚幻的现实事物背后有一个不变的东西存在,它是无形的、独立的、永恒常在的、真实的"逻各斯"世界。之后的巴门尼德认为,只有不变的"逻各斯"存在,可变的东西不能说"是什么"或"存在"。于是,认为不变的逻各斯是存在的、真实的,变化的万物是不存在的、虚无的;存在与真理同一,虚无与谬误同一。柏拉图承继巴门尼德思想,创立历史虚无主义的"理念论"。柏拉图在《智者篇》中把世界划分为三个:绝对存在的理念世界、绝对不存在的虚幻世界,以及介于两者之间的可变的现象世界。他认为理念世界是一个独立存在的世界,在价值上和逻辑上更高贵,而作为摹本的现实世界是不能独立存在的,至于那虚幻的世界,除了我们口中发出"无"的声音外,什么都没说。这样,真正实在的世界是理念世界,现实世界是虚无的存在,历史更是虚无的存在。整个历史被看作是一个追求真实理念的历史,而人间的现实成为变幻莫测的虚无的历史。

这种形而上学历史虚无论突出表现在柏拉图著名的"洞穴比喻"中。柏拉图把人间芸芸众生比作山洞里的无知囚徒,把现实变化的世界比喻成洞内虚影世界的不真实存在,而把洞外世界的太阳比作真理、至善和美德。他认为,现实世界的虚假和人群的无知掩蔽了真理的光芒,愚昧的人们带着虚构的信心生活在洞穴里,把火光折射到洞壁上的虚影当作是洞外的真实景象,这些没有见过世面的人们习惯了洞内昏暗,用惯视虚影的眼光欣赏洞内的生活;他们麻木不仁、浑浑噩噩、安于现状,不能走出洞穴,走向光明。可见,柏拉图把人们现实生活比成黑暗的、虚假的世界,而把理念世界比作光明的真实的世界。他极其贬低人类的真实历史和现实,把人类的希望寄托在寻求那个永恒的、拥有真善美的、神圣的、形而上的理念天国。柏拉图历史虚无主义的关节点是把人类现实的可变历史看作是永恒不变的理念世界的摹本,因而在柏拉图哲学中再也看不见真正的人类历史了。这种以柏拉图为代表的非历史的、超历史的、形而上学的历史虚无主义文化传统影响和统治了西方思想两千多年。柏拉图之后的西方自然法思想和基督教文化都是柏拉图形而上学的历史虚无主义的变种。

马克思在《黑格尔法哲学批判》的导言部分批判了在本质上与柏拉图主义相似的宗教形而上学虚无主义。马克思认为,本来是人创造了"神"的形象,而不是"神"创造了人,但是人遗忘了自己真实的历史,人的历史变成了一切为了虚无的"神"服务的历史。宗教是一个颠倒的世界,也是一种颠倒了的世界意识。如果人们只想在虚幻的天国寻找幸福,那么苦难的现实生活就变成了无意义的"虚无"。人民不能在现实世界中获得幸福,只能寄希望于在来世的幻觉中获得幸福。所以,马克思指出:"宗教是人的本质在**幻想中的实现**,……**宗教里的**苦难既是现实的苦难的表现,又是对这种现实的苦难的**抗议**。宗教是被压迫生灵的叹息,是无情世界的心境,正像它是无精神活力的制度的精神一样。宗教是人民的**鸦片**。"① 所以,真正人的本质的实现,就是人民现实的幸福的实现,就是要放弃对宗教虚无主义的幻想,也就是要抛弃造成人民苦难的尘世制度。所以,对历史唯物主义来说,对宗教形而上学虚无主义的批判是其他一切虚无主义批

---

① 《马克思恩格斯选集》第1卷,人民出版社1995年版,第1—2页。

判的基础。"因此，**真理的彼岸世界**消逝以后，**历史的任务**就是确立**此岸世界的真理**。人的自我异化的**神圣形象**被揭穿以后，揭露具有非神圣形象的自我异化，就成了为历史服务的**哲学**的迫切**任务**。于是，对天国的批判变成对尘世的批判，**对宗教的批判变成对法的批判，对神学的批判变成对政治的批判**。"①

马克思历史唯物主义对形而上学虚无主义的批判主要是强调一切形而上学离开了历史的依据和现实的基础，把希望和幸福建立在虚无缥缈的天国的浮云上，是无法解决人民的疾苦问题。但是这并不等于说唯物史观把形而上学一棍子打死，把形而上学批驳得一无是处。劳动大众也是人，他们也需要有信仰，只不过这样的信仰是建立在历史和现实条件的基础上，并经过科学论证的具有现实可能性的信仰。所以，马克思在扬弃形而上学的同时，把形而上学的理想从虚幻的天国安置在坚实的现实历史的土地上。

形而上学有它的局限性，但完全彻底地否定和抛弃形而上学是另一种历史虚无主义。对形而上学理想的追求本来是人类生命活动的本质表现，然而，现代西方哲学把形而上学看作是人类心灵中的恶魔，使出浑身解数，不杀死它就不解心头之恨，欣喜若狂地宣布"形而上学终结了""上帝死了"，甚至宣告"人也死了"，人们逐渐陷入各种淫欲之中不可自拔。道德沦沦，价值混乱，恶法竟然也可以成为"科学"精神的象征。这个 20 世纪的所谓的"时代精神"像幽灵一样牢牢地禁锢着人们的思想，"科学"一词成了一切真理和美德的代名词，"实证""实用"成了唯一的标准，"非理性"成了时髦的词汇。那个一向作为人类美德和形而上学的精神代表——自然法，变成了疯子的胡言乱语；人类美好的理想、自由、正义、民主也成了不可言说的废话。当理性的超验对象被当作是虚无缥缈的幻觉的时候，上帝、道德、价值、自由、美德、人类的幸福和理想被驱逐出理性知识的殿堂，灵魂失去了精神家园，生命失去了意义，我们没有了安身立命之本。形而上学在知识殿堂里的迷失就像在富丽堂皇的庙宇里没有了

---

① 《马克思恩格斯选集》第 1 卷，人民出版社 1995 年版，第 2 页。

神像一样，使人类的心智和良心在科学代替一切的叫嚣中失去了方向。这样，世界只剩下一个冷冰冰的、没有热情的、寂寞的、非人的、虚无的世界。马克思唯物史观不同于现代西方哲学绝对地否定形而上学，而是通过扬弃形而上学，为无产阶级乃至人类的幸福和解放，确立了一个建立在历史和现实基础上的共产主义信仰。

三 近代理性主义的历史事实虚无论

不同于超历史的柏拉图主义和基督教神学，法国启蒙运动和德国古典哲学的理性主义开始具有了历史的维度，用人类理性的"普照之光"代替上帝的万能来解释人类自己的历史。"人"代替了"神"，"理性"代替了"神性"，人的历史代替了上帝的救赎史。然而，启蒙精神用悬于高空的理性原则，用抽象人性论推出的永恒的自由、人权原则来任意驾驭和衡量人类历史的事实。理性成为目的，变化的历史成为证明永恒理性的手段；历史变为道德史，历史被区分为"好的"和"坏的""光明的"和"黑暗的""进步的"和"落后的""文明的"和"野蛮的"历史，在历史的背后隐藏着一个真理性的、普遍的理性精神或时代精神；用理性原则编排历史事实，真实的历史成为可以随意裁减和任意处置的对象和证明材料，一切历史事实只有在"理性"的法庭面前得到审判才能获得历史存在的意义和价值。"历史事实虚无论"伴随着"历史进步论"成为理性主义历史观的基本特征。

18世纪被冠以"理性主义时代"，理性意味着天赋的自由、平等和人权原则。理性主义者用形而上学理性直觉方法找到永恒不变的公理、原理或原则，然后用这些原则推演、创造、评判人类的历史，并以此来扫除宗教对人们的愚弄，驱散中世纪社会的黑暗。启蒙精神借助理性的"普照之光"摆脱权威的约束，用知识代替幻想，用光明驱除黑暗，认为理性可以赋予人生全部的意义。启蒙精神颠覆了宗教虚幻的说教，要求人们在尘世通过自己的理性努力获得光明和幸福。人类不再需要上帝了，"上帝死了"。于是，他们猜想人类历史的起源，试图通过人类的"原初状态"寻找和证明天赋的原则。他们找到这些原则后，立刻抛弃了对真实历史过程的考察，直接把这些原则放在现实世界的人们的头上，变为现实世界的主宰者。人类的"原初状态"或"自然状态"被当作真实的历史，而且通过"原初状态"得到的天赋原则成了可以驾驭全部人类历史的唯一尺度，真实的人类历史变成了虚无。

另外，自由原则作为启蒙精神的核心导致个体主体性和独立性获得空前的地位和价值。康德指出："启蒙运动除了自由以外不需要任何别的东西，而且还确乎是一切可以称之为自由的东西之中最无害的东西，那就是在一切事情上都有公开运用自己理性的自由。"① 启蒙赋予每个个体拥有绝对自由的能力和权利，自由意志意味着自由思想和判断的权利，是最神圣、最重要、最不可侵犯的权利，禁止说话就是禁止思想，沉默只能导致愚昧。这样，每个个体都有自由自觉的理性能力而不屈从于蒙昧和偏见，也不受制于权威和教条。总之，不论是人类一般的自由还是个体自由，启蒙意味着理性是否被自由运用，而理性的运用就是对自然和社会历史的自觉。所以，理性是天赋的能力，是绝对的权威，人人都具有"祛魅"的能力；理性可以发现万物的规律和秘密，成为获取知识的基本方式和评判真假、善恶、美丑的标准，成为万物存在和不存在的尺度。所以，启蒙理性意味着精神自由、思想解放和灵魂启迪。这种超脱历史和现实的条件制约的纯粹理性存在物，把自然世界和社会历史都变成可以自由处置的对象和材料，一切以"我"为中心，"我"就是一切，其他都是"虚无"。

马克思在批判19世纪德国理性主义代表黑格尔（法国启蒙精神的继承者）时指出："世界上过去发生的一切和现在还在发生的一切，就是他自己的思维中发生的一切。因此，历史的哲学仅仅是哲学的历史，即他自己的哲学的历史。没有'与时间次序相一致的历史'，只有'观念在理性中的顺序'。他以为他是在通过思想的运动建设世界；其实，他只是根据绝

---

① ［德］康德：《历史理性批判文集》，何兆武译，商务印书馆1990年版，第25页。

对方法把所有人们头脑中的思想加以系统的改组和排列而已。"① 后来黑格尔历史哲学分裂为两派,老年黑格尔派把历史看作是一连串的"思想",其中一个吞噬一个,最终消失于"自我意识"中;而青年黑格尔派的代表施蒂纳,"他对全部现实的历史一窍不通,他认为历史进程必定只是'骑士'、强盗和怪影的历史"②。历史理性主义的虚无论主要表现在它对历史动力的颠倒、对历史事实的任意歪曲、对历史规律的理性化、夸大精神的作用,从而导致历史的虚假和对历史真实的抹杀。历史理性主义谬误的关键是把历史真实说成是一个思想创造的历史或英雄创造的历史。人民真实的历史不见了,历史事实成为理性主义者任意践踏的对象。

我们看到,历史理性主义者妄图建构一个永恒的"理性王国",用理性的法则审视历史的一切事实。他们反对那些毫无理性头脑,埋首故纸堆之中任史料摆布的刻板史学家,反对以往史学家那种醉心于发现和收集原始史料的枯燥做法;主张通过理性直觉发现和揭示一个时代背后的观念和精神,认为这就是历史存在和研究的意义所在。于是,历史研究者本人的理性能力成为关键,唯有良知才能勘定历史上发生的一切。理性可以识别历史的黑暗与光明、文明和野蛮,可以让我们对历史作出正确的事实判断和价值判断。理性可以匡正历史,可以认清现实,可以预见未来;理性代替上帝主宰了人类的命运,人类历史成为证明永恒理性的材料,它用理性的天平称量历史的材料,用理性的尺度裁剪历史事实,历史真实不见了,历史只剩下永恒不变的原则;从而,理性的自由、平等和人权原则成为高悬于天空的时代精神。正如恩格斯所言:"他们不承认任何外界的权威,不管这种权威是什么样的。宗教、自然观、社会、国家制度,一切都受到了最无情的批判;一切都必须在理性的法庭面前为自己的存在作辩护或者放弃存在的权利。思维着的知性成了衡量一切的唯一尺度。……以往的一切社会形式和国家形式、一切传统观念,都被当作不合理的东西扔到垃圾

---

① 《马克思恩格斯选集》第 1 卷,人民出版社 1995 年版,第 141 页。
② 同上书,第 94 页。

堆里去了；到现在为止，世界所遵循的只是一些成见；过去的一切只值得怜悯和鄙视。只是现在阳光才照射出来，理性的王国才开始出现。从今以后，迷信、非正义、特权和压迫，必将为永恒的真理，为永恒的正义，为基于自然的平等和不可剥夺的人权所取代。"① 因而，这种对历史、传统和秩序僭越的理性主义历史观必然导向历史主观主义和相对主义，最终走向了历史虚无主义。

总之，我们看到，法国和德国理性主义之前的整个西方历史观不是形而上学的历史观，就是唯心主义历史观。形而上学历史观是超历史的历史虚无主义，而近代理性主义是历史事实虚无论的历史虚无主义。因而，马克思总结道："迄今为止的一切历史观不是完全忽视了历史的这一现实基础，就是把它仅仅看成与历史过程没有任何联系的附带因素。因此，历史总是遵照在它之外的某种尺度来编写的；现实的生活生产被看成是某种非历史的东西，而历史的东西则被看成是某种脱离日常生活的东西，某种处于世界之外和超乎世界之上的东西。"② 这样，就把历史事实从历史中排除出去了，历史事实被虚无化了。

四 现代实证主义的历史价值虚无论

作为法国启蒙精神和德国理性主义的对立面的历史实证主义，却走向了另一个极端——历史价值虚无主义。历史实证主义是西方文化史上第一个彻底否定一切历史价值存在的现代文化思潮。历史实证主义奉行四个原则：其一，拒斥形而上学的原则；其二，坚持历史事实和历史价值分离原则；其三，以历史经验现象为界限，坚决不超越现象界半步的原则；其四，以历史的可实证性、确定性、有效性为最高思维原则。这四项原则的核心就是"价值无涉"，即在历史领域中免谈"价值"，即使谈也是无意义的，

---

① 《马克思恩格斯选集》第 3 卷，人民出版社 1995 年版，第 719—720 页。
② 《马克思恩格斯选集》第 1 卷，人民出版社 1995 年版，第 93 页。

因为价值不能被实证。所以,历史实证主义的本质是历史价值虚无论。

从"拒斥形而上学"的角度看,历史实证主义批判神学用神的意志推演人类的历史(天命论),反对形而上学家用绝对理性的外化随意裁剪历史(理念论),反对用抽象概念和思辨力来描述历史,拒斥对历史的终极解释,拒绝探究世界的起源、本质和绝对真理,因而不再研究所谓的历史原因,更不研究亚里士多德的历史"终极因",只关注历史现象的不变规律,只探究"怎样"而不问"为何",认为只有这样才能揭示历史的真面貌。从"价值中立"的角度看,历史实证主义要求按照科学精神和原则来观察和描述人类社会的历史和现实,研究对象规定为历史和现实的社会事实,对社会现象的考察严格保持"价值中立"的态度,坚决不做"价值判断",认为历史领域中的任何价值指涉都可能导致非科学性,因而逻辑实证主义直接把"价值判断"当作无意义的不可言说的东西,排除出历史研究视野。从"以现象为界"的角度看,历史实证主义关注的是有意义的、可实证的、有限理性范围内的经验现象世界,这是科学思维唯一可以把握的世界,因而绝不跨越现象界半步,因为一旦跨出就进入价值领域,理性认识必然导致康德所谓的"二律背反";于是逻辑实证主义的创始人维特根斯坦说,事实的世界是有意义的、明白的、可以言说的,界线的另一面价值世界是无意义的、神秘的、不可言说的。从"可实证性标准"的角度看,是否能被实证,是判断真实事物是否存在的标准,这样的科学化的标准无处不在;而对那些不可实证的正义、自由、公平之类的价值原则和信念一概排除出历史科学体系的研究范围之外。总之,历史实证主义为了追求真实历史,把一切价值因素排除在历史之外,走上历史虚无主义的另一个极端——历史价值虚无论。

实证主义历史观最为典型的代表是19世纪德国历史主义思潮,这种思潮广泛地影响了德国历史学、法学、经济学和哲学等知识领域,形成了对西方现代文化影响深远的兰克史学派、萨维尼的法的历史学派、李斯特的历史主义经济学,因而,19世纪的德国被称为历史主义时代。比如,作为19世纪德国史学主流的兰克史学派,强调史学研究的客观化与科学化,重视原始史料的利用和考辨，强调恢复历史的本来面貌；恪守政治史传统，并以国家、民族和教会为历史主体，尤其把国家看作是历史中最具生命力的特殊个体。所以，兰克历史主义为了追求历史真实，只作历史事实判断而不作历史价值判断，所谓"忘记自我""如实直书""照实录来""价值中立""无党无派"的科学主义精神，最终导致历史价值虚无论。

这种历史价值虚无主义受到马克思的尖锐批判。马克思在《法的历史学派的哲学宣言》中指出：历史学派的最主要特征是"轻佻"，即对理性价值的不严肃的态度和庸俗怀疑论。"轻佻"不过是一个"隐喻"。所谓轻佻，是喻指就像在荒淫宫廷走向灭亡的时期，思想空虚而放荡的人们，为了寻欢作乐，"摆脱一切理性的和道德的束缚，去戏弄腐朽的废物并且在这些废物的戏弄下被迫走向解体"①。在现实的历史的社会中，"轻佻"表现为对新思想和新价值的"庸俗的怀疑论"，这种怀疑论厚颜无耻地对待新思想，卑躬屈节地对待旧事物，"把各种制度中合乎理性和合乎道德的东西都看作对理性来说是**一种可疑的东西**"②。因此，"如果说有理由把**康德的哲学**看成是法国革命的**德国理论**，那么，就应当把**胡果的自然法**看成是法国旧制度的**德国理论**。我们又一次在胡果身上发现了**摄政时期放荡者**的全部**轻佻，即庸俗的怀疑主义**。"③ 历史学派所表现的"否认理性存在的怀疑主义"，就是"**不认为实证的事物是合乎理性的事物，但这只是为了不把合乎理性的事物看作实证的事物。**胡果认为，人们消除实证的事物中的理性假象，是为了承认没有理性假象的实证的事物"④。

马克思指出，历史实证主义谬误的另一个特点是"非批判性"。他们不知道什么是差别。凡是历史上存在的一切事物都是权威，这种权威又被当作其他事物存在的一种根据。"有个学派以昨天的卑鄙行为来说明今天的卑鄙行为是合法的，有个学派把农奴反抗鞭子——只要鞭子是陈旧的、

---

① 《马克思恩格斯全集》第1卷，人民出版社2002年版，第232页。
② 同上书，第233页。
③ 同上。
④ 同上书，第232页。

祖传的、历史的鞭子——的每一声呐喊都宣布为叛乱；正像以色列上帝对他的奴仆摩西一样，历史对这一学派也只是显示了自己的后背，因此，这个**历史法学派**本身如果不是德国历史的杜撰，那就是它杜撰了德国历史。"① 因此，历史实证主义者"**亵渎**了在正义的、有道德的和政治的人看来是神圣的一切，可是，他破坏这些神圣的事物，只是为了把它们作为**历史上的圣人遗物**来加以崇敬，他**当着理性的面**玷辱它们，是为了以后**当着历史的面**颂扬它们，同时也是为了颂扬**历史学派的观点**"②。所以，历史实证主义对事实的尊敬不过是一个假象，因为他要用历史上坏的事物来为今天或明天坏的事物存在的合理性作辩护。所以，对于历史实证主义而言，它的非批判性导致了历史价值虚无主义。马克思给历史学派作出这样的历史评价："非历史的臆想、模糊的空想和故意的虚构。"③

总之，现代历史实证主义的兴起表现为对科学范式的推崇，但陷入对历史事实精确性追求的同时又拒斥对历史价值认同的矛盾。在社会历史的研究中，这种实证主义的彻底的历史价值虚无论，因无价值观的指导，任意选择历史事实材料，仅凭一些表面的历史事实就大胆立论；或面对浩如烟海的历史资料，陷入其中而不能自拔。这种历史价值虚无论变成了"敌视人"的"无情的"的"禁欲主义者"④，它不关心人民的疾苦、思想、信念、情感、幸福等价值和理想的追求，也不关注历史对现实和未来的意义，只关注历史事实的"真实"。这样，人类社会历史研究的科学化迅速走上技术化和职业化的道路，历史科学越来越受到专业性烦琐和逻辑学分类的全面侵蚀，历史学家变成了考古和考证的工匠，人文社会科学逐渐丧失了目的感和方向感，以及应有的价值关怀和教化功能。在现代资本主义社会中，在人受到广泛异化的历史背景下，这种科学实证主义的历史价值虚无主义受到质疑，它所标示的"价值中立"和"学术规范"导致历史研究的

---

① 《马克思恩格斯选集》第1卷，人民出版社1995年版，第3页。
② 《马克思恩格斯全集》第1卷，人民出版社1995年版，第231页。
③ 同上书，第238页。
④ 《马克思恩格斯全集》第2卷，人民出版社2005年版，第164页。

价值迷失，历史学不再具有"以史为鉴"的教化功能，人们对历史的兴趣只在于娱乐或市场消费的需求。这样，历史实证主义最终走向了历史价值缺失的虚无主义迷途。

五　后现代主义的历史绝对虚无论

传统的历史主义基本原则和信念，在现代性的人的物质和精神全面异化不断加深的时代背景下陷入困境和危机。生活在西方资本主义现代社会的人们不再相信过去的历史价值和历史遗产，人们对于过去的历史的认识和评价不再承继传统的历史价值观。于是，后现代文化为了克服资本主义的"异化"问题，敞开了历史怀疑主义、相对主义和主观主义的大门，并最终全面彻底地走向历史虚无主义。其具体理论表现如下。

第一，对历史本身的虚无化。对历史本身"是什么"的问题，后现代主义的回答是真实的历史是不存在的，即使存在也是不可认知的，存在着的只是呈现在我们面前的"历史文本"，而"历史文本"不等同于"历史本身"。因为，历史文本的"作者"受当时的社会政治权力的制约和时代价值观的影响，并且历史文本大多数是关于政治活动史的纪录，因而历史文本具有了作者的偏见和历史内容的片面，所以历史文本不过是历史的片段，而不是真实的历史本身，即历史本身不存在，存在着的只是历史文本、符号和叙事。由此得出的逻辑结论是：失去了真实历史本身的依托，对历史事实、历史价值、历史本质和规律的寻求和追问也就失去了意义。历史被终结了，历史被虚无化了。

第二，对历史事实的虚无化。历史文本所面对的不同时代的"读者"都是一个个独立的个体，这些读者具有当下时代的意识背景和结构或称为现时代的"成见"，这样，"历史文本"与"读者"的关系变成了一种跨越了时空的"对话"关系，于是我们看到的各种所谓对历史本身的不同叙事，只不过都是对历史文本的阐释，因此不存在什么历史的"客观认识"，只存在历史的"主观解释"。所以，"历史的话语，不按内容只按结构来看，本质上是意识形态的产物，或更准确些说，是想象的产物……正因如此，历史'事实'这一概念在各个时代中似乎都是可疑的了"①。如此，历史事实的虚无化必然导致提倡历史的不断重写和重构。

第三，对传统的历史价值的虚无化。后现代主义全盘否定传统理性主义和启蒙思想等核心历史价值，主张对传统历史价值的彻底解构。认为传统文化独断历史价值是由两个正、负价值相反的极端构成。正极是真理、善德、美、男人、灵活、生命、存在、理性的历史；负极是谬误、邪恶、丑陋、女人、肉体、死亡、虚无、欲望的历史。认为这是以前者为"中心"的"逻各斯中心主义"。以德里达为代表的后现代解构主义要解构和否定传统的"中心"论，主张第二项的合理性，要彻底消解两极的界限。于是，无所谓正义和不正义、真理和谬误的区别，一切不过是一种"差异"而已。这样，后现代又走向了另一个极端：把传统思想颠覆过来，形成了另一种"非逻各斯"中心主义，否定和贬损前者，肯定和褒扬后者。后现代主义把传统的历史价值虚无化了，走向了历史价值多元主义。

第四，对历史本质和规律的虚无化。后现代主义认为，所有的历史事件仅仅是历史材料，不同时代的历史学家的主要工作是，按照自己的价值和利益需求，组织史料，构建历史。因而，既不存在所谓的历史现象，更不存在历史现象背后的所谓历史本质和规律。后现代主义反对传统文化把历史本质、规律、真理、正义、权力、理性的东西当成是神圣的"中心"，主张把偶然的、随意的、无规则的、民间的、非理性的东西从边缘的地位扶正到历史的"中心"地位；反对描述历史发展的因果规律的"长时段理论"和"宏大叙事"，主张历史的"片段""断裂"和"微观叙事"，主张历史知识的由整体走向零散化、由主流走向边缘化、由单一色彩走向各种炫目的幻象，直接走向为现时或即时的感官服务的直接需要；反对传统的历史哲学用历史本质和规律的一致性、同质性、共识性来压制历史的多元

---

① [英] 汤因比等：《历史的话语——现代西方历史哲学译文集》，张文杰编，广西师范大学出版社2002年版，第124页。

性、异质性和个体性,主张由传统的"官方哲学"转向"民间哲学"。

总之,后现代主义采取了像尼采全盘否定柏拉图主义和基督教道德的传统文化一样的彻底的历史虚无主义态度,绝对否定过去的一切信念,绝对肯定其反面:反对现代理性主义和启蒙思想等核心价值,宣扬非理性主义、历史相对主义和历史虚无主义;反对历史本质一元论,宣扬历史价值多元化;反对历史规律的因果必然性,宣扬历史变化的偶然性和机遇性;反对逻辑思维,主张感官直觉;反对历史的整体,主张历史的零散和碎片;反对知识的真理性,宣扬知识的商品化;反对生产和创造,宣扬消费和娱乐;反对组织原则和规则,宣扬个人自由和主观任意。反对权力,强调人权;反对传统道德原则,强调自由任意主义。于是,后现代主义的彻底的历史虚无论导致这样的结果:"传统的历史观被解构,代之以相对主义历史观,小型研究成为史学研究的主流,史学的主题不再是宏大的、中性的和长时段的,而是小型的、边缘性的,选题也以趣味甚至市场为基准,稗史传说、奇闻逸事似乎也已成为史学的主题(至少是无力拒斥的主题),各种'戏说''歪说''大话'遂成'时尚',甚至于把克罗齐式的'一切历史都是当代史'也当成对历史进行各种当下性解说的理由。实际上,后现代主义……已为种种实质上按照货币与市场原则肆意解构和消费历史的作法,提供了直接的意识形态。正如胡适所言:'历史成了任人打扮的小姑娘'。"① 总而言之,后现代主义从历史相对主义、历史主观主义、历史怀疑论和不可知论陷入了完全彻底的历史虚无主义泥坑。

那么,如何看待后现代主义的历史绝对虚无主义?我们可以通过对马克思唯物史观的正面阐述来反观后现代主义的历史虚无论的荒谬性。

首先,马克思历史观是有价值信仰的历史观。马克思历史唯物主义明确承认自己的价值立场是劳动阶级的利益和幸福乃至人类的解放。历史唯物主义不是粗鲁的机械唯物主义,它不敌视"人";但也不同于形而上学的空洞的价值信仰,历史唯物主义的价值观奠基在劳动人民历史实践的现

---

① 邹诗鹏:《解释学史学观批判》(上),载《学术月刊》2008年第1期。

实基础上。因而，马克思唯物史观的历史价值与历史事实是统一的。

其次，马克思的历史观是实践的唯物史观。实践是劳动大众的生产实践，是人与自然关系中所获得的历史生产力的实践，是人与人关系中由历史形成的生产关系的实践，是人的生产力和生产关系之间矛盾的历史发展的实践，因而劳动大众的实践历史构成了客观存在的历史事实。马克思说："全部社会生活在本质上是**实践的**。凡是把理论引向神秘主义的神秘东西，都能在人的实践中以及对这个实践的理解中得到合理的解决。"①

最后，马克思历史观是辩证的历史观。其一，辩证历史观不纯粹是关于"历史"的，在马克思那里，历史总是与无产阶级的"现实"和"未来"纠结在一起，马克思唯物史观不纯粹是为了解释历史，更重要的使命是通过历史规律的认识来改造现实世界，也就是说，马克思主义的真正立足点不是"历史本身"，而是无产阶级的现实，历史不是目的，而是解决现实问题的手段。其二，辩证历史观从来都不需要回避矛盾，恰恰相反，认为阶级矛盾是造成劳动大众苦难的直接原因，阶级矛盾的运动是社会历史发展的直接动力。辩证历史观从不逃离现实矛盾，从虚幻的天国和抽象的理性中寻求历史发展的动力，而是从现实的尘世冲突中寻找问题的原因及问题的解决方案。其三，辩证历史观反对把历史的延续性和断裂性分割开来，历史的延续是一个在特定社会历史制度的"质"相对稳定的条件下的量变的发展成熟过程，而历史的所谓"断裂"（革命、改朝换代、历史消亡），一般情况是在量变达到一定程度和条件下，社会基本矛盾激化的产物。当然历史辩证法的本性是肯定历史的偶然性为历史必然性开辟道路，因而历史的发展是一个曲折的发展过程。其四，作为思维方法的历史辩证法本身是批判的和革命的，是在肯定的理解中包含着否定的因素，同时，在否定的理解中包括否定的因素，这叫作"扬弃"或"辩证否定"。所以，反对历史虚无主义的绝对否定和绝对肯定的极端化的形而上学思维方式。不过，否定不是任意的主观上的想当然，历史的辩证否定是一个在前人创

---

① 《马克思恩格斯选集》第1卷，人民出版社1995年版，第56页。

造的物质和精神遗产的基础上的历史飞越的自然过程。

  从上述我们可以看出，从古希腊的形而上学的历史虚无论、基督教的历史救赎论、启蒙理性主义的历史事实虚无论、科学实证主义的历史价值虚无论，到后现代主义的完全彻底的历史虚无论，整个西方文化的历史在一定程度上可以说是一部历史虚无主义不断发展的历史。我们似乎难以理解这一西方文化历史上的怪现象。事实上，一个"历史悖论"的悲情史上演了一部历史虚无主义从产生、发展到成熟的悲剧。这个历史悖论是：劳动大众创造了社会历史，因此应当拥有历史的社会成果；精英不是历史的创造者，因此不应当独霸历史的社会成果；但历史事实恰恰与此相反，即马克思称为"劳动异化"的现象。因而人类历史是一部劳动大众的苦难史，为了摆脱这一苦难史，西方思想家在不断提出各种人类解放的方案——宗教的、理性的、非理性的方案——来克服虚无主义，但又从一种虚无主义走入另一种虚无主义的迷途。其具体表现为要么否定历史本身，要么否定历史事实、价值、本质或规律，最终走向历史虚无主义的某个极端和片面。只有马克思主义唯物史观是西方文化传统的一个"另类"，马克思通过批判和克服各种理论形态的历史虚无主义的缺陷，创立了科学的历史唯物主义，其终极神圣使命就是要解决这一"历史悖论"的历史难题，为劳动大众的解放乃至人类的解放提供强大的理论武器。

（作者单位：山西大学城乡发展研究院）

（原载《马克思主义与现实》2016 年第 5 期）

历史虚无主义在当代社会主义国家泛滥的深刻教训

刘书林

近半个世纪以来，特别是最近 30 多年来，历史虚无主义在社会主义国家的泛滥造成了思想舆论方面和政治方面极大的危害，最终成为国内外敌对势力颠覆社会主义国家政权、策动"颜色革命"、实现历史大倒退的重要手段和战略。曲折和错误往往是正确的前导。只要无产阶级政党和人民大众正确地总结经验，汲取历史虚无主义在社会主义国家泛滥的教训，就能避免给历史虚无主义泛滥留下可乘之机，在政治上不断成熟起来。历史虚无主义在社会主义国家泛滥的主要教训可以概括为以下几方面：

一 社会主义国家必须维护社会主义事业的实践历史，使其不被历史虚无主义思潮歪曲、否定和丑化，这是保证无产阶级政党占据执政地位、保证历史进步大趋势的必要政治条件

社会主义国家政权实行无产阶级专政或曰人民民主专政，这是在科学社会主义的指导下人类历史上出现的史无前例的新生事物。尽管各个社会

主义国家产生于经济和文化比较落后的社会条件下,尽管由于自身的不成熟和旧社会因素的侵蚀出现过许多曲折和复杂的情况,但社会主义国家在历史上产生的巨大的革命首创精神和历史主动性是无与伦比的。它们以历史大跃进的姿态,推动了经济和社会的发展进步,建立了真正的人民当家作主的新社会,实现了最真实的人人平等,调动了亿万人民的生产积极性和团结上进精神,曾经震慑了资本主义世界,引发了西方社会的危机和敌对势力的恐惧。社会主义国家起步时只有镰刀和木犁,当它们的第一代领导人逝世时,普遍发展为拥有世界最先进的科技和发展基础的国家。史实充分证明了无产阶级政党在马列主义的指导下,创造了功垂千秋的丰功伟绩。对待社会主义国家实践的历史,一定要抓住这个主题、主线、主流,才能作出正确的观察和评价。

但是,自20世纪50年代以来,无产阶级政党内部产生的修正主义思潮和西方敌对势力却以谎言和所谓细节,从抨击进而丑化社会主义国家的主要开创者入手,颠倒黑白地重新评价社会主义历史,煽动人们的情绪,达到"去其史、灭其国"的罪恶目的。历史虚无主义思潮就是至今为止国内外敌对势力惯用的武器。在改革初期,社会主义国家在追究和纠正历史上曾经犯过的错误的时候,人们经常说着一句马克思主义的名言:实践是检验真理的唯一标准。这无疑是正确的。但是,人们常常忘记了实践检验真理的特点:第一,这种实践不是一时一事,也不是孤立的个性感受,而是指千百万人的社会实践的主流趋向;第二,这种实践不是静止的、僵化的、一次性的,而是永远不断展开的、连续不断的、通过一定的过程展现的历史大趋势;第三,这种实践的过程是生动的、曲折的、不断追求真理的过程,不是简单的、直线型的、一锤定音的。实践是生生不息、永不间断的,因此实践对真理的检验也就永远不会停止。不要以为实践是检验真理的标准这个口号喊一阵子就过去了。实际上,检验真理的实践宛如一幅不断展开的画卷,它不但检验前辈的工作,也要检验我们当前的工作,也会检验我们未来的工作。对于任何时候的工作,我们都要有接受实践检验的意识。人们的实践无时无刻不在积累着相对真理,判断着真伪,向着绝对真理迈进。一时认为是真理的东西，不见得被后来的实践发展证明是真理；一时被指为错误的东西，不见得就是错误，这里的标准不是自以为正确，而是实践继续检验的结果。对于社会主义国家实践的历史，不要轻易地下结论，要留下历史检验的余地。这样才能避免在纠正错误的过程中走极端、刮翻案风。苏联历史上的一些领导人借着大权在握之机，曾经以为自己杜撰的"全民党""全民国家""全人类的利益高于一切""新思维"等是对马克思列宁主义的"创新成果"，但几十年的实践越来越证明这些都是对马克思列宁主义的严重背叛。相反，列宁在第二国际后期曾经受到占主流的机会主义者的围攻，毛泽东也曾经遭到机会主义者的排斥和否定，但最终却被证明他们坚持的是真理。历史虚无主义对待社会主义国家的历史，正是违反了实践是检验真理标准的这一原则，他们的错误立场使自己一意孤行地拉历史车轮使之倒退，抓住一些历史的细节、极少数人的个人感受、主观猜测的情况等鸡毛蒜皮之事，在没有确凿事实和证据的情况下，欺骗干部和群众，煽动反叛情绪，否定和丑化开创社会主义事业的导师和领袖，否定和丑化社会主义事业的实践，企图达到不可告人的目的。对此，我们必须在政治上有足够的警惕。

对社会主义事业实践的历史考察不能断章取义，不能攻其一点、不及其余，而要具有连续性。要善于连续地看待历史发展，不要把今日的社会主义实践与过去的社会主义实践对立起来，这样才能避免历史虚无主义。因此，在改革中必须分清这些重大是非问题：第一，我们国家在新的历史条件下，强调理论创新，决不等于蔑视马克思、列宁、毛泽东等老祖宗，更不等于离经叛道地胡作非为；第二，我们国家鼓励以个人利益作为生产和市场的驱动力，决不等于抛弃我们一贯坚持的集体主义的基本原则；第三，邓小平关于"不管黑猫白猫"的说法，也不等于不讲科学社会主义原则的前提；第四，我们国家鼓励竞争，决不等于放弃社会主义原则，更不等于要实行"丛林原则"；第五，我们国家要解决历史遗留问题，调动一切积极因素，也不等于全盘推翻党在一定的历史环境下所做的工作和所得的结论。如果没有这些自觉性，就会产生历史虚无主义的狂热，把开国元勋的具体举措全盘否定，把他处理的问题和所做的结论全盘否定，鼓动全面的翻案风，这样做必然脱离最广大的群众，实际上就等于抛弃了开国元勋所举的旗帜，走到社会主义事业的反面。国际共产主义运动中的修正主义分子，常常以否定党的历史捞取个人的资本，常常以背离马克思主义的行为标新立异，最终除了受到后代和历史的嘲笑以外，一无所得。他们正是从内部来瓦解社会主义事业的骨干，也是掀动历史虚无主义的根源所在。这种人在苏联导致了亡党亡国，在中国也导致了社会主义改革事业的严重曲折。只有保持对社会主义事业实践历史的科学态度，维护实践历史的大趋势，才能防止历史虚无主义的泛滥。

二 社会主义国家的执政党必须保持思想和政治路线的正确性，这是识别和抵制历史虚无主义思潮的基本保证

保持无产阶级政党的先进性和阶级性，识别和抵制历史虚无主义思潮，两者互为因果关系。无产阶级政党在思想上和政治上的路线正确与否，是决定一切的根本所在。这有赖于无产阶级政党"四条路线"的正确，即党的思想路线、政治路线、组织路线、群众路线的正确。

（一）要有一条正确的思想路线。思想路线是无产阶级政党的灵魂，这就是马克思主义所主张的辩证唯物主义和历史唯物主义的科学世界观。这在政治上主要体现在：是不是把科学社会主义指导下的实践视为人类历史上最先进的实践；是不是坚定地坚持共产主义必然胜利、资本主义必然灭亡的历史必然性；能不能与剥削阶级的传统观念实行最彻底的决裂；能不能以科学态度对待当代社会主义制度和资本主义制度存在的现实；能不能在当前的运动中同时代表着未来共产主义的方向；能不能及时地识别和抵制一切机会主义思潮，同时坚持社会主义的意识形态和话语体系，在必要的斗争中能不能具有代表无产阶级和劳动人民的策略和魄力，一句话：

在思想上能不能具有自立于世界的能力。具有这种世界观的人们，既能高屋建瓴又能明察秋毫，既能当机立断又能从容不迫，既能举重若轻又能应付自如。在这方面，国际共产主义运动史上最伟大的榜样就是马克思、恩格斯、列宁、斯大林、毛泽东。他们事业的真正继承人也能在复杂的实践中，坚持科学社会主义的原则，能识别那些历史虚无主义、实用主义、自由主义、私有化思潮，以及所谓的普世价值思潮、所谓的宪政思潮、民主社会主义思潮、所谓的公民社会思潮，并能够及时地组织力量与这些错误思潮做斗争。

思想路线的正确性往往来自于无产阶级政党及其主要领导人的马克思主义理论基础的修养。这种修养能将马克思主义本土化而防止教条主义和经验主义，能在坚持马克思主义的实践中体现时代精神而防止离经叛道的修正主义倾向。可惜在苏东地区的一些国家，有的领导人不学无术而装腔作势，毫无理论修养基础而附庸风雅，一朝得势就显示为所欲为的气势。虽然这样的人一再被历史证明其失败，但种子不断萌发，恶劣先例不断。究其原因，他们首先从思想路线上就严重背离了马克思主义。这种人只能不自觉地鼓动历史虚无主义思潮，而不会抵制或反对历史虚无主义思潮。

（二）要有一条正确的政治路线。政治路线是无产阶级先进政党的科学思想路线在政治纲领和政治任务方面的具体体现。它具体包括：科学地确定时代的性质和一定的社会发展阶段；正确地规定各阶段具体的政治任务、政治策略、政治原则、政治立场、政治目标的基本内容。一句话，懂得根据党的宗旨应该干什么、也懂得怎么干，起码要懂得什么是前进和进步、什么是倒退和退却。放开一部分私有制成分，运用个人利益刺激积极性，拉开贫富差距，在一定的阶段如果是必要的，也不能忘记在眼前的政策中还要代表着无产阶级的未来，未来毕竟还是以发展公有制为方向。如果把无产阶级政党策略上的暂时退却当成永久性的政治方向，只能把党的事业引向资本主义道路而归于失败。同样重要的是，要懂得政治工作是一切经济工作的生命线，重视思想政治工作。如果把经济工作与政治工作对立起来，只知道以经济工作为中心，整天只知道盯住红利，轻视甚至抛弃政治工作，就会在实际上放弃社会主义的方向。

（三）要有一条正确的组织路线。组织路线是无产阶级政党的思想路线和政治路线在任用干部、组织队伍方面的体现。思想路线和政治路线决定组织路线，组织路线是为政治路线服务的。它集中表现为重用什么样的人、排斥什么样的人、打压什么样的人。正确的组织路线往往是任人唯贤、选贤举能、公正、正派的稳定持续性的任用干部，把干部团结在正确的政治路线周围。不正派的组织路线往往是任人唯亲、党同伐异、拉帮结伙、宗派主义的组织路线。不同的组织路线的要害在于所要达到的目的不同。苏联的某位领导人大反斯大林，不但制造谎言、煽动情绪，而且利用组织大权压制党内的正确意见。其实，在苏共二十大上有人提出暗指斯大林的个人崇拜问题时，与会代表是沉闷的，当大会宣读毛泽东主席来信中积极评价斯大林时，代表们爆发出热烈的掌声；当法共领导人发言赞扬斯大林时，代表们则起立欢呼①。可见当时反斯大林是不得人心的。但是当时出炉的秘密报告很快就把这种健康的氛围打压下去。早在1955年10月—12月，有人决定要调查并通报斯大林的"罪行"时，就遭到党的主席团成员的反对和质问。当时，莫洛托夫质问道："这对谁有利？这对我们有什么好处？我们为什么还要去翻那些陈年旧账？"同时，卡冈诺维奇也质问："斯大林是苏联人民伟大胜利的化身。审查列宁接班人这一可能的错误会引起人民对我们整个事业正确性的怀疑。人民甚至会对我们说：'你们站在什么立场？谁赋予你们对死人加以评判的权力？'"②但是，由于决策者掌握了组织大权，坚持正确意见的莫洛托夫、卡冈诺维奇、伏罗希洛夫等都先后被打压下去了。后来，戈尔巴乔夫以搞"公开性"为名，大搞历史虚无主义，再次掀起大反斯大林的恶浪，与此同时推行宗派主义的组织路线。他不许人民群众表达对历史虚无主义的质疑。1988年3月，一位大学女教师安德烈耶娃发表《我不能放弃原则》的来信，指出社会上以攻击斯

---

① [美] 威廉·陶伯曼：《赫鲁晓夫全传》，中国社会科学出版社2009年版，第282页。
② 同上书，第289页。

大林、丑化列宁为突出特点的历史虚无主义的危害。戈尔巴乔夫当月便兴师动众，亲自组织对安德烈耶娃的围攻，连续举行两天的政治局会议，专横地把这封信定性为"反对改革的行动纲领"，筹划对安德烈耶娃的打压措施①。人们在阅读苏联共产党文件的时候往往感到党内坚持原则的人不少，而且敢于发表自己的意见，但为什么这些正确的意见没有起作用呢？就是因为党的最高组织决策权力不在马克思主义者手里，篡夺了无产阶级政党最高权力的异己分子，利用党内监督制约机制薄弱的现实，推行了党同伐异、宗派主义的组织路线，不可逆转地把国家推向灭亡的深渊。在中国新时期，虽然各种错思潮和势力无时不在干扰着党的发展方向，但党的最高权力掌握在邓小平等老一辈领导干部手里，即使高层出现少数离经叛道的领导人，也能够及时进行处理，使他们不能达到毁灭社会主义事业的目的。历史充分说明，组织路线常常在政治上起到了关键作用。

（四）要执行党的群众路线。群众路线也是无产阶级政党政治路线的体现。党的群众路线历经马克思列宁主义、毛泽东思想几个阶段的发展，目前已经趋于成熟：一切为了群众，一切依靠群众，从群众中来到群众中去。这条群众路线体现了党的宗旨、基本工作途径和探索真理的认识路线，它要求党时刻密切联系群众、一刻也不脱离群众。这不仅是拒腐防变的得力措施和良好环境，而且是发挥群众监督、吸取群众智慧和力量的有力手段。群众是真正的英雄。苏东国家的垮台，在某种意义上说就是因为那里的执政党完全脱离了群众，甚至排斥群众对改革方向的监督和制约，最后，人民群众不再把当时的无产阶级政党当作自己的政党了，党的生命也就危在旦夕了。一个党如果被广大群众抛弃了，敌对势力就会毫无忌惮地撕裂它的躯体，结束它的生命。苏联广大群众面对国家解体的现实，表现出毫无反抗的冷漠态度，引发了许多人的不解。其实，当时的执政党已经不是代表群众、为群众谋利益的党了，他们带头否定和丑化党和国家的历史，甚至成了推行历史虚无主义的急先锋，广大群众当然不会再和他们一道走，

---

① 谭索：《戈尔巴乔夫的改革与苏联的毁灭》，中国社会科学出版社2006年版，第111—113页。

也不会把他们当作自己人去维护了。

三 社会主义国家必须维护国家开创者的历史地位及其思想的指导地位,及时反击和揭露国内外反动势力否定和丑化领袖和导师的污蔑和谎言,才能防止和抵制历史虚无主义思潮的泛滥

无论过去和现在,否定和丑化无产阶级新兴国家政权的开创者成为国内外敌对势力破坏社会主义国家的主要手段和主要策略。历史虚无主义的一个重要特点就是集中对社会主义国家开国领袖和导师进行肆无忌惮的否定和丑化。

邓小平称马克思、列宁、毛泽东是我们的老祖宗,并说老祖宗不能丢,丢了就要犯历史性的大错误。此话言之有理。因为这些属于老祖宗的人物,特别是列宁、斯大林、毛泽东,他们不是一般的国家领导人,而是科学社会主义事业在一个国家的代表,是一个国家社会主义制度的奠基者及其形象的代表,是几代革命者历史实践的指导者。对待社会主义国家开创者的态度,历来是国家命运所系,历来也是检验真假马克思主义者的试金石。正是因为如此,他们常常成为国内外敌对势力攻击的主要目标。因此,需要特别注意防止以反对所谓"个人崇拜"为名或者以其他名义否定和丑化社会主义国家开国领袖和导师的阴谋破坏活动。

20世纪50年代,苏共某领导人以反对"个人崇拜"为名,掀起大规模的反斯大林的运动,捏造莫须有的谎言和罪名污蔑斯大林,欺骗全党,以主观怀疑和栽赃陷害斯大林,推倒苏联境内一切斯大林塑像,把盛放斯大林遗体的棺木从红场的列宁墓中搬出,深深埋入地下大坑,并以几卡车

水泥将斯大林的棺木封固①。这哪里是反对什么个人崇拜，明明就是全盘否定斯大林，惧怕斯大林坚持的科学社会主义原则。有人曾经打着"纠正斯大林错误"的旗号大反斯大林，实际上醉翁之意不在酒。他指责斯大林肃反扩大化，他自己就是主持乌克兰大搞肃反扩大化的极端分子；他曾借口反对斯大林的"个人崇拜"，他自己却真正搞起了个人崇拜，以至于在其垮台时被指责的主要罪状就是搞"个人崇拜"；他搞了干部的任期制，似乎结束了斯大林时期的干部终身制，但这一"改革"并不包括他自己及其同党骨干；他指责斯大林脱离群众，他自己却对于那些手举马克思、列宁像的示威群众，公开进行武力镇压，先后制造了大量打死打伤示威群众的惨案，如1956年4月格鲁吉亚的第比利斯惨案和1962年6月新切尔卡斯克列宁广场惨案②。这些惨案在相关回忆录里只字不敢提及，可见其心虚到何种程度。苏共历史上制造的大反斯大林事件，不仅在国际上使社会主义国家的动乱接踵而至，而且使社会主义国家的根基产生了巨大的裂缝，离间了党与群众的关系，培养了一批苏联社会主义事业的掘墓人。

20世纪80年代，戈尔巴乔夫进一步掀起了大反斯大林的浪潮，而且从大反斯大林转向了全面公开地否定和丑化列宁。"民主纲领派"头子尤里·阿法纳西耶夫宣称，"斯大林主义的实质在于列宁主义"，"我感到最重要的是要揭露斯大林所包含的列宁主义实质。许多人想牺牲斯大林来拯救列宁主义，这就回避了问题的实质"③。曾几何时，那些标榜大反斯大林是为了维护列宁的谎言，此时却变成了铺天盖地的诽谤和丑化列宁的表演。一时间，有关列宁的"谣言""劣迹""罪行"不胫而走，苏联各地开始出现推倒或污损列宁塑像的狂潮。

否定和丑化了斯大林和列宁，实际上也就挖掉了苏联无产阶级政党执政的基础，剥削阶级的复辟就来到了面前。许多报刊详细描写沙皇尼古拉二世被处决的过程和细节，为之鸣冤叫屈，借此诽谤苏维埃政权的"残

---

① [美]威廉·陶伯曼：《赫鲁晓夫全传》，中国社会科学出版社2009年版，第525页。
② 同上书，第298、532页。
③ 田娟玉：《阿法纳西耶夫的一些观点引起争论》，《俄罗斯研究》1991年第1期。

暴"。从 1988 年起，历史上被革命淘汰的人物纷纷登场，形成了浓烈的复辟氛围。《十月》杂志不断刊登《一个俄国军官的道路》等文章美化白军将领邓尼金，为之歌功颂德。《我们的同时代人》杂志还连篇累牍地刊登沙俄时期的内阁总理斯托雷平在职时对国家杜马的讲话，以引起旧社会的某些遗老遗少的怀念，便于制造复辟旧制度的舆论。一旦列宁、斯大林成为被否定和批判的对象，一旦历史上的剥削阶级代表人物成为主流媒体怀念的对象，社会主义国家灭亡的舆论准备就成熟了。

政治上成熟的政权从来不否定自己的开国领袖，也不会否定历届有代表性的领导人。美国历届总统包括华盛顿、杰斐逊、林肯、罗斯福等著名总统，并非无懈可击，李敖先生所著一本《审判美国》就把他们揭露得够清楚的了。但是美国历届总统的就职演说从来不提及自己的前任有什么过错，只讲自己的施政打算。无论哪一位总统产生过什么丑闻、受过什么惩处、丢过什么样的脸面，一旦他们退职，历届总统的画像都毫无例外地悬挂在白宫椭圆形走廊里，一个个都显得慈祥、睿智、神圣不可侵犯。这无疑强化了一般人感觉中的美国资产阶级专政的正统观念，有利于美国国家政权的稳定。相比之下，苏联人无不扼腕而感慨。但历史不存在后悔药，只有继续从事社会主义事业的人们才能从中吸取经验教训和精神财富。

四 社会主义国家必须划清共产党与社会党两类不同性质的政党在历史与现实中的原则区别，警惕"共产党的社会党化"危险倾向，坚决拒斥民主社会主义思潮

在西方敌对势力对社会主义国家采取"和平演变"的战略以来，苏联和东欧国家的执政党始终存在自我变质的危险，这就是苏共"社会党化"的危险。历史虚无主义在苏联的泛滥，把这种危险变成了无情的现实。

社会党与共产党是在世界社会主义运动的历史上逐渐明确分野、逐步分道扬镳的、性质不同的两种不同的党。虽然在当代世界和国际政治中、在一定的条件下，两类政党还可能产生一定的合作和联系，但是两者的性质是根本不同的。自从列宁领导建立第三国际之时，就与社会党划清了政治界限，特别是在社会党国际于1951年在英国工党主持下重新建立了国际组织——社会党国际之后更是界限分明。在漫长的世界两大阵营对抗的时期，社会党国际及大多数国家的社会党在政治上一般都追随帝国主义阵营的立场和主张，因此共产党与社会党之间对抗的历史既长又激烈，相互之间留下了互相攻击和批判的深刻记忆。

虽然在20世纪70年代社会党国际内部发生了一些变化和调整，共产党与社会党在新的历史条件下产生了国际交往和合作。但是，社会党人并不接受"工人阶级政党"或"无产阶级政党"的定性，他们的指导思想是多元化的理论，他们的目标是民主社会主义，他们的其他政治主张也与共产党迥然不同。

在社会党漫长的发展之中，其理论和主张曾经对邻近国家的共产党人或马克思主义者产生过较重要的影响。著名的伯恩施坦修正主义就是受英国工党的社会主义理论影响而产生的。20世纪50年代出现的"东欧新马克思主义"，以及之后出现的"欧洲共产主义"派别，都是不同程度地受了社会党的主流意识形态——民主社会主义思想及其主张的影响。赫鲁晓夫的理论本质上就是"东欧新马克思主义"的一个变种在苏联的反映。

在20世纪80年代社会党与共产党调整关系之中，科学地总结了两种政党交往的历史经验和教训，确定独立自主、平等交往、协商合作、互不干涉内部事务的原则是必要的。但是，苏联共产党在历史虚无主义思潮的影响下，在与社会党国际调整关系的过程中却走向了极端。这就是基本上全盘否定共产党自己的历史实践，全盘肯定社会党国际的一切历史实践。似乎共产党人一切都错了，而社会党人一切都是正确的。这样就导致"共产党发生社会党化"的倾向。在这种历史虚无主义浪潮的推动下，苏联共产党及东欧各社会主义国家的共产党，纷纷向社会党靠拢，并极力宣扬自己的本质是社会党。这不但导致苏共加速垮台,也导致整个东欧社会主义国家多米诺骨牌式的灭亡。所以,划清共产党人与社会党人之间的界限,保持共产党人的本色,防止共产党人向社会党人蜕变,防止科学社会主义被曲解成所谓"民主社会主义",这也是一条重要的教训。

五 社会主义国家的执政党在宣传教育工作中必须科学地处理宣传和思想政治教育中的政策和策略,保持宣传和教育内容的连续性和稳定性,防止由于不慎而导致宣传教育的被动,以至于为历史虚无主义留下泛滥的可乘之机

在社会主义国家的改革中,出现了一种类似的现象:各国的改革都普遍从检讨自己在历史上出现的错误开始,打开改革的局面。同时,为了适应新的国际关系的环境,宣传和思想政治工作都是为外交政策和改革政策服务。这样就会造成盲目否定历史的倾向,为历史虚无主义的泛滥制造了条件。

在纠正历史实践中的错误的时候,一定要坚持实事求是的科学态度,防止全盘否党的历史上的集体决策和主要实践。防止造成翻案风的狂热,防止逐渐扩大化地纠正社会主义实践中的错误,防止把纠正所谓极"左"变成纠正社会主义。对于历史事件,一定要坚持把史实放到一定的历史条件下进行科学的分析,切忌脱离历史条件孤立地、片面地看问题,以至于走向历史虚无主义的极端。列宁的著名论断告诉我们,把史实放到一定的历史条件下进行科学的分析,这是唯物史观的首要的、绝对的前提。这一方法也是我们今日科学分析历史事实的唯一科学方法。只要坚持运用这一科学方法,我们就不会成为历史虚无主义的工具。

当因工作需要改变宣传重点的时候,必须照应到过去曾经对人民群众

进行宣传的内容，不要与之矛盾，不要顾前不顾后。要保持党的宣传内容和观点的连续性和稳定性，使新旧宣传内容衔接一致，决不能背离党的一贯宣传内容和观点。这样才能防止历史虚无主义趁机制造谣言、煽动群众，否定党的历史。

在中国，也有人借纠正"文化大革命"错误之机无限扩大党在历史上"左"的错误的范围和程度，甚至把党自成立初期到现在的历史丑化为一系列"左"祸的历史。最终导致有人提出，从马克思、恩格斯、列宁、斯大林到毛泽东的理论都是极"左"教条，认为中国的改革就是摆脱了这些极"左"教条的结果。这显然是不符合历史事实的，是走到背叛马克思列宁主义、毛泽东思想的邪路上去了。

还有一个宣传和思想政治教育常常为外交政策变化服务的问题。我们有时常常把意识形态教育与新闻宣传的内容捆绑起来进行。一些理论是非分析，往往要配合当时外交政策和国际关系的情况。这样，随着我国与某些国家外交关系的变化，宣传和思想政治教育内容不断变化，有时会陷入实用主义的困境。社会主义国家应该把外交关系方面的宣传内容与思想政治教育宣传的内容作出一定的分割，不要把外交政策的宣传与思想政治教育的宣传捆绑在一起。外交政策的宣传可以根据需要放开手脚，做足文章，但对待国内和人民内部的意识形态教育内容，不应该做经常性的调整和变动，不要把外交辞令与对人民内部的意识形态教育混为一谈。这样才能取得宣传和思想政治教育的主动，而不至于受制于历史虚无主义的思潮。

（作者单位：清华大学马克思主义学院）

（原载《理论探索》2016 年第 1 期（总第 217 期））

历史唯物主义与历史虚无主义

田心铭

中国近代以来的历史虚无主义思潮,是同20世纪出现的否定中华民族文化和历史的"全盘西化"论相伴而生的。中国人民革命的胜利和新中国巨人般前进的步伐遏止了历史虚无主义思潮的蔓延。在我国社会主义事业遭受"文化大革命"的严重挫折后,历史虚无主义作为资产阶级自由化的重要表现之一,在新的历史时期重新泛起。它的主要表现是,否定中国共产党的历史;否定社会主义新中国的历史;否定中国革命史。它的政治实质是,煽动推翻中国共产党的领导和我国的社会主义制度。历史虚无主义在学术研究中也表现出来,但它从本质上说主要不是一种学术思想,而是一股政治思潮。反对历史虚无主义,首先必须揭露其政治实质和政治危害性[①]。

反对历史虚无主义,需要深入揭露和清除其历史观基础。从社会历史观的层面看,历史虚无主义是一种唯心主义历史观,它用唯心主义和形而上学的观点观察世界、认识历史、评价社会历史现象。本文就如何坚持历史唯物主义,剖析历史虚无主义的历史观、世界观基础做一些讨论。

[①] 田心铭:《识别历史虚无主义要透过现象看本质》,《红旗文稿》2015年第9期,第10—13页。

一 两种对立的历史研究方法论：社会形态论与"一般社会"论

人们研究社会历史必须采用一定的方法。在不同的方法背后，存在着不同的方法论。历史唯物主义的社会形态论和历史唯心主义的"一般社会"论，是社会历史研究中两种根本对立的方法论。在历史虚无主义的言论背后，我们可以清楚地看到以臆造的"一般社会"为尺度去衡量社会历史现象、评价历史事件和历史人物的方法论。

1894 年，列宁在他的《什么是"人民之友"以及他们如何攻击社会民主党人?》（以下简称《什么是"人民之友"》）这部成名作中，针对俄国自由主义民粹派的理论家米海洛夫斯基在社会学研究中的主观唯心主义方法，十分深刻地阐述了马克思的社会形态论与"一般社会"论的对立，显示出他对马克思唯物主义历史观的深刻理解。列宁的这些思想至今仍然是我们坚持历史唯物主义、反对历史唯心主义以及批判历史虚无主义的强有力武器。

社会科学究竟是研究什么的？列宁指出，"……马克思以前的所有经济学家都谈论一般社会"[1]。他们"……争论的是一般社会是什么，一般社会的目的和实质是什么等等"[2]。他们由此得出的理论，"都是一些关于什么是社会、什么是进步等等纯粹先验的、独断的、抽象的议论"[3]。他们如何去研究"一般社会"呢？米海洛夫斯基说："社会学应从某种空想开始。"列宁指出，"主观方法的首创者之一米海洛夫斯基先生的这句话绝妙地说明了他们的方法的实质"[4]。米海洛夫斯基用来衡量"一般社会"中各种社会现象的标准，是所谓的"人的本性"。米海洛夫斯基说：社会学的根本

---

[1] 《列宁全集》第 1 卷，人民出版社 1984 年版，第 105 页。
[2] 同上书，第 106 页。
[3] 同上书，第 113 页。
[4] 同上书，第 106—107 页。

任务是阐明那些使人的本性的这种或那种需要得到满足的社会条件。在米海洛夫斯基看来，事物既有合乎心愿的，也有不合乎心愿的，社会学研究的任务就是"……找到实现合乎心愿的事物，消除不合乎心愿的事物的条件"，即"找到实现如此这般理想的条件"。总之，从"空想"开始，以先验的"人的本性"和主观"愿望"为尺度，去研究他们自己虚构出来的"一般社会"，寻找实现"理想"的条件，这就是以米海洛夫斯基为代表的主观社会学给自己规定的研究对象、研究任务和研究方法。在列宁看来，这也是马克思以前所有的社会学家、经济学家研究社会历史的方法。本文把表现于这种研究中的方法论称为"一般社会"论。

马克思的社会形态论是同"一般社会"论根本对立的。社会形态论是马克思创立的唯物主义历史观的基本理论，也是马克思研究社会历史的基本方法论。1867 年，当马克思一生中最重要的著作《资本论》第 1 卷出版时，他在"序言"中明确写道，"本书的最终目的就是揭示现代社会的经济运动规律"[1]。马克思还明确宣示："我的观点是把经济的社会形态的发展理解为一种自然史的过程。"[2] 列宁对《资本论》第 1 卷第 1 版"序言"中的这两句名言给予极大的重视，认为这两句名言集中表达了贯穿《资本论》始终的"基本思想"。列宁在《什么是"人民之友"》中强调："只要把序言里引来的这两句话简单地对照一下，就可以看出《资本论》的基本思想就在于此，而这个思想，正像我们听说的那样，是以罕见的逻辑力量严格地坚持了的。"[3] 笔者认为，列宁所说的"基本思想"，就是马克思在《资本论》中得出的基本结论和马克思研究问题的基本方法论。列宁指出，马克思所说的"现代社会"，就是资本主义社会经济形态，"他研究的只是这个形态而不是别的形态的发展规律"[4]。当所有的经济学家都在谈论"一般社会"时，马克思却抛弃了对"一般社会"的虚构，创立了"社会形

---

[1] 《马克思恩格斯文集》第 5 卷，人民出版社 2009 年版，第 10 页。
[2] 同上。
[3] 《列宁全集》第 1 卷，人民出版社 1984 年版，第 106 页。
[4] 同上。

态"这个范畴,专门去研究资本主义社会形态,从而实现了社会历史研究方法上的根本变革。通过这样的研究,马克思揭示了资本主义社会的运动规律,进而揭示出经济的社会形态的发展是一种如同自然史那样的历史过程,从而证明了他所发现的人类社会历史运动的规律。恩格斯指出,正是马克思的这两个伟大发现——"……发现了现代资本主义生产方式和它所产生的资产阶级社会的特殊的运动规律"以及"……发现了人类历史的发展规律"[①],使社会主义从空想变成了科学。马克思用科学理论武装工人阶级政党,指导工人阶级和亿万人民群众开辟了人类历史的新时代。

列宁深入阐述了马克思社会形态论的研究方法与主观社会学"一般社会"论的研究方法的对立。列宁指出:"既然你连任何一个社会形态都没有研究过,甚至还未能确定这个概念,甚至还未能对任何一种社会关系进行认真的、实际的研究,进行客观的分析,那你怎么能得出关于一般社会和一般进步的概念呢?"[②] 如同形而上学的化学家不实际研究化学过程,却臆造出什么"化学亲和力"的理论;形而上学的心理学家不分别说明各种心理过程,却议论"什么是灵魂";形而上学的生物学家谈论"什么是生命力"一样,这样的研究方法是荒谬的。关于"一般社会"的种种议论,"就其基本方法,就其彻头彻尾的暗淡无光的形而上学性来说,也是无用的"[③]。这样的理论毫无用处,丝毫不能促进人们对现实社会关系的理解,只能像肥皂泡一样,化为乌有。而"马克思在这方面大大前进了一步:他抛弃了所有这些关于一般社会和一般进步的议论,而对一种社会(资本主义社会)和一种进步(资本主义进步)作了科学的分析"[④]。这是社会历史研究方法上的一场革命。

列宁对"一般社会"论方法的分析、批判体现了深刻的唯物辩证法思想。正如后来列宁在《哲学笔记》中所指出的:"一般只能在个别中存在,

---

① 《马克思恩格斯文集》第3卷,人民出版社2009年版,第601页。
② 《列宁全集》第1卷,人民出版社1984年版,第113页。
③ 同上。
④ 同上书,第114页。

只能通过个别而存在。……任何一般都是个别的（一部分，或一方面，或本质）。"① 历史和现实中真实地存在着的，是各具特点的这一个或那一个社会，即具体的或"个别的"社会，没有什么"一般社会"。每一个具体的或"个别的"社会都在其个性中包含着共性，在特殊性中包含着普遍性。人类社会的一般特征、共同本质只能存在于具体的或"个别的"社会之中，只有通过对具体社会的分析、研究才能被揭示出来。因此，由认识个别的和特殊的事物，逐步地扩大到认识一般的事物，这是人类认识运动固有的规律。"人们总是首先认识了许多不同事物的特殊的本质，然后才有可能更进一步地进行概括工作，认识诸种事物的共同的本质。"② "从某种空想开始"的"一般社会"论的研究方法，根本颠倒了人类认识运动的正常秩序。列宁指出，不研究具体的社会形态，而是"从什么是社会，什么是进步等问题开始，就等于从末尾开始"。在认识社会历史的方法上本末倒置，就只能"……先验地臆造一些永远没有结果的一般理论"。相反，马克思的方法是"从研究个别的、历史上一定的社会关系开始，而不从什么是一般社会关系的一般理论开始"③。马克思如果没有实现这种研究方法上的根本变革，就不可能创建恢宏的理论大厦。

不过，人们的任何思想观念都不可能是凭空产生的，只能是对物质世界的这样的或那样的反映。发生在人们头脑中的思想过程，归根结底是由人们在现实中所处的物质生活条件决定的。"一般社会"论者所臆造出来的种种理论，并不是他们头脑中固有的或从天上掉下来的，而是一定社会中的现实生活在他们头脑中的反映。这个社会，就是"一般社会"论者生活于其中的资本主义社会。列宁指出，"一般社会"论的那些理论，"不过是把英国商人的资产阶级思想或俄国民主主义者的小市民社会主义理想充作社会概念罢了。……不过是当时社会思想和社会关系的象征"④。列宁还

---

① 《列宁全集》第55卷，人民出版社1990年版，第307页。
② 《毛泽东选集》第1卷，人民出版社1991年版，第309—310页。
③ 《列宁全集》第1卷，人民出版社1984年版，第114—115页。
④ 同上书，第114页。

指出，资产者最大的特点，就是把现代制度的特征硬套在一切时代和一切民族身上。① 资产阶级学者关于"一般社会"的种种议论，实际上是把资本主义社会形态下的范畴普遍化、永恒化，将其夸大为"一般社会"普遍适用的永恒的范畴。

列宁的分析使我们很自然地想到了"普世价值"论。"普世价值"论和历史虚无主义都是近年在我国意识形态领域引起关注的社会思潮。这两种错误思潮之间存在着内在的本质性关联。"普世价值"论的主要表现，是把西方资本主义的自由、民主观念和体现这些观念的多党制、三权分立等政治制度普遍化、永恒化、神圣化，把它们说成是任何国家都必须遵循的"普世价值"，并以此为标准来衡量中国近代以来的革命和社会历史变迁，评价我们的政治道路和社会制度，提出现实的政治诉求。历史虚无主义的观点和政治主张，正是在这样的思想理论基础上提出和论证的。有人宣扬，西方资本主义、帝国主义对中国侵略有理、侵略有功，"鸦片战争一声炮响，给中国送来了近代文明"，而反帝反封建的人民革命则是"令人叹息的百年疯狂与幼稚"；以五四运动为开端的中国新民主主义革命是"歧路旁出"，是从"以英美为师"的"近代文明主流"走上了"以俄为师的歧路"，革命的胜利使"中国陷入了现代极权主义的深渊"，1949年建立的新中国"实际上是'党天下'"；东欧剧变、苏联解体是向文明发展主流的"回归"，我国坚持中国特色社会主义道路、坚持中国共产党的领导则是背离"历史的潮流"，背离"普世价值"；中国要实现现代化，就得"认同普世价值，融入主流文明"，实行西方式的"宪政"民主，如此等等。不难看出，所有这些说法都内在地包含着资产阶级社会是永恒的"一般社会"这个观点，都以此作为逻辑推理的大前提。在激烈的意识形态斗争中，"普世价值"论充当了历史虚无主义否定中国共产党的历史、否定社会主义新中国的历史、否定中国革命史，煽动推翻中国共产党的领导和我国社会主义制度的思想武器；而这种"普世价值"论，就其社会历史观

---

① 《列宁专题文集：论辩证唯物主义和历史唯物主义》，人民出版社2009年版，第174页。

和方法论的基础来说,不过是历史唯心主义的"一般社会"论的新的表现形式而已。那些被推崇的"普世价值",其实就是被当作"一般社会"的思想和原则推销的资本主义社会的理念和制度。

因此,反对历史虚无主义,在社会历史研究方法论上,必须坚持历史唯物主义的社会形态论,深入揭露"一般社会"论的谬误和危害。

二 反对历史虚无主义必须把握人类社会发展规律

考察围绕历史虚无主义的意识形态论争,不难发现在对各种重大社会历史问题和历史现象的不同评价背后,存在着对人类社会发展规律的不同看法。这是历史唯物主义和历史唯心主义两种历史观根本对立的又一集中表现。

如果说抛弃"一般社会"论、坚持社会形态论是马克思在《资本论》中研究社会运动的基本方法论,那么,"……把经济的社会形态的发展理解为一种自然史的过程"[①] 就是马克思经过研究得出的基本结论。这一基本结论是对马克思所发现的社会发展客观规律的集中表达。马克思不仅确认了社会发展与自然界的发展一样,具有一定的客观规律,而且揭示了社会发展的客观规律。

马克思的这一发现经历了一个长期探索的过程。考察和理解这个过程,对于我们学习和运用历史唯物主义、剖析历史唯心主义和历史虚无主义是必要的、有益的。

毛泽东说:马克思主义所以成为革命的科学知识,就是因为它正确地反映了客观世界的实际规律,它是客观的真。[②] 唯物主义不过是朴素地按照客观世界的本来面貌去反映世界,不增添外来的成分。为什么在马克思之前,一旦进入社会历史领域,即使是费尔巴哈那样伟大的唯物主义哲学

---

① 《马克思恩格斯选集》第 2 卷,人民出版社 1995 年版,第 101—102 页。
② 《毛泽东著作专题摘编(上)》,中央文献出版社 2003 年版,第 78 页。

家，也陷入了唯心史观，成为半截子的唯物主义者呢？一个重要原因是，在社会历史中活动的都是追求自觉目的的人，而以往的唯物主义者一看到人们的行动受思想支配，就停留下来，不去追溯思想动机背后的物质原因，把精神的力量当成历史的最终原因，因而不能发现历史运动的规律性，结果在他们笔下，"……历史至多不过是一部供哲学家使用的例证和图解的汇集罢了"①。

1859 年，当马克思第一次发表自己创立的政治经济学成果时，他在《政治经济学批判》"序言"中说明了自己研究政治经济学的经过。这一经过同时也就是他的唯物主义历史观形成和运用的过程。马克思在《莱茵报》的工作中"第一次遇到要对所谓物质利益发表意见的难事"②。这促使他去研究经济问题，并通过对黑格尔法哲学的批判认识到国家与法都根源于物质生活关系。由此开始，他用了一生中黄金时代的 15 年时间潜心致力于政治经济学的研究，终于在《政治经济学批判》尤其是它的"序言"中"……第一次科学地表述了关于社会关系的重要观点"③。马克思在《政治经济学批判》"序言"中说，"我所得到的，并且一经得到就用于指导我的研究工作的总的结果，可以简要地表述如下"④。接下来用 800 多字概括的这个"总的结果"，就是马克思本人对他所创立的唯物主义历史观所做的最完整、最简明的经典性表。⑤

列宁在《什么是"人民之友"》中完整地引用了马克思的这一段论述。他正是以这段经典论述为主要依据来阐述马克思的历史观的。马克思于 1859 年在《政治经济学批判》"序言"中所表述的，是他形成于 19 世纪 40 年代并指导了他此后研究工作的历史观。列宁指出，"社会学中这种唯物主义思想本身已经是天才的思想"，但"这在那时暂且还只是一个假

---

① 《毛泽东著作专题摘编（上）》，中央文献出版社 2003 年版，第 78 页。
② 《马克思恩格斯文集》第 2 卷，人民出版社 2009 年版，第 588 页。
③ 《马克思恩格斯文集》第 10 卷，人民出版社 2009 年版，第 167 页。
④ 《马克思恩格斯文集》第 2 卷，人民出版社 2009 年版，第 591 页。
⑤ 田心铭：《马克思对唯物主义历史观要点"扼要的阐述"——读马克思〈政治经济学批判〉序言》，《红旗文稿》2015 年第 5 期，第 19—23 页。

设"①。马克思在 19 世纪 40 年代提出这个假设后，花费数十年时间根据大量材料实际地研究"现代社会"，即资本主义社会。他和恩格斯还在 1848 年到来的欧洲革命风暴中成功地运用历史唯物主义总结、阐述了法国、德国革命的经验，验证了自己的历史观。对资本主义这个最复杂的社会形态的实证研究使唯物主义历史观经受了历史与现实的检验。列宁指出："自从《资本论》问世以来，唯物主义历史观已经不是假设，而是科学地证明了的原理。"②自那时以来，包括恩格斯、列宁、毛泽东在内的一代又一代马克思主义者无不依据马克思本人在《政治经济学批判》"序言"中的经典表述来解读和阐述、坚持和发展历史唯物主义的基本原理。

恩格斯在《资本论》第 1 卷英文版"序言"中写道："一门科学提出的每一种新见解都包含这门科学的术语的革命。"马克思在《政治经济学批判》"序言"中提出的新见解，包含了他创造的一系列新的术语、范畴。他运用这些术语、范畴阐明了历史唯物主义的基本原理，揭示了人类社会发展的规律。

笔者认为，对于这些基本原理和它们所揭示的社会发展规律，可以从两个层面去理解。第一，马克思揭示了构成一个社会形态的基本结构和它的发展规律。他运用生产力和生产关系、经济基础和上层建筑这四个基本范畴，勾画出社会有机体的基本结构，揭示了社会基本矛盾运动的规律，确立了物质生活资料的生产方式制约着整个社会生活的过程、社会存在决定社会意识、社会基本矛盾运动导致社会革命和社会形态的更替等基本原理。第二，马克思从整体上考察人类社会历史的总趋势，揭示了不同社会形态演进的历史进程。他当时的表述是："大体说来，亚细亚的、古希腊罗马的、封建的和现代资产阶级的生产方式可以看做是经济的社会形态演进的几个时代。资产阶级的生产关系是社会生产过程的最后一个对抗形式……人类社会的史前时期就以这种社会形态而告终。"③1877 年摩尔根的

---

① 《列宁全集》第 1 卷，人民出版社 1984 年版，第 109 页。
② 同上书，第 112 页。
③ 《马克思恩格斯文集》第 2 卷，人民出版社 2009 年版，第 592 页。

《古代社会》和1884年恩格斯的《家庭、私有制和国家的起源》出版后，"序言"中的这一思想发展成为历史唯物主义的五种社会形态理论。1992年邓小平在南方谈话中说，马克思主义是科学，"它运用历史唯物主义揭示了人类社会发展的规律。封建社会代替奴隶社会，资本主义代替封建主义，社会主义经历一个长过程发展后必然代替资本主义。这是社会历史发展不可逆转的总趋势"①。这是中国化马克思主义对马克思发现的社会历史发展总趋势的明确表达。马克思的历史观具有严谨的内部逻辑结构，上述两个层面的基本原理是统一在一起的。马克思独创的社会形态范畴，在这个新历史观的构成中起着关键作用。列宁用"两个归结"概括和阐述了马克思创立社会形态范畴并运用它揭示社会发展规律的方法和逻辑。列宁指出，在马克思之前，社会学家们对社会的考察局限于政治法律形式和人们的思想，所以不能发现各国社会现象中的重复性和常规性，而马克思"……所用的方法，就是从社会生活的各种领域中划分出经济领域，从一切社会关系中划分出生产关系"②。一旦着手分析生产关系，就有了一个客观的标准，立刻就有可能看出各国社会现象中的重复性和常规性，把重复性这个"一般科学标准"应用到对社会的研究上来，"把各国制度概括为社会形态这个基本概念"。这样就"……使人有可能从记载（和从理想的观点来评价）社会现象进而以严格的科学态度去分析社会现象"③，从而第一次把对社会的认识提高到科学的水平。列宁总结说，"……只有把社会关系归结于生产关系，把生产关系归结于生产力的水平，才能有可靠的根据把社会形态的发展看作自然历史过程。不言而喻，没有这种观点，也就不会有社会科学"④。

马克思在方法上抛弃"一般社会"论而致力于剖析资本主义社会形态的变革，与他在理论上揭示人类社会发展客观规律的创新，这二者是内在

---

① 《邓小平文选》第3卷，人民出版社1993年版，第382—383页。
② 《列宁全集》第1卷，人民出版社1984年版，第107页。
③ 同上书，第110页。
④ 同上。

统一的。在科学研究中，理论与方法是密不可分的。理论揭示对象的本质和规律，而当理论被运用于研究事物时，便转化为方法。理论如果不作为方法运用于对实际事物的研究，就是无用的理论；方法如果不以符合客观对象的理论为依据，就是无根据的错误方法。虽然马克思在19世纪40年代形成的关于社会历史运动的"天才的思想"当时暂时是一个假设，但马克思"……一经得到就用于指导我的研究工作……"①，把它转化为自己研究资本主义社会形态的方法。而他研究资本主义的成果特别是《资本论》，验证了他的唯物主义历史观，使其得以确立为科学原理。在这里，理论转化为方法，又通过方法的运用经受检验而确立为真理。唯物史观和马克思主义政治经济学的创立史告诉我们，马克思在社会历史理论上的创新和他在历史研究方法上的创新是内在统一、不可分离的。历史唯物主义的创立，同时实现了社会历史观和社会历史研究方法论这两方面的根本变革。笔者认为，列宁之所以说只要把他从《资本论》第1卷第1版"序言"中引来的两句话"……简单地对照一下，就可以看出《资本论》的基本思想就在于此"②，正是因为马克思的这两句话既概括了他研究社会的基本方法论，又概括了他经过研究得出的基本结论，体现了《资本论》研究中历史观与方法论的统一。

马克思创立的唯物主义历史观，标志着"……他在整个世界史观上实现了变革"③，使"历史破天荒第一次被置于它的真正基础上"④。恩格斯在其于1877年写的《卡尔·马克思》这篇传略中，在1883年3月马克思逝世后其所发表的墓前讲话中，都把这一发现推崇为使马克思的名字永垂科学史册的两个伟大发现之一。列宁在《什么是"人民之友"》中用达尔文的《进化论》做类比来说明马克思的这一发现对于社会历史研究的划时代意义。列宁说，正如达尔文第一次把生物学放在完全科学的基础之上一样，

---

① 《马克思恩格斯文集》第2卷，人民出版社2009年版，第591页。
② 《列宁全集》第1卷，人民出版社1984年版，第106页。
③ 《马克思恩格斯文集》第3卷，人民出版社2009年版，第457页。
④ 同上书，第459页。

马克思"探明了作为一定生产关系总和的社会经济形态这个概念，探明了这种形态的发展是自然历史过程，从而第一次把社会学放在科学的基础之上"①。

自从十月革命一声炮响给我们送来了马克思列宁主义，中国的先进分子就用它作为观察国家命运的工具。中国共产党 90 多年的历史，就是马克思主义基本原理同中国具体实践日益结合的历史。中国的革命、建设和改革之所以能取得举世瞩目的辉煌成就，归根结底是因为我们走过的道路既符合中国具体国情，又符合人类社会发展规律。历史唯物主义同中国人民的实践相结合，转化成了改变中国命运的巨大物质力量，同时在中国实践中接受了检验，进一步确证了它的真理性，并得到了丰富和发展。

社会历史现象是极为丰富、错综复杂的，历史前进的道路是充满矛盾、艰难曲折的。只有以历史唯物主义为指导，以是否符合社会发展客观规律和人民根本利益为标准，才能正确地认识社会、评价历史。习近平指出："不论发生过什么波折和曲折，不论出现过什么苦难和困难，中华民族五千多年的文明史，中国人民近代以来一百七十多年的斗争史，中国共产党九十多年的奋斗史，中华人民共和国六十多年的发展史，都是人民书写的历史。"习近平还强调："历史总是向前发展的，我们总结和吸取历史教训，目的是以史为鉴、更好前进。"② 我们在评价各种历史事件和历史人物时，都应该坚持这样的科学态度和科学方法。中国近代以来的历史进程是把一个贫穷落后、四分五裂的半殖民地半封建的中国变成社会主义新中国，并且开创出中国特色社会主义道路的进程；是人民群众在中国共产党领导和马克思主义指导下，遵循社会发展的客观规律创造历史、推动历史前进的进程。这一历史性变革带来了国家的繁荣富强和人民的幸福安康，迎来了中华民族伟大复兴的光明前景。要运用马克思主义的历史观和方法论评价中国近现代历史，就必须把各种历史事件和历史人物都放到这一基本历

---

① 《列宁全集》第 1 卷，人民出版社 1984 年版，第 111—112 页。
② 《十八大以来重要文献选编（上）》，中央文献出版社 2014 年版，第 694 页。

史进程中去考察,看其是促进还是阻碍了中国历史的进步,是维护还是损害了中国人民的根本利益。离开这一历史进程,就不可能获得科学的认识,也不可能作出正确的评价。对于人民群众和他们的领袖人物在创造历史的前进道路上不可避免地犯的错误和经历的挫折,也只有将其放到这一总的历史进程中去分析,才能作出实事求是的科学评价。背离社会发展客观规律和历史总趋势去评价历史事件和历史人物,就会得出是非颠倒的错误结论。

从社会历史观层面看,历史虚无主义否定中国共产党党史、中华人民共和国国史、中国近代以来的革命史,否定中国特色社会主义道路,是以背离社会发展客观规律的历史观和方法论为基础的。无论是鼓吹"告别革命",否定推翻帝国主义、封建主义和官僚资本主义统治并创建新中国的历史伟业,还是割裂改革开放前后两个历史时期,否定改革开放前的历史时期或否定改革开放后的历史时期;无论是否定毛泽东的历史地位和毛泽东思想,还是抹黑中华民族和中国人民的历史英雄人物和先进模范人物,都是用了颠倒了的历史观充当度量衡,都是唯心主义和形而上学的方法论在起作用。在有些人看来,中国根本就不应该通过革命走上社会主义道路,因而也不该坚持走中国特色社会主义道路,只有被这些人标榜为"普世价值"或"人类文明主流"的西方资本主义制度才是他们追求的理想社会。对于历史虚无主义的种种手法,无论是无限夸大党和人民在创造历史的前进道路上不可避免地犯的错误和经历的挫折,抹杀历史的主流和本质,还是离开社会历史条件,用个人私利、个人恩怨、个人性格乃至反面历史人物的自我吹嘘和表白来说明历史,或是离开历史的主线,摒弃所谓"大叙事",用细节否定本质,掩盖和歪曲历史的本来面目,只要我们站在人民的立场上,认清历史前进的方向,坚持历史的辩证法,就不难识破其谬误所在,辨析是非曲直,作出正确判断。

在以往各个历史时期,历史唯物主义指引我们把握和运用客观规律,使我们取得了革命、建设和改革的胜利;今天,我们仍然需要不断接受马克思主义哲学智慧的滋养。习近平指出:马克思主义哲学深刻揭示了客观世界特别是人类社会发展的一般规律,在当今时代依然有着强大的生命力,依然是指导我们共产党人前进的强大思想武器。他强调,推动全党学习和掌握历史唯物主义,更好地认识规律,更加能动地推进工作。[①] 为此,我们应该原原本本地学习和研读马克思主义经典著作,掌握看家本领,运用历史唯物主义指导实践,也运用历史唯物主义去剖析历史虚无主义,分清思想上、理论上的是非曲直。

(作者单位:教育部高等学校社会科学发展研究中心)

(原载《学习论坛》2016年第32卷第4期)

[①]《习近平在中共中央政治局第十一次集体学习时强调 推动全党学习和掌握历史唯物主义更好地认识规律更加能动地推进工作》,《人民日报》2013年12月5日。

关于民主与宪政关系的再思考

王振民

五四运动时期，先进的中国人为了救中国纷纷向西方寻求真理。他们总结西方现代化成功经验得出的结论是，中国缺少两位"先生"，一位是"民主先生"，即"德先生"（Mr Democracy），一位是"科学先生"，即"赛先生"（Mr Science）。民主革命先驱陈独秀明确提出要"拥护那德谟克拉西（民主）和赛因斯（科学）两位先生"，认定只有这两位"先生"才可以救中国。① 从此中国人开始为民主和科学这两位"先生"而奋斗，中国人民为民主所作出的牺牲、所付出的代价不亚于任何一个西方民主国家对民主的付出；中国人民对于民主的承诺、执着乃至狂热也决不亚于世界上任何一个民族对于民主的决心。

其实，中国民主革命先驱忽视了促使西方现代化成功还有另外一位"先生"，那就是"宪政先生"，即"康先生"（Mr Constitutionalism）或者说"法治先生"，即"劳先生"（Mr Law）。救国、强国当然需要民主和科学，但是历史经验证明，只有民主和科学是不够的，还必须要有宪政和法治。很多国家和地区在民主建设上成效不彰，与只专注于民主、忽视宪政和法治有直接关系。本文拟探讨的就是"德先生"与"康先生"和"劳先

---

① 1919年1月陈独秀在《"新青年"罪案之答辩书》中提出要"拥护那德谟克拉西（民主）和赛因斯（科学）两位先生"，并且明确宣告："我们现在认定只有这两位先生，可以救治中国政治上、道德上、学术上、思想上一切的黑暗。"

生"的关系,试图厘清一些基本概念,研究宪政和法治在民主政治建设过程中的重要作用,尝试为民主、宪政和法治发展提供另外一种思路。

一 "法治"的民主与"人治"的民主

(一) 民主的优越性

近代以来,民主成为人类一面光辉的政治旗帜,是时代的潮流,人民的抉择。我们今天谈政治,当然指的就是民主政治。必须承认,近代民主政治是西方资本主义国家发明创造的,他们对人类近代政治文明的进步作出了贡献。民主政治的建立,使得这些国家的人民得到了空前的政治解放,获得了前所未有的政治权利和自由,在民主发展的道路上迈出了历史性的步伐。

民主政治带给人类的好处是显而易见的。那些成功建立民主制度的国家,由于作为最重要生产力元素的人得到前所未有的解放,人性得以广泛张扬,人智得以深层挖掘,人的创造力得到比较充分的发挥,科学技术水平也因而得到极大提高,无数发明创造使得这些国家的经济迅速发展,财富大量积累,社会文明进入更高级阶段。民主也使这些国家比较好地解决了统一问题。由于科技和经济的发达,这些国家的军事实力大大提升,有的迅速走上对外扩张的道路。民主因此成为所有国家摆脱落后挨打困境的不二法门,成为人类的普世价值。[①] 其他国家纷纷开始向西方已经民主化了的国家学习经验,主动或者被动地引进西方式的民主制度。

但是,回首数百年各国民主发展的历史,人们看到有些国家成功了,有些国家非但没能引进西方的民主,反而陷于内乱甚至分裂状态,政治上长期处于不稳定状态。还有些国家经过长时间摸索,在付出沉痛代价后才建立起符合本国情况、稳定可行的民主政治。没有人反对民主,我们并不

---

① Robert Dahl, *Democracy and Its Critics*, New Haven, Yale University Press, 1989。中译本《民主及其批判》,李培元译,台北,编译馆与韦伯文化国际出版有限公司合作发行2006年版,第376页。

怀疑这些国家的领导人及其人民建设民主政治的诚意和决心,但是为什么结果如此不同呢?

(二) 政治全过程的民主被简化为选举民主

这里有必要先给民主下一个定义。什么是民主呢?按照通常的解释,民主就是人民当家作主,掌握自己和国家的命运。现代著名政治学家萧公权先生称其为"民治"(rule by the people),其精义在于"以民决政"。①民主政治强调政治参与,参与的人越多越好。凡是公民,都有政治参与权,都是国家这个政治结合体的"股东"。换句话说就是,人民不仅可以"搞经济",而且可以"搞政治"。封建政治是"一人之治",一切听从皇帝一人乾纲独断。民主政治是"众人之治",大事小事由众人决定。一个人的智慧永远没有所有人的智慧多,一个人永远没有所有人聪明。从理论上讲,众人一起犯错的概率应该低于一人犯错的概率。这正是民主政治的优越之处。

民主意味着人民可以"主"哪些事情呢?当然并非事无巨细,都要由人民"躬亲",尽管从学理上应该如此。民主有很多内容,原则上国家的一切事情都应该由人民直接决定。但是实际上经过多年的演变,民主早已简化了,是"简化版的民主"。今天在大部分国家,民主就是每过几年由人民通过选举产生国家领导人,重新组织一次政府,其最高形式是普选。②似乎民主就是选举,选举就是民主。有选举,就有民主;没有选举,就没有民主。至于在人民选举产生政府之后、在下次选举之前,也就是说在民选政府法定任期内,确实没有人民太多事,人民把各种各样的国事都已经托付给自己选举产生的政府了。人民只有在选举的时候才是国家的主人,才能显示一下自己"股东"的身份。在"平时",政府或者民选领导人就是人民的化身,代表人民行使国家权力。问题是,"平时"远比"战时"

---

① 萧公权:《民主与宪政》,清华大学出版社 2006 年版,第 35 页。
② Jon Elster and Rune Slagstad ed, *Constitutionalism and Democracy*, Cambridge University Press, 1993. p. 1.

(即选战)要长得多。可见,在这种"简化版"的民主之下,人民在绝大部分的时候其实与封建政治下的臣民分别不大,不同的是在民主之下,人民如果选出了一个恶劣的政府,可以期待几年后把它更换掉。这是民主最大的价值。[①] 政治全过程的民主已经被简化为短暂的选举民主,人民民主就是由人民来"主"谁将成为下一个领导人。

无论如何,选举领导人和政府,是民主最原始、也是最持久、最本质的含义。关于民主的定义众说纷纭,但这是公认的。人们今天对于民主的理解就是如此,说简单,民主就是如此简单!

(三) 民主也可能是人治的吗

近代以来各国人民争民主,其实就是争取由人民自己选举产生政府。人们的兴奋点、注意力都集中在几年举行一次大选以及选举期间的民主大动员。至于选后如何规范约束民选政府,民选政府如何运作,则常常被忽视。人们往往认为,政府之所以腐败无能、骄横跋扈、藐视基本人权,其根本原因是因为政府非民选而来。人们憧憬一旦民主了,政府变成民选的了,则万事大吉,政府将变得廉洁、亲民、尊重人权,这样的政府无往而不胜,民主以及通过民主产生的政府是万能的,能够解决我们面临的所有问题。这就是为什么人们更加关切选举的原因。

任何一个时代、任何一个国家、任何一个统治者,不管是世袭君主或者民选总统,都希望国富民安。而国富民安的关键是,一定要通过合理有效的方式把社会精英分子选拔出来,充实到领导岗位上。这是任何一个政治结合体共同的关切。民主制与封建君主制的区别在于,君主制是由一个人来选拔精英,中国古代的科举考试就是最典型的代表,一个人是否精英最后由皇帝通过殿试来决定。在民主制看来,由一个人来选拔精英是不科学、不合理的,由众人通过选举的方法来选拔精英,更能发现真正的人才

[①] 按照列宁的说法,资产阶级的民主就是"每隔几年决定一次究竟由统治阶级中的什么人在议会里镇压人民、压迫人民,——这就是资产阶级议会制的真正本质"。转引自《中国法学》2009 年第 5 期,第 150—151 页。

和好人。

　　透过纷繁复杂的政治表象我们很容易发现，绝对民主制与君主制其实都是把国家的前途命运、把所有人的身家性命、一切的一切都寄托在少数精英身上，假设靠一个人就可以把事情做好，相信个人的智慧和聪明才智以及良心。封建君主制相信个人的作用，绝对民主制同样相信个人的作用，认为人的本性是可以信赖的，"人治"是可行、可靠的。从对领导人个人品性、能力和素质的依赖来看，民主也可能是人治的。人治不仅可以存在于君主制之下，也可以隐含于民主制之中。没有宪政和法治的民主，是一种特殊的人治，或者说是人治的"民主"。绝对民主制和君主制背后的政治逻辑和理念是相同的，即都是历史英雄主义，信奉"精英之治"，而非"法律之治"和"体制之治"。不同的只是二者选拔精英的方法，君主制靠一个或者几个人选择精英和"好人"，后者则靠众人通过选举来选拔，希望通过人民的慧眼能够发现精英和"好人"。尽管有权参与选拔精英、"好人"的人数和方法不同，但是对"好人政治"的依赖则是一样的。

　　然而问题的关键不是选拔精英的方法，而是这种逻辑本身是否成立，即治理国家是靠个人，或者靠体制和制度，是制度可靠，或者人可靠，即便这个人是精英？显然，如果仅有选举，仅仅实现了由人民来选举产生政府，并不足以解决所有问题。我们必须解决如何来监督民选政府、避免"人治的民主"的问题，以及没有宪政、没有法治的民主其本身能否成立的大问题。

　　诚然，民主本身就有价值，民主无须证明自己的合理性。实行民主对于任何一个现代国家来说都是不需要任何理由的。反而不实行民主，则要找出很多个理由。但是，如何才能确保民主的成功呢？为什么很多地方播撒的是龙种，是民主的种子，但收获的却是跳蚤，是政府的瘫痪乃至更加腐败独裁的政府呢？难道人民也会看错人？难道"民主"和"君主"就没有分别？问题到底出在哪里？

二 宪政就是"制度之治"和"法律之治"

（一）宪政的三大关切

从历史上看，民主建设的成败与有无宪政和法治关系重大。在展开讨论之前，我们最好先界定一下"宪政"的概念。宪政的核心或者说关切有三个方面：

第一，任何政府、任何领导人不管其如何产生，都要接受宪法和法律的约束，不能滥用权力，不能腐败。即便民选政府，其行为也要受严格的监督和制约。① 任何政府都应该是有限政府。有限政府的概念起初是针对封建专制政府提出来的，既然我们批评封建政府是无限的，权力不受任何制约和监督，所以才要建立民主政府。那么，民主政府就不能重蹈封建政府的覆辙，变成无限政府，而必须也是受法律约束的有限政府。因此，民主政府应该是"法治"的政府，不能是"人治"的政府。从某种意义上说，有限政府只有在民主之下才可能真正成为现实。然而问题是，人们对民选政府往往非常放任，很容易无限授权，而且拒绝任何外在监督制约。如何防止民选政府蜕变成无限政府，也就是超越宪法和法律之上的政府，就成为宪政的首要关切。

第二，宪政不仅要求政府权力必须是有限的，而且还要求国家权力的配置要科学合理，协调高效。国家各种权力如何配置，国家机构如何设置以及相互之间应该是什么样的关系，从宪政的视角来审视，这些都是科学问题。一个国家一定有一个最适合这个国家的历史、国情、民情、自然条件、地理和经济状况的政治体制，宪法学家和政治学家的任务就是发现这个最合适的体制。治国是一门科学，政治应该成为科学。② 搞宪法也应该

---

① Jon Elster and Rune Slagstad ed, *Constitutionalism and Democracy*, Cambridge University Press, 1993. p. 2.

② 尽管人类的政治往往是不科学的，但是对科学精神的追求不应该放弃。这也许就是为什么我们一直把关于政治的学问叫作"政治科学"（Political Science）的原因。

是搞科学。① 可见，宪政除了强调"法律之治"（rule of law）外，还强调国家权力的配置要科学合理，要求必须是科学的政治，是"科学之治"（rule by science）。概括来讲，宪政就是"法治政治"和"科学政治"的结合。

第三，尽管人民不一定参与政府的选举和治国精英的选拔，即不一定要有民主，但国家必须要保障基本人权，给予人民一定程度的自由。人权是宪政的应有之义。人民享有不可剥夺的基本人权与政府行使自己的管治权可以并行不悖。大道通天，各行一边，互不影响。在任何情况下，国家都应该给人民和社会保留一定的自由空间。各国宪法无不以保护人权为己任，这是宪政的要义之一。②

在民主政治之下，由于参与政治的人一下子增加很多，因此民主政治的基本游戏规则是少数服从多数，多数人的意见就是法律，推定代表所有人。少数人可以保留自己的意见，可以通过言论自由发表不同的看法，但是在行动上必须遵守多数人制定的法律，否则就是违法乃至犯罪，要受到多数人政府的惩罚。强调按照多数人的意志办事是民主的原则。宪政则强调人人平等，要求保护少数人的权利，防止多数人的专制和腐败。可见，强调"人民之治"（rule of people）的民主与强调"法律之治"（rule of law）的宪政可能会有冲突。

因此，人权问题不仅存在于专制国家，而且也可能存在于民主国家。对于前者，人们有各种理由去谴责，但对于民主国家存在的侵犯人权问题，人们往往熟视无睹，甚至根本不能理解和接受。人们理所当然地认为，有民主就等同于有人权，民主就是人权。把民主等同于人权其实是一个美丽的误会。任何政府，不管是否民选产生，只要有公共权力的存在，就有可能侵犯人权。如前所述，民主的原则是少数服从多数，不管是选举政府或

---

① 毛泽东：《关于中华人民共和国宪法草案》（1954年6月14日），载王培英编《中国宪法文献通编》（修订版），中国民主法制出版社2007年版，第249页。
② 夏勇先生认为，五四运动中国请来了德先生（民主）和赛先生（科学），也请来了和女士（human-rights，人权），但是不知为何，我们偏偏忽略了她，这使得两位先生的烦恼一直得不到解决。夏勇：《和女士及其与德、赛先生之关系》，载《中国民权哲学》，生活·读书·新知三联书店2004年版，第131页。

者决定事情,少数人的意见是不算数的,即便一票之差,即便这个"少数"只比"多数"少一票,双方其实势均力敌,那也没有办法,也只能按照多数人的意见办。这种情况下,多数人的傲慢很容易导致少数人人权被侵犯。因此,在民主体制下,也可能有人权问题,同样需要建立健全宪政和法治以保护人权。保障人权适用于所有政体,是宪政和法治建设的一个重点。

总之,任何政治体制一定要能够解决那个特定国家及其人民的特定问题,实现广泛的"善治"(good governance)。"政府应当以良好的治理为本,在治理中尊重和保护民权。"① 如果一个政治体制解决不了人民的基本问题,实现不了有效、公平、高效、良好的管治,不能提供一个稳定合理的社会秩序,在这种情况下不管其领导人是如何产生的,都不能说是一个好的体制。这就是宪政要解决的问题。至于政府及其领导人是否民选产生,并非宪政的要旨,那是民主要解决的问题。

(二)宪政就是"制度之治"和"法律之治"

宪政和法治密不可分,宪政必然是法治的政治,宪政之下的政府必须是遵守宪法和法治的有限政府。用萧公权先生的话来说就是:如果说民治(民主)之精义在于"以民决政"的话,那么宪政之精义在于"以法治国"。"宪,法也,政,治也;宪政者,法治也。"② 但是,宪政与法治还是有所分别的。"宪政"是政治上适用法治的状态,可谓"政治法治";除此之外,还有"经济法治""社会法治"等,也就是在经济、社会等事务管理上也要实行法治。

与传统君主制和绝对民主制过分依赖精英和英雄个人不同,宪政建立在对人性不信任的基础之上。在宪政和法治看来,人性是不可信任、很不可靠的。人性恶多于善,趋向腐败、趋向堕落是人的本性。因此,靠人的

---

① 夏勇:《中国民权哲学》,生活·读书·新知三联书店 2004 年版,第 40 页。
② 萧公权:《民主与宪政》,清华大学出版社 2006 年版,第 35 页。

自我觉悟是无法管好自己、管好社会和国家的。在日常生活中，尽管单个人可以理性处理问题，但从整个历史长河来看，人类作为一个整体，其行为则是下意识的、盲目的、非理性的、不自觉的，可以说人无法管好自己，人性不可救药。无论专制之下的人治或者民主之下的人治，恰恰都建立在对人和人性充分信任的基础之上，相信靠个人的觉悟可以治理好国家和社会。而宪政和法治则认为，把亿万人的身家性命、财产安全，把整个国家的命运维系于个人，这是极其危险、极不科学和严肃的事情。纵使个人有充分的理性、智慧和权威，也不可这样。因为即使智者千虑，总还有一失，何况芸芸众生大都是平庸之辈？人总有疲惫的时候，总有偷懒的时候，有不觉悟的时候，有糊涂的时候，有健忘的时候，有智力体力所不能及的时候，而代代人又总有所不同，悲剧可能反复重演，因此，要趁人清醒理性的时候，坚决果断地制定出完备的法律和制度来自我约束，以众多人的理性弥补单个人理性之不足。这样，当人性丑恶的一面要表现出来的时候，法律和制度就会有效地提醒人、规诫人、教育人、训服人、劝阻人，使其避免干坏事，自觉循规蹈矩。一个社会要健康发展，单靠"好人"的出现、个人良心发现和大彻大悟是不行的，制度问题、法律问题更带有根本性、长期性。①

尤其民选政府及其领导人，很容易滋生骄傲自满情绪，很容易被选民宠坏，如果不加强监控，与非民选政府一样，必然走向腐败和专横滥权。从这个意义上说，宪政经常是跟民选政府过不去的。

诚如邓小平曾经指出的，我们过去发生的各种错误，固然与某些领导人的思想作风有关，但是组织制度、工作制度方面的问题更重要，这方面的制度好可以使坏人无法横行，制度不好可以使好人无法充分做好事，甚至会走向反面……不是说个人没有责任，而是说领导制度、组织制度问题更带有根本性、全局性、稳定性和长期性。这种制度问题，关系到党和国

---

① 参见王振民《认真对待法治》，载《瞭望》2008年第9期。也见王振民《法治断想》，载《法制日报》2000年1月30日。

家是否改变颜色。① 1988年邓小平还指出："我有一个观点，如果一个党，一个国家把希望寄托在一两个人的威望之上，并不很健康。那样，只要这个人一有变动，就会出现不稳定。……我认为过分夸大个人作用是不对的。"1989年邓小平又说："我历来不主张夸大一个人的作用，这样是危险的，难以为继的。把一个国家、一个党的稳定建立在一两个人的威望上，是靠不住的，很容易出问题。"② 改革开放以来，中国一直致力于建立一套使好人能充分做好事、坏人不能为非的法律制度。人类的历史经验反复证明，制度不好，不仅好人无法充分做好事，反而使好人变坏，坏人更坏；制度好，不仅好人可以做更多的好事，而且可以逐渐使坏人变好，好人更好。

这就是宪政和法治的哲学基础和基本逻辑。尽管任何政治体制都需要由人来操作，操作者个人的素质、能力和品行当然与政治产品质量的高低有关系，但宪政更加关心的是，整个政治体制的设计是否科学合理、政治权力是否受到应有的监督约束。宪政对操作者个人素质能力的依赖较小，德高望重又能力过人者可以操作它，即便选民不幸看错眼，选了一个道德品行不好、素质不高、能力不强的人，也关系不大。选错人这样的错误，不仅国王一个人会犯，选民也同样可能会产生这样的失误。无论多好的选举制度都无法保证选出的人一定是最好、最合适的德才兼备之人。宪政的功能就在于，即便出现这种情况也不用担心，无论什么样的人当政，都不可逾越宪政和法治给他划定的权力界限，同样要按照法定的版本演出。宪政的眼睛是被蒙上的，无论谁在权力的位置上，无论你是否民选，宪政都要监督你，约束你，让你不能为所欲为。

（三）宪法精神与宪法学的使命

资产阶级大革命时期，已经有很多人对宪法精神到底是民主的或者反

---

① 参见《邓小平文选》第2卷，人民出版社1994年版，第333页。
② 《邓小平文选》第3卷，人民出版社1993年版，第272—273、325页。

民主的，宪法、宪政的本质到底是什么进行过激烈的争辩。杰斐逊（Thomas Jefferson）主张，宪法应该是民主的化身，定期修改宪法是良性民主不可或缺的组成。"每一代人都和上一代人以及所有已经过去的时代的人一样是独立的，和前人一样，他们有权为自己选择他们认为最能使自己获得幸福的政府形式……死者是没有权利的。"麦迪逊（James Madison）则认为，宪法是对多数人行为的限制，理所当然被视为是反民主的。宪法应该独立于日常政治运作，他认为杰斐逊的想法将使主张保守和改革的党派之间产生"最暴力的斗争"①。可见，前者主张宪法就是民主本身；后者则主张宪法和宪政是超越日常民主的，应该是驾驭民主、规范民主的。

非常有意思的是，在中国长期以来我们也有这样的概念，即宪政就是民主的政治②，也就是说宪法就是民主本身。把民主与宪法、宪政混淆的结果是，长期以来，宪法学专注于民主建设，我们天真地以为只要发展了民主，自然就有了一切。我们过分专注于研究如何推动民主发展，而忽视了宪政建设，对法治本身、对权力配置的科学合理、对权力的监督制约和对人权保障等方面的研究相当薄弱。宪法学应该是研究权力和权利的学问，是权力科学配置之学、权力监督之学和人权保障之学，主要不是研究如何推动民主的学问，那是政治科学的任务。政治学家要深究权力是从哪里来的，宪法学家当然也要关心权力是神授、君授或民授，但其主要使命是研究权力本身。法学家应该与政治学家有所不同，应该分工合作，而非大家都去研究民主问题，而忽视了自己的本职工作。

毫无疑问，最理想的组合自然是既有宪政和法治，又有民主。其次是只有宪政和法治，较少民主。再次是只有民主而没有宪政和法治。最后是既没有民主，也没有宪政和法治。也就是说，可以没有完全的民主，但是不能没有宪政和法治。一个国家、一个社会可以有"民主赤字"，但是不

---

① Jon Elster and Rune Slagstad ed, *Constitutionalism and Democracy*, Cambridge University Press, 1993. p. 327.

② 转引自《宪法教学参考书》，中国人民大学出版社2003年版，第8页。

能有"宪政赤字",不能有"法治赤字"。① 宪政和法治缺失比民主缺失的后果严重得多,宪政和法治是现代政府不可缺少的重要元素。人民可以不计较权力是如何取得的,没有多少人天天深究政府权力是否具有合法性(legitimacy)、政府是否民选,但是权力必须是在法治轨道上运行,要廉洁,尊重人民、保障人民的基本人权,这是问题的关键所在。

三 民主宪政发展的两种模式

总结世界各国民主宪政发展的经验,大概可以分为两种模式:第一种是渐进的英美模式,这种模式的特点是先构建宪政和法治,再逐步发展民主;第二种是突进的法国模式,其特点是先以革命手段推动民主,再建设宪政和法治。这两种模式带给人类不同的民主体验。

(一)英美模式

英美模式的特点是,先建立宪政和法治,然后再逐渐扩大政治参与程度,稳步推行民主。近代宪法和宪政是在英国诞生的。1215 年英国封建贵族与约翰王签订了《大宪章》(*The Magna Carta*),从这个被视为世界上最早的宪法文件里,我们也可以窥见宪法和宪政最初的含义。一个显而易见的事实是,《大宪章》没有规定要实行民主,即普选国王及其政府,只是要求国王必须遵守法律,这可以说是对政府最谦卑、最基本的要求。即先不管国王如何产生,人们优先关注的是国王是否遵守法律,哪怕是他自己制定的法律!《大宪章》洋溢着可贵的法治精神,是人类政治理性之光的体现。国王及其政府接受法律约束,这构成了近代宪政的基本内涵。在以后数百年的时间里,英国人主要致力于如何用法律限制、约束国王及其政府的权力,如何保障人民的自由和权利,而非致力于如何普选产生国王及其

---

① 笔者在此借用美国学者 Alfred C. Aman, Jr 在其著作《民主赤字》中的说法,见 *The Democracy Deficit: Taming Globalization Through Law Reform*, New York and London: New York University Press, 2004.

政府。① 即便下议院的普选，也是循序渐进，不断扩大选民的范围，最终实现完全民主。在英国人看来，最初"宪法"这个词"包含所有直接地或间接地关联国家的主权权力的运用及支配之一切规则"。② 如何限制、约束政府的权力，如何保障私人的自由和权利，这是宪政和法治问题。正是有了良好的宪政和法治，然后再在这个稳定的宪政架构下扩大选举，英国民主政治才得以成功。尽管有短暂的民主革命③，但是英国人很快意识到革命并不必然带来自己想要的东西，很快回归政治理性。宪政、法治和民主今天的英国人都已经获得了，但是至今他们不愿意与国王撕破面子，把这些宪政和民主成果形成文字。在人类历史上英国创造了一个独特的政治现象：英国有宪政，但是至今没有一部成文宪法。

美国的经验同样说明了这个道理。1787 年美国人神来之笔，制定一部成文宪法，这是迄今存在历史最悠久的大国成文宪法。即便修改，目前也只有 27 条修正案。很多学者认为，这部宪法所确立的政治体制，并非民主，而是宪政。民主理论大师、耶鲁大学 Robert Dahl 教授总结了美国宪法认为它至少有 7 个重要的不民主的方面，即（1）保留了奴隶制。（2）没有规定普选，最少一半人例如妇女、黑人和印第安人没有选举权。（3）总统选举方法不符合民主原则，以致美国历史上曾经出现得票多的候选人反而不能获得总统职位的情况。④（4）参议员的产生办法不够民主。（5）各

---

① 《大宪章》确立的一个重要原则是：国王也要遵守法律。见丘吉尔：《英语国家史纲》上册，薛力敏译，新华出版社 1985 年版，第 11 页。

② ［英］戴雪（Albert Venn Dicey）：《英宪精义》（*Introduction to the Study of the Law of the Constitution*），雷宾南译，中国法制出版社 2001 年版，第 102 页。

③ 1642 年英国国王与国会之间爆发了战争。在克伦威尔领导下，国会的军队取得了胜利。1646 年战争结束，国王查理一世被捕。但一年后第二次内战爆发，查理一世乘机逃跑，并重组军队进行反扑，结果仍然是国王战败被擒。克伦威尔 1649 年 1 月处死国王。英国成为共和国，国家大权由克伦威尔任主席的国务会议掌握。从 1653 年到 1658 年，克伦威尔作为"护国公"统治英格兰、苏格兰和爱尔兰。克伦威尔死于 1658 年。克伦威尔在任期间依靠军队进行统治，实际上是军事独裁者。克伦威尔死后，他的长子理查德·克伦威尔继位。1660 年查理二世返英即位，克伦威尔的尸体被掘出施以绞刑。这就是英国历史上短暂的民主革命。

④ 美国总统选举实行"选举人团"和"赢者通吃"的制度，谁能当选为美国总统从制度上不取决于候选人获得的选民票数，而是由候选人最终获得的选举人票数决定的。因此获得选民票数多的人，不一定能最终当选总统。美国历史上曾经 17 次出现这种情况。最近一次是 2000 年共和党候选人小布什的选民票比民主党候选人戈尔少 50 多万张，但小布什得到的选举人票比戈尔多 4 张，最后入主白宫。

州在参议院的平等代表权问题没有处理好。(6)对法院的司法审查权没有给予适当的制约。(7)对众议院权力的分配不够符合民主精神。[1]

确实,当年美国开国领袖们有不少人对民主、对一人一票有很深的疑虑,担心出现多数人的专制,以致侵犯了他们的财产和自由。他们孜孜以求的是先建立共和宪政体制[2],通过宪法把政府的权力约束好、把自己通过革命取得的自由和权利保护好。至于民主,则采取英国模式逐渐推行。Dahl 教授认为美国政治体制经历了从初始共和阶段(proto-republic phase)到共和阶段(republican phase)再到民主共和阶段(democraticre public)三个发展时期。也就是,起初让一部分人先民主起来,以后再慢慢扩大选民的范围,最后实现完全民主即普选,完成民主与宪政的结合。一直到今天,美国总统的选举并没有实现完全直接普选,人们甚至怀疑这是否是美国政治发展的终极目的。但是美国的实践确实证明先建立宪政和法治、再发展民主是民主政治建设的成功之道,这样一个宪政法治架构非但没有成为民主发展的障碍,反而为民主发展提供了一个稳定、可靠的政治环境。这是英美发展民主的共同经验。

(二) 法国模式

民主政治发展的第二种模式是法兰西模式。天性勇敢、喜欢创新的法兰西民族,从一开始就希望毕其功于一役,一次解决民主问题。1789 年北美大陆通过了体现宪政精神的美国宪法,法国人民则公布了洋溢着民主精神的《人权宣言》,1791 年制定了法国第一部宪法。从那以后在近 170 年的时间里,法国制定了 15 部宪法(这还不包括制宪后频繁的修宪),[3] 经历了 5 次共和、2 次帝制、2 次复辟,政府更迭频繁,在第四共和期间,(1946—1958)12 年内更换过 24 个政府,政治长期处于不稳定状态。这些

---

[1] Robert A. Dahl: How Democratic is the American Constitution (《美国宪法民主吗?》) Second Edition, New Haven, Yale University Press, 2003, pp. 15 - 20。

[2] Dahl 教授认为美国当年建立的并非民主,而是一个"共和国"(republic)。Robert A. Dahl: How Democratic is the American Constitution? Second Edition, New Haven, Yale University Press, 2003, p. 5。

[3] 徐正戎:《法国第五共和国宪法》,载《当代公法新论》,台湾元照出版公司 2002 年版,第 632 页。

宪法大部分的民主性是没有人怀疑的，它们肯定了人民主权，强调政府及其领导人由人民选举产生，确立了当时世界上最民主的选举制度。①

但其致命的缺陷是，没有对民选政府的权力进行有效的监督和制约，没有体现宪政精神。人们以为民主选举产生的政府一定是民主的、不会滥用权力、不会腐败、对人民友好的。加之，他们认为既然政府是民选的，所以无须也不能对政府的权力进行限制，否则就违反了民主精神。其结果是，当法国人民发现自己选出的领导人与以前的独裁者并无分别的时候，就再次通过革命的方法把他推翻，再选一个政府，再制定一部宪法，而新宪法仍然是只有民主，而无宪政。结果过一段时间，同样的事情再重复一遍，这成为一个恶性循环。"当人民主权的教义落在群众的手里，将解释为并产生出一个完整的无政府状态，然后延至一个统治者出现，落在他的手里将解释为并产生出一个完整的专制形态。"② 这是法国民主发展曲折历程的真实写照。有学者精辟指出："如果说法国人在1789年创造了平等，那么他们随后更多地建立的是近代民主的病理学与问题的一览表，而不是解决方法的一览表。"③ 给一个人加冕做皇帝，与给全体公民加冕做皇帝在本质上是一样的。问题的关键不是多少人做皇帝，而是皇帝制度本身是否科学合理。尤其后者以"民主"的名义出现更加难以监督，如果组织不好，将是混乱、低效、无能的"皇帝"。法国民主发展的历史一再证明了这个真理。

这样的连续剧一直到1958年随着"戴高乐宪法"的颁布，才终于稳定下来。"法国终于找到了一部同它的气质、它的政治道德以及同现代世界发展相适应的宪法。"④ 这部宪法削弱、限制了民选国会的权力，建立了宪政机构——宪法委员会，强化了宪政和法治，法国的民主政治从此才日趋成熟。可以说，法国人很早就建立了民主，但是后来用了100多年的时间

---

① 钟群：《比较宪政史研究》，贵州人民出版社2003年版，第64页。
② 转引自朱学勤《道德理想国的覆灭》，生活·读书·新知三联书店1994年版，第4页。
③ [法]皮埃尔·罗桑瓦龙（Pierre Rosanvallon）：《公民的加冕礼——法国普选史》（*Le Sacre du Citoyen*），吕一民译，上海人民出版社2005年版，第372页。
④ [日]佐藤功：《比较政治制度》，刘庆林等译，法律出版社1984年版，第58页。

与民主做斗争，让民主成为有节制的理性民主。

法国的经验证明，任何政府、任何政治领导人，不管是通过民主选举产生或者世袭而来，如果没有法律制约和监督，都会逐渐走向腐败和滥用权力。民主并不必然解决政府腐败和滥用权力问题。法国启蒙思想家孟德斯鸠在《论法的精神》一书中曾经尖锐地指出，拥有权力的人自然地会变得自私起来，竭力保持个人的地位。历史经验多次证明，"一切有权力的人都容易滥用权力，这是万古不易的一条经验……"①而英国剑桥大学教授阿克顿勋爵的名言"权力导致腐败，绝对的权力导致绝对的腐败"②，这不仅仅是对非民选政府而言的，即便是民选政府如果没有宪政和法治的约束，其腐败、滥权的速度可能比非民选政府更快，而且更难以纠正，因为它认为自己有民意基础，任何法律机关都奈何它不得。在民主潮流浩浩荡荡的今天，谁敢监督人民的代表、民主的化身——民选领导人？如果宪政不力，法治不张，民选领导人很容易变成"民选皇帝"。人们反对无限的专制政府，同样也要反对无限的民主政府。如果民主政府的权力是无限的，人民作为分散的、无组织的群体很容易被这个民选领导人"篡位"，最终还是演变成独裁专制，只是更具有欺骗性，因为这样的专制披着"民主"的外衣。这已经被法国和许多其他国家的民主实践所反复证明。

（三）民主与宪政的冲突就是政治激情与理性的冲突

世界上很多地方实现现代化的经验也说明了这个道理。有些国家和地区尽管很长时间没有多少民主，人民不能参加领导人的选举，或者只有有限的民主，但是政府遵守法制，廉洁自律，接受监督和制约，充分保障人权，给予人民充分的自由。这样的政府以西方流行的民主观来审视，固然不够民主，但它确实给当地人民带来了富裕、公平和良好的社会秩序，实现了善治。然后在良好的宪政和法治保障之下，再稳步发展民主，让人民

---

① 北京大学哲学系外国哲学史教研室：《十八世纪法国哲学》，商务印书馆1963年版，第39页。
② ［英］阿克顿：《自由与权力：阿克顿勋爵论说文集》，商务印书馆2001年版。

最终实现普选。这是第三世界国家和地区民主化最佳的路径选择。相反，有些地方在宪政和法治不健全的情况下，首先实现了完全民主，人们看到的是，这样的民主以戏剧开场，以闹剧进行，以悲剧收场，很多民选领导人因为没有强有力的法律约束而沉沦堕落，离开权力层峰往往立即被送上法庭乃至直奔大牢，令人扼腕叹息。

人们往往把政府滥用权力和腐败的原因，很自然地归结为因为政府不是人民自己选举出来的，民选政府天生应该是廉洁自律的。如前所言，民主并不必然带来善治、廉洁、高效。尽管所有人的智慧高于一个人的智慧，但是所有人必须是良好组织起来的，有秩序的，否则恰恰可能走向良好愿望的反面。解决政府滥用权力和腐败难题，法治和宪政比民主更有效。一个非民选的政府只要法治严明，权力受到严格监督，同样可能是清廉、高效、对人民友好的政府。对于人民而言，由自己亲自选政府固然很重要，但是在还不具备完全民主的条件下，先建设一个法治之下的廉洁、勤政、亲民、自律的政府，当然是务实明智的。不管政府是如何产生的，只要他坚守法治，以民为本、对人民友好、廉洁自律、能够合理解决人民面临的实际问题，同样可以建立自己的合法性、正当性，同样可以得到人民的信赖和支持。最可怕的就是一个政府既非民选，又不清廉、勤政、亲民，不遵守法治，这样的政府很难取得人民的支持。①

政治需要激情，但更需要理性。民主与宪政、法治的冲突，其实就是激情与理性的冲突。民主是人类政治激情的自然表达，宪政和法治则是人类政治理性的结晶。② 二者结合才形成真正的政治法律科学，成为人类最伟大的艺术。③ 挥洒自己的激情总是比理性行事更容易，因为理性是人类独有的。因此，建设宪政和法治比发展民主更难，我们必须以科学的态度来研究民主、宪政和法治问题。任何人都可以振臂高呼民主的口号，这不

---

① 王振民：《认真对待法治》，载《瞭望》2008年第9期。
② Elster 教授称之为"reason versus passion"或者"politique politisante versus politique politisee"。In Jon Elster and Rune Slagstad ed, Constitutionalism and Democracy, Cambridge University Press, 1993, p.6。
③ Dahl 教授称之为 thearts of government Dahl: How Democraticis the American Constitution? Second Edition, New Haven, Yale University Press, 2003, p.21。

用付出代价，不是什么难事。但是对于一个负责任的公民、一个负责任的政党和政府，对于民主问题必须实事求是，要分清发展民主与建设宪政和法治的优先次序。对于那些由于种种原因无法立即实现普选的国家和地区，宪政和法治比民主要来得重要和实际，完全民主可能是遥不可及的事情，与其把时间和精力全部放在遥远的民主上，不如把我们努力的方向调整到建设宪政和法治上，为民主先铺设好宪政机制和法治管道，这样反而有利于民主又好又快的发展。

四 中国民主宪政发展的路径选择

其实，近代国人不是没有认识到宪政建设的重要性，也曾经进行过可贵的尝试。1898年康有为、梁启超发动的维新变法就以建立君主立宪体制为目标，梁启超发表了大量文章，较为系统地介绍了宪政的原理以及实行宪政的好处。[①] 1905—1906年五大臣出国考察西方宪政，得出的结论是"臣等以考察所得，见夫东西洋各国之所以日趋强盛者，实以采用立宪政体之故。""……中国欲国富兵强，除采取立宪政体之外，盖无他术矣！"[②] 载泽在给慈禧太后的密折中，提出立宪的三大好处为"皇位永固""外患渐轻""内乱可弭"。[③] 慈禧为此同意开始尝试推行宪政。1906年9月1日清政府发布《预备仿行宪政》谕令，1907年甚至成立了宪政编查馆，1908年颁布《钦定宪法大纲》。在辛亥革命的炮火中，清王朝又匆匆忙忙推出了

[①] 参见《梁启超文集》，北京燕山出版社1997年版。
[②] 端方：《请定国是以安大计折》，载《端忠敏公奏稿》卷6。
[③] 在这个奏折中，载泽详述了立宪的种种好处："以今日之时势言之，立宪之利有最重要者三端：一曰皇位永固。立宪之国君主，神圣不可侵犯，故于行政不负责任，由大臣代负之。即偶有行政失宜，或议会与之反对，或经议院弹劾，不过政府各大臣辞职，别立一新政府而已。故相位旦夕可迁，君位万世不改。大利一。一曰外患渐轻。今日外人之侮我，虽由我国势之弱，亦由我政体之殊，故谓为专制，谓为半开化，而不以同等之国相待。一旦改行宪政，则鄙我者转而敬我，将变其侵略之政策为平和之邦交。大利二。一曰内乱可弭。海滨洋界，会党纵横，甚者倡为革命之说，顾其所以煽惑人心者，则曰政体专务压制，官皆民贼，吏尽贪人，民为鱼肉，无以聊生，故从之者众。今改行宪政，则世界所称公平之正理，文明之极轨，彼虽欲造言，而无词可藉，欲倡乱，而人不肯从，无事缉捕搜拿，自然冰消瓦解。大利三。"《清末预备立宪档案史料》，中华书局1979年版，第174页。

《宪法重要信条》十九条。晚清的宪政运动由起初自下而上到后来的自上而下，最终以失败而告终，君主立宪彻底丧失了历史可能性，但中国人还没有对宪政完全丧失信心，另一种形态的宪政即共和宪政如果能够成功，自然也是不错的选择。于是民国初年中国制定了许多宪法性法律，甚至国会都召开了。可惜国人对宪政的信心再次被欺骗，袁世凯的宪政游戏不仅导致本人身败名裂，而且使得国人对中国到底能否实施宪政和法治产生了根本动摇。① 中国人于是对和平的、渐进式宪政的热情逐渐减退，到了五四运动"德谟克拉西"和"赛因斯"两位"先生"隆重登场，革命旗帜同时一次次高高飘扬。

无论过去救国，或者现在富国、强国，"德谟克拉西"（民主）和"赛因斯"（科学）两位"先生"自然必不可少。但是中外历史经验告诉我们，仅有他们二位还不够，"康先生"（宪政）和"劳先生"（法治）同样必不可少。没有"康先生"和"劳先生"，"德先生"发挥不了应有的作用。中国近代发生那么多民主革命和民主运动，但是鲜有实质进步，与"康先生"和"劳先生"缺位有直接关系。包括"文化大革命"那样的"大民主"实践证明是大灾难，这给我们的教训非常深刻。对于我们这样一个人口众多、情况复杂的大国来说，发展民主宪政必须有一个科学的路径选择。在相当长时间内政治体制改革的重点，应该放在积极推进建立有效的权力监督机制即宪政即和构建完善的法治上。

共产党很早就认识到民主建设的极端重要性。列宁曾经讲过："无产阶级民主比任何资产阶级民主要民主百万倍；苏维埃政权比最民主的资产阶级共和国要民主百万倍。"② 中国共产党也是依靠民主发展起来的，民主是共产党取得革命胜利、实现长期执政的法宝。谈到1954年宪法草案，毛泽东曾经说："我们这个社会主义的民主是任何资产阶级国家所不可能有的

---

① 袁世凯在清末和民国初年一直以有新思想的改革派面目出现。他不仅经常谈宪法和宪政，而且成立宪政研究会，甚至聘请外国宪法学家为自己的宪法顾问。只不过他的作为"宪法""宪政"是为了包装自己的独裁专制，这极大打击了国人对宪政的信念和信心。

② 《列宁选集》第3卷，人民出版社2012年版，第606页。

最广大的民主。"① 新中国在民主问题上尽管走了很多弯路，但今天仍然致力于积极推进社会主义民主建设。邓小平曾经多次强调："没有民主就没有社会主义，就没有社会主义的现代化。"② 2005年10月中国政府首次发表的《中国的民主政治建设》白皮书，肯定"民主是人类政治文明发展的成果，也是世界各国人民的普遍要求"。③ 胡锦涛主席也曾明确指出：没有民主，就没有现代化。④ 可见，民主是中国全面现代化不可缺少的重要组成部分。今天中国官方媒体在谈到西方民主的时候，也不只是负面宣传，而是进行客观介绍。中国对民主有了更为平和、理性的感知和认识，有诚意、有信心、有决心发展中国的民主政治。

在建设民主过程中，我们不仅要从自己的失误中学习，而且也要学习西方国家发展民主的经验教训。通过上述比较，显然先着重建设宪政和法治、再大力发展民主的模式更加科学合理，更加稳妥，人民付出的代价相对较小。在宪政和法治基本确立的情况下，就可以放心大胆、勇往直前地推行民主。这样，一方面实现了民主；另一方面也使得民选政府不至于滥用权力，成为一个既民主、又遵守法制的政府。先民主、后宪政和法治的模式，固然波澜壮阔，但是社会付出的代价太大，建立稳定可行民主体制所需要的时间更长。没有宪政和法治的民主等于无民主，或者是人治的民主，民主政治必须与宪政、法治相结合才能成功。在建设民主的漫长道路上，我们一定要避免出现人治的民主，避免出现不讲人权和法治的民主。认识到民主的重要性并不难，难的是能同时认识到宪政和法治的极端重要性，并愿意下决心建立宪政和法治。这些都是人类付出巨大代价后得出的宝贵经验，值得我们汲取。

我们要正确区别什么是民主，什么是宪政和法治，什么是人权。长期以来我们把这些概念混淆在一起，认为它们是完全相同的，从而导致实践

---

① 《毛泽东著作选读》下册，人民出版社1986年版，第760页。
② 《邓小平文选》第2卷，人民出版社1994年版，第168页。
③ 国务院新闻办公室：《中国的民主政治建设》，2005年10月19日。
④ 参见《理性风趣共鸣——胡锦涛主席在耶鲁大学演讲答问记》2006年4月21日。载《人民日报》2006年4月24日。

上都窒碍难行。我们不能不坦白承认，中国民主的发展不可能一蹴而就，那将是一个漫长的过程。但我们不能因此就不发展宪政和法治，就不在保障人权上下功夫。宪政、法治、人权与民主固然有密切联系，然而它们的内涵外延并非完全重叠。在有了一定民主的基础上，我们应该把注意力和工作重点转移到构建宪政、完善法治和切实保障人权上。这样一举两得，既建设了宪政和法治，捍卫了人权，又为民主发展奠定了必要的基础。

这里强调宪政和法治，决不意味着要回避民主。在建设宪政和法治的同时，我们必须要不断扩大民主。现在中国很多地方开展各种民主改革尝试，例如一些地方推出的完善区级人大代表直接选举制度，增强人大代表的民意基础；全面推行居委会直选制度，加强基层自治组织建设等，这些改革措施只要不违反宪法，都值得充分肯定。[①] 中国不可能走英国、美国等国家发展民主的老路，即分两步走，先用很长时间发展宪政和法治，暂且把民主放到一边，等宪政和法治健全了，再从容地发展民主。今天中国发展民主面临的内外压力比十八九世纪英美发展民主的压力要大得多，英美当时可以从容不迫地先建设宪政和法治，再发展民主，但是今日中国却必须在更为复杂的内外环境中实施两手抓，一手抓宪政法治，一手抓民主，让民主和宪政、法治齐头并进，共同发展。

总之，我们一方面要认识到宪政和法治建设的极端重要性，认识到民主发展与宪政和法治脱节所可能产生的严重后果。同样重要的是，我们也要认识到发展社会主义民主的极端重要性和紧迫性，改革开放以来人民群众的民主意识不断高涨，最终实现国家统一、进一步提高中国的国际地位也都要求我们在发展民主上要有大动作，要有足以让人民感动的民主举措。宪政、法治必须立足于坚实的民主土壤里，才能毕其功。建设既民主、又有宪政和法治的政治体制是我们的终极目标。

Dahl 教授在其名著《民主及其批判》一书中，向我们分析了民主的精

---

① 中共深圳市委、深圳市人民政府：《关于坚持改革开放推动科学发展努力建设中国特色社会主义示范市的若干意见》，载《深圳特区报》2008 年 6 月 24 日。

义并指出了其局限性。他说:"我们不仅有必要去了解民主政治为何让人如此渴望的理由,也必须知道它的局限性与前瞻性何在。如果我们高估了它的局限性,就会胆怯而莫敢勇于尝试;如果我们低估了它的局限性,就会莽撞地跃跃欲试,迳而挫败。任何人都可以轻易指出历历在目的历史殷鉴,来见证这两种情况。"① 发展民主宪政既要有历史责任感和现实紧迫感,也要有科学的态度;既不"胆怯",也不"莽撞"。对任何一个国家或者地区而言,建设成熟完善的宪政、法治和民主体制都需要一个过程。我们要以最稳妥的方法、最科学的设计,力争以最小的代价建设成与宪政完美融合的社会主义民主。这应该是 21 世纪中国民主宪政发展的正确路径选择。

(作者单位:中央人民政府驻香港特别行政区联络办公室)

(原载《中国法学》2009 年第 5 期)

---

① Robert Dahl:《民主及其批判》,"绪论",李培元译,台北,编译馆与韦伯文化国际出版有限公司合作发行 2006 年版。英文原本 Democracy and Its Critics, New Haven, Yale University Press, 1989。

我们为什么不能接受"社会主义宪政"这一提法

汪亭友　迟方旭　马钟成

在当前国内关于宪政问题的讨论中，一些政治上非常好的同志主张接受"社会主义宪政"这一提法。我们主张对此问题应当慎重。宪政问题，决不是一个简单的概念之争或学术观点之争，其背后一些人是有着明确的政治意图的。从一定意义上说，对"宪政问题"的讨论直接关系未来中国政治发展以及法治建设的方向和道路。

宪政问题的讨论中主要有以下四种观点：一是"自由主义宪政派"（以下简称"自宪派"）。该派反对社会主义宪法和人民民主专政国体，主张照搬多党制、议会民主和三权分立模式的西方宪政。二是"伪社会主义宪政派"（以下简称"伪社宪派"）。他们反对社会主义宪法和人民民主专政国体，但又主张在社会主义前提下推行宪政，以社会主义旗号作为其伪装和掩护。三是"真社会主义宪政派"（以下简称"真社宪派"）。他们支持社会主义宪法和人民民主专政国体，拥护社会主义制度，主张中国在实行法治的同时还须实行宪政，藉以解决实际存在的问题。持这一观点的不少的人出发点是好的，但其中的情况比较复杂。确有主张搞人民民主专政前提下的"社会主义宪政"或"无产阶级专政的宪政"，但这只是个别人，声音和影响微弱；绝大多数人误以为法治即是宪政，把中国建设法治国家等同于中国需要搞宪政，对西方宪政以及一些人主张宪政的政治陷阱也缺乏足够认识。他们的看法处于分化中,严格意义上说不是独立的一派(这里便于区分,姑且使用这一提法)。四是"反宪政派"。该派明确反对中国采纳"宪政"或"社会主义宪政"的提法,认为宪政是资本主义特有的东西,主张在坚持社会主义宪法和人民民主专政的前提下,积极借鉴和吸收西方的法治经验,包括借鉴和吸收西方宪政国家的法治经验,探索符合国情的中国特色社会主义民主政治以及"法治中国"的发展之路。

以上四种观点中,"自宪派"与"伪社宪派"并无本质不同,其意图都在于反对社会主义宪法、否定人民民主专政并最终推行资本主义的宪政。但由于他们打着宪法、法治、社会主义等幌子,因而更具有迷惑性、欺骗性和危险性。以下就以其观点为主要分析对象进行辨析,以期在原则问题上分清是非,辨明正误,增进共识,进而分析我们不能提倡使用"社会主义宪政"这一提法的原因。

一 "宪政"问题提出的背后,实质上是一些人为了反对、消解并取代"人民民主专政"

"自宪派"的核心诉求,是"全面修改"现行宪法中的核心条款,以此颠覆人民民主专政国体,"伪宪政派"中的绝大部分学者,亦持此种观点。现行宪法的核心条款是对国体、政体以及其他基本经济和政治制度的规定,如"中国是……人民民主专政(即无产阶级专政)的社会主义国家""阶级斗争……长期存在""中华人民共和国是工人阶级领导的、以工农联盟为基础的人民民主专政的社会主义国家""中华人民共和国的社会主义经济制度的基础是生产资料的社会主义公有制"等内容。正是由于此部分核心条款体现马克思主义原则的制度规定,现行宪法才能被称为社会主义的宪法。

"宪政社会主义"或者说"社会主义宪政"概念开始流行,肇始于2006年9月首届全国社会主义论坛上个别学者的提出和使用。从此"社会主义宪政"风靡一时,拥护者愈来愈多。该学者于2013年4月23日发表了其《2050年中国宪法》，他在文中希望中国尽快实施此宪法，因为他对短期内颠覆现有制度不抱希望，故将时间点设在30多年以后。此宪法的主要内容就是要对现行宪法及社会主义制度进行全面的颠覆，不仅要推翻党的领导、实现军队国家化、搞联邦制和总统制，还要把中华人民共和国改名成"中华共和国""中华联邦共和国"或"联邦中国"。总而言之，就是对中国从国体到政体，从经济、政治再到军队进行全面的颠覆。针对中国共产党的领导地位，此宪法特别提出，"任何政党意识形态不得确立为国家意识形态""武装力量只效忠于国家和国民，不得效忠于任何政党，不得参与、介入任何政治纷争。军人不得参与任何政党或政治组织"。

制定宪法在任何一个国家都是极为慎重的事情，至少在形式上要充分体现民意，美国联邦宪法是由55位民选代表参与制定的，我国五四宪法在草案公布后历时3个月由全国1/4的人参与讨论后经全国人大投票通过，而这位学者自己在家中并联络少数人就为我国制定了一部"宪法"。其实这些条文都是抄袭别国主要是美国宪法而来。

"社会主义宪政"一经提出，便得到某著名法学家的支持。此法学家一贯主张全面废除现行宪法的核心条款。例如，他认为，宪法是全民性的，人民民主专政不具有全民性，因此在宪法中应取消"人民民主专政"。2003年6月，他曾组织一批学者在青岛召开"保护私有财产与修改宪法"研讨会，此次会议建议在宪法中将共产党的领导删除，将人民民主专政国体废除。

除上述二人外，"自宪派"与"伪社宪派"的其他代表人物也基本同意全面修改现行宪法并取消人民民主专政。如某代表人物认为："阶级斗争学说给现行《宪法》打下深刻烙印"，"以阶级斗争为纲在宪法中怎么体现呢？我认为，它主要体现在国家制度层面，如关于人民民主专政的规定。在这个重大的问题上，我们是按以阶级斗争为纲的套路来处理的，它就体现在宪法总纲的第一条，这涉及专政的提法。"因此，他建议废除宪法总纲第一条，取消人民民主专政的提法。另一代表人物则说："我很多年来一直呼吁，革命党时期的'人民民主专政'国体应当适应建设法治国家的新要求，及时转换为执政党时期的'人民民主宪政'国体"，相应地要求中国共产党"不仅由领导阶级革命的无法无天的暴力反对党转变为领导社会主义建设的依宪依法执政党，不仅由巩固革命政权时期的人治惯性思维下的专政党转变为建设人民民主宪政时期的法治信仰下的宪政党，而且也由一个以党代政式的全能主义高度集权政党转变为追求'三个代表'并接受严格的宪政规制也即《政党法》约束的公意型功能主义的支持'多元共治'的现代民主政党"。

不难看出，借"社会主义宪政"全面修改宪法，取消人民民主专政、否定中国共产党的领导并进而反对社会主义制度，是"自宪派"和"伪社宪派"的共同理念。"社会主义宪政"的实质是"自由主义宪政"或"资本主义宪政"的另一种说法，他们在"宪政"之前施加"社会主义"的修饰，更是一种渐进式策略的表现。他们认为目前公开挑战中共不切实际，因为中共执政是现实问题，不是宪法问题。他们批评"自宪派"虽然占据了"政治、道义的制高点，但没有找到干预现实政治的技术和途径"，与其无望的挑战中共、激起警觉和反弹，不如承认中共执政现实，搞"社会主义宪政"，并以保障公民权利和自由、限制党和政府的执政权力为重点，通过各种渠道、使用各种方法共同施压，推动当局加速"政改"，"包括在必要时全面修宪"，实现在中国最终搞"宪政"的目标。显然，这种所谓的"社会主义宪政"是醉翁之意不在酒。此种情形下贸然使用"社会主义宪政"的提法，必然为这些人所利用，他们必然借机占据宪政话语的解释权和理论主导权，加上境外反华势力的配合，理论认识领域必将呈现更加混乱的局面。

二 "社会主义宪政"不能融入"人民民主政治"

"真社宪派"并不主张废除社会主义宪法和颠覆人民民主专政的国体。但他们认为"社会主义宪政"完全可以融入"人民民主政治"（他们不愿意使用"人民民主专政"提法，在他们的观念里至少还是认为"专政"同

"宪政"是两个不相容的东西）之中，"社会主义"与"宪政"完全可以组合在一起并成为社会主义民主政治制度的重要原则。笔者认为，辨析"真社宪派"的论断，首先应当立基于对"宪政"概念的剖析。

"自宪派"和大多数"社宪派"所使用的"宪政"，是国内外学术界公认的、权威的、严谨的实质性概念，是对英文 constitutionalism 一词的汉语翻译，又称"立宪主义"。"宪政"（constitutionalism）的概念，近代经典政治文献对其介绍得已十分清楚。如 1789 年法国《人权宣言》第 16 条规定："凡是各项权利未得到可靠保障、权力没有分立的社会，都不存在宪政体制。"1787 年美国制定的宪法，其主要关注的就是对权力的分立和限制，比如有限政府、三权分立等，随后美国于 1791 年 12 月 15 日由各州通过《权利法案》，以修正案的形式补充了美国 1787 年宪法所欠缺的对个人权利的保障性内容。近代新自由主义兼宪政大师哈耶克曾说，"个人不可剥夺的权利或自然权利的概念，以及权力分立的概念"，是"宪政理论的两个典型概念"。他还在《自由秩序原理》中指出，宪政的实质有两个方面：一是限权，通过分权等方式，限制政府及立法机构的专属权力；二是保障，即保障公民的各项基本权利，特别是洛克主张的生命、自由和财产权。通过实施宪法和法律的方式实践这样的政治制度，就是宪政。

"宪政"的核心诉求就是要保障资产阶级财产权的神圣不可侵犯。"宪政"之所以以分权模式限制政府及立法机构的权力，最根本的原因，是在法律中对资产阶级的生产资料所有权施以根本性的保护。因此，宪政的"限权"，仅仅是限制那些可能对资产阶级统治产生潜在危害的政治权力，对广大人民权利的保障只是其附带的意义而已。其实西方的宪政概念包含法治和资本主义制度这两个层面的涵义，即通过立法执法即法治巩固资产阶级革命的成果，维护资本主义制度长治久安；法治只是宪政的形式和手段，巩固资产阶级的政权则是宪政的内容和目的。所谓限制政府权力如分权不过是资产阶级内部各个不同利益集团进行权力分赃的一种政治机制，即为了避免统治集团内部出现一派独大而独裁导致损害资产阶级整体利益的局面。西方的宪政重视"限权",其最基本的制度设计就是权力制衡的"三权分立",其缘由即在于此。因此,西方宪政所讲的"限权"决不是当下一些人理解的通过限制政府权力,以保障人民群众的自由和权利。若如是,西方宪政国家就不会也就不需要进行无产阶级革命了。

"真宪政派"之所以认为"人民民主政治"与"社会主义宪政"并不矛盾,关键是因为他们所理解和定义的"宪政",是笼统化的、模糊化的、被大泛化的"宪法的制定和实施"和"依宪治国"等,并不包括"宪政"(constitutionalism)本有的核心属性。严格来说,他们所理解、定义的"宪政"并不十分准确,跟西方语境中的"宪政"完全有别。

这是一种理论上的混乱。此种混乱其实是"自宪派"和"伪社宪派"刻意制造的烟幕弹。为实行其特定策略,某些"自由主义宪政者"摇身一变成了"社会主义宪政"者。他们一方面强调宪政的核心属性是保障私有产权和限制政治权力,反对人民民主专政,反对宪法的核心条款,主张颠覆中国国体;另一方面又制造烟幕弹散播舆论,说"宪政"就是"宪法的制定和实施"、就是"依宪治国",同时污蔑反对他们搞宪政的人为"反宪派"(反对中国宪法),使本来意识形态指向十分明确的宪政概念,变得面容模糊甚至面目全非了,其目的是要诱使不明真相的民众甚至奢望我们的执政党上当受骗。而要看清他们的真面目,就需要了解宪政这一在资本主义历史条件下产生的特殊物,其统治阶级即资产阶级运用法治等手段发展自己的民主政治的真实意图和所规定的经济政治制度。

三 接受"社会主义宪政"必然导致全面否定"人民民主专政"等后果

1. 接受"社会主义宪政"必然会否定马克思主义的阶级斗争学说。和"自宪派"一样,"伪社宪派"打出了全民民主、全民自由的旗号。他们无视国际范围广泛存在、国内一定范围存在的阶级和阶级斗争事实，全盘否定马克思主义的阶级斗争学说，否定阶级观点和阶级分析方法的现实指导意义，甚至也不承认资产阶级、无产阶级这样的政治概念。马克思主义认为，在理想社会到来之前，阶级和阶级斗争将一直存在下去，无产阶级专政不可避免。这是科学社会主义的基本原则。在我国，虽然消灭了剥削阶级，但生产力水平总体低下，还存在广泛的社会分工，经济基础也不是纯粹的公有制，受国际国内因素影响的阶级斗争还将在一定范围内长期存在，在一定条件下还可能激化，因此抹煞阶级划分、取消宪法的阶级性，宣布全民社会的到来，这不仅无视事实而且在我国长期面临被西方实施"西化""分化"的战略背景下是十分危险的。苏联亡党亡国的一大教训，就是赫鲁晓夫违背马克思主义的阶级观点和阶级斗争学说，鼓吹"全民党""全民国家"理论，这样的错误理论导致苏联广大党员干部和人民群众误以为苏联社会已不存在反共、反社会主义势力，不再存在阶级斗争，因而失去了对资本主义复辟应有的警惕性，从而为西方推行和平演变苏联战略打开了国门。

采纳"社会主义宪政"的提法，必然会引入其西方内涵的全民民主、全民自由等概念，这不仅冲击现有的人民民主专政国体，也彻底否定了科学社会主义基本原则，否定了自己的革命历史，更为现实的是，这将会引起思想认识领域的混乱，从而给经济新自由主义、政治自由主义、历史虚无主义等颠覆性思潮的继续泛滥及其背后的阶级基础起到提供"庇护所"的作用，为他们所利用而继续从事反党反社会主义活动。

2. 接受"社会主义宪政"必然会否定党的领导。马克思主义认为，政党是阶级利益的集中代表。共产党是以马克思主义武装起来的无产阶级先锋队，代表并维护无产阶级和广大劳动人民的根本利益。中国共产党是中国工人阶级的先锋队，是中国特色社会主义事业的领导核心，中国共产党领导是中国特色社会主义最本质的特征，因此我国宪法明确规定中国共产党在中国特色社会主义事业中的核心领导地位，这是历史的选择、人民的选择。

然而在"自宪派"和"伪社宪派"看来，在阶级和有阶级的社会里，阶级剥削、阶级斗争乃至阶级本身都是不存在的，社会中存在的是一个个不同的群体和个体。按照自然法则，上天赋予每个个体不可剥夺的神圣权利，每个个体之间、不同群体之间的意志和利益都是不同的，因此需要各种不同的政党代表不同个体、不同群体的利益。这就完全抹杀了政党的阶级性这一马克思主义建党学说的基本观点。按照这种个人主义、自由主义理念，必然呼唤出超阶级的多党制、三权分立乃至多权分立等制度架构，而把资本主义社会客观存在的两大阶级之间的对立和斗争掩盖了起来。如美国开国领导人汉密尔顿等为美国营造的这种社会制度和主流意识形态，根本目的是使无产阶级"本身将分为如此之多的部分"、使无产阶级的"联合即使不是办不到，也是极不可能"。在这一点上，美利坚联邦共和国的确可作为范例（汉密尔顿语）。

"自宪派"和"伪社宪派"否定政党的阶级性，无非是针对中国共产党的领导地位，进而针对人民民主专政国体。而在科学社会主义学说中，无产阶级领导的人民大众是一个整体，人民大众拥有共同的根本利益，因此只需一个共产主义政党来代表无产阶级和人民大众的利益。

3. 接受"社会主义宪政"必然会否定马克思主义国家学说。"宪政"的法理基础是西方自然法学派，尤其是其中的社会契约理论。在自然法学派看来，生命、自由、财产以及追求幸福的权利是人与生俱来的，为求得上述权利的实现，人们各自放弃并让渡其中的一部分权利，并以契约的方式约定社会的权力机构（国家），而宪法就是这一契约的书面形式。但在马克思主义看来，国家并非基于此种目的而出现，国家是阶级矛盾发展到不可调和时的产物，宪法反映的是一国阶级力量的对比，体现的是统治阶级的利益和意志，绝不是人们权利中各自放弃并自觉让渡的那一部分。

可见，"宪政"的法理基础与马克思主义国家学说截然相悖，将"社会主义"与"宪政"衔接或拼凑在一起，实属勉强。

四 马克思主义经典作家对"宪政"的分析和毛泽东所提"宪政"的含义

对宪政概念的实质,马克思、恩格斯、列宁、毛泽东等都有过明确而具体的论述。马克思、恩格斯笔下的宪政特指君主立宪制,因为自由资本主义时代的宪政就是这个内涵。宪政由君主立宪政体向立宪共和国体演变,后者逐渐占据宪政话语的主流,是人类历史进入20世纪才开始发生的事情。

对于"立宪共和国",亦即后来的共和主义宪政,马克思、恩格斯都有明确的论述和结论。马克思指出,资产阶级建立的"立宪共和国"是资产阶级统治的国家形式,是资产阶级对工人和农民的专政。恩格斯指出:"自由主义的君主立宪政体是资产阶级统治的适当形式:(1)在初期,当资产阶级还没有和君主专制政体彻底决裂的时候;(2)在后期,当无产阶级已经使民主共和国面临严重危险的时候。不过无论如何,民主共和国毕竟是资产阶级统治的最后形式:资产阶级统治将在这种形式下走向灭亡。"列宁则明确指出:"不要忘记国家在君主制度和最民主的共和制度下都不过是一个阶级压迫另一个阶级的机器。资产阶级不得不说假话,把(资产阶级的)民主共和制说成'全民政权'或一般民主和纯粹民主;但实际上,这种民主共和制是资产阶级专政,是剥削者对劳动群众的专政。"毛泽东继承了马克思、恩格斯、列宁的思想指出,欧美国家的宪政是"资产阶级专政的"宪政,"像现在的英、法、美等国,所谓的宪政,所谓的民主政治,实际上都是吃人政治"。

当前一些宪政派学者,一方面彻底否定毛泽东、拼命追捧美国以及蒋介石;另一方面却不断引用毛泽东的《新民主主义的宪政》一文来强调社会主义国家也可以搞宪政。

《新民主主义的宪政》一文是毛泽东1940年在延安各界宪政促进会成

立大会上的演说。根据演说的文本，毛泽东认为资本主义社会存在宪政，新民主主义社会也可以搞宪政；还把新民主主义的宪政同"无产阶级专政的民主政治"区分开来，认为中国革命胜利后"实行社会主义的民主"。然而有的人几乎反对毛泽东的一切文章、理论和作为，但却对这篇文章情有独钟，认为毛泽东是接受"社会主义宪政"的。然而他们翻遍毛泽东的所有著作，也找不到毛泽东关于"社会主义宪政"的明确或类似提法，毛泽东在新中国成立后甚至连宪政一词都没有提过。他们仅仅是根据《新民主主义的宪政》一文中有"资本主义的宪政""新民主主义的宪政"等提法而进行的推测。

《新民主主义的宪政》一文的逻辑可以归纳为：（1）宪政是民主的政治，但不是抽象的，不同的阶级有不同的理解。（2）西方的宪政即旧式的资产阶级民主政治是过时的、欧美式的、资产阶级专政的宪政，是反动的东西，中国不能要。（3）无产阶级专政的民主政治，即社会主义的民主，自然是很好的，全世界将来都要实行，但是这种民主在现在的中国即新民主主义阶段还行不通。（4）现阶段的新民主主义的宪政，就是几个革命阶级联合起来对于汉奸反动派的专政。

毛泽东的《新民主主义的宪政》一文不但不能证明毛泽东接受了"宪政"或者"社会主义宪政"的概念，反而表明他是把"新民主主义宪政"同社会主义的民主政治或人民民主专政（无产阶级专政）的民主政治区分开来。

毛泽东提出新民主主义的宪政，主要目的是反对国民党的一党独裁，带有策略性的考虑。当然，这种策略并不是欺骗，也不违背基本的原则。延安时期的新民主主义社会，经济上并不没收爱国资本家和地主的生产资料，政治上实行"三三制"，这种"基本性质是资本主义的"新民主主义社会的确可以和宪政兼容。而当后来解放区实行土地改革，乃至新中国建立、社会主义改造完成、中国进入社会主义社会后，无产阶级专政的社会主义制度就取代了新民主主义社会的制度，国家制度就不能再称为宪政了。

五 脱离人民民主专政搞"社会主义宪政"缺乏历史依据

极少数支持"社会主义宪政"的学者或许会认为，中国共产党可以把宪政在历史上的传统学术概念抛之脑后，也不用顾忌当前中国的"自由主义宪政"派学者和"社会主义宪政"派学者对宪政概念的理解，独立自主地发展自己的"社会主义宪政"概念和理论，使之与人民民主专政和社会主义民主政治有机结合起来。而进行这种理论上的建构，唯一的途径就是将宪政概念界定为"依宪治国"。然而，任何有生命力有积极意义的概念和理论，都应当既是历史的又是现实的。这种纯粹人为界定的泛化、模糊化、笼统化、不科学的概念，和所谓的"普世价值"等一样，都是某些政治势力出于特定的目的制造出来的，是没有任何历史根源和现实生命力的。

人类历史上最早出现并得以落实的宪法是资产阶级宪法（包括成文宪法和不成文宪法），所以宪政所对应的政治实体，一开始就是资产阶级专政的国体（主要有两类，一个是君主立宪政体；一个立宪共和政体）。宪政的实质主要包括两个方面，即资产阶级享有自由、民主等权利，而无产阶级和其他社会群体（如美国的黑奴、印第安人）遭受专政。这从一开始就是十分明确的事情。在这个阶段，笼统地说宪政就是"宪法的制定和实施""落实宪法的政治"，并不严谨和准确，因为这种解释没有描述宪政的实质，只是描述了宪政的形式。

自20世纪社会主义革命爆发以来，出现了社会主义宪法以及落实这种宪法的国体，由于它并不保护资产阶级的财产权和自由，也不限制无产阶级政党的权力，因此它一开始就与宪政南辕北辙。此时，再将宪政简单解释为"宪法的制定和实施""落实宪法的政治"，就不仅仅是不严谨了。人民民主专政的社会主义国体并非宪政，这在苏联宪法及其国体出现后，无论是社会主义阵营还是资本主义阵营，都已十分明确的事情。在社会主义制度下，无产阶级的领导权和人民当家作主的权力是不受限制的，是对资产阶级进行专政的，无产阶级专政制度在宪政主义看来当然是"无限的、不受节制权力的体制",是"侵犯资产阶级人权和自由的体制"。1949年新中国成立前夕,毛泽东在《论人民民主专政》中,针对当时国内外关于"你们独裁"的攻击,理直气壮地回答说"可爱的先生们,你们讲对了,我们正是这样。中国人民在几十年中积累起来的一切经验,都叫我们实行人民民主专政,或曰人民民主独裁,总之是一样,就是剥夺反动派的发言权,只让人民有发言权"。

在社会主义国体出现之前,宪政指的就是资产阶级国体。宪政的实质是以全民民主、全民自由的名义,否认阶级分化和阶级斗争的存在,在实际上落实资产阶级专政。其要点有二:一是要保障资产阶级的财产权,即对生产资料的垄断权力;二是限制政府、议会及各党派的权力。一方面满足资产阶级内部各利益集团的需要,避免一方集团独裁而损害资产阶级整体利益;另一方面是为了防止无产阶级通过民主方式限制资产阶级的财产权。人民民主专政的社会主义国体并不包括以上要点,因此它不可能是宪政。总之,在宪政秩序下,无产阶级及其政党如果要消灭剥削,剥夺垄断财团的生产资料,这是完全违法的,宪政制度对无产阶级及其政党的这种根本性权力是绝对限制的。

当前我国流行的"社会主义宪政"概念是宪政的一个类别,自然要保留宪政概念的核心属性,因此,它必然要否定阶级斗争学说,以保障人权的名义限制无产阶级的权力,保障资产阶级的神圣财产权。这也是大多数"社会主义宪政"派反对社会主义宪法、主张颠覆人民民主专政国体的根本原因。这种"社会主义宪政"与社会主义风马牛不相及。要坚持真正的宪政,便没有社会主义;要坚持真正社会主义,便没有宪政。

六 脱离社会主义民主政治搞"社会主义宪政"无现实的必要性

一些人提出"社会主义宪政"的理念,其根本理由就是把中华人民共和国历史和现实中的一些阴暗面归结为人民民主专政及共产党的领导。比如，他们把部分党员干部的腐败行为归结为人民民主专政，归结为无产阶级先锋队的权力不受限制，因此要借鉴资本主义所谓的宪政来解决问题。这种观点其实是混淆了不同层次的权力关系。执政党的现实权力之所以有合法性，是由其无产阶级先锋队的性质所赋予的历史使命，人民民主专政保障作为无产阶级先锋队的执政党的现实权力。执政党内的个别党员干部乃至执政党本身对无产阶级的背叛，恰恰是人民民主专政被破坏、无产阶级先锋队的权力被限制的结果。

党内腐败蜕化变质等现象的出现，恰恰是无产阶级先锋队的性质没有得到巩固的结果；恰恰是对理想信念贯彻不彻底，对党章宪法及四项基本原则落实、坚持不够的结果；恰恰是对人民民主专政坚持不够的结果；恰恰是党建方面存在不足之处的结果。解决的办法只能是加强党的建设，巩固人民民主专政。苏联亡党亡国历史证明，以这些阴暗面的存在为理由取消或者限制党的领导，限制无产阶级先锋队的权力，搞什么宪政改革，不但不利于解决问题，只会导致更多的灾难，使那些腐化变质分子获得更多的特权，瓜分更多的国家财产。

在民主集中制下，坚持党的领导与人民当家作主是完全一致的。人民有监督党员干部的权力，而党的权力即无产阶级先锋队的权力，其实就是人民权力的集中体现。只有人民权力及执政党权力得到巩固和保障，才能从根本上监督党员干部的具体权力，才能杜绝腐败蜕化现象。党员干部贯彻群众路线、接受人民监督，这本身就是人民民主专政的题中之义。只有加强人民民主专政、加强执政党无产阶级先锋队的党性，才能有效实现人民群众对党员干部的监督，除此之外的任何方式，包括西方的宪政民主，都无法实现真正的人民当家作主。

"社会主义宪政"提法本身，带有诸多同中国现行政治制度和政治改革目标与要求不相适应甚至不一致的地方，不能作为我国政治体制改革的目标模式或顶层设计的核心概念或范畴。

第一，关于中国特色社会主义政治发展道路，党的十八大作了明确的表述，即："必须坚持党的领导、人民当家作主、依法治国有机统一"。如果把"社会主义宪政"理解为按照社会主义宪法来治国、行政的话，那么，它反映的主要是"依法治国"的要求，并不足以反映社会主义民主政治建设所应当具有的全部内容。

第二，建设社会主义法治国家，首先就是要依宪治国、依宪行政。如果把"社会主义宪政"理解为按照社会主义宪法来治国、行政的话，那么，它的内容已经包含在建设社会主义法治国家的概念之中。但是，建设社会主义法治国家，不但要依宪治国、依宪行政，而且还要建设和实施社会主义的完备的法律、法规等。所以，"社会主义宪政"不能全面反映"建设社会主义法治国家"的要求。此外，社会主义民主政治建设除了需要建设民主的法制化，还需要建设民主的制度化、规范化、程序化。民主的制度化、规范化、程序化需要依法办事，但决不是法治的民主所能概括并容纳得了的，因此，"社会主义宪政"也不能全面反映社会主义民主政治建设的要求。

第三，关于中国特色社会主义政治发展道路，我们已经有了"社会主义民主政治建设""建设社会主义法治国家""发展社会主义政治文明"等基本的提法。这些提法涵义明确，在人民群众中、在理论界已经形成共识。即使少数主张在中国实行"西方宪政民主"的人，也难以公开提出有分量的反对意见。但是，对"社会主义宪政"这种提法，人们的认识是有严重分歧的，而且已经引发了激烈的争论。我们为什么不着力去坚持上述涵义明确、已经形成共识的基本主张，却要另外提出一个涵义不明确的、难以形成共识的、存在严重分歧的"社会主义宪政"作为中国政治发展的基本概念呢？这对于全党、全国人民的思想统一，又有什么好处？

第四，现实并没有向我们提出要搞宪政的要求。改革是针对现实中的问题提出来的，其基本任务是革弊图新，变革同生产力和经济基础不相适应的生产关系和上层建筑。过去我国的经济改革向市场化方向过渡，主要是因为经济实践的内在要求需要我们建立和发展社会主义市场经济。经济体制改革的一大任务是利用计划与市场这两种资源配置手段的长处，而避免它们的短处，并同我国基本经济制度结合起来，更好地服务并推动我国社会生产力的发展。一些人提出中国要搞宪政,主要是想解决我国政治领域中的问题。但从当前人民群众反映强烈的问题看,政治领域里的突出问题,如腐败问题、"四风"问题,司法实践中的无法可依、有法不依、执法不严、违法不究等,主要是党要加强自身建设的问题、切实推进依法治国方略建设社会主义法治国家的问题,而不是靠什么限制党和政府的权力就能做到的宪政问题。

此外,在"宪政"之前施加"社会主义"的限定,并非毫无学术偏好和意识形态价值取向的中性词,而是带有某种程度上的信息暗示或价值预判。换句话说,以"社会主义宪政"一词表达或传递中国法治模式与西方宪政模式的差别之所在,很可能是使用"社会主义宪政"一词人们的最初的良好愿望。但笔者认为,过于宽泛地、不作具体分析地提倡使用并推广"社会主义宪政"一词,更有可能导致其效果走向人们最初的良好愿望的反面。除去具体制度设计上的巨大困难不谈,仅就宪政的法理基础而论,宪政一词本身就暗含对西方法治模式的推崇;表面看来,"社会主义宪政"似乎具有开放性的理论品格,但却在更大面积上、更深层面上抹杀了中国法治实践与西方宪政实践的不同。

假设"社会主义宪政"由一种思想流派转换为一种制度设计,那么,最为棘手的问题就是人民民主专政如何体现,人民民主专政与"社会主义宪政"的关系如何处理,等等。按照现在通行的人们对"社会主义宪政"的理解,其对人民民主专政的影响,恐怕就只有解构的作用了。

历史经验和现实国情说明,"人民民主专政"的提法和本质内容并没有错,曾经发生过错误的,是我们对"人民民主专政"内部中"民主"和"专政"之间的结构关系的理解发生了偏差,即有时混淆了两种不同性质的矛盾。因此,人民民主专政制度是进一步坚持和完善的问题,而不是用"社会主义宪政"这一十分模糊的提法所替代的问题。

此外,在人民民主专政得到进一步发展和完善的前提下,"社会主义宪政"一词只会徒增理论烦恼:其一,个别人提倡"社会主义宪政",其初始愿望原为与资本主义宪政相区别,期望实现"标新立异"的效果,却难以防止借"社会主义宪政"这一提法偷偷输入西方法治模式和政治模式的风险;其二,宪政不是实现未来理性社会唯一的、必经的政治条件,人民民主专政同样可以保证民主、法治的出现;其三,对待西方法治模式中诸如"宪政"此类的宏大词汇,应当谨慎而后行,所有的制度引进,其前提是不得突破社会主义制度的限制,具体到"社会主义宪政"而言,其不得出现消解人民民主专政的效果。苏联解体、苏共亡党已经给我们上了惨痛的一课,切不可重蹈覆辙。

(作者单位:汪亭友,中国人民大学;
迟方旭,兰州大学;
马钟成,海洋安全与合作研究院)
(原载《世界社会主义研究动态》2014年4月24日)

三

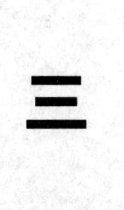

坚持人民民主专政，并不输理

王伟光

党的十八届三中全会明确提出全面深化改革的总目标是完善和发展中国特色社会主义制度，推进国家治理体系和治理能力现代化，这就涉及社会主义国家制度、国家治理体系、民主与专政及其实现形式等重大问题。为了搞清楚这些重大问题，有必要重温马克思主义的国家和无产阶级专政学说。

一 为什么提出国家与专政问题

"一个中心，两个基本点"是党在社会主义初级阶段的基本路线。中国特色社会主义的成功实践经验告诉我们，始终不渝地坚持贯彻党的基本路线，就能保证中国特色社会主义事业不走偏、不走样、不变色，不断取得新的胜利。坚持人民民主专政是党的基本路线的一个重要原则。邓小平同志明确指出，运用人民民主专政的力量，巩固人民的政权，是正义的事情，没有什么输理的地方。然而，国家与专政问题是一个被资产阶级的学者、作家和哲学家弄得最混乱的问题。在一些人眼中，一提到国家，总是冠以全民的招牌，把资产阶级国家说成是代表全民利益的、超阶级的国家，而把无产阶级国家说成是邪恶的、暴力的、专制的国家；一提到专政，不论是无产阶级专政，还是我国《宪法》规定了的人民民主专政，总是都不那么喜欢。这里有两种情况。一种情况是，一些"好心人"总是认为民主比专政好，认为"专政"这个字眼，是暴力的象征，不像"民主"那么美妙、招人喜欢；另一种情况则是，某些别有用心的人打着反对专政的幌子，把一切专政都说成是坏的，根本不提还有资产阶级专政，只讲资产阶级民主，把资产阶级民主粉饰为"至善至美"的反专制、反一党制、超阶级、超历史的普世的民主，其实质是反对社会主义制度的无产阶级专政（在我国是人民民主专政）。

这些看法如果仅仅是一个喜欢不喜欢的爱好问题，就没必要兴师动众地长篇大论地讨论国家、专政问题。按照马克思主义国家学说，民主与专政实质上只不过是构成国家本质属性的两个方面。对于一个国家来说，有民主，就须有专政；有专政，就须有民主，二者有机统一于国家。那么，什么是国家，什么是专政，什么是资产阶级专政，什么是无产阶级专政，什么又是人民民主专政？这是关系到我国社会主义前途命运的重大理论和现实问题，需要从理论和现实的角度把这个问题说清楚，以廓清人们的糊涂认识。而要说明这些重大理论与现实问题，则有必要从理论上说清楚马克思主义国家学说，进而说清楚马克思主义关于无产阶级专政、毛泽东思想关于人民民主专政的正确观点，划清历史唯物主义和历史唯心主义的界限。

二 马克思主义国家学说的基本观点和精神实质

民主与专政、无产阶级专政与人民民主专政，这些问题都涉及怎样认识国家的起源、发展与消亡，涉及国家的本质与作用等基本问题，这就需要我们重温马克思主义国家学说的主要内容和基本观点，恢复马克思主义国家学说的本来面貌。

第一，国家是历史发展到一定阶段，阶级矛盾不可调和的产物。

恩格斯在《家庭、私有制和国家的起源》中指出，国家不是从来就有的，在人类之初的原始共产主义社会，没有剥削、没有阶级，也就没有国家。当人类社会生产力发展到一定阶段，有了剩余劳动和剩余产品，出现了私有制，社会分裂为经济利益互相冲突的对立阶级，出现了剥削者和被剥削者、压迫者和被压迫者、统治者和被统治者的分裂和对立，统治阶级就需要一种表面上凌驾于社会之上的力量来统治被统治阶级，缓和冲突，于是国家就产生了。社会分裂为阶级之后，才出现了国家。国家不是外部强加给社会的某种力量，也不是像黑格尔所说的什么"伦理理念的现象"，更不像封建统治阶级宣传的那样，是上帝赐给的。国家是社会发展到一定阶段，出现了阶级和阶级对立，为了有利于统治阶级不至于在阶级冲突中与被统治阶级同归于尽应运而生的。

国家是阶级分裂、阶级斗争的产物，是随着阶级的产生而产生的。国家是从社会冲突中产生但又自居于社会之上并且日益同社会相脱离的力量。国家是阶级矛盾不可调和的产物和表现。在阶级矛盾客观上达到不能调和的地方、时候和程度，便产生了国家。反过来说，国家的存在表明阶级矛盾的不可调和。科学地讲，国家是人类社会生产力发展到一定阶段阶级和阶级斗争不可调和的产物，即它不是从来就有的，也不是永恒需要的。

第二，国家是阶级统治的机关，是一个阶级剥削、压迫另一个阶级的工具。

国家又是一个政治的、阶级的范畴，国家是一种政治组织，是统治阶级的权力组织，是建立在一定经济基础之上的政治上层建筑，是上层建筑中最主要的部分，是阶级统治的暴力工具。国家的核心是政权。自从国家产生以来，历史上的统治阶级从来都把国家描绘成至上的、绝对的、不可侵犯的，同时又是超历史、超阶级的力量。譬如，封建君主宣称"朕即是国家"。资产阶级则把国家说成是代表全民利益的超历史、超阶级的全民国家，把国家说成是阶级调和的工具。这些说法都掩盖或歪曲了国家的阶级本质，国家既然是阶级斗争的产物，那么国家就不可能是超历史的、超阶级的、全民的，而是具有阶级性的本质。有奴隶制国家，也有封建制国家，还有资本主义国家、社会主义国家，而从来就没有什么超历史的、超阶级的抽象民主、抽象的全民的国家。实际上，国家是建立一种社会秩序，使统治阶级的压迫合法化、固定化，而这种秩序的建立不是阶级调和，而是一个阶级压迫另一个阶级的表现。

在阶级社会中，国家对内的主要职能是依靠暴力和强制机关统治被统治阶级，以保证统治阶级的经济基础、政治地位和根本利益。对外的主要职能是抵御外来侵略，保护本国利益不受侵犯。剥削阶级国家还担负对外侵略、掠夺的作用。国家除了这些主要职能外，还担负调整国内各阶级阶层关系、维护秩序、组织生产、发展经济、繁荣文化、统一道德、保障公平等职能。

国家是阶级斗争的工具，主要是就国家的阶级实质、主要特征而言。恩格斯说，国家官吏掌握了社会权力和征税权，就作为社会机关而凌驾于社会之上。剥削阶级的国家之所以对劳动人民进行剥削，是因为它照例是最强大的、在经济上占统治地位的阶级的国家，这个阶级借助于国家而在政治上也成为占统治地位的阶级，因而获得了镇压和统治被统治阶级的新手段。列宁认为，国家是占统治地位的阶级用来剥削被压迫阶级的工具，一切剥削阶级的国家都是剥削劳动人民的工具，是一个阶级对另一个阶级进行统治的工具。奴隶制国家是奴隶主压迫统治奴隶的工具，封建制国家是封建地主阶级压迫统治农民阶级的工具，资产阶级国家是资产阶级压迫统治工人阶级的工具。

第三，特殊的军队，还有监狱、法院、警察是国家政权的主要强力工具。

恩格斯指出，国家同原始社会比较，有两个基本特征，一个是原始氏族组织是按血缘来区分它的居民，而国家则是按地区来划分它的国民；另一个是氏族组织有自己的自动武装组织，没有军队、警察和官吏等专门从事统治和压迫的社会权力，而国家却设立社会权力，构成这种权力的不仅有武装的人，而且还有监狱和各种强制机关。由于社会分裂为不可调和的敌对阶级，统治阶级为了维护其统治地位，建立了专门用以镇压被统治阶级的特殊的武装队伍、法庭、监狱、警察等强力工具，且特殊的武装队伍等强力工具随着剥削阶级国家国内阶级矛盾的尖锐化和对外侵略竞争的加剧而日益加强起来。

第四，国家随着阶级的消失而消亡，而国家的最终消亡必须经过无产阶级专政国家的过渡。

按照唯物辩证法的观点来看，任何一个事物都是一个过程，都有生、有死。无论是自然界的事物，还是社会领域的事物，都是如此，国家也不例外。恩格斯在《反杜林论》中深刻地揭示了国家产生、发展和消失的经济根源，指出国家是随着阶级的产生而产生的，也将随着阶级的消失而消失。国家不是永恒的，不是永存的。马克思主义认为，国家消亡的前提是阶级消亡，阶级消亡的前提是生产力高度发展，并在高度发展的生产力基础上，建立公有制的经济基础，国家阶级压迫的职能不需要了，国家才可以消亡。可见，国家完全消亡的经济基础就是共产主义公有制和社会化大生产的高度发展。

但有人曲解恩格斯关于国家消亡的思想，认为资产阶级国家也可以"自行消亡"。列宁坚决反对这种观点，认为这种观点是"对马克思主义的最粗暴的歪曲，仅仅有利于资产阶级"。列宁认为，资产阶级国家是不会"自行消亡"的，而要由无产阶级在革命中消灭它。因为国家是"实行镇压的特殊的力量"，资产阶级国家由无产阶级国家代替，决不能靠"自行消亡"来实现。

恩格斯所说的"自行消亡"的国家是指实行了社会主义革命以后的无产阶级国家。列宁根据马克思在《哥达纲领批判》中的分析强调指出，由于国家是阶级统治、阶级压迫的工具，在从资本主义过渡到共产主义的整个历史时期，必须坚持无产阶级专政，只有到了共产主义阶段，无产阶级专政的国家才可以"自行消亡"。国家消亡是需要一定的经济基础的，一定要把国家消亡同社会经济基础联系起来考察。当社会发展到不再有需要加以镇压的任何阶级的时候，也就不再需要国家这种实行镇压的特殊力量了。那时"国家"的政治形式是最完全的民主，而最完全的民主也只能自行消亡，这就根本不需要国家了。在社会主义条件下，由于社会主义经济基础的建立，实现了生产资料公有制和按劳分配制，社会主义民主将进一步发展，劳动群众参与国家管理和经济管理，学会管理社会生产和社会事务，这就逐步为国家消亡创造了条件。

三　无产阶级专政是新型的国家

马克思主义的阶级斗争和国家学说告诉我们，阶级的存在仅仅同生产发展的一定历史阶段相联系；阶级斗争必然导致无产阶级专政；这个专政不过是达到消灭一切阶级和进入无阶级社会的过渡。马克思主义指明了无产阶级反对资产阶级的斗争必然导致无产阶级专政，无产阶级专政担负着最终消灭阶级与国家的历史使命。

在《哲学的贫困》《共产党宣言》等著作关于国家问题论述中，马克思、恩格斯指出，无产阶级用暴力推翻资产阶级统治而建立自己的统治；无产阶级革命的第一步就是使无产阶级变为统治阶级，争得民主；无产阶级国家即组织成为统治阶级的无产阶级。这些表述表达了马克思主义在国家问题上的一个最卓越最重要的思想，即"无产阶级专政"的思想。无产阶级在历史上革命作用的"最高表现是无产阶级专政"，其具体表现为，无产阶级要求建立的国家就是"组织成为统治阶级的无产阶级"；只有无产阶级才能推翻资产阶级，使自己成为统治阶级；只有使无产阶级变为统治阶级，实现无产阶级专政，才能消灭资产阶级；无产阶级专政必须有以马克思主义为指导的无产阶级政党的领导。

1871 年，巴黎无产阶级举行武装起义，建立了巴黎公社。这是人类历史上建立无产阶级专政的第一次伟大尝试。马克思科学总结和分析了巴黎公社的革命经验，在《法兰西内战》中提出"工人阶级不能简单地掌握现成的国家机器，并运用它来达到自己的目的"的著名结论，认为这是对《共产党宣言》必须做的唯一"修改"。马克思总结的巴黎公社这个基本原则具有重大意义。马克思的意思是说工人阶级应当打碎、摧毁"现成的国家机器"，而不只是简单地夺取这个机器。所谓"现成的国家机器"，就是指资产阶级的"官僚军事国家机器"。用什么来代替被打碎的资产阶级国家机器，就是用新型的国家政权来代替之，由无产阶级专政代替资产阶级专政。无产阶级专政实质是无产阶级政权，是"生产者阶级同占有者阶级斗争的结果，它是终于发现的、可以使劳动者在经济上获得解放的政治形式"。

无产阶级专政是作为统治阶级的无产阶级实行阶级统治的工具，是新型的国家，是由剥削阶级国家到消灭阶级、消灭国家的必经阶段。不经过无产阶级专政的阶段，就不可能消灭阶级，乃至最终消灭国家。

无产阶级专政的国家也是阶级统治的工具。不过它在阶级性质、历史使命、基本内容上都同以往一切剥削阶级专政根本不同。它是为无产阶级消灭剥削阶级、建立社会主义、向共产主义过渡创建条件的主要工具。

无产阶级专政是新型的国家，之所以是新型的，因为它在根本性质上不同于奴隶主阶级专政的国家、封建地主阶级专政的国家和资产阶级专政的国家，它是占统治地位的无产阶级及广大劳动人民对少数反动分子实行专政的国家，是工人阶级、劳动人民享有最高程度民主的国家，是新型民主与新型专政的统一体，即对无产阶级和广大劳动人民实行最广泛的民主；对一切反动阶级、敌对分子实行专政。无产阶级专政的核心问题是无产阶级通过它的先进组织——共产党，掌握国家政权。

由于各国情况的差异和历史条件的不同，无产阶级专政的国家政权可以有不同的形式。从历史上来看，有巴黎公社无产阶级专政组织形式的最初尝试；有列宁总结俄国革命经验所肯定的俄国无产阶级专政最适宜的形式——苏维埃共和国；有中国工人阶级和人民大众经过长期革命斗争建立起来的工人阶级领导的、以工农联盟为基础的人民民主专政的国家政权形式……

无产阶级专政具有两个基本职能和属性，一是担负对内镇压被统治阶级、对外抵抗外来侵略的阶级工具职能，具有鲜明的阶级属性；二是具有组织生产、发展经济、协调关系、保证公平、繁荣文化、统一道德、提供保障等公共服务职能，具有公共服务的属性。无产阶级专政是建立在消灭了阶级对阶级的压迫基础上的，阶级矛盾和阶级斗争不是主要矛盾的社会主义制度条件下的新型国家。无产阶级专政新型国家的阶级工具职能，其范围和作用会逐步缩小、减少，而公共服务职能会逐步扩大、加重。但这不等于放弃阶级工具的职能，在某些特殊情况下，这个职能有可能加重、加大。比如，当出现大规模的外国军事侵略的情况下，当外部敌对势力与内部敌对力量相互勾结，严重威胁社会主义国家安全，包括意识形态安全时，无产阶级专政阶级压迫的作用丝毫不能减轻。

四　实行人民民主专政是我们的主要经验

毛泽东把马克思主义关于国家和无产阶级专政的一般原理同中国具体实际相结合，发展了无产阶级专政的学说，提出了人民民主专政的思想。他指出，总结我们的经验，集中到一点，就是工人阶级（经过共产党）领导的以工农联盟为基础的人民民主专政。这个专政必须和国际革命力量团结一致。这就是我们的公式，这就是我们的经验，这就是我们的主要纲领。人民民主专政是我国社会主义国家政权的实质和主要内容，坚持人民民主专政是我国社会主义制度的基本保障，是中国特色社会主义必须坚持的一个基本原则。

人民民主专政是中国特色的无产阶级专政。这是中国人民在中国共产党领导下，根据中国具体国情，对新中国国家本质及其形式的唯一正确的政治选择。旧中国是半殖民地半封建性质的国家。中国共产党在中国要取得社会主义的胜利，就要打碎旧中国的国家机器，建立一个新型的国家机器，而要做到这一点，必须把革命的实际行动分作两步：第一步进行新民主主义革命；第二步进行社会主义革命。通过革命战争，打碎旧中国的国家机器，建立新的国家机器，这个新型的国家机器就是人民民主专政。中国社会的性质决定中国新民主主义革命的敌人是封建主义、官僚资本主义和帝国主义，领导阶级是工人阶级，革命的主要同盟是农民阶级，其他同盟还有城市小资产阶级和民族资产阶级，只有结成最广泛的统一战线，集中全民众的力量，才能战胜压在中国人民头上的"三座大山"。中国新民主主义革命的胜利，历史地导致不仅仅只是无产阶级的专政，而是以无产阶级为领导的、以工农联盟为基础的，包括城市小资产阶级和民族资产阶级的最广泛联盟的人民民主专政。人民民主专政的实质还是无产阶级专政，但它不是单一的无产阶级的专政，而是以工人阶级为领导的、以工农联盟为基础的，包括最广泛同盟者的对少数敌人的专政。

毛泽东科学地阐明了人民民主专政的任务、目的和作用。他说，在中国现阶段，人民是什么，是工人阶级、农民阶级、城市小资产阶级和民族资产阶级，这些阶级在共产党领导下，团结起来，共同奋斗，赢得了新民主主义革命胜利，建立自己的国家，即人民民主专政的国家。人民民主专政的国家在人民内部实行民主，对人民的敌人实行专政，这两个方面是分不开的，把这两方面结合起来，就是人民民主专政。人民民主专政是专政与民主的辩证统一。人民民主专政的基础是工人阶级、农民阶级、城市小资产阶级和民族资产阶级的联盟。当然，人民民主专政必须由工人阶级领导，主要基础是工农联盟。

马克思主义无产阶级专政学说、毛泽东人民民主专政思想告诉我们，不能把民主与专政割裂开来、对立起来，认为专政是对民主的否定，讲专政就是不要民主，从而否定人民民主专政的根本性质和作用。对敌人的专政是对人民民主的保障，坚决地打击敌人的破坏和反抗，才能维护人民民主，才能保卫社会主义民主。当然，也不能认为民主是对专政的否定，讲专政就是否定民主，从而否定社会主义的民主本质，对人民民主是对敌人专政的前提，只有在人民内部充分发挥民主，才能有效镇压敌人。没有广泛的人民民主，人民民主专政就不能巩固。人民民主专政作为政治手段、阶级工具的第一个任务，就是压迫国家内部的反动阶级、反动派和反抗社会主义的势力，对蓄意破坏和推翻社会主义制度的各种敌对分子实行专政；第二个任务就是防御国家外部敌人的颠覆、"和平演变"、西化、分化活动和可能的侵略，对企图颠覆和推翻社会主义制度的外部敌对势力实行专政。因此，必须强化军队、警察、法庭、监狱等国家机器，以巩固社会主义制度，保证全体人民和平劳动，将我国建设成为一个具有现代工业、现代农业、现代国防和现代科学文化的社会主义国家,最终达到消灭阶级、消灭"三大差别"、实现共产主义的目的。

组织社会主义经济建设、政治建设、文化建设、社会建设、生态文明建设,发展科学、文化、教育和社会保障事业,大力发展社会生产力,建设社会主义物质文明、政治文明、精神文明和生态文明,走共同富裕道路,是人民民主专政长期的、根本的任务。

人民民主专政的要义为:第一,坚持以工人阶级为领导阶级,以工人阶级的先锋队中国共产党为领导核心;第二,坚持以马克思主义、中国化的马克思主义作为人民民主专政的理论基础和思想指南;第三,坚持以工人阶级和农民阶级联盟为最主要的基础;第四,以一切热爱祖国、热爱社会主义事业的社会主义建设者为最广泛的联盟;第五,对少数敌人实行专政,对大多数人民群众实行最广泛的人民民主;第六,通过社会主义法制实施民主与专政。

人民民主专政是中国特色社会主义须臾不可离开的法宝。今天,我们中国特色社会主义国家仍然处于马克思主义经典作家所判定的历史时代,即社会主义与资本主义两个前途、两条道路、两种命运、两大力量生死博弈的时代,这个时代仍贯穿着无产阶级与资产阶级、社会主义与资本主义阶级斗争的主线索,这就决定了国际领域内的阶级斗争是不可能熄灭的,国内的阶级斗争也是不可能熄灭的。在这样的国际国内背景下,人民民主专政是万万不可取消的,必须坚持,必须巩固,必须强大。否则,不足以抵制国外反动势力对我西化、分化、私有化、资本主义化的图谋,不足以压制国内敌对力量里应外合的破坏作用。必须建设强大的国防军,必须建设强大的公安政法力量,以人民民主专政的力量保卫和平、保卫人民、保卫社会主义。

当然,在巩固人民民主专政的同时,必须大力发展社会主义民主。建立高度的社会主义民主,是社会主义的本质,是社会主义政治上层建筑的基本内容,是中国特色社会主义的根本目标和根本任务之一。没有民主,就没有社会主义。

坚持人民民主专政，保障社会主义民主，必须加强社会主义法制建设。社会主义法制是人民民主专政的国家所制定的各种法律、法令等法的规范，以及按照法律规定建立起来并贯彻实施的种种法律制度，它的实质是工人阶级及其领导的广大人民当家作主、管理国家、进行社会主义建设的共同意志的集中体现。执政党、参政党和一切参加社会主义建设的人民群众都必须在宪法和法律规范内活动，任何违反法律的行为，都要受到法律的制裁。

（作者单位：中国社会科学院）

（原载《红旗文稿》2014年第18期）

坚持人民民主专政，完全合理合情合法

李崇富

党的十八届三中全会通过的《中共中央关于全面深化改革若干重大问题的决定》指出："全面深化改革的总目标是完善和发展中国特色社会主义制度，推进国家治理体系和治理能力现代化。"① 2014年2月17日。习近平总书记在省部级主要领导干部学习贯彻十八届三中全会决定的专题研讨班开班式上的讲话中指出：这是两句话组成的一个整体，必须完整理解和把握全面深化改革这个总目标。他还强调，看待政治制度模式，必须坚持马克思主义政治立场。马克思主义政治立场，首先就是阶级立场。进行阶级分析。我们治国理政的根本，就是中国共产党的领导和社会主义制度。推进国家治理体系和治理能力现代化，绝不是西方化、私有化、资本主义化。我国的人民民主专政与西方所谓的"宪政"在本质上是不同的。

近期有些人挑起了一场与此相关的争论。其中，有极少数人公开反对我国人民民主专政的"国体"，并对论述《坚持人民民主专政，并不输理》的文章，疯狂地加以围攻、歪曲和无限上纲。这种反常举动，恰好体现了我国人民民主专政与主张西方"宪政"之争的实质，事关我国全面深化改革的大方向，是旨在争夺推进治理体系和治理能力现代化的解释权和话语

---

① 《党的十八大以来重要文献选编》（上），中央文献出版社2014年版，第511页。

权的一场政治博弈。这些人反对人民民主专政的言论，违背了四项基本原则，是根本站不住脚的。而我国坚持人民民主专政，则是完全合理合情合法的。

一 坚持人民民主专政，必须理直气壮

我们说人民民主专政"合理"，是指其符合马克思主义所揭示的客观真理。人民民主专政即无产阶级专政，是新中国的国体和根本的政治制度，是开创和坚持中国特色社会主义的政治前提。其理论根据，是马克思主义的阶级观点及其国家观，是邓小平提出并成为党在现阶段基本路线的"两个基本点"之一的"坚持四项基本原则"中的一项基本原则。

（一）坚持无产阶级专政符合阶级斗争的发展规律之"理"

关于现代社会中存在阶级和阶级斗争，是由一些资产阶级学者在其革命时期发现和论述过的客观事实。马克思的新贡献，是立足于历史唯物主义，对之作出科学解释，从而揭示了人类阶级社会产生、发展和经过无产阶级专政，走向消灭阶级和实现共产主义的客观规律。

马克思对于阶级和阶级斗争的发展规律，曾作出过精辟概括。1852年3月5日，马克思在致约瑟夫·魏德迈的信中，高度评价这位学生和友人此前在《纽约民族主义者报》上，针对海因岑把"阶级斗争"说成是"共产主义者的无聊捏造"，嘲笑马克思主义者"玩弄阶级"等谬论所发表的一篇批驳文章，进而对阶级斗争学说作出了简明的科学概括。他写道："至于讲到我，无论是发现现代社会中有阶级存在或发现各阶级间的斗争，都不是我的功劳。在我以前很久，资产阶级的历史学家就已叙述过阶级斗争的历史发展，资产阶级的经济学家也已对各个阶级作过经济上的分析。我的新贡献就是证明了下列几点：(1)阶级的存在仅仅同生产发展的一定历史阶段相联系；(2)阶级斗争必然要导致无产阶级专政；(3)这个专政不

过是达到消灭一切阶级和进入无阶级社会的过渡。"①

马克思这三句话,作为对整个阶级社会历史的高度概括,深刻地揭示了阶级和阶级斗争产生、发展和灭亡的客观规律。其中第一句话——"阶级的存在仅仅同生产发展的一定历史阶段相联系"——所内蕴的历史逻辑是:阶级"这种划分是以生产的不足为基础的,它将被现代生产力的充分发展所消灭"②无产阶级专政的整个政治前史,都是源于生产力逐步有所发展之推动,才导致原始公社解体后家庭、私有制和阶级社会,即奴隶社会、封建社会、资本主义社会的先后产生、发展和更替。随着社会形态这种历史发展和更替,相应地也使奴隶与奴隶主、农民与地主、工人与资本家之间的阶级矛盾和阶级斗争先后产生、发展和更替,都成为客观和必然的历史事实;直至最终形成无产阶级埋葬资产阶级、社会主义代替资本主义,以使人类社会经过无产阶级专政进入无阶级社会所必需的物质前提,即"现代生产力的充分发展"。

马克思的第二句话——"阶级斗争必然导致无产阶级专政"——是由资本主义生产方式的基本矛盾,即社会化生产与私有制的矛盾运动的客观经济逻辑,所必然衍化出的政治逻辑。它表现为代表现代化生产力发展要求的工人阶级,要摆脱其受剥削、受压迫的雇佣奴隶地位,以争得无产阶级和人类的彻底解放,就必须使反抗资本家剥削的阶级斗争,发展为社会革命。而"工人革命的第一步就是使无产阶级上升为统治阶级,争得民主"③,即用革命手段,打碎剥削阶级国家机器,建立无产阶级国家,由无产阶级专政取代资产阶级专政。这是无产阶级捍卫革命政权,"剥夺剥夺者",开创和发展社会主义事业,最终消灭一切阶级和过渡到共产主义社会的根本政治前提,是防范和制止资本主义复辟的唯一法宝。

马克思的第三句话——"这个专政不过是达到消灭一切阶级和进入无阶级社会的过渡"——是对无产阶级历史使命及其实现途径的简明概括。

---

① 《马克思恩格斯全集》第 28 卷,人民出版社 1973 年版,第 504、509 页。
② 《马克思恩格斯文集》第 3 卷,人民出版社 2009 年版,第 563 页。
③ 《马克思恩格斯选集》第 1 卷,人民出版社 1995 年版,第 293 页。

据此,实行无产阶级专政的历史正当性就在于:一是作为工人阶级劳动结晶的现代大工业,为"消灭一切阶级和进入无阶级社会"提供了必需的物质基础;二是现代无产阶级作为"大工业本身的产物"和资产阶级的"掘墓人"[①],作为最具先进性和革命彻底性的领导阶级,才能在马克思主义理论武装下,认识和运用历史规律,以自觉承担起完成无产阶级专政的历史使命;三是无产阶级国家"向前发展,即向共产主义发展,必须经过无产阶级专政,不可能走别的道路,因为再没有其他人也没有其他道路能够粉碎剥削者资本家的反抗"[②]。因此,实行无产阶级的革命和专政,是人类由阶级社会走向无阶级社会的历史必由之路。

(二)坚持无产阶级专政符合自己国家的阶级实质之"理"

马克思主义国家学说,依据历史唯物主义及其阶级分析。科学地揭示了国家政权与其统治阶级的根本利益之间的本质联系。并阐明了区别于一切剥削阶级国家的无产阶级国家,在发展社会主义民主的基础上,必须承担和履行无产阶级专政职能。

唯物史观认为,"国家"是一个与阶级产生和存在密切相关的历史性范畴。当原始公社后期有了生产力和商品交换的一定发展,因而在有了少量剩余产品可供上层人物剥削的条件下,就导致了家庭、私有制的产生和阶级分化。于是在历史上,首先出现了反抗剥削和压迫的奴隶阶级同奴隶主阶级的矛盾与斗争。而奴隶主阶级为了维护其阶级利益和统治秩序。用以镇压奴隶们反抗,就需要和建立奴隶制国家。后来,由于社会生产力的发展,又使封建制国家和资本主义国家,先后代替了奴隶制国家和封建制国家。必须肯定,家庭、私有制和国家的出现、发展和社会更替,是以生产力发展及生产关系变革为基础的社会进步,是文明时代的重要标志。但这种历史进步性,并不能否定一切剥削阶级国家,都要为维护其阶级利益

---

① 《马克思恩格斯文集》第2卷,人民出版社2009年版,第41、43页。
② 《列宁专题文集·论社会主义》,人民出版社2009年版,第28—29页。

和阶级统治而履行专政职能。

马克思主义在国家学说史上,第一次阐明了"超阶级"国家的虚伪性,从而揭示了国家起源和本质的"历史之谜"。对此,恩格斯概括说:"国家是社会在一定发展阶段上的产物;国家是承认:这个社会陷入了不可解决的自我矛盾,分裂为不可调和的对立面而又无力摆脱这些对立面。而为了使这些对立面,这些经济利益互相冲突的阶级,不致在无谓的斗争中把自己和社会消灭,就需要有一种表面上凌驾于社会之上的力量,这种力量应当缓和冲突,把冲突保持在'秩序'的范围以内;这种从社会中产生但又自居于社会之上并且日益同社会相异化的力量,就是国家。"[①] 列宁对此作出了更为简明的概括:"国家是阶级矛盾不可调和的产物和表现,"[②] 即"系统地使用暴力和强迫人们服从暴力的特殊机构就叫作国家"[③]。国家的这种专政职能,同现代资产阶级共和国所宣扬的人人平等、多党竞选和议会民主等光鲜外表,以及在日益强化中的社会管理职能,似乎是不太一致的。然而,这并不矛盾。因为,历来剥削阶级的"政治统治到处都是以执行某种社会职能为基础,而且政治统治只有在它执行了它的这种社会职能时才能持续下去"[④],才能更好维护剥削阶级的根本利益和统治秩序。正如恩格斯所说:"实际上,国家无非是一个阶级镇压另一个阶级的机器,而且在这一点上民主共和国并不亚于君主国。"[⑤] 虽然当代西方国家总是宣扬其"民主"和"人权",但在镇压劳动人民反抗之时,从来都是毫不手软的。

当然,无产阶级革命在推翻剥削阶级统治以后,也需要建立新型的国家和新型的专政,才能为消灭剥削制度、建设社会主义社会提供政治前提。马克思说:"在资本主义社会和共产主义社会之间,有一个从前者变为后者的革命转变时期。同这个时期相适应的也有一个政治上的过渡时期,这

---

① 《马克思恩格斯文集》第4卷,人民出版社2009年版,第189页。
② 《列宁选集》第3卷,人民出版社2012年版,第114页。
③ 《列宁全集》第37卷,人民出版社1986年版,第62—63页。
④ 《马克思恩格斯选集》第3卷,人民出版社2012年版,第523页。
⑤ 《马克思恩格斯文集》第3卷,人民出版社2009年版,第111页。

个时期的国家只能是无产阶级的革命专政。"① 不过,社会主义国家已经不是原来意义上的国家。因为,此前所有国家都只有极少数剥削者才真正享有阶级特权,而对广大劳动人民实行专政,以维护其剥削阶级利益:恰恰相反,无产阶级国家则是在广大人民内部实行民主,而只对反抗社会主义的极少数剥削者实行专政。当"无产阶级上升为统治阶级"和"争得民主"以后,为了解放和发展生产力,必须"一步一步地夺取资产阶级的全部资本,把一切生产工具集中在国家即组织成为统治阶级的无产阶级手里,并且尽可能快地增加生产力的总量"②。只有创造出高于资本主义的劳动生产率,社会主义才能最终战胜资产阶级。但在这之前,正如列宁所说:"从资本主义过渡到共产主义是一整个历史时代。只要这个时代没有结束,剥削者就必然存着复辟希望,并把这种希望变为复辟尝试。被推翻的剥削者不曾料到自己会被推翻,他们不相信这一点,不愿想到这一点,所以他们在遭到第一次严重失败以后,就以十倍的努力、疯狂的热情、百倍的仇恨投入战斗,为恢复他们被夺去的'天堂'、为他们的家庭而斗争。"③ 因此,社会主义国家必须在发展人民民主的基础上,实行无产阶级专政,捍卫社会主义事业。否则,其初创的社会主义制度,就会在国内外敌人联合进攻下而夭折。苏联和东欧国家被颠覆,就是前车之鉴。

所以,不承认无产阶级国家具有镇压反社会主义敌对势力的专政职能,在理论和实践上都是错误与有害的。当然也应看到,随着社会主义事业在更多国家的开创、巩固和发展,包括社会主义民主和法治的逐步扩大和健全,相应的,该社会的阶级斗争也将逐步趋向和缓。故而从长远看,社会主义国家是走向自行消亡中的"新型民主的"和"新型专政的"国家,列宁称为"半国家"④。

---

① 《马克思恩格斯文集》第3卷,人民出版社2009年版,第445页。
② 《马克思恩格斯文集》第2卷,人民出版社2009年版,第52页。
③ 《列宁选集》第3卷,人民出版社2012年版,第612页。
④ 同上书,第140、124页。

（三）坚持无产阶级专政符合社会主义"不断革命"之"理"

在新时期，由于"彻底否定文化大革命"和"无产阶级专政下的继续革命理论"，有些人就走向另一个极端，出现了"告别革命"的错误思潮。例如，对于我们党已由"无产阶级革命党"转变为"马克思主义执政党"，就有个如何理解的问题。因为"无产阶级革命党"与"马克思主义执政党"，以及社会主义的革命与建设、民主与专政，在本质上是一致和统一的。体制改革就是"中国的第二次革命"①。如果有人把这两者割裂开来、对立起来，那就曲解了无产阶级及其政党的历史使命，从而否定和违背了马克思主义的"不断革命论"。

马克思在《1848年至1850年的法兰西阶级斗争》一文中，把《共产党宣言》中关于"共产主义革命"必须同"传统的所有制"及其"传统的观念"实行"最彻底的决裂"的思想，发展为"不断革命论"。所以，科学社会主义就是不断革命的社会主义。对此，马克思写道："这种社会主义就是宣布不断革命，就是无产阶级的阶级专政，这种专政是达到消灭一切阶级差别，达到消灭这些差别所由产生的一切生产关系，达到消灭和这些生产关系相适应的一切社会关系，达到改变由这些社会关系产生出来的一切观念的必然的过渡阶段。"② 在共产党人看来，必须坚持马克思主义不断革命论与革命发展阶段论的统一，必须通过无产阶级专政把无产阶级的"共产主义革命"进行到底。而这个"底"，就是实现马克思所讲的这"四个达到"。只要社会主义中国尚未实现这"四个达到"，那么，我国无产阶级革命就不能停步，就不能放弃无产阶级专政。相反，如果我们不坚持马克思的不断革命论、不坚持无产阶级专政，那么我国改革开放和中国特色社会主义，就会变形走样，就会无法保护劳动人民的根本利益，同时也势必会抛弃马克思主义。

---

① 《邓小平文选》第3卷，人民出版社1993年版，第113页。
② 《马克思恩格斯文集》第2卷，人民出版社2009年版，第166页。

因此，从理论和实践上看，无产阶级专政与消灭阶级的革命过程是共始终的，而且它在马克思主义科学体系中居于核心地位。对此，列宁说："只有懂得一个阶级的专政不仅对一般阶级社会是必要的，不仅对推翻了资产阶级的无产阶级是必要的，而且对介于资本主义和'无阶级社会'即共产主义之间的整整一个历史时期都是必要的，——只有懂得这一点的人，才算掌握了马克思国家学说的实质。"这还是判别真假马克思主义者的"试金石"。他指出："只有承认阶级斗争、同时也承认无产阶级专政的人，才是马克思主义者。马克思主义者同平庸的小资产者（以及大资产者）之间的最深刻的区别就在这里。必须用这块试金石来检验是否真正理解和承认马克思主义。"[①] 故而，我国在阶级和阶级差别完全消灭以前，中国共产党人、马克思主义信奉者都应理直气壮地坚持无产阶级专政，即人民民主专政。

二　坚持人民民主专政，完全切合国情和世情

我们说人民民主专政"合情"，是指其完全切合我们的国情和世情。新时期，我国在改革开放和社会主义现代化建设中坚持人民民主专政，是源于当代国情和世情的需要。如果我国不坚持社会主义道路，不坚持人民民主专政，不坚持共产党的领导，不坚持马列主义、毛泽东思想，那么，社会主义中国就会被国内外敌对势力所西化、分化和颠覆。这绝不是危言耸听！

恩格斯在《共产主义原理》中曾指出："无产阶级革命将建立民主的国家制度，从而直接或间接地建立无产阶级的政治统治。在英国可以直接建立，因为那里的无产阶级现在已占人民的大多数。在法国和德国可以间接建立，因为这两个国家的大多数人民不仅是无产者，而且还有小农和小资产者，小农和小资产者正处在转变为无产阶级的过渡阶段，他们的一切

---

① 《列宁选集》第3卷，人民出版社2012年版，第139—140页。

政治利益的实现都越来越依赖无产阶级,因而他们很快就会同意无产阶级的要求。"① 毫无疑问,恩格斯这里讲的"直接地建立无产阶级的政治统治",即是其后马克思和他表述为"无产阶级专政"的主张,并直接适用于像当时英国那样工业化国家的革命;至于像当时法国和德国那样尚未完成工业化国家的革命,可以"间接地建立无产阶级的政治统治"。至于这究竟宜于采取何种实现形式,马克思、恩格斯尚未有过明确预见。

从理论上切合国情看,毛泽东首先提出和阐明新中国必须实行人民民主专政,是他对马克思主义的坚持、运用和发展。新中国成立前夕,毛泽东在《论人民民主专政》中得出结论说:"总结我们的经验,集中到一点,就是工人阶级(经过共产党)领导的以工农联盟为基础的人民民主专政。这个专政必须和国际革命力量团结一致。这就是我们的公式,这就是我们的主要经验,这就是我们的主要纲领。"② 这正是通过对无产阶级专政理论的坚持、运用和创新,而找到了切合我国国情的无产阶级专政的实现形式。

毛泽东关于我国"人民民主专政"的"国体"设计的真理性和创新性就在于:第一,这充分体现了"无产阶级专政"的实质性要求,因为这个专政坚持"工人阶级(通过共产党)领导",从而实际地建立起"无产阶级的政治统治";第二,同样根据中国"大多数人民不仅是无产者,而且还有小农和小资产者"的国情,这个专政"以工农联盟为基础",就意味着其"最高原则就是维护无产阶级同农民的联盟,使无产阶级能够保持领导作用和国家政权"③,同时也是"间接地建立无产阶级的政治统治"的最好形式;第三,"人民民主专政"更明确地表达了对人民实行民主、对敌人实行专政的科学内涵,这样更容易为人们所理解和接受。

在新时期,邓小平结合我国国情和具体实践,坚持和发展了毛泽东人民民主专政的理论和实践。在改革开放之初,他针对刚刚露头的资产阶级自由化而提出坚持"四项基本原则",就包括"必须坚持无产阶级专政"。

---

① 《马克思恩格斯文集》第1卷,人民出版社2009年版,第685页。
② 《毛泽东选集》第4卷,人民出版社1991年版,第1480页。
③ 《列宁全集》第42卷,人民出版社1987年版,第49—50页。

邓小平指出："中央认为，我们要在中国实现四个现代化，必须在思想政治上坚持四项基本原则。这是实现四个现代化的根本前提。"[①] 其后，在改革和建设的实践探索中，所逐步形成的党在社会主义初级阶段基本路线中，"坚持四项基本原则"作为其中的"两个基本点"之一，而成为我们的立国之本。

邓小平认为，"四项基本原则"是一个有机整体。"在四个坚持中，坚持人民民主专政这一条不低于其他三条。"[②] "如果动摇了这四项基本原则中的任何一项，那就动摇了整个社会主义事业，整个现代化建设事业。"[③] 1992年初，邓小平在南方谈话中指出："依靠无产阶级专政保卫社会主义制度，这是马克思主义的一个基本观点。马克思说过，阶级斗争学说不是他的发明，真正的发明是无产阶级专政理论。历史经验证明，刚刚掌握政权的新兴阶级，一般来说，总是弱于敌对阶级的力量，因此要用专政的手段来巩固政权。对人民实行民主，对敌人实行专政，这就是人民民主专政。运用人民民主专政的力量，巩固人民的政权，是正义的事情，没有什么输理的地方。"他强调，党的"基本路线要管一百年，动摇不得"，"关键是坚持'一个中心、两个基本点'"。他还要求："在整个改革开放的过程中，必须始终注意坚持四项基本原则。"[④] 可见，坚持党的基本路线，就必须把包括"坚持人民民主专政"在内的"四项基本原则"，贯穿于我国改革开放和现代化建设的全过程。

邓小平在晚年，还结合发挥"社会主义市场经济优越性"和"防止两极分化"的问题，再次强调"四个坚持"。他说道："社会主义市场经济优越性在哪里？就在四个坚持。四个坚持集中表现在党的领导。这个问题可以敞开来说，我那个讲话没有什么输理的地方，没有什么见不得人的地方。当时我讲的无产阶级专政，就是人民民主专政，讲人民民主专政，比较容

[①]《邓小平文选》第2卷，人民出版社1994年版，第164页。
[②]《邓小平文选》第3卷，人民出版社1993年版，第365页。
[③]《邓小平文选》第2卷，人民出版社1994年版，第173页。
[④]《邓小平文选》第3卷，人民出版社1993年版，第370—371、379页。

易为人所接受。现在经济发展这么快,没有四个坚持,究竟会是个什么局面?没有人民民主专政,党的领导怎么实现啊?四个坚持是'成套设备'。"鉴于能否防止和解决"两极分化"问题,事关改革开放和中国社会主义的前途命运,所以邓小平说:"我们讲要防止两极分化,实际上两极分化自然出现。要利用各种手段、各种方法、各种方案来解决这些问题。"① 当然,这只能主要靠经济手段,同时也要适当运用国家政权的力量,来逐步加以解决。

从理论和实践的深层次看,坚持人民民主专政的现实根据,是我国的阶级斗争在一定范围内仍将长期存在。党的十一届六中全会通过的《中国共产党中央委员会关于建国以来党的若干历史问题的决议》认定:"在剥削阶级作为阶级消灭以后,阶级斗争已经不是主要矛盾。由于国内的因素和国际的影响,阶级斗争还将在一定范围内长期存在,在某种条件下还有可能激化。"② 这种正确的政治估量,以及我国现阶段实行公有制为主体、多种所有制经济共同发展的基本经济制度等基本国情,都表明:我国要在生产力高度发展的基础上,逐步消灭私有制和一切阶级,完成人民民主专政的历史任务,仍然任重道远,需要长期奋斗。

据此可以说,"阶级斗争还将在一定范围内长期存在"是我国现阶段的基本国情之一。正如邓小平所说:"社会主义社会中的阶级斗争是一个客观存在,不应该缩小,也不应该夸大。实践证明,无论缩小或者夸大,两者都要犯严重的错误。"③ 在阶级斗争中,往往是"树欲静而风不止"。尽管我们主观上想回避和淡化阶级斗争,但不管人们承认与否,阶级斗争该来的总要到来。即使我们不想斗,可国内外敌对势力照样会找上门来,同马克思主义斗、同社会主义斗。

例如,我国意识形态领域的斗争,一直十分复杂、尖锐和激烈。这是

---

① 《邓小平年谱(1975—1997)》(下),中央文献出版社2004年版,第1363—1364页;引文中说"我那个讲话",是指邓小平1979年3月在党的理论工作务虚会上的讲话《坚持四项基本原则》。
② 《改革开放三十年主要文献选编》(上),中央文献出版社2008年版,第213页。
③ 《邓小平文选》第2卷,人民出版社1994年版,第182页。

阶级斗争在思想领域的反映。国内"左"和右的种种错误思潮总是时隐时现、此起彼伏，企图干扰和误导改革开放和现代化建设。特别是日益坐大的资产阶级自由化，虽然 25 年前在"八九风波"中严重受挫，但并未销声匿迹、偃旗息鼓，而是在西方敌对势力渗透、鼓动和操纵下，利用有些媒体想淡化意识形态的心态，一再变本加厉地在歪曲、篡改和抹黑我们党的历史和革命史，在诋毁、丑化和"妖魔化"共产党、党的领袖和英模人物，在攻击、否定和反对马克思主义、党的领导和社会主义制度的同时，千方百计地宣扬和鼓动在我国搞"全盘西化"。这包括鼓吹和推销经济上的私有化，政治上的资产阶级多党制和西方"宪政"，在思想文化上的"新自由主义"、历史虚无主义和"普世价值"，如此等等。党和人民同这些错误思潮所进行的交锋和较量，从未停止过。

又如，全党全国各族人民为了维护国家主权、领土完整和民族团结，正在同企图西化和分化我国的国内外敌对势力和民族分裂势力所进行的斗争，既是一种严重的政治斗争，也是一种特殊的阶级斗争。尽人皆知，"台独""藏独""疆独"到"港独"势力的衍生，不仅都有当年帝国主义侵略中国的历史背景。而且这些民族分裂势力之所以至今尚能苟延残喘，有些人还在搞"暴恐"式的民族分裂活动，就在于有国外敌对势力在豢养、鼓动和支持。中华民族的团结统一和繁荣富强，是全国各族人民的共同心愿。假如没有外部势力为了阻挠我国富强起来而为其后盾，这些民族败类在伟大祖国面前，都是一天也混不下去的。

再如，改革开放以来，在如何看待我们党员干部中出现大面积腐败及其原因的看法上，只有坚持马克思主义的阶级观点和阶级分析。才能揭示问题的本质。但现在比较流行的，往往是用西方的犯罪成本理论即"寻租"来解释，这属于偏颇之理，更未触及问题的要害和本质。即便以体制有漏洞和监督有缺失，来解释腐败现象的滋生蔓延，虽然有一定的解释力，即看到了问题产生的外部条件，但也没有揭示腐败现象产生的根本原因和政治实质。其实，这个问题并不复杂，而且在党的文献中早有明确论断。只是出于某种顾虑而不愿正视和深究而已。

江泽民多次指出："从本质上说，腐败现象是剥削阶级和剥削制度的产物。""这些消极腐败现象是资产阶级和其他剥削阶级思想作风在党内的反映。"① 这就是说。正是由于作为资产阶级等剥削阶级思想之集中表现的拜金主义、享乐主义、极端利己主义等腐朽没落意识的恶性膨胀，逐渐腐蚀了一些党员干部的思想和灵魂，才使其丧失了应有的阶级立场、党性原则和理想信念，从而抵挡不住权欲、金钱、美色等"糖弹"的诱惑和攻击，以致有些人"前腐后继"地走上以权谋私、违法犯罪、腐化堕落的不归之路。我们在反腐斗争中，如果抓不住问题的本质和要害，从而无法有效地遏制其迅猛蔓延，那就不只是使党脱离群众和形象受损问题，而是可能导致亡党亡国的特大政治问题。因此，我们党和国家的反腐败斗争，是国内外一定范围内的阶级斗争，特别是意识形态斗争在党内的表现和反映。

鉴于"阶级斗争还将在一定范围内长期存在"是我国现阶段的基本国情之一，鉴于我们党要完成消灭阶级的任务——"就是要造成使资产阶级既不能存在也不能再产生的条件"，"这个任务是重大无比的"② ——在短期内既不可能提上议事日程、更不可能实现。所以，坚持人民民主专政完全切合我国国情。

从世界战略态势看，我国坚持人民民主专政也完全切合当今之世情。和平与发展是当代世界的主题。经济全球化、世界多极化、社会信息化是历史性趋势。我国作为社会主义国家，又处于改革开放、现代化建设、实现中华民族伟大复兴的关键性发展阶段，所以始终不渝地坚持和平共处五项原则，继续奉行独立自主的和平外交政策，坚定地走和平发展之路，以达到平等合作、互利共赢之目的。这样，既有利于营造我国现代化建设所必需的国际和平环境，维护地区稳定和世界和平，以利于团结世界人民，反对霸权主义和强权政治，谋求发展中国家平等发展和人类社会进步。

但是，当今世界并不太平和安宁。自从东欧剧变和苏联解体以来，世

---

① 《江泽民论有中国特色社会主义》（专题摘编），中央文献出版社 2002 年版，第 425、433 页；另见江泽民《论党的建设》，中央文献出版社 2001 年版，第 101—102、244 页。

② 《列宁专题文集·论社会主义》，人民出版社 2009 年版，第 85 页。

界社会主义运动仍将长期处于低潮和战略守势。而面对美国"一超独大"、谋求"单极化"和世界霸权，却缺乏遏制它的力量。当今世界190多个国家大体上可分为三类：一类是5个社会主义国家，这是俄国十月革命以来硕果仅存的新型国家；另一类是以美国为首的西方少数垄断资本主义大国，其社会上层对社会主义事业大多持有本能的对立乃至敌视态度；而介于这两者之间的，则是广大发展中的民族资本主义国家。由于其中多数国家都有过受西方殖民剥削和欺凌的历史，至今还在遭受西方大国不同程度的歧视，所以它们既有同情社会主义的一面，也有易受西方国家笼络和利用的另一面。虽然这三类国家本身以及它们之间，都可能从本国利益出发，而实际发生多种形式和多方面的分化组合、纵横捭阖。但贯穿其中的历史主旋律，则是世界各国无产阶级与资产阶级、社会主义与资本主义、马克思主义与反马克思主义这样两个阶级、两种社会制度、两种思想体系之间的本质对立、反复较量、政治博弈和力量消长。这个大背景，既要求我国加强国防建设，也需要我们运用马克思主义的阶级观点和阶级分析方法，来观察和对待与之相关的国际现象。否则，我们就是自我解除理论武装，也就不易看清国际政治的实质和底蕴，而可能缺乏正确的政治估量和长远的战略眼光。

尽管我们社会主义国家代表着人类未来，但当今世界在总体上仍旧是受丛林法则支配的阶级社会。对于我国来说，来自外部的严重威胁，就是以美国为首的西方敌对势力企图对我国实施西化和分化即"和平演变"的战略图谋。我国真诚希望构建同西方平等交往、合作共赢的新型大国关系。然而，老练狡诈的美国垄断资产阶级和主政者，却对我国存心不良、虚与委蛇。他们实行"接触和遏制"的两手政策：一方面，他们在"接触"和"战略对话"中，声称欢迎一个繁荣和负责任的中国"和平崛起"，以捞得巨量的经济利益；另一方面，美国当局在关键时刻和关键问题上，却凶相毕露，作梗添乱。其集中表现是：近几年，美国把战略重点从西欧转向东亚，宣布把60%的舰艇及其兵力部署到亚太地区，重点是西太平洋地区，公然在中国大门口实施"再平衡战略"，并想拼凑"东方北约"，围堵我国,企图"以压促变"。

其实,邓小平对美国等西方大国的战略图谋,早就洞若观火。他在苏联解体之前,当不少人为美苏缓和、"冷战"结束而欢呼之际,就已指出:"我希望冷战结束,但现在我感到失望。可能是一个冷战结束了,另外两个冷战又已经开始。一个是针对整个南方、第三世界的;另一个是针对社会主义的。西方国家正在打一场没有硝烟的第三次世界大战。所谓没有硝烟,就是要社会主义国家和平演变。"① 鉴于其主谋是美国,故而他又揭露说:"美国,还有西方其他一些国家,对社会主义国家搞和平演变。美国现在有一种提法:打一场无硝烟的世界大战。我们要警惕。资本主义是想最终战胜社会主义,过去拿武器,用原子弹、氢弹,遭到世界人民的反对,现在搞和平演变。"② 实际情况正是这样。当今地球人都知道,美国和其他西方敌对势力,对中国社会主义事业,历来是两手交替,软硬兼施,从未间断。苏联和东欧被搞垮以后,他们把"和平演变"的主要矛头转向中国。对此。我们要牢记毛泽东和邓小平的有关教导,提高警惕,正确应对,严密防范。

坚持人民民主专政,是无产阶级国家政权的一项政治职能。这就是在工人阶级(经过共产党)领导下,在必要时运用人民民主专政的力量,用以捍卫和保障国家安全,维护中国特色社会主义事业。这包括国家运用人民军队、警察、法庭、监狱和整个社会主义法制体系,依法镇压和改造一切反抗社会主义的敌人、预防和惩处一切犯罪活动,维持法制秩序和社会稳定,保护人民的和平劳动。同时,要严格区分和正确处理两类不同性质的矛盾:对于犯有一般过错的人,要进行教育和批评;而对于在反动思潮鼓动下,所引发的社会动乱等反抗社会主义的违法犯罪活动,则必须运用人民民主专政来应对。邓小平对此早有明示:"我不止一次讲过,稳定压倒一切,人民民主专政不能丢。你闹资产阶级自由化,用资产阶级人权、

---

① 《邓小平文选》第3卷,人民出版社1993年版,第344页。
② 同上书,第325—326页。

民主那一套来搞动乱,我就坚决制止……坚持社会主义就必须坚持无产阶级专政,我们叫人民民主专政。"①

三 坚持人民民主专政,就是坚持我国法定的国体

我们说人民民主专政"合法",就是指它既符合我国现行宪法和整个中国特色社会主义法律体系,也符合中共党章的根本政治规范。我们作为公民就要守法,首先要遵守宪法;凡是共产党员,都必须遵守党章;凡是国家公职人员,以及他们所在的党政机关,都要带头"依宪治国""依法办事"。任何人的言行,都不能违宪和违法。

《中华人民共和国宪法》规定了"国体":

"第一条 中华人民共和国是工人阶级领导的、以工农联盟为基础的人民民主专政的社会主义国家。社会主义制度是中华人民共和国的根本制度。禁止任何组织或者个人破坏社会主义制度。"

《宪法》既规定人民的民主权利,也规定了专政对象和主要职能:

"第二条 中华人民共和国的一切权力属于人民。人民行使国家权力的机关是全国人民代表大会和地方各级人民代表大会。人民依照法律规定,通过各种途径和形式,管理国家事务,管理经济和文化事业,管理社会事务。"

"第二十八条 国家维护社会秩序,镇压叛国和其他危害国家安全的犯罪活动,制裁危害社会治安、破坏社会主义经济和其他犯罪活动,惩办和改造犯罪分子。"

"第二十九条 中华人民共和国的武装力量属于人民。它的任务是巩固国防,抵抗侵略,保卫祖国,保卫人民的和平劳动,参加国家建设事业,努力为人民服务。"②

---

① 《邓小平文选》第3卷,人民出版社1993年版,第364—365页。
② 《改革开放三十年主要文献选编》(上),中央文献出版社2008年版,第300、304页。

所以，一切反对我国人民民主专政的言行，都是违宪的，为法理所不容。我国宪法遵循了马克思主义国家观。因为它如实地揭穿了剥削阶级政治家和御用学者把"国家"说成是"超阶级"的"全民国家"的政治骗局，从而才能以"国体"的科学概念，进一步阐明了国家的阶级实质。对此，毛泽东指出："这个国体问题，从前清末年起，闹了几十年还没有闹清楚。其实，它只是指的一个问题，就是社会各阶级在国家中的地位。""至于还有所谓'政体'问题，那是指的政权构成的形式问题，指的一定的社会阶级取何种形式去组织那反对敌人保护自己的政权机关。"①

这就从"国体"上表明，当代所有西方国家都是资产阶级特别是垄断资产阶级作为统治阶级的国家。是资产阶级对广大劳动人民实行专政的资本主义国家；所谓"多党制"、两院制和"三权分立"的制衡制等体制，则是资产阶级国家所采取的"政权构成的形式"，"去组织那反对敌人保护自己的政权机关"。而社会主义中国在"国体"上，规定了"工人阶级领导"地位，并形成"工人阶级（经过共产党）领导的以工农联盟为基础的人民民主专政"，即是使工人阶级"上升为统治阶级"的社会主义国家。我国的人民代表大会制度作为一项根本的政治制度，则是社会主义国家的"政体"。因此，当今世界，从根本上说，只有工人阶级领导的和资产阶级统治的两类国家，即或者是无产阶级专政（我国称为人民民主专政）的社会主义国家，或者是资产阶级专政的资本主义国家两类。社会主义国家是取代资本主义而建立的新型民主和新型专政的国家，从长远看，还是处于"自行消亡"中的国家。这就是说，一切国家都是具有阶级性的。将来在"国体"上一旦丧失阶级性之日，也就是国家完全"自行消亡"之时。

就我国全体人民（公民）而言，人民民主专政作为社会主义中国的"国体"，是宪法赋予和保障的作为领导阶级的工人阶级、以工农联盟作为基础的全体人民、各级人民政府、人民武装力量等专政的主体力量，都必须依法履行其神圣的权力和职能。因此，从理论和实践上坚持人民民主专

---

① 《毛泽东选集》第2卷，人民出版社1991年版，第676、677页。

政，是拥护宪法、实施宪法的合法行为，是我国宪法和整个中国特色社会主义法律体系所要求、所保护的行为。相反地，凡是反对、违反人民民主专政的所有言行，都是违宪和违法的言行。有些所谓"公知"主张以所谓"人民民主宪政"，来取代我国"人民民主专政"。其实质，就是要否定我国宪法所规定的社会主义"国体"，即"人民民主专政"。因为，任何时候都没有"超阶级"的国家；所以，我国一旦抛弃了人民民主专政即无产阶级专政，就只能是资产阶级专政。显然，有些"公知"和"精英"所讲的"宪政"，绝不是要实践社会主义中国宪法的"民主宪政"，而是要照搬西方资本主义的"宪政"：而其所谓的"民主"，是要照搬西方资产阶级的"多党制""议会民主""三权分立"及其所谓"宪制民主"，并且主张对广大劳动人民实行资产阶级的、法西斯的野蛮专政。这从他们一听到别人讲"坚持人民民主专政，并不输理"，一听到别人讲要坚持马克思主义的"阶级观点"和"阶级分析"，就气急败坏地发出要对之进行"审判"，要施"绞刑"等类似法西斯的论调，就足见他们主张的"宪政"，到底是何货色！

"人无信不立。"所有共产党员既要带头守法，又要把党章作为更高的行为规范。这是我们入党宣誓时所作出的庄严而神圣的政治承诺。共产党的先进性和战斗力，来源于"中国共产党党员是中国工人阶级的有共产主义觉悟的先锋战士"[①]，来源于党的组织性和纪律性，是工人阶级先进性和革命性的集中表现。所以，共产党员都必须遵守党章和党纲，以指导和约束自己的言行。任何共产党员如果发表反对"人民民主专政"的言行，那不仅是违宪和违法的，而且是违背党章的。因为《中国共产党章程》的"总纲"规定："坚持社会主义道路，坚持人民民主专政，坚持中国共产党的领导，坚持马克思列宁主义毛泽东思想这'四项基本原则'，是我们的立国之本。在社会主义现代化建设的整个过程中，必须坚持'四项基本原

---

① 《中国共产党第十八次全国代表大会文件汇编》，人民出版社2012年版，第73页。

则',反对资产阶级自由化。"①

坚持包括"人民民主专政"在内的"四项基本原则",之所以是"我们的立国之本",不仅在于它是我们社会主义国家立足的政治基石,而且从根本上说。工人阶级政党——共产党的历史使命,就是通过创建和执掌无产阶级国家政权,以带头履行工人阶级的历史使命。这是共产党成为无产阶级革命的领导核心,成为社会主义国家执政党之合法性的政治基础。而工人阶级的历史使命,就是利用"无产阶级的政治统治",在领导人民发展生产力的前提下,逐步消灭私有制和一切阶级,以建成社会主义和共产主义社会。所以,假如一个共产党员反对运用马克思主义的阶级观点和阶级分析,反对人民民主专政,那么这就既否定了共产党存在的历史正当性,同时也否定了他们作为共产党员的历史资格和政治资格。因为,当一个社会不存在阶级和阶级差别之时,才不需要阶级观点和阶级分析,因而也就不需要任何政治国家,当然就更不需要任何政党了。所以,只有当工人阶级及其政党正处于履行其历史使命之时,才必须去研究、宣传和实践包括"坚持人民民主专政"在内的"四项基本原则";同时这也是党章赋予每个党员的政治权利和神圣义务。故此,凡是否定、攻击和损害包括"坚持人民民主专政"在内的"四项基本原则",凡是鼓吹"资产阶级自由化"的言行,都是违背党章和党的基本理论的错误言行,都应该受到批评、教育和追究。

在我国社会主义初级阶段,当我们党在马克思列宁主义、毛泽东思想和中国特色社会主义理论指导下,坚持"一个中心,两个基本点"的基本路线,团结和带领全国各族人民,为建成"够格"的社会主义而努力之时,也就是要创造条件,朝着逐步消灭私有制、消灭阶级和阶级差别,最终实现共产主义的方向前进之际,有些人明目张胆地散布歪曲和攻击马克思主义,诋毁和谩骂人民民主专政的张狂言论本身,就是当前我国在一定范围内存在的阶级斗争在意识形态上的表现与反映。

---

① 《中国共产党第十八次全国代表大会文件汇编》,人民出版社 2012 年版,第 66 页。

参考文献

[1]《马克思恩格斯文集》第 3 卷,人民出版社 2009 年版。

[2]《马克思恩格斯文集》第 1 卷,人民出版社 2009 年版。

[3]《毛泽东选集》第 4 卷,人民出版社 1991 年版。

[4]《邓小平文选》第 2 卷,人民出版社 1994 年版。

[5]《十八大以来重要文献选编》(上),中央文献出版社 2014 年版。

[6] 王伟光:《坚持人民民主专政,并不输理》,《红旗文稿》2014 年第 18 期。

[7] 李崇富:《正确理解马克思主义经典作家关于阶级和阶级斗争、无产阶级革命和无产阶级专政的思想》,中国社会科学院科研局:《中国社会科学院学者文选:李崇富集》,中国社会科学出版社 2013 年版。

(作者单位:中国社会科学院马克思主义研究院)

(原载《马克思主义研究》2015 年第 1 期)

人民民主专政理论的历史稽考和当代价值阐释

张巨成

人民民主专政理论是毛泽东思想的重要组成部分，是马克思列宁主义关于无产阶级专政的理论和中国革命、建设、发展的具体实践相结合的产物，是马克思列宁主义国家学说在中国的创造性运用和发展。人民民主专政理论及其在中国的实践成就，是以毛泽东为核心的党的第一代中央领导集体为当代中国的一切发展进步奠定的根本政治前提和制度基础的最重要方面。

一 人民民主专政理论的理论渊源

人民民主专政的理论渊源是马克思列宁主义关于无产阶级专政的理论。无产阶级专政理论是马克思主义的精髓。① 无产阶级专政理论同样是马克思列宁主义政治理论的灵魂和精髓。

马克思、恩格斯论证了无产阶级要实现历史赋予他们的伟大使命，必须通过暴力革命推翻资产阶级的统治，建立无产阶级专政。无产阶级革命是解决资本主义基本矛盾的决定性手段，是推动资本主义向社会主义转变

---

① 王沪宁主编：《政治的逻辑——马克思主义政治学原理》，上海人民出版社2004年版，第86页。

的强大动力和杠杆。无产阶级专政是进行社会主义改造，废除资本主义私有制，建立社会主义公有制，巩固无产阶级统治，最终消灭一切阶级的重要条件。

马克思、恩格斯认为，无产阶级革命发生和发展的根源来自资本主义基本矛盾。无产阶级革命的根本问题是国家政权问题。早在1848年出版的《共产党宣言》中，马克思、恩格斯就提出"工人革命的第一步就是使无产阶级上升为统治阶级，争得民主"①。在《1848年至1850年的法兰西阶级斗争》中，马克思第一次使用了"无产阶级专政"这个概念："推翻资产阶级！工人阶级专政！"②"这种社会主义就是宣布不断革命，就是无产阶级的阶级专政，这种专政是达到消灭一切阶级差别，达到消灭这些差别所由产生的一切生产关系，达到消灭和这些生产关系相适应的一切社会关系，达到改变由这些社会关系产生出来的一切观念的必然的过渡阶段。"③

1852年，马克思在写给旅居美国的朋友魏德迈的信中说："我……就是证明了下列几点：（1）阶级的存在仅仅同生产发展的一定历史阶段相联系；（2）阶级斗争必然导致无产阶级专政；（3）这个专政不过是达到消灭一切阶级和进入无阶级社会的过渡。"④"阶级斗争必然导致无产阶级专政"，是马克思的名言，是马克思对阶级斗争规律的深刻揭示。无产阶级和资产阶级之间如果出现严重的贫富两极分化，必然会成为两大对抗阶级，必然会使无产阶级和资产阶级的矛盾越来越尖锐、激化，从而产生激烈的阶级斗争。阶级斗争的深入发展，必然导致无产阶级起来革命，用暴力革命打碎旧的国家机器，建立无产阶级专政。

1875年，马克思在《哥达纲领批判》中对无产阶级专政作了进一步的阐明："在资本主义社会和共产主义社会之间，有一个从前者变为后者的革命转变时期。同这个时期相适应的也有一个政治上的过渡时期，这个时

---

① 《马克思恩格斯选集》第1卷，人民出版社2012年版，第421页。
② 《马克思恩格斯文集》第2卷，人民出版社2009年版，第104页。
③ 同上书，第166页。
④ 《马克思恩格斯选集》第4卷，人民出版社2012年版，第547页。

期的国家只能是无产阶级的革命专政。"① 马克思这里所说的"政治上的过渡时期"是指从无产阶级夺取政权开始到共产主义社会第一阶段的确立；这里所说的"共产主义社会"包括共产主义社会的第一阶段和高级阶段，也包括了"社会主义社会"。这就科学地预见了社会主义社会必须建立无产阶级专政，必须有无产阶级专政作政治保障。

根据马克思、恩格斯的论述，无产阶级专政的历史任务主要是：镇压剥削阶级的反抗，巩固工人阶级和广大人民当家作主的地位；废除资本主义私有制，建立生产资料公有制，消灭剥削制度和剥削阶级，解放和发展生产力；组织农民合作社，把农民吸引到社会主义方面来；改造与私有制相适应的一切经济关系和一切社会关系，进而改造人的传统观念。无论是进行无产阶级革命还是建立并实行无产阶级专政，都必须要有无产阶级政党的正确领导。②

列宁和斯大林继承、坚持和发展了马克思、恩格斯的无产阶级专政理论。列宁在《国家与革命》中强调说："只有承认阶级斗争、同时也承认无产阶级专政的人，才是马克思主义者。""必须用这块试金石来检验是否真正理解和承认马克思主义。""只有懂得一个阶级的专政不仅对一般阶级社会是必要的，不仅对推翻了资产阶级的无产阶级是必要的，而且对介于资本主义和'无阶级社会'即共产主义之间的整整一个历史时期都是必要的，——只有懂得这一点的人，才算掌握了马克思国家学说的实质。"③

列宁根据马克思主义关于国家问题的观点，阐明了国家和阶级的关系，揭示了国家的阶级本质。

列宁在《国家与革命》中深刻阐明了马克思主义关于无产阶级专政理论的重要性。列宁指出，无产阶级专政是"马克思主义在国家问题上一个最卓越最重要的思想"④。列宁强调，无产阶级必须在政治上和经济上都成

---

① 《马克思恩格斯文集》第3卷，人民出版社2009年版，第445页。
② 赵曜、王伟光等主编：《马克思列宁主义基本问题》，中共中央党校出版社2001年版，第162—163页。
③ 《列宁专题文集·论马克思主义》，人民出版社2009年版，第206、207页。
④ 同上书，第196页。

为统治阶级,才能推翻资产阶级,镇压剥削阶级的反抗,领导广大劳动群众进行社会主义建设。他说:"阶级斗争学说经马克思运用到国家和社会主义革命问题上,必然导致承认无产阶级的政治统治,无产阶级的专政,即不与任何人分掌而直接依靠群众武装力量的政权。只有使无产阶级转化成统治阶级,从而能把资产阶级必然要进行的拼死反抗镇压下去,并组织一切被剥削劳动群众去建立新的经济结构,才能推翻资产阶级。无产阶级需要国家政权,中央集权的强力组织,暴力组织,既是为了镇压剥削者的反抗,也是为了领导广大民众即农民、小资产阶级和半无产者来'调整'社会主义经济。"①

1919年3月召开的共产国际第一次代表大会通过的《共产国际行动纲领》指出,无产阶级夺取政权,意味着资产阶级政权的消失,为此必须打碎剥削阶级的国家机器,建立新的无产阶级的国家。这个新政权为了保持无产阶级的领导作用,必须把建立工人阶级与农村半无产阶级和贫苦农民的联盟作为自己的基本方针。列宁指出:"第三国际即共产国际的世界历史意义在于,它已开始实现马克思的一个最伟大的口号,这个口号总结了社会主义和工人运动历来的发展,表现这个口号的概念就是无产阶级专政。"②

1905—1907年,列宁常常讲无产阶级和农民的革命民主专政或一般地讲革命专政,而不专门讲无产阶级专政。列宁在1917年十月革命胜利以后直到逝世的前几天,较多地谈论到无产阶级专政,无产阶级专政的性质、特征、形式和职能。③ 列宁在1919年5月指出:无产阶级专政"必须采取严酷无情和迅速坚决的暴力手段来镇压剥削者即资本家、地主及其走狗的反抗……但是无产阶级专政的实质不仅在于暴力,而且主要不在于暴力。它的主要实质在于劳动者的先进部队、先锋队、唯一领导者即无产阶级的组织性和纪律性"④。"无产阶级专政是劳动者的先锋队——无产阶级同人

---

① 《列宁专题文集·论马克思主义》,人民出版社2009年版,第198页。
② 《列宁全集》第36卷,人民出版社1985年版,第291页。
③ 罗伊·麦德维杰夫:《无产阶级专政》,原载《列宁主义与西方社会主义》,英文版,1981年伦敦出版。参见《国外社会主义研究资料丛书》第3辑,求实出版社1984年版,第239页。
④ 《列宁专题文集·论社会主义》,人民出版社2009年版,第139页。

数众多的非无产阶级的劳动阶层（小资产阶级、小业主、农民、知识分子等等）或同他们的大多数结成的特种形式的阶级联盟。"① 俄国革命的历史和经验十分清楚地说明，不实行无产阶级专政，社会主义革命就绝不可能取得胜利。不实行无产阶级专政，社会主义的经济基础就不可能建立。

20世纪20年代，"无产阶级专政"是各国共产党使用的最通行的用语之一。列宁满意地说："布尔什维主义把'无产阶级专政'的思想普及到了全世界，把这个词先从拉丁文译成俄文，以后又译成世界各种文字。"②

列宁丰富和发展了马克思、恩格斯的无产阶级专政理论，领导十月革命取得成功，建立了世界上第一个无产阶级专政的社会主义国家，为其他国家提供了进行革命、建立无产阶级专政的社会主义国家的光辉榜样。

斯大林根据列宁的无产阶级专政理论，指出了无产阶级专政的三个方面的内容："（1）利用无产阶级政权来镇压剥削者，保卫国家，巩固和其他各国无产者之间的联系，促进世界各国革命的发展和胜利。（2）利用无产阶级政权来使被剥削劳动群众完全脱离资产阶级，巩固无产阶级和这些群众的联盟，吸引这些群众参加社会主义建设事业，保证无产阶级对这些群众实行国家领导。（3）利用无产阶级政权来组织社会主义，消灭阶级，过渡到无阶级的社会，即过渡到社会主义社会。"③ 斯大林认为无产阶级专政有以下三个职能：（1）镇压国内被推翻了的资产阶级；（2）保卫国家以防外来的侵略；（3）为了发展社会主义经济、用社会主义精神改造人而进行的经济组织工作和文化教育工作。

二 人民民主专政理论的历史叙事和旨要

中国共产党在建党过程中最早提到无产阶级专政这个概念的是蔡和森。他于1920年8月13日给毛泽东的信中说："我现认清社会主义为资本主义的

---

① 《列宁全集》第36卷，人民出版社1985年版，第362—363页。
② 《列宁全集》第35卷，人民出版社1985年版，第295页。
③ 《斯大林选集》（上），人民出版社1979年版，第410页。

反映。其重要使命在打破资本经济制度。其方法在无产阶级专政，以政权来改建社会经济制度。"[1] 1921年，李达在《马克思还原》一文中也提到了"无产阶级专政"："无产阶级的革命，在颠覆资产阶级的权势，建立劳动者的国家，实行无产阶级专政。"[2] 毛泽东最早提出"阶级专政"是1921年1月他在新民学会长沙会员大会上的发言："激烈方法的共产主义，即所谓劳农主义，用阶级专政的方法，是可以预计效果的，故最宜采用。"[3]

1921年7月党的一大通过的《中国共产党纲领》明确规定："我们党的纲领如下：1. 革命军队必须与无产阶级一起推翻资本家阶级的政权，必须援助工人阶级，直到社会阶级区分消除的时候；2. 直到阶级斗争结束为止，即直到社会的阶级区分消灭为止，承认无产阶级专政；3. 消灭资本家私有制，没收机器、土地、厂房和半成品等生产资料。"[4] 这个纲领体现了承认阶级斗争、承认无产阶级专政的共产党的必要的根本的原则。

1922年7月党的二大通过的《中国共产党第二次全国代表大会宣言》提出：党的目的是要"组织无产阶级，用阶级斗争的手段，建立劳农专政的政治，铲除私有财产制度，渐次达到一个共产主义的社会"。党的二大提出了反帝反封建的民主革命纲领，即党的最低纲领。党的二大确定的纲领，同样体现了承认阶级斗争，承认无产阶级专政的共产党的必要的根本的原则。

毛泽东在1926年1月10日《政治周报》上发表《国民党右派分离的原因及其对于革命前途的影响》一文，在这篇文章中，毛泽东提出的"革命民众合作统治的国家"，在性质上是无产阶级专政，是适合中国国情的各革命阶级联合专政的国家，但也不同于苏俄的无产阶级专政的国家。"革命民众合作统治的国家"这一主张包含了毛泽东建立新民主主义共和国蓝图的最初设想，也有后来提出人民民主专政理论的基本要素，是毛泽

---

[1] 《蔡和森文集》，人民出版社1980年版，第50页。
[2] 《新青年》第8卷第5号，1921年1月1日。
[3] 《毛泽东文集》第1卷，人民出版社1993年版，第2页。
[4] 中国革命博物馆：《中国共产党党章汇编》，人民出版社1979年版，第1页，俄文译稿。

东人民民主专政理论的萌芽。

1928年7月,党的六大在总结国民革命失败以来的经验教训的基础上指出:"必须用武装起义的革命方法,推翻帝国主义的统治和地主军阀及资产阶级国民党的政权,建立在工人阶级领导之下的苏维埃的工农民主专政。"① 1931年11月,中华苏维埃第一次全国代表大会在江西瑞金叶坪村召开,宣告中华苏维埃共和国成立。大会通过的《中华苏维埃共和国宪法大纲》明确规定中华苏维埃共和国的政权性质是"工人和农民的民主专政的国家。苏维埃全部政权是属于工人、农民、红军兵士及一切劳苦民众的"② 1934年1月召开的中华苏维埃第二次全国代表大会对《中华苏维埃共和国宪法大纲》作了修订,毛泽东对工农民主专政国家的性质作了具体阐述:"中华苏维埃共和国政府,是工农的政府,他实行了工人与农民的革命民主专政,他对于工农和广大民众是广大的民主。同时他也是一个专政,是对占人民中极少数的军阀、官僚、地主、豪绅和资产阶级的专政。"③ 在这里,毛泽东已明确指出了工农民主专政的内容,明确了对什么人实行民主和对什么人实行专政的问题。

1931年"九一八"事变特别是1935年华北事变后,中日之间的民族矛盾上升为中国社会的主要矛盾,引起了中国国内阶级关系的新变化,中国人民掀起了抗日救亡运动的新高潮。中国共产党面临着从土地革命战争向民族革命战争转变的新形势。1935年12月,中共中央在陕西安定县瓦窑堡召开政治局会议,确定了抗日民族统一战线的新政策。会议通过的决议将"苏维埃工农共和国"改为"苏维埃人民共和国"。决议指出,人民共和国是以工农为主体的,同时又容纳一切反帝反封建的阶级。人民共和国首先保护工农群众的利益,同时又保护民族工商业的发展。1936年8月25日,中共中央发出致中国国民党中央委员会并转全体国民党员的信,提

---

① 中央档案馆编:《中共中央文件选集》第4册,中共中央党校出版社1983年版,第170页。
② 中央档案馆编:《中共中央文件选集》第7册,中共中央党校出版社1983年版,第464页。
③ 《苏维埃中国》1934年第2期。转引自邓力群主编:《政治战略家毛泽东》(2),中央民族大学出版社2004年版,第1321页。

出以民主共和国的口号代替人民共和国的口号。1936年9月，中共中央正式将"民主共和国"口号作为"最适当的统一战线的口号"和"抗日民族统一战线的最高形式"。毛泽东和中共中央主张的"民主共和国"绝非旧的资产阶级民主共和国，而是毛泽东所说的"新的民主共和国"①。1939年5月，毛泽东在《青年运动的方向》中指出，革命的"目的就是打倒帝国主义和封建主义，建立一个人民民主的共和国"②。1940年1月，为反击国民党顽固派在政治思想领域的进攻，打消中间派人士在抗战胜利以后建立资产阶级共和国的幻想，回答"中国向何处去"的问题，毛泽东发表了《新民主主义论》，阐明了新民主主义革命理论，提出了建立新民主主义共和国的主张："现在所要建立的中华民主共和国，只能是在无产阶级领导下的一切反帝反封建的人们联合专政的民主共和国，这就是新民主主义的共和国，也就是真正革命的三大政策的新三民主义共和国。"③

抗日战争时期，中国共产党在抗日根据地普遍建立了具有抗日民族统一战线性质的民主政权。毛泽东指出："这种政权，是一切赞成抗日又赞成民主的人们的政权，是几个革命阶级联合起来对于汉奸和反动派的民主专政。"④它一方面是人民内部的民主——"人民民主"；另一方面是对汉奸反动派的专政——"民主专政"。很明显，在抗日战争时期，再具体一点说，在1940年前后，毛泽东的人民民主专政理论已趋于成型。

解放战争时期，随着革命形势的发展，胜利即将到来，"建立一个怎样的新中国"的一系列重大问题，摆在了毛泽东的面前。"人民民主专政"这个概念，最早见于1948年6月中共中央宣传部拟定重印列宁《共产主义运动中的"左"派幼稚病》第二章的"前言"中。这个"前言"说："列宁在本书中所说的，是无产阶级专政。今天在我们中国，则不是建立无产阶级专政，而是建立人民民主专政。"⑤1948年9月，毛泽东在中共中央政

---

① 《毛泽东选集》第1卷，人民出版社1991年版，第260页。
② 《毛泽东选集》第2卷，人民出版社1991年版，第563页。
③ 同上书，第675页。
④ 同上书，第741页。
⑤ 《人民日报》1948年6月16日。

治局会议的报告中指出:"关于建立无产阶级领导的以工农联盟为基础的人民民主专政,打倒帝国主义、封建主义和官僚资本主义的反动专政。我们政权的阶级性是这样:无产阶级领导的,以工农联盟为基础,但不是仅仅工农,还有资产阶级民主分子参加的人民民主专政。"① "我们是人民民主专政,各级政府都要加上'人民'二字,各种政权机关都要加上'人民'二字,如法院叫人民法院,军队叫人民解放军,以示和蒋介石政权不同。我们有广大的统一战线,我们政权的任务是打倒帝国主义、封建主义和官僚资本主义,要打倒它们,就要打倒它们的国家,建立人民民主专政的国家。"② 毛泽东的这个报告,是在《论人民民主专政》一文之前阐明有关人民民主专政理论的文字最多的报告或文章,明确提出了"人民民主专政"这一概念,并指出了人民民主专政的根本原则和方向。

1948年12月30日,毛泽东在为新华社写的1949年新年献词《将革命进行到底》一文中说:"在全国范围内推翻国民党的反动统治,在全国范围内建立无产阶级领导的以工农联盟为主体的人民民主专政的共和国。"③ 这是毛泽东第一次公开使用"人民民主专政"的概念。

1949年3月,在党的七届二中全会的报告中,毛泽东再一次明确使用了"人民民主专政"这个概念。

1949年6月30日,为纪念中国共产党成立28周年,毛泽东发表《论人民民主专政》一文,全面系统地阐明了人民民主专政理论,标志着人民民主专政理论已经完全形成。在这篇名著中,毛泽东全面总结了100多年来,特别是党成立以来的历史经验,精辟地阐明了中华人民共和国的政权性质,民主和专政的关系,阶级关系,人民民主专政的内容、实质和任务,奠定了我国人民民主专政的理论基础和政策基础。毛泽东在文章中批判了那种幻想在中国建立资产阶级专政和资产阶级共和国的方案。他强调说:"中国人民在几十年中积累起来的一切经验,都叫我们实行人民民主专政,

---

① 《毛泽东文集》第5卷,人民出版社1996年版,第135页。
② 同上书,第135—136页。
③ 《毛泽东选集》第4卷,人民出版社1991年版,第1375页。

或曰人民民主独裁,总之是一样,就是剥夺反动派的发言权,只让人民有发言权。"①"总结我们的经验,集中到一点,就是工人阶级(经过共产党)领导的以工农联盟为基础的人民民主专政。这个专政必须和国际革命力量团结一致。这就是我们的公式,这就是我们的主要经验,这就是我们的主要纲领。"② 毛泽东明确指出了人民民主专政的科学内涵。他说:"对人民内部的民主方面和对反动派的专政方面,互相结合起来,就是人民民主专政。"③

对民主和专政两个方面的具体任务及其辩证关系,毛泽东也作了深刻的阐明。人民民主专政的国家政权,对人民内部的各个阶级和阶层实行广泛的民主。"对于人民内部,则实行民主制度,人民有言论集会结社等项的自由权。选举权,只给人民,不给反动派。"④ 对人民内部的问题,只能用民主的即说服的方法,而不能用强迫的方法去解决。"人民犯了法,也要受处罚,也要坐班房,也有死刑,但这是若干个别的情形,和对于反动阶级当作一个阶级的专政来说,有原则的区别。"⑤ 对于人民的敌人,对于反动阶级和反动派,人民民主专政的国家政权则实行专政。专政是"向着帝国主义的走狗即地主阶级和官僚资产阶级以及代表这些阶级的国民党反动派及其帮凶们实行专政,实行独裁,压迫这些人,只许他们规规矩矩,不许他们乱说乱动。如要乱说乱动,立即取缔,予以制裁"⑥。"我们对于反动派和反动阶级的反动行为,决不施仁政。我们仅仅施仁政于人民内部,而不施于人民外部的反动派和反动阶级的反动行为。"⑦

当然,对敌人实行专政,也要给他们出路。对于反动阶级和反动派的人们,在他们的政权被推翻以后,只要他们不造反,不破坏,不捣乱,也给土地,给工作,让他们活下去,让他们在劳动中改造自己,成为新人。

---

① 《毛泽东选集》第 4 卷,人民出版社 1991 年版,第 1475 页。
② 同上书,第 1480 页。
③ 同上书,第 1475 页。
④ 同上。
⑤ 同上书,第 1476 页。
⑥ 同上书,第 1475 页。
⑦ 同上书,第 1476 页。

1949年9月，中国人民政治协商会议第一届全体会议通过的具有临时宪法作用的《中国人民政治协商会议共同纲领》的序言强调指出："中国人民民主专政是中国工人阶级、农民阶级、小资产阶级、民族资产阶级及其他爱国民主分子的人民民主统一战线的政权，而以工农联盟为基础，以工人阶级为领导。"该纲领的第一条规定了人民民主专政的国体："中华人民共和国为新民主主义即人民民主主义的国家，实行工人阶级领导的、以工农联盟为基础的、团结各民主阶级和国内各民族的人民民主专政。"①

中华人民共和国成立后，毛泽东坚持人民民主专政，实行人民民主专政，巩固和发展了人民民主专政政权和理论，促进了中国的发展和进步。

1953年12月，中共中央发出《关于目前政权性质问题的指示》，向全党明确指出"人民民主专政实质上就是无产阶级专政"。但在公开场合仍叫人民民主专政，并不提"实质"。1954年制定的《中华人民共和国宪法》在序言部分明确规定"中国人民……建立了人民民主专政的中华人民共和国"。1975年和1978年的《中华人民共和国宪法》，都规定我国是"无产阶级专政的社会主义国家"。1982年的《中华人民共和国宪法》的序言明确宣告："工人阶级领导的、以工农联盟为基础的人民民主专政，实质上即无产阶级专政。"②"中国各族人民将继续在中国共产党领导下，在马克思列宁主义、毛泽东思想指引下，坚持人民民主专政，坚持社会主义道路，坚持改革开放，不断完善社会主义的各项制度，发展社会主义民主，健全社会主义法制，自力更生，艰苦奋斗，逐步实现工业、农业、国防和科学技术的现代化，把我国建设成为高度文明、高度民主的社会主义国家。"③ 其第一条规定："中华人民共和国是工人阶级领导的、以工农联盟为基础的人民民主专政的社会主义国家。"④

在1956年4月5日《人民日报》发表的《关于无产阶级专政的历史经

---

① 中共中央党校党史教研室选编：《中共党史参考资料》(7)，人民出版社1980年版，第17—18页。
② 《中华人民共和国宪法》，法律出版社2004年版，第3页。
③ 同上书，第3—4页。
④ 《中华人民共和国宪法》，法律出版社2004年版，第5页。

验》一文中，首次公开出现了"无产阶级专政（在中国是工人阶级领导的人民民主专政）"的提法。该文指出："无产阶级的专政和以前任何剥削阶级的专政，在性质上根本不同。它是被剥削阶级的专政，是多数人对少数人的专政，是为着创造没有剥削、没有贫困的社会主义社会的专政，是人类历史上最进步的也是最后一次的专政。"① 1956年4月25日，毛泽东在《论十大关系》中谈到国家政权时，使用的是"无产阶级专政"的提法。"文化大革命"前，"人民民主专政"和"无产阶级专政"两种提法都有。党的八大通过的党章用的是"人民民主专政"的提法。党的九大、十大、十一大通过的党章用的是"无产阶级专政"的提法。"文化大革命"期间，基本不用"人民民主专政"，而用"无产阶级专政"的提法。邓小平在1979年3月提出的"坚持四项基本原则"的第二条中，用的是"无产阶级专政"的提法。② 党的十二大、十三大、十四大、十五大通过的党章用的是"人民民主专政"的提法。党的十六大、十七大、十八大修改并通过的《中国共产党章程》的总纲都是这样写的：在毛泽东思想指引下，中国共产党领导全国各族人民，经过长期的反对帝国主义、封建主义、官僚资本主义的革命斗争，取得了新民主主义革命的胜利，建立了人民民主专政的中华人民共和国。

1957年2月，毛泽东在最高国务会议第十一次（扩大）会议上作的《关于正确处理人民内部矛盾的问题》的讲话中，通篇使用的都是"人民民主专政"的提法，而不是"无产阶级专政"的提法。他强调说："我们的国家是工人阶级领导的以工农联盟为基础的人民民主专政的国家。这个专政是干什么的呢？专政的第一个作用，就是压迫国家内部的反动阶级、反动派和反抗社会主义革命的剥削者，压迫那些对于社会主义建设的破坏者，就是为了解决国内敌我之间的矛盾。例如逮捕某些反革命分子并且将他们判罪，在一个时期内不给地主阶级分子和官僚资产阶级分子以选举权，

---

① 《人民日报》1956年4月5日。
② 《邓小平文选》第2卷，人民出版社1994年版，第168页。

不给他们发表言论的自由权利，都是属于专政的范围。为了维护社会秩序和广大人民的利益，对于那些盗窃犯、诈骗犯、杀人放火犯、流氓集团和各种严重破坏社会秩序的坏分子，也必须实行专政。专政还有第二个作用，就是防御国家外部敌人的颠覆活动和可能的侵略。在这种情况出现的时候，专政就担负着对外解决敌我之间的矛盾的任务。专政的目的是为了保卫全体人民进行和平劳动，将我国建设成为一个具有现代工业、现代农业和现代科学文化的社会主义国家。谁来行使专政呢？当然是工人阶级和在它领导下的人民。专政的制度不适用于人民内部。人民自己不能向自己专政，不能由一部分人民去压迫另一部分人民。人民中间的犯法分子也要受到法律的制裁，但是，这和压迫人民的敌人的专政是有原则区别的。在人民内部是实行民主集中制。"①"我们的专政，叫作工人阶级领导的以工农联盟为基础的人民民主专政。这就表明，在人民内部实行民主制度，而由工人阶级团结全体有公民权的人民，首先是农民，向着反动阶级、反动派和反抗社会主义改造和社会主义建设的分子实行专政。"②

人民民主专政的提法，更加符合我国的国情，更加符合我国的阶级状况，具有更加广泛的包容性。在我国，无产阶级并不是人数最多的阶级，人数最多的阶级是农民阶级。

1962年1月，毛泽东在《在扩大的中央工作会议上的讲话》中，对人民民主专政或者说无产阶级专政有大篇幅的论述。他说："没有民主集中制，无产阶级专政不可能巩固。在人民内部实行民主，对人民的敌人实行专政，这两个方面是分不开的，把这两个方面结合起来，就是无产阶级专政，或者叫人民民主专政。我们的口号是：无产阶级领导的、以工农联盟为基础的人民民主专政。"③ 毛泽东特别强调，实行人民民主专政必须坚持群众路线，依靠群众。他说："主要是实行党委领导下的群众路线，特别是对于整个反动阶级的专政，必须依靠群众，依靠党。""没有广泛的人民

---

① 《毛泽东文集》第7卷，人民出版社1999年版，第206—207页。
② 同上书，第207—208页。
③ 《毛泽东文集》第8卷，人民出版社1999年版，第297页。

民主，无产阶级专政不能巩固，政权会不稳。没有民主，没有把群众发动起来，没有群众的监督，就不可能对反动分子和坏分子实行有效的专政，也不可能对他们进行有效的改造，他们就会继续捣乱，还有复辟的可能。"①

在1964年7月14日《人民日报》发表的《关于赫鲁晓夫的假共产主义及其在世界历史上的教训——九评苏共中央的公开信》中，比较全面地论述了毛泽东的无产阶级专政理论，驳斥了苏共中央"全民国家""全民党"的观点，总结了毛泽东提出的关于怎样防止资本主义复辟、反修防修的理论和政策的主要内容，其中关于无产阶级专政的重要内容有："在社会主义这个历史阶段中，必须坚持无产阶级专政，把社会主义革命进行到底，才能防止资本主义复辟，进行社会主义建设，为过渡到共产主义准备条件。""无产阶级专政，是工人阶级领导的，以工农联盟为基础的。无产阶级专政，就是工人阶级和在它领导下的人民，对反动阶级、反动派和反抗社会主义改造和社会主义建设的分子实行专政。在人民内部是实行民主集中制。""无产阶级专政的基本任务之一，就是努力发展社会主义经济。必须在以农业为基础、工业为主导的发展国民经济总方针的指导下，逐步实现工业、农业、科学技术和国防的现代化。必须在发展生产的基础上，逐步地、普遍地改善人民群众的生活。"② 这篇文章总结的毛泽东关于无产阶级专政的观点，虽然其中个别观点有一定的片面性，但是，总的来看，还是正确的，并具有重要的、深远的理论意义和实践意义。③

1968年6月2日的《人民日报》《解放军报》社论引用毛泽东的话说："对广大人民群众是保护还是镇压，是共产党同国民党的根本区别，是无产阶级同资产阶级的根本区别，是无产阶级专政同资产阶级专政的根本区别。"④

---

① 《毛泽东文集》第8卷，人民出版社1999年版，第298页。
② 人民日报编辑部、红旗杂志编辑部：《关于赫鲁晓夫的假共产主义及其在世界历史上的教训——九评苏共中央的公开信》，《人民日报》1964年7月14日。
③ 参见吴冷西：《十年论战》（下），中央文献出版社1999年版，第790页。
④ 《人民日报》《解放军报》社论：《七千万四川人民在前进》，《人民日报》1968年6月2日。

1968年8月15日的《人民日报》《解放军报》社论引用毛泽东的话说:"我们的人民民主专政的国家制度是保障人民革命的胜利成果和反对内外敌人的复辟阴谋的有力的武器,我们必须牢牢地掌握这个武器。"①

1974年下半年,毛泽东在考虑并确定四届全国人大和国务院领导人选的同时,在一些谈话中提出若干有关社会主义和无产阶级专政的理论问题,他仍在力图从社会主义经济基础和社会制度本身去寻找"产生资产阶级"的根源,避免党内、国内出现修正主义。② 这也就是防止、避免人民民主专政、无产阶级专政的社会主义国家政权和中国共产党腐败变质、改变颜色的重大战略问题。毛泽东在谈话中指出:"列宁为什么说对资产阶级专政,这个问题要搞清楚。这个问题不搞清楚,就会变为修正主义。要使全国知道。""我国现在实行的是商品制度,工资制度也不平等,有八级工资制,等等。这只能在无产阶级专政条件下加以限制。所以,林彪一类如上台,搞资本主义制度很容易。因此,要多读点马列主义的书。"③ 毛泽东关于理论问题的谈话,反映了他对社会主义和无产阶级专政的认识和探索。打破等级制度和特权思想,避免贫富悬殊、两极分化的社会现象,铲除滋生资产阶级的土壤和条件,始终是毛泽东力图解决的重要问题。④

毛泽东的人民民主专政理论,创造性地发展了马克思列宁主义关于无产阶级专政的理论,是马克思列宁主义无产阶级专政理论中国化的光辉成果,是杰出的理论创新、思想创新、制度创新,为中华人民共和国国体的确立提供了理论原则和制度安排,规定(通过"共同纲领"和宪法)了中华人民共和国最根本的政治制度,为中华人民共和国的一切发展进步奠定了根本政治前提和制度基础的最重要方面。

---

① 《人民日报》《解放军报》社论:《热烈欢呼云南省革命委员会成立》,《人民日报》1968年8月15日。引文见《毛泽东文集》第5卷,人民出版社1996年版,第344页。
② 中共中央党史研究室:《中国共产党历史(1949—1978)》第2卷(下),中共党史出版社2011年版,第914页。
③ 《人民日报》1975年2月22日。
④ 逄先知、金冲及主编:《毛泽东传(1949—1976)》(下),中央文献出版社2003年版,第1714—1715页。

三 人民民主专政理论的当代价值

人民民主专政是我国的国体,是我国最根本的政治制度,我们必须长期坚持,认真实行,不断发展,逐步完善。习近平总书记指出:国家的根本制度和根本任务,国家的领导核心和指导思想,工人阶级领导的、以工农联盟为基础的人民民主专政的国体,人民代表大会制度的政体,中国共产党领导的多党合作和政治协商制度、民族区域自治制度以及基层群众自治制度,爱国统一战线,社会主义法制原则,民主集中制原则,尊重和保障人权原则,等等;这些宪法确立的制度和原则,我们必须长期坚持、全面贯彻、不断发展。

毛泽东的人民民主专政理论,对于我们现在和将来坚持、实行、发展、完善人民民主专政的国体、制度及其理论,仍然具有理论基础价值、法理基础价值和实践指导价值。

首先,坚持人民民主专政理论、国体和制度,是坚定不移走中国特色社会主义道路,坚持中国特色社会主义理论体系,实行中国特色社会主义制度,全面建成小康社会,实现中华民族伟大复兴的中国梦的根本政治保证、理论基础、法理基础和制度基础。1991年7月,江泽民同志曾明确指出:"有中国特色社会主义的政治,必须坚持工人阶级领导的、以工农联盟为基础的人民民主专政,不能削弱和放弃人民民主专政。"[①] 2001年4月,江泽民同志强调指出:"我们很多同志,对发展社会主义民主比较重视,但对社会主义政权的专政职能,认识就不那么清楚了,在工作中注意得不够,抓得也不够。总觉得现在还讲专政,是不是过时了?这种想法不仅是错误的,而且是十分有害的。有的人甚至把人民民主专政和依法治国对立起来。这也是错误的。从本质上说,人民民主专政就是依照宪法和法律规定,在人民民主的基础上,由国家机构来行使专政的职能,两者是统

---

① 《江泽民文选》第1卷,人民出版社2006年版,第155页。

一的，而不是相互对立的。"① "我们社会主义政权的专政力量不但不能削弱，还要加强。在这个问题上，切不可书生气十足。"② 党的十八大报告指出：发展中国特色社会主义是一项长期的艰巨的历史任务，必须准备进行具有许多新的历史特点的伟大斗争。党的十八届三中全会通过的《中共中央关于全面深化改革若干重大问题的决定》强调，"维护宪法法律权威。宪法是保证党和国家兴旺发达、长治久安的根本法，具有最高权威"③。维护宪法法律权威，首先必须维护人民民主专政的国体。当前，我国已进入全面深化改革的关键时期，面对的考验、危险、矛盾更加复杂、严峻、尖锐。因此，非常有必要坚持人民民主专政理论、国体和制度，巩固、加强和改善人民民主专政，充分发挥人民民主专政的制度优势，科学运作人民民主专政的民主和专政职能，完善国家治理体系，提高治理能力。例如，今天中国存在的严重剥削、不平等、不公正等问题，只有通过人民民主专政才能限制和解决。

其次，坚持人民民主专政理论、国体和制度，是坚持走中国特色社会主义政治发展道路，发展人民民主，建设社会主义民主政治，建设社会主义法治国家，发展社会主义政治文明，推进政治体制改革的客观要求。人民民主是人民民主专政两个方面中的一个方面，是民主和专政相统一的民主。人民民主是中国共产党始终高扬的光辉旗帜，是社会主义的生命。毛泽东的人民民主专政理论，对于今天发展更加广泛、更加充分、更加健全的人民民主，仍然具有重要的借鉴和指导价值。例如，毛泽东认为发扬、实行人民民主必须走群众路线的观点，就很有借鉴价值。今天，让人民监督权力，让权力在阳光下运行，必须坚持党的群众路线，相信群众、依靠群众、尊重群众、服务群众。坚持人民民主专政，就是要坚持国家一切权力属于人民，扩大公民有序政治参与，最广泛地动员和组织人民依法管理国家事务和社会事务，管理经济和文化事业，保证人民依法享有广泛权利

---

① 《江泽民文选》第3卷，人民出版社2006年版，第222页。
② 同上书，第223页。
③ 《中共中央关于全面深化改革若干重大问题的决定》，《人民日报》2013年11月16日。

和自由,保障人民的知情权、参与权、表达权、监督权。

再次,我国巩固社会主义国家政权、维护国家统一、维护社会稳定、维护公平正义、推动科学发展、促进社会和谐、打击刑事犯罪、惩治和预防腐败,等等,都必须加强和改善人民民主专政的专政职能。从当今国际形势来看,帝国主义的本质没有变,国际敌对势力对我国进行渗透、西化、分化和颠覆的图谋没有变。从国内形势来看,阶级斗争还将在一定范围内长期存在,激化的可能性也是存在的;收入差距扩大和分配不公、公与私的矛盾、贫与富的矛盾、官与民的矛盾错综复杂;一些地方社会治安形势严峻,各种违法犯罪活动十分猖狂;一些地方黄、赌、毒屡禁不止,社会危害严重,人民群众十分不满;一些领导干部形式主义、官僚主义、享乐主义和奢靡之风这"四风"非常严重,人民群众深恶痛绝;一些地方分裂活动、暴力恐怖活动猖獗,严重危害国家统一和人民生命财产安全。因此,要在充分发扬人民民主的基础上,加强和改善人民民主专政的专政职能,对属于人民内部矛盾的,采取民主的手段解决,对属于敌我矛盾的,采取专政的手段解决。

最后,人民民主专政理论是反对资产阶级专政、反对资本主义宪政的科学的批判武器。坚持人民民主专政理论、国体和制度,是反对资产阶级专政、反对资本主义宪政的必然要求。我国宪法第一条规定:"中华人民共和国是工人阶级领导的、以工农联盟为基础的人民民主专政的社会主义国家。"中国人民选择人民民主专政、选择社会主义道路,是经过中国近现代历史证明了的必然的和正确的选择。"我们党深刻总结中国近代政治发展的历程和建立新型人民民主政权的实践,得出了一个重要结论,这就是:新民主主义革命胜利后建立的政权,只能是工人阶级领导的、以工农联盟为基础的人民民主专政;同这一国体相适应的政权组织形式,只能是民主集中制的人民代表大会制度。"[①] 中国近现代的历史叙事证明,资产阶级共和国方案、"第三

---

① 胡锦涛:《在首都各界纪念全国人民代表大会成立50周年大会上的讲话》,《人民日报》2004年9月16日。

条道路"在中国是行不通的,在现在的中国和将来的中国也是行不通的。"君主立宪制、复辟帝制、议会制、多党制、总统制都想过了、试过了,结果都行不通。最后,中国选择了社会主义道路。"① 选择社会主义道路,自然包括选择实行人民民主专政。今天一些人主张的所谓"宪政",其实质就是资产阶级专政,就是资本主义宪政,虽然是重弹 20 世纪上半叶资产阶级共和国方案、"第三条道路"的老调,但其目的是取消或颠覆人民民主专政。习近平总书记指出:"中国是一个大国,决不能在根本性问题上出现颠覆性错误,一旦出现就无法挽回、无法弥补。"② 中国如果削弱、放弃、取消或颠覆人民民主专政,就会出现颠覆性错误,并必然导致资产阶级专政,必然倒退到资本主义,必然产生官僚资产阶级,必然出现内乱和分裂,其后果将是非常严重的。这已有苏联的前车之鉴。因此,必须运用马克思列宁主义的无产阶级专政理论和毛泽东的人民民主专政理论,联系我国的国情实际,反对、批判资产阶级专政和资本主义宪政的理论。

参考文献

[1] 亨利希·库诺:《马克思的历史、社会和国家学说》,袁志英译,上海译文出版社 2006 年版。

[2]《国际共产主义运动史》编写组:《国际共产主义运动史——从马克思主义诞生到十月社会主义革命胜利》,人民出版社 1978 年版。

[3] 中国人民大学科学社会主义系国际共产主义运动史教研室:《国际共产主义运动史——从十月社会主义革命胜利到社会主义阵营形成》,中国人民大学出版社 1983 年版。

[4] 刘海藩、万福义主编:《毛泽东思想综论》,中央文献出版社 2006 年版。

[5] 沙健孙:《毛泽东思想通论》,人民出版社 2014 年版。

(作者单位:云南大学马克思主义学院)

(原载《马克思主义研究》2014 年第 9 期)

---

① 习近平:《在布鲁日欧洲学院的演讲》,《人民日报》2014 年 4 月 2 日。
② 习近平:《深化改革开放共创美好亚太——在亚太经合组织工商领导人峰会上的演讲》,《人民日报》2013 年 10 月 8 日。

中国道路的民主经验

房 宁

民主政治是工业化时代政治发展的普遍趋势。中国正处于实现工业化、现代化的历史进程之中。民主政治是中国工业化、现代化发展的必然产物,为当代中国社会发展所需要。探索和建立适应时代需要,适合中国国情,符合发展要求的民主政治,将为中国的工业化、现代化发展提供政治保证。

但是,中国在历史上是一个缺乏民主政治实践和经验的国家。当代中国的民主政治建设要在中国社会发展的实践中逐步探索,在探索中建设,在建设中发展和完善。总结中国民主政治建设的实践经验十分重要,是中国民主政治建设和发展的重要条件。

一

中国的民主政治建设和发展植根于中国的历史与现实。历史环境、现实国情,为当代中国民主政治建设和发展提供了起点和基础;而满足当代中国工业化、现代化发展的要求,则是推动和塑造当代中国民主的决定性因素。

从表面上看,民主似乎是一种"普世价值",似乎"条条大路通罗马",当今世界上多数国家采取的政治制度在形式上是类似的,都被称为民主政治。但是,实际上各国实行民主政治的历史原因是有差别的,民主政治在各国近现代历史发展中所起的作用也不尽相同。从近代民主政治的发祥地英国的历史情况看，英国民主政治最早起源于统治集团内部的政治斗争，因此权利保护成为英国民主的起点和重点。法国民主政治起源于法国社会内部阶级阶层之间的矛盾，出现在下层阶级反抗上层阶级的革命斗争之中。因此，长期以来争取自由成为法国式民主的主题与鲜明特色。美国民主诞生于反抗外来压迫的独立战争，由于历史和地理条件等特殊原因，美国独立建国时较之欧洲国家有较大的制度选择和建构空间，使得许多源于欧洲的民主观念与政治原则在新大陆上的表现胜于旧大陆。美国民主制度建立之初，即实行公民权利与国家权力的双重开放，这是历史赐予美国的礼物。后世各国的民主政治鲜有建立之初即实行权利与权力的双开放，这也主要是后世诸国难有美国的历史和地理条件。

"条条大路通罗马"，条条大路路不同。导致各国走上民主政治道路的原因是具体的，是有差别的。开端包含目的性，历史起点不同，历史任务不同，深远地影响着不同国家的民主政治道路。中国的民主政治的起点是由于外来殖民主义侵略引发的民族生存危机，救亡图存是中国近现代一切政治建设的历史起点和逻辑原点。在挽救民族危亡和争取民族独立的斗争中，产生了民主政治的诉求，出现了最初民主实践。在新中国成立后，寻求国家的快速工业化，建立富强的新国家，成为新的历史任务。民主政治成为调动人民建设国家，实现现代化的积极性、主动性的政治机制。中国民主政治建设的主题，也由此从救亡图存转变为建设社会主义强国。历史起点和历史主题的输入深刻地影响了中国民主政治发展的历史轨迹和现实道路。

民主政治是人们的选择，但选择不是任意的，人们只能在历史任务和国情条件等客观因素设定的可能性空间中进行选择。中国的历史和基本国情深刻地决定和影响着当代中国的政治制度，当代中国面临的根本任务是实现国家工业化、现代化；中国的基本国情要求在工业化、现代化阶段的政治制度与体制，必须能够调动和发挥广大人民群众建设国家、追求幸福美好生活的积极性、主动性、创造性，同时又能够集中民力和民智，有利于在全国范围内合理有效地调配资源、有利于保卫国家安全和保障社会的安定团结。对于当代中国的政治制度来说，只有满足国家与社会发展所需要的这两方面的基本需求，才是一个可供选择和有生命力的制度，才是一个真正为中国人民所需要的制度，因而也才是一个真正民主的制度。

二

中国的民主有与其他国家的民主相通的地方，也有与其他国家的不同之处。中国的民主，是在追求民族独立、国家富强和社会进步的长期奋斗和探索中逐步形成的，历史文化传统和基本国情对当代中国民主有着深刻影响。在长期和反复的探索中，中国民主建设取得了自己的重要经验。民主的中国经验，在与其他国家民主进行比较的意义上，反映了当代中国民主的特点。根据笔者多年的观察、思考与比较，民主的中国经验中有四条尤为重要和值得人们关注。

第一，在经济社会发展进程中，把保障人民权利与集中国家权力统一起来。

改革开放给中国人民带来了前所未有的经济、社会自由，权利的开放和保障，激发了亿万人民的积极性、主动性和创造性。在资源禀赋没有发生根本性变化的条件下，由于人民生产积极性的变化，中国经济出现了历史性的飞跃。这是中国民主政治产生的巨大社会推动力的结果。改革开放以来，中国巨大的经济成功，中国大地上不可胜数的从无到有、脱颖而出、卓尔不群的成功故事，就是以权利开放为取向的政治改革的最有说服力的注脚。

然而，权利保障还只是中国改革开放和民主建设的一个方面。如果说，世界各国民主政治中都包含着权利保障的因素而并不为中国所独有，那么，中国民主政治建设的另一方面，集中国家权力则是当代中国民主政治最具特色之处。中国是后发国家，是一个大国，中华民族是一个有着辉煌历史和文化记忆的民族。因此，中国的工业化、现代化不仅要改变自己的落后面貌，还要追赶世界先进水平。中国梦不是田园牧歌，而是一个伟大民族立于世界之巅的雄心。"三代不同礼而王，五伯不同法而霸"。中国要后来居上就不能跟在西方发达国家后面亦步亦趋，就一定要走出一条自己的路。从民主政治的角度看，中国道路的另一个特点就是国家权力的集中。中国共产党的长期执政地位，即"共产党领导"是国家权力集中的制度体现。

西方舆论将中国模式称为"威权主义"，并将所谓"威权主义"定义为：经济自由与政治专制的结合。尽管在西方甚至中国国内有不少人是这样理解中国的，但这却远不是事实。中国模式与所谓"威权主义"根本不同，二者的根本区别在于：中国现行政治体制，并非如专制政治之下以一人、一党、一集团的一己之私为目的之体制，中国现行政治体制是用以集中资源，统筹安排，实现工业化、现代化的战略性发展之体制。在中国，权力集中是现象，权力目的是本质。中国集中程度较高的政治权力与政治体制是用于国家的战略性发展，保证中国实现更具效率的集约化发展的政治体制。这是中国民主模式中与保障人民权利同等重要的另一要素。

第二，在工业化阶段，选择协商民主为民主政治建设的主要方向和重点。

将民主政治在形式上分为"选举民主"和"协商民主"，在很大程度上是一个中国式的分类方法。西方一些国家的学术界，有人针对西方普遍实行的竞争性选举存在的缺陷和导致的问题，提出以审议式民主或民主协商来补充和调适西方政治制度。但这些讨论更多地还是停留在思想理论上，议论于非主流学者的沙龙中。在中国则不同，协商民主已经在中国有了长期而广泛的实践，已经成为中国民主的重要形式。

在工业化阶段重点发展协商民主是中国取得的重要经验。重点发展协商民主，可以在一定程度上避免因选举民主给工业化进程中的社会增加矛盾和冲突的可能性。现阶段发展协商民主的主要价值在于：其一，有利于减少社会矛盾，扩大社会共识。竞争性民主由于强化分歧和"赢家通吃"效应，容易造成利益排斥。而协商的本质是寻求利益交集，寻求最大"公约数"，照顾各方利益，促进妥协、促进共同利益形成。而这也正是处于工业化转型时期、社会矛盾多发时期,唯一可以缓解社会矛盾,促进社会和谐的方法。其二,有利于提高民主质量。协商民主与选举民主、多数决定的民主机制也不是截然对立和矛盾的,协商民主可以让各种意见充分发表出来,通过交流讨论使各种意见取长补短,避免片面性,尽可能趋于一致,也有助于把"服从多数"和"尊重少数"统一起来。其三,有利于提高决策效率,降低政治成本。竞争性民主以及票决民主、选举民主的前提是公开的竞争与辩论,这种民主形式具有自身的优点但也有明显的弱点,这就是分歧与矛盾的公开化。分歧与矛盾的公开化会使具体问题抽象化、原则化,形成价值对立和道德评判,其结果是提高了达成妥协与共识的交易成本。而协商民主是求同存异,在一般情况下回避尖锐矛盾,不公开分歧,结果是有利于妥协和共识的达成,有利于减少妥协的交易成本。

第三,随着经济社会发展进步,循序渐进不断扩大和发展人民权利。

民主的中国经验首要的部分就包含了保障人民的权利,但人民权利的实现和扩大并不是一蹴而就的。人民权利实现和扩大是一个历史过程。发展民主政治是世界各国人民普遍追求,但在众多的发展中国家,民主政治之路并不平坦,许多国家经历了坎坷和曲折,遭遇了"民主失败"。民主的本意是实现多数人的统治,为什么推行和扩大民主会在一些国家导致混乱?其中一个重要原因是人民权利的扩大超过了政治制度和体制的承载能力,形成了权利超速现象。

在中国的意识形态和社会实践中,从未把权利神圣化、绝对化,从未以先验的、教条主义的态度对待人民的权利问题。马克思主义的权利观认为,权利不是观念的产物而是经济社会发展的产物,权利是伴随着经济社会文化的发展而不断扩大和增长的,并非与生俱来,也不是单纯靠政治斗争争取来的,权利在本质上是历史的、相对的。人们只有在具备了条件的情况下,才有可能享有相应的权利。中国主张要随着经济、社会和文化的进步,逐步地发展和扩大人民的权利,逐步提高人民享有各种经济、政治、社会和文化权利的质量。

第四,在民主政治建设和政治体制改革中,采取问题推动和试点推进的策略。

采取正确的策略进行民主政治建设和政治体制改革至关重要。经过多年的反复探索，中国形成了以问题推动改革和通过试点推进改革的重要经验，成为推进民主政治建设所采取的基本策略。

民主政治建设和政治体制改革是浩繁的社会工程。从比较理想的状态设想，民主政治和体制改革应预先进行准备和计划，然后付诸实行。这也被称为"顶层设计"。但是从现实情况看，在政治建设领域实施顶层设计所需要的条件往往是难以满足的。顶层设计需要经验积累和理论准备，顶层设计的基础是具有足够的同一领域的经验和在一定经验基础上形成科学理论。但在社会领域，尤其是在政治领域，实践对象的重复性低，又不能像自然科学和工程学那样人为制造相似环境进行实验。在政治建设领域中进行顶层设计并加以实施，并非完全不可能，历史上亦有先例，如法国大革命后的《人权法案》，美国独立建国后创制的美国宪政体制，中华人民共和国成立后以人民代表大会为代表的新中国的一系列政治制度等。这些都是人类政治发展史上重要的关于政治制度的"顶层设计"和实施，但它们都具有不可或缺的重要历史机遇，这就是社会革命开辟的历史新起点和发展新空间。政治制度的顶层设计往往产生于新旧制度更替的革命年代。而改革与革命不同，改革是在原有基础上的变动与完善，不是"推倒重来"。改革是继承了原有制度中的众多既定因素，是在现有基础上的变革。因此，改革必须面对既有的制度、既定的格局等因素，被束缚于客观的规定性之中，而不能完全按照主观行事。形象地说，革命好似"新区开发"，而改革好似"旧城改造"。与革命时代不同，改革时代的"顶层设计"是罕见和困难的。

改革开放以来，中国政治体制改革策略被形象地称为"摸着石头过河"，即从实践中的问题出发而不是从观念出发，是通过实验分散进行而不是轻易采取"一揽子"方案。所谓从问题出发，是将改革的起点设定于具体问题，从现象入手。现象大于本质，改革从现象入手不会偏离事物本质，而是在尚未认识事物本质的情况下，圈定本质的范围，由表及里、由浅入深地进行改革的尝试，通过部分地解决问题，从量的积累到质的改变。

改革必须尽可能地通过实验、试点，逐步推广。这也是中国改革和民主建设一项重要的、成功的策略。政治体制改革和推进民主政治具有高度的风险和重大责任，政治体制改革一旦失误，后果严重甚至难以补救。当然，改革不可能没有风险，任何改革都必然要面对风险，但政治体制改革不能冒没有退路的风险，不能冒后果不可挽回的风险。政治体制改革一旦遭遇重大挫折甚至全面失败，国家和人民就要承受不可弥补的损失，几代人的生活就有可能被毁坏。这种风险是任何负责任的政党、政府和政治领导人不应当也不可能承受的。因改革失误和失败导致国家解体、人民遭殃的惨痛教训在世界上并非没有先例，苏联的改革与崩溃可谓殷鉴不远。因此，政治体制改革必须规避可能导致政权与国家倾覆的风险。政治体制改革的所有设想、方案和实验，都必须遵守"退路原则"，应预先进行风险评估，提前准备退回预案，以作为风险防范的重要措施。而民主建设和政治体制改革要经过试点加以实施和推进的目的之一，就在于分散风险。试点可以规避整体风险，可以规避颠覆性风险。改革难免失误，只要在一定范围内则可以承受。失败和失误是探索和认识的一部分，只要不牵动全局，失误或失败会加深对事物规律性的认识，反而有利于找出更加科学、正确的方法。

三

民主有价值与实践之分。民主在价值层面的含义是人民主权，这一点在当今世界获得了广泛共识和普遍的法律确认。在人民主权得到法律确认的条件下，民主就成为一个实践问题。民主作为实践问题，意味着寻求和建立实现人民主权的民主形式、政治制度。然而，无论历史还是现实之中，无论在西方还是第三世界，探索和建立适合需要的民主形式都非一帆风顺。在实现人民主权的共识和政治正确性之下，具体的民主形式探索、选择和建立，要受到诸多历史与实现条件的制约。纵观世界民主政治发展的历史，各国民主之路无不犹如群山之中一条狭路，蜿蜒曲折，坎坷前行。

在可以预见到的未来，由于工业化发展的阶段性等诸多历史与现实条件制约，中国民主建设不能采取扩大竞争性选举的策略，这是中国民主政治建设和政治体制改革在未来长时期中都要面对的一个重要限制性因素。在这样的历史性的约束条件之下，中国的民主建设只能采取积极稳妥地扩大和推进有序政治参与、重点发展民主协商以及建立、完善权力制约和监督体系的总体策略。

第一，分层次扩大有序政治参与。

政治参与是民主政治的一项重要内容。在我国的民主政治实践中政治参与占有重要地位，是人民群众在共产党领导下实现当家作主的民主权利的重要途径。我国的政治参与的主要途径是政策性参与，即通过民意征询系统，把国家的法律与政策建立在征询和反映人民群众意愿基础之上，通过征询人民群众的意愿使党的执政方略和各级政权的法律法规、政策能够准确地反映和代表各族人民的根本利益。实行分层次的政治参与是保证政治参与的有序性的关键。在现代的民主形式之下，即间接民主政治实践中要处理的一个基本关系是"精英"与"群众"的关系问题。民主的题中应有之义是人民群众的政治参与，但由于信息不对称、经验不对称以及利益局限性，客观上限制了人民群众进行政治参与的能力与范围。分层次政治参与方式是克服和超越群众参与局限性的根本方法。所谓分层次参与是以利益相关性、信息充分性和责任连带性为标准设计和确定政治参与的主体、对象和方式。区分不同的政治事务，以利益相关程度、信息掌握程度和责任连带程度为尺度，引导相关性强的群体及代表进行分层次的政治参与，而不是不分层次、不看对象的所谓全面的政治参与。这样做既从总体上保证了人民群众参与国家政治生活的权利，又可以防止无序参与带来的无效与混乱。

第二，推进协商民主，提高协商民主质量。

党的十八大正式提出中国式的协商民主概念，提出完善协商民主制度和工作机制，把推进协商民主广泛、多层、制度化发展作为未来中国民主政治建设的重点。发展协商民主，需要进一步扩大协商民主范围，推进民主协商的体制化、制度化。提升协商民主的质量是未来中国协商民主发展的关键问题。在未来发展中国式的协商民主中，社情民意的客观、准确、全面的发现和反应机制是发展协商民主，提升协商民主质量的重要相关制度，应纳入中国民主政治建设的议事日程。协商民主较之选举民主，其表达机制相对薄弱。因此，在重点发展协商民主的背景下，加速建设中国的社情民意调查系统就显得十分必要。当前我国社情民意调查工作存在缺陷和不足，尚未建立起专业、系统和完善的社情民意调查系统，由此导致协商民主的基础并不牢固。在这方面，我国应广泛学习借鉴国外相关经验，结合本国国情和现实需要，加快建立和完善专业化的社情民意调查机构和体系，特别是应当建立相对独立的专业化、职业化的民意调查机构，以促进协商民主质量的提高。

第三，建设和加强权力制约和民主监督体系。

权力制约与民主监督在现阶段不以扩大竞争性选举为民主建设策略选项的条件下，具有更加重要的地位和作用。人类的长期政治实践表明，权力制衡作为一项防止权力蜕化、保障权力性质的基本措施是有效和可靠的。权力制衡属于人类政治文明的优秀成果，是一种在民主政治体制下的普遍适用的原则。权力制衡的基本原理是相同或相似的权力主体间的相互监督和制约，而民主监督的基本原理是授权者或被代表的主体对于委托者或代理人的监督和制约。权力制衡和民主监督是两个性质不同、功能相近的制约与监督政治权力的管理机制，在未来民主建设都需要进一步加强。

所谓"把权力关进制度的笼子"，核心思想是建设和完善制度性的权力制约体系。在我国未来的政治体制改革中，应沿着分类、分层、分级建立权力制约机制的方式推进权力制约体系的建设。所谓"分类"，是分别在党委、政府、人大、司法等主要权力机关之中首先建立完善的内部权力制约机制。所谓"分层"，是区别中央和地方以及部门，根据条件和需要建立各具特色的权力制衡机制。所谓"分级"，由于中国当前所处发展阶段以及处于当前发展阶段的政治制度历史的限定原因，中国的政治权力将长期处于相对集中的形态，因此，中国政治体系中的权力制衡机制并非均衡和均质的，处于权力不同层级上的制衡机制应有所区别。

在缺乏竞争性选举的民主形式类型中，民主监督的地位和作用更加突出。特别是在我国实行社会主义市场经济的条件下，民主监督作为一种重要的民主政治形式更是不可或缺的。民主监督是保障人民赋予执政党、国家权力机关和政府机关的各项权力不变质，保证权为民所用、利为民所谋的根本方法。从一定意义上讲，民主监督是保障现阶段我国民主政治朝着正确方向发展的关键因素之一。只有实行有效的民主监督，其他的民主形式才能真正发挥效力；进一步讲，只有实行和加强有效的民主监督，我国社会主义民主政治的性质才能得到真正体现。因此，民主监督是现阶段中国特色社会主义民主政治建设需要大力加强的重要领域。

（作者单位：中国社会科学院政治学研究所）

（原载《红旗文稿》2014年第6期）

论作为"中国模式"的民主集中制政体[*]

杨光斌　乔哲青

民主集中制政体在"冷战"时期曾经是西方政治学研究的焦点，苏联的解体使得这个概念在西方政治学中几乎消失，即苏联的失败也是这个理论和概念的失败。但是，在"冷战"结束之后的四分之一世纪之际，随着"中国模式"成为世界舆论的焦点，也就有必要"找回民主集中制"，正如当年"统合主义"概念在第二次世界大战后消失了30年又被重新找回来一样。其实，在中国，民主集中制一直是理论上和实践中的热点问题，也是政治中的核心问题，只不过因为中国社会科学和政治学的问题意识具有脱离国情的倾向，没有对自己的核心问题给予足够的重视，很多人研究的都是与中国本身没有什么关系的无用之学。

今天，很多人谈论的"中国模式"到底是什么？能够称得上以国家为名的模式，一定是能将中国良好地组织起来的那种政治制度。而且，作为一种模式，必然有其思想上和制度上的历史连续性，以及因为独特而且有用所产生的特征独有性。这两点决定了在中国谈"中国模式"，其实就是讨论一种政治模式，而政治模式的核心首先是关于党的组织原则问题，这

---

[*] 本文为"中国人民大学科学研究基金（中央高校基本科研业务专项资金资助）项目"（10XNL015）的研究成果。

是一个常识；不仅如此，这样的组织原则必须是适用于国家的组织原则的。这样，能把党和国家有机地联系在一起的非民主集中制莫属。民主集中制从其产生到今天已有近百年的历史，目前是唯一能与代议制民主政体媲美的政治制度或政体。因此，在比较政治学教材中讲政体或政治制度，非西方化的教科书必然离不开民主集中制，否则按照西方教科书的概念去分析中国就会风马牛不相及。

遗憾的是，国际社会科学界研究的政体大致有两大类：作为自由民主的代议制民主和非民主政体即威权主义。在西方政治学那里，前者是"历史的终点"，后者必然失败即转型或过渡到"历史的终点"。那么世界政治的事实到底是什么样的呢？让我们看看简单的加减法。实行代议制民主的 32 个富裕国家的人口总和不过 10 亿，即不超过全球人口的 15%，全世界 85% 的人口生活在中等发达或者欠发达国家；在 85% 的人口中，中国 13 亿人即占全球的 20%，实行的是民主集中制；而剩余的全球 65% 人口，绝大多数即 60% 的人口生活在代议制民主国家，另外 5% 左右的人口生活在君主制或其他政体之下。比较政治研究的发现是，其发达国家的发达不是因为实行了代议制民主，而是综合因素比如战争掠夺、殖民地掠夺，其中日本最典型，《马关条约》掠夺中国 2.3 万万两白银，比当时日本两年的国民生产总值还多；在后发国家即基本上经历了殖民地半殖民地统治的国家，占全球人口 60% 的国家基本上实行了代议制民主，更有可比性的是人口过亿的发展中国家共 9 个，除中国外，其余 8 个（包括印度、巴基斯坦、孟加拉国、印尼、菲律宾、尼日利亚、墨西哥、巴西）都实行了代议制民主，结果如何呢？它们并没有因为实行了代议制民主这一"好制度"而变得更好，而是陷于党争民主所罗织的发展陷阱。这并不是个案，而是大概率事件。如果中国也走上了代议制民主即党争民主的道路，结果会比其他巨型发展中国家更好吗？

中国因制度不同而取得的比较优势如此的显著，但是在西方政治学那里却被列入威权主义的"坏政体"之列，必须走向"历史的终点"才算是正道。读书人怎么都成了不睁眼看世界的观念囚徒？自称搞社会科学研究的人怎么都成了传教士？目前关于中国政体的种种说法基本上都是在"威权主义"一词上加个前缀词或者后缀词，离开"威权主义"就不知道怎么来看中国。由此可见，国际社会科学界已经思想僵化到什么程度，教条主义到何种程度，中国无论怎么变化，都是与民主政治无关的威权主义；既然中国是非民主的威权主义，那么，其政体转型是必然的，即转型到自由民主政体。可以说，西方主流学界关于中国的研究已经不是科学主义或政治科学，而是从意识形态出发的政治哲学，事实是从宗教信念出发而搞的"十字军东征"。

必须跳出西方社会科学宗教式意识形态化的话语体系，给中国的政体正名，给予它学理上的身份还原。我们发现，坊间热议的中国模式首先应该是作为政体的民主集中制，而这一制度在理论上不但具有现代性的民主主义属性，同时也具有基于中国历史文化的内生性变迁的特征，并且克服了后发巨型国家因普遍缺失国家能力而导致的组织化不足的结构性病理。更重要的是，生活政治告诉我们，作为政体的民主集中制同时还是政治过程的核心即决策过程的原则，因而它构成了世界上最独特的制度体系，即政治形式与政治过程的一致性原则。为此，中国政治学乃至整个社会科学非常有必要深入研究这样一个关乎道路自信和制度自信的根本性政治制度。

一 为什么民主集中制是"中国模式"的最好表述

大国兴衰一直是国际思想界的热门话题。仅仅是在 10 年前，西方世界谈论最多的还是中国的问题甚至是中国何时崩溃的问题，但现在的热门话题是"当中国统治世界"和"西方还能主宰多久"。

生活在中国的一些学者比西方人更早地看到中国的光明前景，因此 10 年前就开始讨论"中国模式"这个大话题。对于"中国模式"，有两种决然不同的态度或者说价值取向，即否定说和肯定说。在否定说中，又有几种不同的看法，第一种是完全以自由主义的价值观来否定"中国模式"，相信福山的"历史终结论"，即认为世界上只有一种模式即自由民主或者说代议制民主，其他都是过渡形态，或早或晚地要转型至自由民主政治。但是，连"历史终结论"的发明者福山都不得不说，目前"中国模式"是自由民主模式的唯一的替代性挑战者。第二种是一些经济学家或者说改革坚持者担心如果肯定"中国模式"，中国就会满足现状而不再改革。在某种意义上，这不是对中国政治模式或者说"中国模式"本身的否定，而是对中国发展模式的质疑，即中国不能停留在既定的发展模式上。中国发展模式需要转型升级，这种对"中国模式"的担忧有其一定的合理性和价值。第三种是从治理模式上质疑，认为不存在所谓的"中国模式"，一个东西如果可以称之为"模式"，至少应达到以下几个方面的标准：（1）模式应有一种制度化的稳定性；（2）模式应跟其他模式不同，具备独特性或差异性；（3）模式一旦确立后能够被他人所模仿，即有扩散性；（4）模式应不仅自己承认，还被他人认可。如果观察中国的状况，这几个标准目前都不确定，这是模式总结的关键难题。[①] 这是典型的从治理角度看问题，没能看到中国治理背后的那种独特的、稳定的、具有扩散性并进而被承认的政治因素。任何国家都难以从治理的角度确定其独特的模式，因为治理方式都是文明互鉴的结果，比如由于资本主义与社会主义的相互影响与交流而形成的一些治理模式，比如混合制经济、福利国家等，治理模式可以彼此互鉴。与政治模式相比，治理模式是技术化的非根本层面的东西。当我们谈论"中国模式"的时候，一定是在根本制度层面谈问题。

遗憾的是，即使在肯定"中国模式"的阵营中，也几乎没有在根本制度层面谈论这个问题。

第一个角度是在治理模式、发展模式意义上说"中国模式"。最著名的无疑是"北京共识"，基本上讲的都是中国经济发展模式，极力推销中国模式的张维为也是在发展模式意义上总结中国模式——虽然其胸中有"文明型崛起"的概念，用他自己的话说"中国模式主要有八点，即实践

---

① 张静：《中国治理尚无"模式"可言》，FT中文网，2014年11月3日，http：//www.ftchinese.com/story/1001058909，2015年10月5日。

理性、强势政府、稳定优先、民生为大、渐进改革、顺序差异、混合经济、对外开放"。① 总结中国模式怎么能不提中国共产党及其组织中国的基本制度？把这8条对照一下俾斯麦时期的德国，结论必然是"德国模式"的要素。在某种意义上，肯定中国模式的王绍光教授也是在治理意义上谈中国模式，他提出著名的"西式政体，中式政道"之说，即西方人善谈政体，而中国人善谈政道。这种说法值得商榷。中国有很多政治制度史的书，而西方则主要是政治思想史的书。政治思想史中的各种"主义"、各种思想，难道不正是"政道"？所以，肯定"中国模式"的王绍光教授不是在根本制度即政体层面而是在治道意义上谈论中国模式。

第二种角度是文化意义上的。潘维教授的"国民—民本—社稷"中国模式论更像是一种无所不包的文明模式，有作为经济模式的"国民"经济体制，作为政治模式的"民本"政治和作为社会模式的"社稷"构成，其中每一种子模式下面又由四个支柱构成，这样"中国模式"包括12个支柱。在国内流行的贝淡宁（Daniel A. Bell）《超越自由主》一书中的中国模式观其实也是文化意义上的，即认为儒家的贤能政治优于自由民主的选举政治。

第三种角度便是政治制度意义上的中国模式论。美国哥伦比亚大学政治系教授黎安有（Andrew Nathan）固然不会认为有什么中国模式，但其"初性的威权主义"（the authoritarinism resilient）至少用来刻画中国政治的现状，用来解释中国政治制度为什么没有随着第三波民主化而垮掉，这一概念在西方学术界影响很大，其实就是说中国共产党的"适应性"问题。郑永年教授眼中的中国模式就是相对西方外部多元主义的内部多元主义即共产党的开放性。② 我认为，无论是否承认中国模式，从共产党这里找答案正在接近问题的真相，但是"内部多元主义"只是一种政治现象，或者说是中国政治制度即政治模式本身外溢出的一种非常重要的现象而已，不

---

① 张维为：《中国模式和中国话语的世界意义》，《经济导刊》2014年3月号。
② 郑永年：《实践逻辑中的中国政治模式》，《人民日报》（海外版）2014年6月12日。

能当作中国模式本身。

比较而言,看上去对中国模式更有现实感的是丁学良从政治、社会和经济三大方面而概括出的"多重矛盾的综合体":列宁主义的权力架构、政府管制的市场经济和社会控制系统。① 毫无疑问,这些都是中国政治发展中的重要方面,但和张维为一样是现象的罗列。更重要的是,丁学良教授的历史观有问题,他把"中国模式"的"史前期"推到20世纪80年代,割裂了中华人民共和国前后30年,更没有革命时期的历史。

既然是模式,只能是一个简洁而有穿透力的一个词,比如西方的"代议制民主"或"自由民主"。更重要的是,作为终端性的模式绝对不是几年、十几年的发展性政策的变化,而是某种根本性政治制度,而且这个政治制度有其悠久的历史根源。在这些意义上,"中国模式"只能是我们耳熟能详但又被忽视掉的"民主集中制",一个国家模式只能是以政治制度为核心,而且这个政治制度能有效地、合宜地将这个国家组织起来。要知道,对于中国等很多后发国家而言,面对历史上遗留下来的"强社会",最主要的任务是如何有效地组织国家,需要的是一个强国家而非弱国家。晚清之后的中国,陷入了军阀割据下的半封建半殖民地状态,成了孙中山所说的一盘散沙,如何组织中国就成了当务之急。孙中山和蒋介石想以党领军、以党建国,均告失败。最终把中国有效组织起来的是中国共产党,关键是其组织原则即民主集中制。作为胜利者的中国共产党又适时地将民主集中制原则转化为国家的组织原则。

在历史维度上,它不但是中国共产党革命史的写照,也是改革开放前后30年的一以贯之的根本性政治制度。作为政体的民主集中制决不止于政府机关由人大产生并对人大负责,更体现在党政关系、国家社会关系、中央地方关系和政治经济关系的诸多维度上。一个词能概括政治经济社会的所有维度,难道它不正是中国模式的最好的概括吗?我们不能忘却自己的传统和业已存在的资源,不能因为其名称古老而弃之不用,相反,我们应

---

① 参见丁学良《辩论"中国模式"》,社会科学文献出版社2011年版。

该运用政治学理论的新进展而丰富"民主集中制"这样的政体概念。在政治制度意义上,越是古老的概念,而且还在实践中运转着的,就越有生命力。

二 民主集中制原理

民主集中制是中国人最熟悉的一个概念,或许是太熟悉,人们容易使之流于空洞和形式上的说法,以至于忘记了人们孜孜以求的中国模式其实就是我们生活中的民主集中制。作为一种党和国家的组织原则,民主集中制无疑会得到大量的研究,这里无须列举国内既有的研究成果。在厘清政体意义上的民主集中制之前,应在语言哲学上澄清民主集中制的含义。

(一)民主集中制的政治属性——民主主义

一般认为,民主集中制来自俄语,民主集中制是"民主的集中制"的简称。按照王贵秀教授的考察:在俄语中,"民主集中制"是这样一个复合词:"Демакратический централизм"。把它译为"民主的集权制""民主的中央集权制",也未尝不可。我们在二三十年代就使用过这样的译法。[①]

应该说,民主集中制不是有些学者解释的两种制度的组合即民主制和集中制,而是一种制度形式的表述,即民主的集中制。但是,停留在"民主的集中制"还不够,还不能真正体现一种政治制度的内在的、深远的价值逻辑。中文一般都把 democracy 翻译成"民主",其实,正如 liberalism 不是自由而是自由主义一样,democracy 不但是汉语中的民主,更有民主主义的含义,自由、民主、平等等价值都是带"主义"的,认识不到这一点,就是对近代政治思想史的遗忘。

理解了这个大背景,democratic centralism 就不是简单的"民主的集中制"了,而是"民主主义的中央集权制"即"民主主义的集权制"。其实,

---

① 王贵秀:《民主集中制的由来和含义新探》,《理论前沿》2002 年第 8 期。

民主集中制思想的集大成者毛泽东恰恰是在"民主主义"的意义上谈论民主集中制。在《井冈山的斗争》中讲的民主就是用"民主主义","同样一个兵,昨天在敌军不勇敢,今天在红军很勇敢,就是民主主义的影响。红军像一个火炉,俘虏兵过来马上就熔化了。中国不但人民需要民主主义,军队也需要民主主义。军队内的民主主义制度,将是破坏封建雇佣军队的一个重要的武器"①。并不熟悉外文的毛泽东为什么大讲特讲"民主主义"?可以认为,"民主主义"是当时的一个流行语。然而,无论如何,"民主主义"确实是恰如其分的运用。

把"民主集中制"完整理解为或者还原为"民主主义的集中制",并不是无用的文字游戏,而是关乎这一政治制度的本体论归属,即到底是什么政治属性、政治价值问题。如果一个政治制度只是硬制度而无价值支撑,这样的政治制度是没有生命力的,或者说就不属于根本性制度的"道",而是中观性或者微观层面的"器"。"器物"层面的制度属于治道范畴,任何国家、任何时代都可以通用,但是作为"道"的根本制度则是很难移植、很难轻易学习,需要根植于一个国家的文明基因。也正是因为政体的"道"的属性即文化或主义意义上的属性,或者说文明基因属性,我们才可以理解,为什么同样一种政治制度在不同的国家具有完全不同的效应,即我们常说的南橘北枳。

还原语义学上的民主集中制,是为了明确作为政体的"民主集中制"是民主主义的本体论属性,正如作为政体的"自由民主"是自由主义的本体论一样。

前述的语义学的考察已经指出,民主集中制属于民主主义的,正如自由民主属于自由主义的政治性质一样。过去我们理解的民主集中制讲究的都是其对立统一性的哲学范畴。也正是在哲学上,可以把对民主集中制的理解向前推进。根据王贵秀教授的解释,哲学揭示了人类把握宇宙万物所使用的范畴有三大类:一是"实体"范畴;二是"属性"范畴;三是"关

---

① 《毛泽东选集》第 1 卷,人民出版社 1991 年版,第 65 页。

系"范畴。以此来观察和分析民主集中制的内在结构,它即"民主的集中(制)",并不是由两个"实体"构成,而是由"民主的"这一"属性"与"集中(制)"这一"实体"构成的。就是说,"民主的"与"集中(制)"这两部分的关系既不是两个"实体"的关系,也不是一个实体的两个"侧面"(实体的侧面仍然是实体)的关系,而是"属性"与"实体"的关系。"民主的"这种属性是内在地规定"集中(制)"这一实体的性质的。具有了"民主的"这种属性或规定性,"集中(制)"就成为"民主的集中制"。①

王贵秀教授的这种哲学范畴上的解释和我们前述的对 domocmcy 的语义学即"民主主义"的解释异曲同工。更重要的是,确定作为政体的民主集中制的政治属性,其实就是一种类型的划分。

第一,集中制的政体是民主主义的,而非其他主义的,不是斯大林式的集权主义的,也不是戈尔巴乔夫式的无政府主义的,因此一切集中制下的决策或其他政治行为都必须以民主为前提。这里的民主形式是多样的,有选举式民主、参与式民主、协商民主等,还有作为民本思想实践形式的群众路线。也就是说,界定了民主集中制的民主主义的类的属性,无论是在政治制度和组织制度的构成上,还是在其中的政治过程中,都离不开民主主义的原则和形式。

第二,作为一种类的属性的划分,可以鉴别出两大政体类型即民主集中制和自由民主制的根本区别所在。在自由民主那里,由于政治属性是自由主义的,因此民主或者作为民主的平等只能在自由主义的范畴之内发展,以自由主义指导或者框定民主与平等,而不是相反,即不能以平等或者民主来淹没自由主义,即可以有政治上的民主或一人一票,但这种政治上的民主不能有损财产权。这样,自由主义的民主是自由主义对民主或者平等的胜利,而不是民主对自由主义的胜利;而当平等或者民主的势力盖过自由主义的时候,自由民主也就死亡了。这是萨托利关于自由民主关系的经

---

① 王贵秀:《民主集中制的由来和含义新探》,《理论前沿》2002年第8期。

典论述。

比较而言，民主集中制的民主主义的性质是一个比自由主义具有更多民主属性的政体。也就是说，自由主义民主偏爱的是自由即少数人的财产权，而民主集中制偏爱的是民主即大众的平等权。

按照萨托利的论述方式，同理，民主集中制是民主主义之中的集中制，而不是民主主义之外的集中制。也就是说，民主集中制的生命力来自民主主义，观念上的民主主义就是常说的人民主权，而人民主权在实践形式上既有直接民主，也有乡镇自治即社会民主，还有选举民主、参与式民主与协商民主。集中制建立在这些民主制度形式上才是民主的集中制，才有活力和生命力。历史上的集中制并不少见，有君主个人的，有少数寡头的，但都不是以前述民主诸形式为基础的。但是，即使有民主诸形式和大众参与，如果没有法治为保障，民主集中制也可能脱离民主主义范畴而变质。

比较而言，在具有悠久专制主义传统的国家，搞集中制相对容易，难的是民主主义的各种制度的形成和约束机制的建立，因此很多国家都出现了因集中过度而民主不足带来的问题。而在被长期殖民的国家，因为殖民者分而治之的战略遗产，社会中的军阀、贵族势力很强大，在民主化运动中往往是以民主之名搞党争有余，而国家决策权威不够，结果自由民主在这些国家形成了无效治理，甚至更严重的灾难。

近代中国经历了上百年的四分五裂、一盘散沙的历史，权威的集中制无疑是一种必需品。但是，集中过度而导致的社会自由、社会创造力的窒息以及党内民主的阙如而导致的政治灾难，又迫切需要将集中制置于民主主义的制度矩阵之中。因此，确立民主集中制的民主主义政治属性，以及由此而带来的观念上的改变，对于民主集中制的常态化不无裨益。

（二）作为"矛盾体"的民主集中制

还是在语义学上，尽管"民主集中制"是一个词儿，但还是有很多人把它理解为两种制度即民主制和集中制，那么这两个词不是对立的吗？以二元对立的方式看待民主集中制，是典型的西方社会科学的思维方式，比如国家与社会的二元对立、民主与专制的二元对立,而中国人更讲究"对立性事物"的统一性,即老子的所谓的"反者道之动",讲究的是事物之间的相互转换。对于把民主与集中对立的看法和疑问,毛泽东早在延安时期就给出如下回答:民主和集中之间,并没有不可跃过的深沟,对于中国,二者都是必需的。一方面,我们所要求的政府,必须是能够真正代表民意的政府;这个政府一定要有全中国广大人民群众的支持和拥护,人民也一定要能够自由地去支持政府,和有一切机会去影响政府的政策。这就是民主制的意义。另一方面,行政权力的集中化是必要的,当人民要求的政策一经通过民意机关而交付与自己选举的政府的时候,即由政府去执行,只要执行时不违背曾经民意通过的方针,其执行必能顺利无阻。这就是集中制的意义。只有采取民主集中制,政府的力量才特别强大,抗日战争中国防性质的政府必定要采取这种民主集中制。①

民主和集中的融通性,对中国人而言是一种很正常的思维方法和工作方法。

不得不在比较意义上说,在语义学上,如果说民主制与集中制是矛盾的,"自由民主"即自由主义民主的矛盾性和其中的紧张关系更加明显。很简单,自由主义讲的是个人权利尤其是财产权,而民主是大众的平等即合法地通过立法的形式而剥夺少数人的财产,其间的紧张关系可见一斑。②

民主和集中尽管是可以融通的,但毕竟是两个结构性变量,这就涉及如何实现结构性均衡的问题。结构性均衡既是一个抽象的理论问题,也是实践中的具体问题。在抽象的理论上,任何政治制度都是由一套彼此关联的制度矩阵而构成,彼此之间要相互适应,实现动态中的均衡而不是稳定不变的平衡。民主集中制需要动态均衡,自由民主也需要如此,萨托利论证自由民主的均衡性原理同样适用于民主集中制。他这样说,"假如西方式的制度是自由主义加民主的产物,他们就会不断提出对各组成部分进行

---

① 《毛泽东选集》第 2 卷,人民出版社 1991 年版,第 382—383 页。
② 参见[美]萨托利《民主新论》,东方出版社 1993 年版,第 394—398 页。

内部再平衡的问题……在历史上，我们最终达到的永远是各种各样的平衡结局，也就是对它们的组成部分进行各种组合与调配而达成的平衡。然而，一种社会制度要想保持统一，它就必须始终获得某种均衡性的再平衡。在一个特定制度中，假如所有因素都在导致不平衡，就是说，没有出现补偿性力量，这个制度只有土崩瓦解"①。

确实，如果说自由主义与民主的不均衡导致了很多国家的问题，比如党争太激烈而导致的治理失效，而不均衡的民主集中制最终导致了苏联的瓦解。因此，什么时候民主多一些还是集中多一些，在理论上需要把握均衡，而在实践上更是一种智慧。毛泽东这样说，过去在战争年代集中制多了些，现在建设年代需要更多的民主制。② 毛泽东还很智慧地指出，大民主是吓唬敌人的，小民主才管用。③ 这确实是治国理政的要道。遗憾的是，"小民主"没有得到充分发掘，而"大民主"观念却大行其道。"大民主"最终伤害了的不但是民主本身，还有正常的集中制。

（三）民主集中制的文化机理——"集体之善"④

任何一套行之有效的政治体制，必须有与之相适应的文化系统为支撑，政治使文化保持生命力，而文化使政治免于沉沦。我们已经看到世界上完全不同的文化系统均实行同一性的政治制度，比如代议制民主或自由民主，结果却是天壤之别，其中的关键机理就是政治与文化的冲突性。结果，大家虽然都是"民主"国家了，但并不能避免"文明的冲突"。因此，有哲学家这样指出，"政治与经济同是文化的表述，它们的效能必须与其他的文化价值观一起来评估。而且特别需要指出的是，我们认为自由主义的、个人主义的和以权利为基础的民主以及自由企业资本主义，都是西方现代性历史发展的具体产物。因此，任何试图将这些东西在各种文化中普遍化

---

① 参见［美］萨托利《民主新论》，东方出版社 1993 年版，第 394—395 页。
② 参见《毛泽东选集》第 1 卷，人民出版社 1991 年版，第 278 页。
③ 参见《毛泽东文集》第 7 卷，人民出版社 1999 年版，第 160—161 页。
④ 这里特意不用"公共善"，以区别于自由主义，因为自由主义也讲基于个人权利的"公共善"，但它不会讲"集体善"，它甚至不认为有什么集体福利的存在。

的做法都是愚不可及的"①。

自由民主在一些早发达国家运行得还不错，关键是这种制度所赖以存在的文化系统。这个文化系统就是洛克式自由主义所确保的个人权利至高无上性，而且是麦克弗森（C. B. MaCpherson）所说的是能够"个人占有式自由主义"，即以财产权为核心的自由主义，个人权利凌驾于以社会为价值的基础之上，因为个人是权利的唯一拥有者。如果把这套价值系统即文化体系移植到中国，"就会大大改变中国的特征，实际上会将整个中国社会改造成一个外族历史叙事的终端"②。

因此，中国的政治制度尤其是根本性的政体形式，只能建立在自己文化基础之上，这套文化系统就是整体的善高于个人权利的儒家思想，用西方人的话说就是社群主义。巧合的是，"民主集中制"的属性是相对于自由主义的民主主义的，而民主主义是大众权利的产物，即社会平等化的产物。这也就意味着，民主集中制本身是一种"集体善"的追求，而不是自由主义的个人权利的张扬，"个人服从组织，少数服从多数"，就是"集体善"的经典表述。

当然，虽然民主集中制是以大众平等化权利为基础的，但并不必然要排除个人自由以及基于个人自由而产生的活力和创造性。事实上，无论是毛泽东还是邓小平，他们在谈论民主时，大多数谈的是由个人活力、社会活力和地方活力而构成了生动活泼的政治局面。对于自由主义的信徒而言，这套话语可能算不上民主的表述，但是，只能说这样的认识太拘泥于自由主义的教科书而忘记了自己的历史文化传统。"在西方传统中，独立自主的个人占据着重要位置。要在中国传统范围内寻找这种西方知识分子推崇的主导思想，将是徒劳的。更重要的是，表述这些思想成分的价值观、行为以及制度同样在中国传统中不存在。"③ 存在的传统就是"个人服从组

---

① 郝大伟、安乐哲：《先贤的民主：杜威、孔子与中国民主之希望》，江苏人民出版社2004年版，第16页。
② 同上书，第17页。
③ 同上书，第25页。

织,少数服从多数"的"集体善"。这里的"组织"不但是政治组织,还包括家庭组织和社会组织。

(四)民主集中制的思想基础——民本主义

不同于一般的治理形式或者技术性的制度形式,一套行之有效的政治制度尤其是根本性质的政体形式,不但要成长于特定的文化土壤之中,还必须有价值体系,尤其是"主义"层面的价值体系的支撑或者基础,否则就只是一种世界通约性的治理形式、制度形式。比较而言,"自由民主"的文化基础是个人权利至上即权利高于善,而其价值体系则是自由主义;民主集中制的文化机理是"集体善",而其价值体系则是经过马克思主义中国化后的民本主义。

我们知道,民主集中制这个概念来自列宁,但为什么能在中国生根发芽而成为世纪性活力的政治制度?不但有其前述的深厚的文化基础,更有其治国理政的思想基础,与中国历史悠久的民本主义思想相吻合。从先秦时期的"民惟邦本",到汉代的"民贵君轻",到明末清初的"天下不能一人而治"和"天下为主,君为客",再到孙中山的"天下为公"之共和思想,尤其是毛泽东的"为人民服务"的共和思想,是一套延绵不绝的民本主义思想的不同形式的政治表述。

在延安时期,毛泽东已经形成了其完整的治国理政思想。毛泽东把民主集中制与其共和思想联系在一起。他这样说,"只有民主集中制的政府,才能充分地发挥一切革命人民的意志,也才能最有力量地去反对革命的敌人。'非少数人所得而私'的精神,必须表现在政府和军队的组成中,如果没有真正的民主制度,就不能达到这个目的,就叫做国体和政体不相适应"①。在毛泽东那里,政体是民主集中制,而国体则是人民当家作主的共和国,即后来所说的无产阶级领导的工农联盟为基础的人民民主专政。

毛泽东所说的是一套特定时期的话语,即基于阶级分析的共和制概念

---

① 《毛泽东选集》第 2 卷,人民出版社 1995 年版,第 677 页。

的话语表达。但是其中的政治思想价值是显然的,那就是民主集中制是一套实现共和国的政体。在毛泽东那里,共和国又是什么样子呢?就是其引用的"非少数人所得而私"的"为人民服务"的国家,是孙中山的"天下为公"。无论怎么表述,其中的民本主义思想的色彩是很浓厚的。

值得指出的是,过去所有的民本主义思想只是停留在思想层面,或者是各级官员所奉行的一套指导思想,而无实现这套思想的制度或者中介机制。所不同的是,作为政体的民主集中制不但是民本主义思想的政治制度,而且还有实现民主集中制度的中介集中即我们耳熟能详的群众路线。对此,毛泽东有很多经典的论述,比如"从群众中来,到群众中去"的群众路线思想,并把群众路线作为共产党成功的一大宝贵经验。关于民主集中制和群众路线的关系,毛泽东这样说,没有民主,不可能有正确的集中,因为大家意见分歧,没有统一的认识,集中制就建立不起来……没有民主,就不可能正确地总结经验。没有民主,意见不是从群众中来,就不能制定出好的路线、方针、政策和办法。我们的领导机关,就制定路线、方针、政策和办法这一方面来说,只是一个加工工厂。[①]

如果把群众路线和民主集中制联系在一起,民主集中制的民本主义思想基础就更容易理解了。群众路线说到底是讲人民的重要性,即儒家自古以来的"以民为本"思想。

这样,群众路线、民主集中制、民本主义之间的逻辑关系就很清楚了。群众路线是实现民主集中制的中介机制,而民主集中制是具体实现共和制的政治制度即政体,而中国的共和制必然是"以民为本"的民本主义思想为纲。反过来说也成立,也正是因为有了民本主义思想指导下的"天下为公"的共和制,才会有更好的民主集中制政体,而民主集中制的健康实践则少不了实践这种政治制度的群众路线以及其他形式的民主。

(五) 实现民主集中制的微观机制

作为政体的民主集中制是宏观性结构,而宏观结构的政治制度的生命

---

① 《毛泽东著作选读》下册,人民出版社1986年版,第819—820页。

力无疑需要微观机制来丰富和充实,否则名称再美好的政治制度都会落空。也就是说,理想要落地,需要一套实现理想的中介机制。当我们特别提出来民主集中制的微观机制的时候,我们并不缺少实现集中制的机制或制度,比如各级党委就是专门集中而设立的机关。因此,这里的微观机制主要是民主的方面,即如何建立更多元而有效的民主形式以健全民主集中制。

第一,作为特殊民主形式的群众路线。前述的民本主义思想之下的群众路线无疑是一种中介机制。而对于陷于自由民主话语体系而难以自拔的人来说,很难理解为什么把群众路线与民主联系起来,甚至在心理上拒斥群众路线这样的概念。殊不知,作为自由民主理论大师的萨托利(Giovanni Sartori)和英格尔哈特(Ronald F. Inglehart),都把回应性当作是民主的根本,认为不能回应民众需求的民主最终都是"无效的民主"。在回应性意义上,无论是选举式民主还是参与式民主,并不必然多于群众路线所产生的回应性效应。常识还告诉我们,选举民主是可以被强势利益集团操纵的,而参与式民主的主体在能力和力量上也是不平等的,因此这些民主形式所表达的利益渠道与效果都是不平等的。也正是在这个意义上,自上而下的群众路线倒是可以弥补其他民主形式与生俱来的不足,让民意更能成为政策议程。可以说,其他的民主形式都是可以模仿甚至移植的,唯有以民本主义为文化和思想基础的群众路线难以模仿和移植。

第二,选举民主。我们反对选票至上,但并不意味选票不再重要,选举毕竟是民主的最原始、最重要的形式之一。但是,选举民主如何运用?社会矛盾主要来自纵向的基层政治、横向的单位—社区政治以及政治功能层面。对于解决政治功能问题(比如权力滥用:乱立项、乱花钱),选举民主就无能为力。但是,在基层单位和社区层面,选举民主就是重要的,因为大家彼此了解,如果上级强行任命,人们的不满是自然的,而且不满的人们会迁怒于体制和执政党,认为因为有了这样的制度才有"带病上岗"的单位领导。

第三,协商民主。中央关于全面深化改革的决定指出,要建立全方位多层次的民主协商制度。在我看来,如果说在横向层面的基层单位—社区急需选举民主，政治功能层面则急需协商民主。政治功能其实也是分层次的，比如事关日常生活的居住环境问题，社区和街道建设问题，以及知识界和媒体所关心的没有预算法而各个部门浪费性预算、无效预算、非生产性预算，都需要协商民主制度。地方和基层的协商民主已经有了实践甚至是成型的模式，亟待建设的是政府部门决策中的协商民主制度。

第四，参与式民主。参与式民主主要适用于纵向层次的政治生活，既包括基层政治中的政治参与，也包括中观层面的利益集团的活动，还有全国层面的政治参与。具体形式有：上访、听证会、意见表达以及利益集团的游说活动等。其中，上访是因为百姓的个人利益受到侵害，听证会是关乎群众的切身利益比如物价问题，而意见表达则是知识分子特有的关心国家大事、国家前途的表现。这样，本来适用于纵向层次的参与式民主则有了最多层次的色彩，既有个人利益和群体利益，还有全国性利益和公共利益，可谓民主形式的多样性所体现出的政治生活的生动性。百姓有参与，政府有回应，正是民主政治的最生动体现，也是民主政治的最本质写照。

第五，分权民主。如果西方人把宪政称为一种民主形式，我们更有理由把分权政治与民主联系在一起，称之为"分权民主"。这样说不仅有政治理论上的资源支撑，还因为分权本身最符合民主的本义。

民主的最基本的含义就是人民当家作主或者多数人统治。分权能找回原始意义上的民主，即让"人民"直接行使各种权利。这是因为，对于先发达国家而言，现代国家的形成就是权力集中化或中央化的过程，从而大大削弱既有的地方自治。为此，托克维尔无比正确地指出，追求民主的法国大革命却强化了中央集权而削减了地方自治。就此而言，中央对地方的分权难道不是重新找回"人民"的过程？因此，中央对地方的分权其实就是一种民主化的过程。

对于中国这样的后发国家而言，国家建设与早发达国家的次序不同，即早发达国家依次是社会（自治）、经济组织、政治权力集中化，而后发国家如中国则是在一盘散沙的基础上先有政治权力的集中与统一，然后再扶植大的经济组织，最后再建构社会。也就是说，政治权力淹没了一切，没有经济和社会，一切都政治化了。集中了一切权力并进而垄断了一切资源的国家又需要大转型，即培育自主的经济组织和自主的社会组织。在这一大转型过程中，中央不但要向地方分权以形成权力分享与共治的中央—地方关系，政府要向企业分权以形成好的市场经济，国家向社会分权以形成好的公民社会。这样，权力和资源集中化或中央化是现代国家建构的第一阶段，而去中央化或去集权化的大转型又成为国家建设的第二阶段。后发国家的国家建设中的大转型，无疑是民主化的一个部分，或者可以成为"民主的去集权化"或干脆称之为"分权民主"。在《论美国的民主》中，托克维尔谈论的民主就是平等、分权和社会自治。

值得指出的是，上述几种民主形式中的选举民主和协商民主，不仅是民主集中制的民主阶段，在集中阶段都是不可或缺的政治形式，比如重大事项、重大人事安排中的票决制和协商制，都是"集中"阶段的重要组成部分，没有民主的决策就是毛泽东所说的"霸王"而不是"班长"。也正是在这个意义上，我们说民主集中制在政治属性上是民主主义的。

三 作为政体的民主集中制

中国的国家建设路径，既不同于以英美为代表的商业集团主导的以社会为中心的所谓的社会中心主义，也有别于法国、德国和日本的官僚制主导下的以国家为中心的国家中心主义，而是党作为国家的组织者，其时间顺序和组织路径是：建党—建军—革命—国家制度。这样一套独特的建国路径决定了，必须寻求那种既能解释国家也能解释党的政治理论。或者说，只有把党和国家有效连接在一起的理论才是有效的政治理论。民主集中制正是这样一种政治理论，它从党的组织原则（可以称为"党体"）演变为国家政权的组织原则（即"政体"），并同时是党和国家的本体论性质的组织原则。也可以说，我们常说的"党和国家"之间，存在一个内在的组织逻辑关系，存在一个连接党和国家的桥梁，那就是民主集中制。没有民主集中制，就难以理解党和国家的领导体制，也难以理解党何以治国即"党治国家"。

作为政体的民主集中制思想来源于列宁。① 在《新民主主义论》中，毛泽东明确指出新中国的政体是实行民主集中制的全国人民代表大会。② 在1945年的《论联合政府》中，毛泽东说新中国的政权组织应该是人民代表大会制度，而人民代表大会制度的组织原则是民主集中制：新民主主义的政权组织，应该采取民主集中制，由各级人民代表大会决定大政方针，选举政府。它是民主的，又是集中的，就是说，在民主基础上集中，在集中指导下的民主。③

《论联合政府》中的民主集中制既是人民代表大会制度的组织原则又是政体形式的来源。应该看到，政体理论是抽象的，而任何政体之下都有一套根本性制度、基本制度或组织制度为支撑；如果一个国家的政体是民主集中制，政体之下的各种结构性制度都是民主集中制，也就是理所当然的。因此，实在没有必要去争论民主集中制到底是人民代表大会制度的组织原则，还是政体的组织原则。民主集中制就是政体，而政体是由一套制度构成的制度矩阵。

毛泽东在延安时期的建国理论直接成为新中国宪法的指导思想，甚至是宪法文本本身。1954年宪法"总纲"第一条规定了新中国的国体，第二条便是政体："第一条 中华人民共和国是工人阶级领导的、以工农联盟为基础的人民民主国家。第二条 中华人民共和国的一切权力属于人民。人民行使权力的机关是全国人民代表大会和地方各级人民代表大会。全国人民代表大会、地方各级人民代表大会和其他国家机关，一律实行民主集中制。"

1954年宪法中的民主集中制专指国家机构的组成方式，即国家行政机关由人大产生并对人大负责。到了1982年宪法，民主集中制不但包括国家机关即横向的权力结构组织形式，还包括了国家结构形式即中央—地方关

---

① 《列宁全集》第24卷，人民出版社1990年版，第148—149页。
② 《毛泽东选集》第2卷，人民出版社1991年版，第677页。
③ 《毛泽东选集》第3卷，人民出版社1991年版，第1056—1057页。

系的组成方式。1982年宪法第三条规定:"中华人民共和国的国家机构实行民主集中制的原则。全国人民代表大会和地方各级人民代表大会都由民主选举产生,对人民负责,受人民监督。国家行政机关、审判机关、检察机关都由人民代表大会产生,对它负责,受它监督。中央和地方的国家机构职权的划分,遵循在中央的统一领导下,充分发挥地方的主动性、积极性的原则。"

可见,中国人在政体的认识上有一个不断拓展的过程,即政体不但包括横向的国家权力组织方式,还包括纵向的国家结构形式即中央—地方关系。事实上,这才更符合政体理论本身的意义。政体说到底是统治权以及围绕统治权而建立的权力关系,简单地说政体是权力关系的总和。据此,不同时代的政体内涵是不一样的。在城邦国家时期,因为是一种典型的政治社会,而且不存在现代国家意义上的规模以及由此而导致的中央—地方关系,政体主要是指统治权。亚里士多德的定义是,"一个城邦的职能组织,由以确定最高统治机构和政权的安排,也由以订立城邦及其全体各分子所企求的目的。"① 这里,政体至少由三个方面构成,第一是组成城邦的目的即今天所说的立国价值;第二是统治权;第三是围绕统治权而建立的政权的安排即国家机构。即使在城邦国家时代,亚里士多德已经提出了政权的安排包括三权即议事、行政和审判,这是我们看到的三权分立的源头所在。据此,后来的学者才把三权之间的关系总结为议会制政体、总统制政体和混合制政体。

到了现代国家时代,存在一个古典理论不曾面对的国家规模问题。这样,回答大规模国家如何组织起来的政体理论就适时出现了,比如单一制和联邦制。国内新的政体理论研究成果是,到了市场经济时代,权力关系不但包括狭义政治范畴的国家机构和中央—地方关系,经济权力即资本权力事实上已经是一种左右政治权力的不可忽视的权力。因此,考察市场经济时代以后的政体理论离不开政治—经济关系的维度。资本权力是重要的,

---

① [古希腊]亚里士多德:《政治学》,商务印书馆2008年版,第181页。

同样重要的还有社会权力,因为现代政治的一个重要特征便是政治的大众性。这样,政治社会关系或国家社会关系的维度也是现代政体理论所不能忽视的。① 也就是说,今天的政体理论不再是单纯地讲国家机构这个纯粹的政治,还有经济和社会两大变量,政体是政治、经济和社会三大关系的总和。②

这样,在中国,事实性政体内涵除了宪法所规定的国家机关组成形式、中央—地方关系,还应该包括政治经济关系和国家社会关系。我们发现,在中国,无论是传统意义上的政体形式即国家机关组成方式和中央—地方关系,还是中国改革开放以后所衍生出来的政治—经济关系和国家—社会关系,都有形或无形地体现了民主集中制原则。

(一) 国家机构的组成原则

按照宪法规定,中国国家机构实行由人大产生并对人大负责的民主集中制原则,其中人民代表大会制度本身就是民主集中制的集中体现。

首先,人民代表大会制度的民主性。我们常说人民代表大会制度是一种最高权力机关即人民主权的象征。其实,人大制度不仅体现了民主理论中的人民主权原则,还有实现人民主权的中介机制即代表制民主和协商民主制度。在社会主义国家的政治实践中,人民主权思想已是政权建设的基本原则。人民主权原则是以抽象理论原则和根本性制度形式而体现出来的,而人民主权的生命力则来自实现人民主权的具体民主形式。(1) 代表制民主。在大规模的现代国家,人民主权的实现形式之一便是代表制,即人民的代表代表人民实现自己的意志,其中代表与选民的关系至关重要。在我国,各级人民代表大会不但具有地域代表制的特征,而且还有按行业建制的色彩。按功能团体建制,是一种从程序角度保证人民性得以实现的制度安排。(2) 协商民主。协商民主属于一种程序性民主,强调的是公共权力

---

① 参见曾毅《政治科学方法论视野下的政体观研究》,中国人民大学博士论文,2013年。
② 参见 [美] 林德布洛姆《政治与市场》,上海人民出版社1992年版。

运行和达成共识的过程。虽然西方民主理论中的"协商民主"（deliberative democracy）在20世纪后期才得以成型，但在政治实践上，中国共产党人却有着悠久的协商民主实践。"从群众中来到群众中去"是一种协商民主，延安时期的"三三制"是一种协商制度，新中国之后的政治协商制度更是协商民主制度的集大成者。可以说，协商民主是社会主义民主的独特优势。

其次，人民代表大会制度的集中性。人民主权原则的实现既要有程序性的民主形式，也要有能将各种程序民主统合起来的制度安排，否则就如同我们看到的很多转型国家陷于代议制民主之下的党争民主而不能自拔。邓小平曾经说过："我们实行的就是全国人民代表大会一院制，这最符合中国实际。如果政策正确，方向正确，这种体制益处很大，很有助于国家的兴旺发达，避免很多牵扯。"① 联想到当下很多转型国家党争民主下的困境，更能体会到邓小平朴素语言中的大智慧。在我国，这种统合程序民主的制度既完整地体现在党章中，也在宪法中有着明确的规定，具体体现为党的领导原则。关于我国的根本政治制度，完整的说法应该是"党的领导下的人民代表大会制度"。习近平指出，"保证党领导人民有效治理国家，切实防止出现群龙无首、一盘散沙的现象"②。这既是对中国历史和现实的客观描述，也是比较之后的经验总结。

西方的政党政治产生于资产阶级革命之后的议会政治，因此政党在议会活动中形成，在议会内部有党团，因此政党只是利益集团性质的政治组织。和西方政党政治完全不同的是，中国共产党是建国党，是一盘散沙的国家的组织者，建国路线图是"建党—建军—革命—建国（国家机构）"。因此，党领导人大是历史的内生性逻辑，一种事实性存在，不能用基于西方历史的宪政主义理论来"关照"中国的历史和现实。倒是有很多国家包括很多大型国家不顾自己的历史而搞起了党争民主式的宪政主义，结果如何呢？因此，在理论上，党领导下的根本制度的优越性应该得到更深入的

---

① 《邓小平文选》第3卷，人民出版社1993年版，第220页。
② 习近平：《在庆祝全国人民代表大会成立60周年大会上的讲话》，《人民日报》2014年9月6日。

研究和认识。

作为一种运行了 60 年的制度，固然有其不完善之处，比如人大的监督职能有待充分发挥，但是相对于发展中大国的三权分立而导致的相互对立、相互扯皮而使国家发展、人民福祉裹足不前的困局，议行合一原则所表现出的制度优势有目共睹。

（二）中央—地方关系的组成原则

根据宪法第三条，中央—地方关系是在中央统一领导下，充分调动地方的积极性和主动性。中央的统一领导，讲的是国家结构形式中的单一制或者中央集权制，即中央是主权的代表和权力的来源，地方只是主权者的代理人，中央—地方关系是委托—代理关系。这是传统意义上的单一制。

经过 30 多年的改革开放，中国的中央—地方关系已经发生了结构性变化。我们知道，中国的改革是以分权为起点的，即中央分权给地方以调动地方的积极性和主动性，国家分权给社会以形成社会的自我管理和社会自治，政府分权给市场以形成市场经济和充分调动个人的积极性与能动性。完全可以说，改革开放本身就是一个民主化进程，是一种分权式民主形成的过程。没有民主，就没有活力，也就没有今天的经济成就。这应该是一个政治常识。

那么，已经发生结构性变化的新型中央—地方关系到底是如何贯彻民主集中制原则的呢？如果说改革开放前的中央—地方关系是典型的单一制，那么改革开放之后的中央—地方关系则是政治与经济的一定程度的游离，即形成了政治单一制和经济联邦主义的二元化结构。所谓政治单一制，就是在党管干部的民主集中制原则下，确保中央对地方的政治、人事的领导，具体体现为副省以上干部由中央组织部直接管理，人事权进一步保障了中央对地方的政治领导。在政治关系上，中国是全国一盘棋的局面。

在经济关系上，出现了治权的分享与共治（即学理上财政联邦主义）的格局，中国的分税制和治权的地方化都是经济联邦主义的经典案例。地方所享有的治权的分享和共治，事实上就是一种分权式民主。

中央—地方关系的结构性变化意味着，地方不再只是单一制下的纯粹的代理人角色，地方政府尤其是市县级政府，已经变成了利益主体，而且地方利益主体之间竞争而产生的积极性和活力，正是中国历代领导人所讲的"民主"。比如邓小平这样说，"调动积极性是最大的民主"，"把权力下放给基层和人民，在农村就是下放给农民，这就是最大的民主。我们讲社会主义民主，这就是一个重要内容。"① 托克维尔（Alexis de Tocqueville）在《论美国的民主》中就是在分权和社会自治意义上大讲人民主权。因此，下放权力、让人民自由的改革开放本身就是民主权利实现的过程。

地方治理的民主性和政治集中性，已经是中央—地方关系中的新型民主集中制。

（三）政治—经济关系的事实性构成原则

一个国家的政治—经济关系样式，既体现其治理模式，也体现了一个国家内部的真实的利益关系，即集团与集团之间的关系、阶级与阶级之间的关系。在自由资本主义的美国，是典型的经济决定政治；而在市场经济的东方国家和地区比如韩国、日本、新加坡和中国台湾地区，政治与经济的关系更复杂。"发展型国家"是对这些东方国家和地区的概括。

中国不但不同于美国，也不同于韩国等国家，经济力量很重要，但最重要的还是政治权力，尤其是政治制度具有决定性作用。这个前提决定了中国的政治—经济关系属于政治主导型发展型国家。

"发展型国家"是西方学者研究日本战后奇迹而提出的一个概念，其要素是：一个有效能的官僚组织，一个能让行政队伍实施创新和有效行事的政治制度，顺应市场经济规律的国家干预经济，一个像通产省这样的经济发展的导航机构。简单地说，"发展型国家"是指在以保护市场为导向的政治体系里，基于为发展经济而建立起来的行政机构，有效地规划国家

---

① 《邓小平文选》第3卷，人民出版社1993年版，第242、252页。

经济并干预国家经济，从而实现经济腾飞。

按照这种界定，在政治经济关系上，中国的"发展型国家"比东亚其他政治体更典型，但是中国的发展型国家也是"民主集中制"体制下的一个中国经验。

首先，从其构成要素而言，一是能让行政制度有效地实施其经济规划和经济干预的政治体系，具体而言就是中央财经领导小组、中央农村工作领导小组等党的领导下的国务院相关经济主管部门；二是中国行政部门虽然问题不少，但是其公务员个人能力基础上的整个行政队伍所体现的国家能力，是不容置疑的；三是专事规划国民经济的宏观经济调控部门即国家发展与改革委员会，尤其是国务院组成部门中的大多数机关都是专事经济管理的机关。

其次，就其经济运行机制而言，中国的"发展型国家"特征也最突出。十年规划、五年规划、中央年度经济工作会议，都是值得重视的实施国家综合发展的有效机制。五年规划似乎是传统社会主义的遗产，但这并不意味不是值得珍惜的遗产，何况法国这样的发达资本主义国家在战后也有五年规划之类的机制。如果说五年计划是中期的发展蓝图，十年规划则是长期的国家发展的综合性计划。这些机制保证了国家发展的连续性，而这种有规划的连续性发展，是美国这样的体制所不可能想象的，也是美国精英所艳羡但所不能得的。

如果说"发展型国家"更多地体现了政治经济关系中的集中性，在过去几十年里"发展型国家"的一个结果就是社会主义市场经济体制的形成。既然是市场经济体制，企业自由是必然的。事实上，中国的私人企业对国民经济增长的贡献率已经达到70%，同时70%以上的就业机会也都是私人企业提供的。私人企业如此的比重和重要性自然会在中国的政治经济过程中发挥影响和作用。这主要表现在两个方面，一是在经济发达的东南沿海地区，在地方人大代表的构成中，私人企业主的比重越来多大，这样地方人大以及由人大而产生的地方政府不能不顾及私人企业主的利益。二是私人企业主已经有能力影响国家的宏观政策，比如他们所推动的非公企业与国有企业同等机会和地位的国家立法与相关政策。也就是说,中国的政策过程中的声音已经多元化了,而多元化正是民主的一个重要特征,或者说是民主的构成部分。

概言之,中国政治—经济关系的事实性构成原则是民主集中制。也正是因为这样的体制,使得中国的政治—经济关系不可能变成美国式的即资本决定政治权力的结构,中国只能是政治权力主导经济、主导资本权力的结构。任何一个结构都不会让所有人满意,比如美国的结构有利于资本集团,而中国的结构则有利于社会下层。这大概是中国制度和美国制度的根本性不同之所在。

(四) 国家—社会关系的事实性构成原则

改革开放之前,中国的国家—社会关系是依附性链条关系,即个人依附于单位,单位依附于政府,政府依附于国家,即个人—单位—政府—国家,没有自主性的个人和社会,甚至连家庭生活都是不自由的,只有无处不在的国家权力。伴随着市场经济的形成,不但出现了不同于国家和社会的资本权力,社会的重要性也愈发突出,比如过去未曾出现过的"社会治理"一词就最能说明问题,与国家治理、政府治理、经济治理等概念并驾齐驱,可见"社会"的重要性。

中国有社会自治的古老传统,比如自古皇权不下县,即县之下的家族自治,明晚清之际的行会组织,民国时期的商会自治尤其是上海的金融商会组织,因此讲社会自治没必要与被制造出来的概念即"公民社会"扯在一起。也正是因为与生俱来的传统,所以改革开放之后中国的社会新兴组织如雨后春笋般地成长起来,目前在民政主管部门登记注册的上百万家,而大多数还没有注册登记。根据十八届三中全会决定,除政治类、法律类、民族类、宗教类之外,社会组织的成立都实行登记制,而不再是1992年民政部制定的主管部门审批制。

在鼓励社会组织自主和自我管理的同时,国家对社会组织实行有区别的限制,比如对上述四类组织。同时,在转型过程中,原来基于产业、行业而设立的政府主管部门，转型为国家性的行业协会，比如钢铁业协会，或者把政府主管部门的一些权力转换成其政府下属的行业组织，比如英语四级、六级考试以及很多行业性的考级组织。在过去的20多年里，带"中国"字头的或者成立全国性的行业组织都需要上报国务院审批。

社会治理中一方面有自由，另一方面有国家严格的控制和限制，这种国家—社会关系在西方政治学理论上属于"国家统合主义"即国家主导的可控的有效组织起来的行业组织能积极参与政治过程和决策过程，而在中国政治术语里就是典型的民主集中制原则。社会组织的自主性管理是民主的，而国家的控制和限制则是集中制的。

在上述四大结构性维度中，即横向的行政体制、纵向的中央—地方关系、横向的政治—经济关系和纵向的国家—社会关系，无不贯穿着民主集中制原则，或者说中国这样一个硕大无比的国家依靠民主集中制原则而得以组织起来并有效地运转。民主集中制不仅体现在政治制度和组织制度上，更是统率政治过程的一个大原则。

四 作为决策过程的民主集中制

相对于政治制度和组织制度的民主集中制原则，政治过程中的民主集中制原则更容易理解，中国人也更熟悉。决策过程中的民主集中制的经典表述就是"从群众中来，到群众中去"的群众路线，以及"民主基础上的集中，集中指导下的民主"。完整的决策过程的民主集中制阐述还是来自毛泽东的关于如何实行民主集中制的讲话。他指出，没有民主，不可能有正确的集中，因为大家意见分歧，没有统一的认识，集中制就建立不起来。什么叫集中？首先是要集中正确的意见。……没有民主，就不可能正确地总结经验。

我们的集中制，是建立在民主基础上的集中制……在党委会内部只应当实行民主集中制……如果不是这样，就是一人称霸。这样的第一书记，应当叫作霸王，不是民主集中制的"班长"。①

这是关于民主集中制决策过程的最经典的表述。在决策前占有正确的、全面的信息需要民主的群众路线，而集中"意见"即决策过程的党委会也需要民主制，不能搞书记"一言堂"。

民主集中制的决策原则在 21 世纪有了系统的发展。根据国务院规定，重大决策已经把公众参与、专家咨询、风险评估、合法性审查和集体讨论决定，作为决策的必经程序。决策民主或行政民主，已经是学界公认的中国民主政治的重大进展和突破之处。

不仅涉及利益攸关方的决策体现了作为行政民主的民主集中制，那些事关国家未来的重大改革规划，也是民主集中制的产物。在立法上实行"开门立法"，许多直接涉及群众切身利益的法律法规草案都向全社会公开征求意见，取得了比较好的效果。党的十八届三中全会关于全面深化改革的决定和党的十八届四中全会关于推行依法治国的决定，都是民主集中制决策原则的典型产物。

作为决策过程中的民主集中制，能将现代化的国家治理体系转换为现代化的国家治理能力，或者说民主集中制是沟通国家治理体系与治理能力之间的中介机制。比较而言，很多发展中国家徒有现代化的治理体系而无治理能力，关键在于政治过程中的实现机制的缺失。在现代世界，现代性的一个特征就是国家之间的政治制度越来越雷同，比如印度、巴基斯坦是和英国一样是代议制民主，但是为什么治理状况天壤之别？所以，将制度体系和治理能力一体化的不是二元对立化，正是看到了中外各国的制度与治理之间的内在复杂逻辑。

治理体系与治理能力之间的内在逻辑就是政治过程中的政治组织原则问题。过去我们常说经济基础决定上层建筑，政治反作用于经济。这样的说法无疑简单化了。如果把一个国家比作由若干同心圆构成，从核心到外围依次是政治制度圆、经济制度圆、社会制度圆和历史文化圆，其中最核

---

① 《毛泽东著作选读》下册，人民出版社 1986 年版，第 819—820 页。

心的政治制度要素固然要适应作为环境性要素的经济、社会和历史文化，但是最核心的力量怎么可能总是被决定而不起主导作用呢？马克思早就说过在权力横行的地方商品经济发展不起来，中国秦以来更是政治权力主导社会的历史。就是这样一个明确无误的道理，长期以来被庸俗化了，政治的作用只是变成了"反作用"。

习近平《在庆祝全国人民代表大会成立60周年大会上的讲话》有利于人们进一步理解制度体系的内在逻辑。习近平提出了"政治制度的决定性作用"："一个国家的政治制度决定于这个国家的经济社会基础，同时又反作用于这个国家的经济社会基础，乃至于起到决定性作用。在一个国家的各种制度中，政治制度处于关键环节。"[①] 这种党内文件的新表述既还原了马克思主义的基本原理，也道出了中国历史的制度变迁规律。

好的国家治理体系的核心是政治制度，因此与治理能力最密切的制度还是政治制度。通俗地讲，面对需要治理的复杂问题，需要解决问题的愿望和意志，而意志需要相应的制度、体制或机制去实现，这个过程就是国家治理能力。也就是说，制度是将意志变为现实的中介机制。没有中介机制，再宏大的、理想的制度结构都只能陷于空转而不起作用。

在中国，这个中介机制就是我们常说的民主集中制。强调民主集中制原则，是习近平在人大制度60周年讲话上的一个最突出的内容。民主集中制可以"形成治国理政的强大合力，切实防止出现相互掣肘、内耗严重的现象"；保证了"有效治理国家，切实防止出现群龙无首、一盘散沙的现象。"在中国这样一个超大规模国家，没有个人自由、社会自治、市场经济等民主的原初形式，就没有社会活力；没有社会活力，就没有改革开放以来的巨大成就。同样，在中国这样一个空前复杂的国家，没有决策权威，也很难想象会有今天的局面。比较而言，很多发展中大国都是有民主而无决策权威，发展因此步履蹒跚。不只是发展中国家，就连美国这样的发达国家，也因为其政策过程中的"否决型体制"而难以推动国家急需的公共

---

① 习近平：《在庆祝全国人民代表大会成立60周年大会上的讲话》，《人民日报》2014年9月6日。

政策和基础设施项目,比如全民医保难以实施,高铁计划几近流产。这一切都是因为立法和决策过程中的"否决者联盟"力量太过强大。

政治过程中民主集中制之比较优势有目共睹,而其优势的持续性则需要决策过程中更多的"民主主义",让民众更多地参与到决策过程,民众的利益得到更好地保护,使这个体制的回应性更强也更有弹性和活力。

五　结语：确立民主集中制的政体理论地位

民主集中制原则从写进《中国共产党党章》至今,历经近100年的历史,从最初的党—军组织原则,到新中国的政权组织原则,再到改革开放之后的围绕政权的组织制度的组织原则,可谓历久弥新。能够称得上政治模式的制度,必然是以时间维度为基础的,而且是有强大生命力的。如果说革命时期的党—军原则是民主集中制1.0版,新中国之后的毛泽东时期则是民主集中制的2.0版,而改革开放之后的30多年则是民主集中制的3.0版,是一个版本不断升级的过程。这个不断升级的过程和政体理论的演进路径是一致的,即起初只是亚里士多德所说的统治权,到了现代国家则演变为围绕统治权而建立起来的行政体制（比如议会制与总统制）、中央—地方关系（比如单一制与联邦制）。有解释力的政体理论一定是与时俱进的,停留在古希腊城邦时期的政体理论是没有意义的,用一种政体理论来解释其他国家的政体也是不可思议的。

更重要的是,没有哪种政治模式像民主集中制原则这样,既是权力结构的组织原则,又是这一权力结构的运行原则,充分体现了组织形式与组织过程的统一性。比如,世界上另一大政体即自由民主政体在组织形式上限于选举民主,但在政治过程中却被资本权力所主导。自由民主政体是两张皮,如果说其组织形式是民主的,而组织过程及决策过程所体现的政治则是寡头国家,是不平衡的多元主义即寡头利益集团主宰下的决策。形式与过程一致性的政体显然比不一致的政体更具有理论上的正当性和道义性。也正是因为其理论优势,才体现为治理绩效上的强大优势,这是中国与实行代议制民主即自由民主政体的发展中国家的比较结果。

实行了百年而仍然具有强大生命力的制度，必然是与其固有的文化和政治思想具有相适应之处的。作为一种外来的但最终成为一种内生性演化的制度，是因为其基于集体善的文化传统并以民本主义思想为脉络。因而，这种内生性制度自然比很多发展中国家移植的"飞来峰"更有适用性和生命力。

民主集中制的生命力不但因为其已经成为一种内生性制度，而且因其还是符合政治逻辑的混合政体。政治体必然是方方面面的关系，而且需要把各种关系有机地统合起来。因此，好的政体一定是混合制的。比较而言，自由民主政体在本质上也是混合制的，但却被诠释成以竞争性选举为标准的二元对立的理论，有竞争性选举则是民主，无则是非民主。结果，混合制政体变成了单向度理论，这种视竞争性选举为一切的单向度理论必然给其他国家带来灾难。

这种历史悠久的、道义正当的并客观体现政治内在逻辑的内生性演化而来的制度，以及由此而体现出的治理上的优越性，都使得作为中国模式的民主集中制政体有资格在政治学理论乃至社会科学理论体系上占有不可或缺的一席之地。换句话说，在中国乃至在美国，谈政体如果眼中只有自由民主政体而无民主集中制政体，在学术上是极其是不严肃的，在理论脉络上是残缺不全的，其比较政治研究或中国研究的意义都会大打折扣，甚至可以归为无用之学。

（作者单位：杨光斌，中国人民大学国际关系学院；
乔哲青，西华大学政治学院）

（原载《政治学研究》2015年第6期）

论中国特色社会主义民主制度建设

侯惠勤

无论在理论上还是实践中，民主问题都是坚持和发展中国特色社会主义的重大课题。新中国成立以后，由于社会主义建设的探索中曾在民主问题上走过弯路，导致了"文化大革命"那样长达10年的全局性失误，曾一度把推进社会主义民主和法治建设提到了紧迫关口。在贯彻落实"四个全面"战略布局的今天，民主问题又一次凸显出来。如果说，改革开放之初的社会主义民主政治建设主要是为了理顺体制、机制和基本制度的关系而通过政治体制改革加以推动的话，那么今天的民生政治建设则是通过巩固、完善中国特色社会主义制度而展示社会主义民主的优越性，增强我们的制度自信。因此，针对新的历史特点，我们对于社会主义民主政治建设要有新的理论思考。

一　民主问题的实质是坚持何种国家制度的性质

把马克思主义基本原理运用到新的历史条件，是思考中国特色社会主义民主制度建设的出发点。站在新的历史起点，从更高的理论眼界去提出问题和解决问题，才能在思想上、实践上有新的进展。因此，首先要对新的历史起点有准确的认知。就民主问题而言，值得关注的新情况有两个。

1. 民主问题已经成为今天西方从制度上颠覆中国特色社会主义的主要思想武器

尽管民主问题历来是西方"西化""分化"中国的发难点，但今天这个点的理论基石是体现西方制度精神的"普世价值"。"普世价值"之争不是思想上、学术上关于人类有无共同人性、有无价值共识争论的继续，也不是讨论当代国际社会如何努力形成共同遵循的行为准则问题，而是在特定的历史节点、针对特定的历史对象展开的思想渗透，是新的历史条件下意识形态斗争的突出表现。具体地说，21世纪初出现在中国的这场思想斗争是西方在前苏东地区和中东、北非持续进行的"颜色革命"的延续，是在中国改革开放步入深水区和攻坚期力图有效地"西化""分化"中国所使用的撒手锏。推行"普世价值"，就是把西方民主制度的国家模式普世化。对我国而言，其针对的就是"中国特色"，理论依托就是普世民主。在"普世价值"的框架下，现代化道路只有一条，现代国家的架构只有一种，核心价值观当然也只有一个，那就是已经定型的西方资本主义国家制度及其精神。所以，走"普世价值"之路，就是走"全盘西化"之路，就是从制度上照搬西方。在极力推行"普世价值"的人看来，"以自由、理性和个人权利为核心的'启蒙价值'成为推动人类社会从传统走向现代的精神力量，成为现代性社会的价值基础"[①]，"批判普世价值的人士所反对的，不是普世价值这个概念，甚至也不是自由、民主、平等、人权这些价值理念；他们所反对的，是根据这些价值理念来设计和建设的制度。他们反对按照自由、民主、人权等价值理念来改革政治体制和社会体制。这才是问题的本质所在"[②]。这段话以明白无误的语言表明，"普世价值"之争，不是学术和道德观念之争，而是严肃的政治斗争，是当代中国的国家制度性质之争。

这种"普世价值观"以对历史，尤其是20世纪历史误断为前提，"社

[①] 秦晓：《秉承普世价值开创中国道路——当代中国知识分子的使命》，http://finance.ifeng.com/opinion/zjgc/20100727/2447833.shtml。

[②] 杜光：《试析"批温高潮"的来龙去脉》，《中国论坛》2010年7月15日。

会主义试验的兴起及其失败"、资本主义制度是人类"历史的终结",就是这种错误历史判断的主要结论。苏东剧变让西方崇尚资本主义世界体系的政客和知识分子欣喜若狂,一系列有代表性的著作纷纷发表:布热津斯基于20世纪80年代出版了《实力与原则——1977—1981年国家安全顾问回忆录》《运筹帷幄:指导美苏争夺的地缘战略构想》;美国前总统尼克松发表了《1999,不战而胜》;弗朗西斯·福山出版了《历史的终结》;塞缪尔·亨廷顿发表了《文明的冲突》等。在这些人当中,最具代表性的是美国学者福山和亨廷顿。福山在《历史的终结》一书中说:该书涉及"自由民主制度作为一个政体在全世界涌现的合法性,它为什么会战胜其他与之相竞争的各种意识形态,如世袭的君主制、法西斯主义以及近代的共产主义"①。他还进一步指出:"自由民主制度也许是'人类意识形态发展的终点'与'人类最后一种统治形式',并因此构成'历史的终结'。换句话说,在此之前的种种政体具有严重的缺陷及不合理的特征,从而导致其衰落,而自由民主制度却正如人们所证明的那样不存在这种根本性的内在矛盾。"② 由此福山得出结论:"20世纪最后25年最令人瞩目的变化是,不论是军事管制的右翼,还是极权主义的左翼,人们都发现,在世界貌似最专制的核心地带存在着巨大的致命弱点。从拉丁美洲到东欧,从苏联到中东和亚洲,强权政府在20年间大面积塌方。尽管他们没有都千篇一律地实行稳定的自由民主制度,但自由民主制度却始终作为唯一一个被不懈追求的政治理想,在全球各个地区和各种文化中得到广泛传播。"③ 福山还认为,后"冷战"时期,北美、西欧和日本的大三角文化将成为世界单一的文化,人类未来面临的挑战仅仅是经济的、技术的、环境的问题,再也没有与共产主义和法西斯主义的生与死的斗争。在堪称"中国颜色革命动员令"的所谓"零八宪章"中也曾声称:在经历了长期的人权灾难和艰难曲

---

① [美]弗朗西斯·福山:《历史的终结及最后之人》,黄胜强、许铭原译,中国社会科学出版社2003年版,第1页。
② 同上。
③ 同上书,第4页。

折的抗争历程之后,觉醒的中国公民日渐清楚地认识到,自由、平等、人权是人类共同的普世价值;民主、共和、宪政是现代政治的基本制度架构。抽离了这些普世价值和基本政制架构的"现代化",是剥夺人的权利、腐蚀人性、摧毁人的尊严的灾难过程。21世纪的中国将走向何方,是继续这种威权统治下的"现代化",还是认同普世价值、融入主流文明、建立民主政体?这是一个不容回避的抉择。

非常可怕的是,这种错误观点已经渗透到了党的高层,党的"两个总书记都在资产阶级自由化问题上栽了跟头"①,这绝非偶然。尤其是赵紫阳,他在内心深处已经深深地认同了资本主义制度的优越性,否认了社会主义探索的历史及其制度价值。他在其自述中几乎一字不差地重复了福山关于"历史的终结"的观点:"二十世纪出现的,在几十年间里与西方议会制度相对立的所谓新兴的民主制度——无产阶级专政制度,在大多数国家已经退出了历史舞台,倒是西方的议会民主制显示了它的生命力。看来这种制度是现在能够找到的比较好的、能够体现民主、符合现代要求而又比较成熟的制度。现在还找不到比它更好的制度。"② 因此,我们今天研究民主问题,一定要紧紧围绕国家制度这个实质,紧紧抓住坚持和发展中国特色社会主义民主制度这个关键,批判抵制"普世价值观"。

更为值得警醒的是,一些似乎是赞扬和肯定中国特色社会主义制度的观点,也用"威权体制"而不是民主政治来判断我国制度。这种肯定实际上增强了西方对于民主的制度垄断,增强了西方在核心价值观上的自信,而削弱了中国特色社会主义制度的国际影响力。例如,美国学者哈珀在2010年出版了《北京共识:中国威权模式将引导21世纪》,认为中国在"威权统治"下的崛起给西方造成了巨大的挑战和威胁,中国特色的道路是"威权统治"下的社会主义制度与建设。这一观点被一些居心叵测的人大肆炒作而似乎得到了广泛的认同,其实这是陷阱。"威权统治"不过是

---

① 《邓小平文选》第3卷,人民出版社1993年版,第344页。
② 赵紫阳:《改革历程》,新世纪出版社2009年版,第296页。

专制统治的柔性说辞，本质上还是专制制度，这正是西方反华反共势力诬蔑我国制度的一贯伎俩。以"威权统治"挑战西方民主，在道义和理论上都绝无优势可言，我们决不能欣然认同。

2. 打破西方民主话语霸权的时机正在到来

当今世界出现了苏东解体乃至第二次世界大战以后罕见的动荡和混乱局面，其主要特征就是以西方为中心的世界体系的日益没落，以美国为代表的西方"民主体制"的失灵，其多种变形的"劣质民主"给全球带来了灾难。德国学者斯宾格勒在第一次世界大战期间就预言的"西方的没落"正在成为现实。正如台湾大学朱云汉教授指出的："人类面临的最大困境在于：'民主'与'自由'——被许多政治领袖和知识分子视为建构21世纪社会的两大支柱正严重变形与退化，成为世界动荡的来源。"① 西式民主的危机表现为民主日益非理性化，堕落为特殊利益集团和政治人物的"政治秀"，成为纯粹的政治伎俩。选举手段日趋下流，黑金政治大行其道，争相讨好选民，掩盖社会矛盾，只讲成败、不讲是非，严重败坏社会风气。

另外，随着中国特色社会主义的发展，中国在当今世界的伟大复兴，以及东欧一些前共产党人重新执政，包括长期所谓"一党独大"的新加坡等国的政治稳定，发展良好，都表明一种"非西式的民主"正在兴起。我们的理论研究必须跟上，对民主理论作出新判断、新阐发，掌握话语权。扩大中国特色社会主义民主制度，即人民民主专政国家制度的影响力，适逢其时。

二 中国特色社会主义民主是根本区别于西式民主的国家制度

中国特色社会主义民主制度的理论支点根本区别于西方民主政体。我

---

① 《朱云汉著书纵论21世纪世界大势》，《参考消息》2015年8月7日。

们坚持马克思主义的基本理论，认为没有在生产力高度发展基础上的消灭阶级、消灭剥削，人民当家作主就是不可能的；而在现今的各种社会力量中，只有工人阶级的阶级利益和阶级要求是消灭阶级，因而只有坚持工人阶级的领导才有真民主；以"利己主义的市民个体"为基础的资本主义国家，只能搞假民主。可以肯定地说，"西式民主"在今天蜕变为纯粹的形式民主，是对民主思想的背离，绝不是真正的人民当家作主，不是"普世民主"，"西式民主政体"也不是"普世民主模式"。因而，是否实行西式民主绝不是衡量民主与专制的尺度，也不是现代国家和传统国家的划界标准。真正的民主必定是形式民主和实质民主的有机统一，必定是政治平等和共同富裕的相互促进，必定是眼下的多数和长远的多数的历史统一。因此，我们在推进社会主义民主制度的建设中，始终应注意把握以下三点。

第一，形式民主价值的非至上性，我们不把投票视为终极民主。一般地说，民主作为价值目标，是就国家政治建设而言，它属于上层建筑，必须服务于经济基础，因而不能孤立地看待，不但必须与国家的主权、安全、正义和效能等进行综合考量，而且必须与发展、民生、社会和谐等相协调。特殊地说，今天西方式的民主已经完全蜕变为"形式民主"，即"投票的民主"，而不包含任何实质民主的含义，因而不能等同于"人民当家作主"，也就不具有政治价值上的至上性。围绕着"拜票"而展开的民主，难免向着政治伎俩和情绪宣泄的竞技场方向演变，与人民当家作主渐行渐远是必然的。投票只是民主的形式，必须服务于人民当家作主的实际需要。这就是说，在社会主义民主制度的建设中，对于投票等民主形式要有一个正确的定位，不能喧宾夺主，更不能本末倒置。

第二，民主是多重价值的内在统一，因而民主必然与社会进步和人的发展相一致。民主不是孤立、抽象的"多数人"统治，而是多种善良价值的内在统一，其中最为重要的是理性、平等和民主不可分割的联系。只有理性基础上的民主才有是非界限，才可以发展进步，才有民意的整合（包括对少数意见的尊重和保护），才能真正体现人民意志，才不会蜕变为政治赌博和纯粹权术。只有平等基础上的民主才有内容，才具有实质性的意义,才是真正的多数人统治,才具有历史进步性,才不会沦为少数人的工具,而造成"沉默的大多数"。因此,民主不是政治游戏,不是政客们作秀的舞台。人民当家作主的实现过程,也就必然是社会平等和人的自由全面发展逐步实现的过程。社会主义民主制度的建设,必须和共同富裕、人的全面发展等制度安排相一致。

第三,必须破除"西式民主"的樊篱,确立民主的客观坐标。政党轮替、三权分立等只是西式民主的架构形式,并不是民主政治的必要条件,更不是民主政治的充分条件。从我们今天看来,应当突破长期以来禁锢着人们头脑的对于民主的这一认识上的樊篱,作出新的概括。新的民主政治的客观坐标应当突出以下原则:一是要有一个能够顺畅表达和有效整合民意的政党制度。这里的关键不在于是一党、两党还是多党制,而在于一个能够真正倾听民意、体察民意、整合并代表民意的政党制度。二是要有较为完备且能不断完善的现代国家治理体系。这里的关键不是所谓程序民主,而是民主和效率的统一,民主决策和科学决策的结合,使得国家职能能有效地推动经济发展,促进社会的公平正义,不断改善民生、增进人民的福祉。三是要有一个有效的反腐倡廉、防止权力腐败的廉政制度。这里的关键不在于三权分立,而在于执政党能够建立起有效的权力监管,把自律和他律、法治和德治、社会监督和自我监督有机统一,真正建设廉洁政府。

概括地说,中国特色社会主义民主制度的建设相比于西方民主政体,有两个显著特征。其一,把民主制度建设纳入国家和社会发展的总体框架,而不是孤立地突出民主价值。民主作为国家制度,其作用是保障国家政治生活的健康、鲜活,因此它必然不是某个单一价值的展示,而是多重价值相互推进的过程。毛泽东在1957年就提出,要造成"又有集中又有民主,又有纪律又有自由、又有统一意志、又有个人心情舒畅、生动活泼,那样一种政治局面"[①]。这里就包含着民主和集中、自由和纪律、个性和共识等的统一。中国特色社会主义民主就是要围绕着这些统一,通过民主制度建

[①] 《毛泽东文集》第8卷,人民出版社1999年版,第293页。

设,造就生动活泼的国家政治生活。邓小平在认真总结和思考我国民主政治建设的基本经验和基本实践后,对于我国的民主建设的总目标作出了这样的论断:"总的目的是要有利于巩固社会主义制度,有利于巩固党的领导,有利于在党的领导和社会主义制度下发展生产力。对中国来说,就是要有利于贯彻执行党的十一届三中全会以来所制定的一系列路线、方针、政策。要做到这些,我个人考虑有三条:第一,党和行政机构以及整个国家体制要增强活力,就是说不要僵化,要用新脑筋来对待新事物;第二,要真正提高效率;第三,要充分调动人民和各行各业基层的积极性。"① 这是把民主纳入了社会主义总体建设的战略中,成为坚持和发展中国特色社会主义这一主题的有机部分。能否准确把握民主在社会发展中的客观定位,是衡量真假民主的重要标准。

其二,中国特色社会主义民主的实现是一个自觉有序的过程。西式"投票民主"的弊端就在于它有一个错误的假设,即民主应该在人们的自发状态中实现。因此认为只要每个人"自愿"投出一票,多数票就代表了民意。实际上,在资本主义市场经济条件下,"心为物役"是普遍的现象和资产阶级统治的方式,个人无论是否"自愿",本质上还是为金钱所操纵。这样,人民当家作主就不能简单地通过投票的方式实现,而必然是一个社会解放和人民群众自我教育和自我提高的过程,必然是一个自觉有序的过程。人民当家作主的实现过程,也是人民群众自己教育自己、自己解放自己的过程,是一个不断地走向自觉而掌握自己命运的过程,因而也是用先进理论武装并组织起来的过程。这样,党的领导和马克思主义的指导就是社会主义民主不可或缺的有机构成。

总之,中国特色社会主义民主的实现是一个不断明辨是非、凝聚共识的过程,是人民群众通过自我教育而不断地学习当家作主的过程,是一个和坚持党的领导及先进理论指导内在统一的过程。这一民主的建设和实现,必定同社会主义精神文明的建设、同社会主义核心价值观的培育和践行、

---

① 《邓小平文选》第3卷,人民出版社1993年版,第241页。

同社会主义生活方式和社会共同体的建设相向而行。民主的实现需要和整个社会的建设发展相统一，因而必然是一个自觉有序的过程。把民主局限在投票这一程序民主的形式上，渲染自发的所谓选民意愿，只能是假民主的自我陶醉。

三 以人民当家作主为核心价值，努力把握关于民主的话语权

中国特色社会主义民主的话语体系必须敢于面对严峻的挑战，直面现实的难点与焦点问题。我们不仅要从事例上说明中国国家制度是新型的民主法治国家的制度，还要用中国特色社会主义的话语加以叙述，更要从中贯彻我们的民主政治价值观。中国特色社会主义民主政治价值观可以形成以下三个着力点。

（一）在区分社会主义民主和资本主义民主的基础上，着重揭露西式民主的蜕变，将当代资本主义民主和启蒙时期的资产阶级民主做一定的切割

启蒙时期的资产阶级民主理论，虽然也是为资本主义制度造势，但处在革命时期的理论，它毕竟体现了"在这瞬间，这一0个阶级的要求和权利真正成了社会本身的权利和要求，它真正是社会的头脑和社会的心脏"①。因此，虽然它主要着眼于形式民主，但也没有完全排斥实质民主。比如，法国伟大的启蒙思想家卢梭就提出了民主并非形式上的大多数人的统治，而是要体现"公意"，即人民根本意志的大多数；他还反对三权分立、两院制等政治构架。

转折点是第二次世界大战期间美国经济学家熊彼特提出的"投票民主"被西方广泛认同，并成为衡量民主国家的唯一标准。其前提是否定

---

① 《马克思恩格斯选集》第 1 卷，人民出版社 2012 年版，第 12—13 页。

实质民主的可能性，否定人民意志的客观存在。这一倒退，是西方民主的严重蜕变，也是今天西方"民主政体"危机的根源。形式民主无法保证先进性，无法区分历史的前进与倒退，因此无法防止民主变质，而且容易走向自己的反面。而如果民主导致亡国，导致军国主义、法西斯主义的肆虐，导致国家停滞不前、衰微破败，那么民主也就不复存在。要充分利用历史和现实中，资产阶级民主成为法西斯主义、军国主义孵化器的事实，揭露资产阶级民主的脆弱和危害，并揭露其嫁祸于共产主义的拙劣行径。

（二）在揭露西方民主局限性的基础上，突出中国特色社会主义民主的生命力在于，通过促进国家富强、人民富裕、社会公平正义，在逐步实现共同富裕的过程中推动人民当家作主成为现实

邓小平指出："我们大陆讲社会主义民主，和资产阶级民主的概念不同。西方的民主就是三权分立，多党竞选，等等。我们并不反对西方国家这样搞，但是我们中国大陆不搞多党竞选，不搞三权分立、两院制。我们实行的就是全国人民代表大会一院制，这最符合中国实际。如果政策正确，方向正确，这种体制益处很大，很有助于国家的兴旺发达，避免很多牵扯。"[①] 可见，民主必须在有利于解放和发展生产力、促进共同富裕和社会公平正义、增强廉洁高效的国家职能的前提下建设。鉴于今天西方民主的困境，福山也提出"没有优质的国家，就没有优质的民主"，认为国家整体治理能力比民主更能体现国家竞争力。在国家不能增进人民福祉和维护社会公平的情况下，民主不仅虚假，而且会加速社会的混乱和不公。因此，国家治理体系和治理能力的建设优于民主政治建设。

相应的，我们要旗帜鲜明地宣传我们民主观的民意理念和"以人为本"思想，即我们的民意不单纯就是"选民意愿"，我们的"以人为本"不是西方的"个体本位"，而是"社会为本、人民至上"。这一民意理念

---

① 《邓小平文选》第3卷，人民出版社1993年版，第220页。

的世界观依据是,虽然历史总是人的历史,历史的活动总是人的活动,但人不是孤立的个体存在,不能随心所欲地创造历史,而总是"进行物质生产的,因而是在一定的物质的、不受他们任意支配的界限、前提和条件下活动着的"①。因此,必须坚持人的客观物质制约性第一,主观能动性第二;社会性存在第一,个体性存在第二;生活的生产和再生产第一,生活的占有和享受第二。从价值观上看,就是人民第一、个人第二的社会主义、集体主义价值观,而不是个人主义、利己主义、享乐主义价值观。

我们必须把形式(程序)民主和实质民主的历史统一的民主思想贯彻到底,即便是投票选举,也要做到形式和实质的尽可能的统一。因此,我们对于各级领导干部的选拔,除了必要的票决,更多的是实际考察、实践检验。既有社会各层级的选择,也有中央领导集体的选择;既在社会主义建设中实践锻炼,也由各级组织进行各个层面的培育。实践的检验和选择是长期的,职位越高,经历的岗位磨炼越多。这种制度不同于家族政治制度,也不同于西方单一票选制度,更不同于所谓的威权政治制度。这一制度既避免了西方单一票选制度带来的形式化弊端,也能够避免威权政治制度、家族政治制度带来的近亲化弊端。它既是民主性制度,又是人民性制度,更是一种先进性的制度。

(三)尽管民主问题纷繁复杂,但要害是在日益复杂的国内外条件下是否要坚持共产党的领导,必须讲好讲透坚持党的领导和人民民主的一致性

西方民主制形式也多样,但其实质是资产阶级统治,其基础是孤立、抽象的个人,通过个人权利的形式平等而获得民主的幻觉,恩格斯因此称其为资产阶级"法学世界观"。社会主义民主的基础是人民,通过工人阶级及其政党的有效整合,体现最广大人民的意志,因而是人民民主,党的

---

① 《马克思恩格斯选集》第 1 卷,人民出版社 2012 年版,第 146、151 页。

领导在其中起决定性作用。也因此，西方在民主上针对社会主义国家进行渗透的核心就是颠覆共产党的领导，主要思想武器是将"宪政民主"的政党轮替、三权分立、公权和私权的博弈等作为"普世民主的模式"加以推行。在西方民主思潮的渗透下，对于坚持和改善党的领导形成了所谓"一党独大""一党独裁"一类的强大的话语压力，不断造就在中国进行颜色革命的思想氛围。把我国的政治体制改革定位于"宪政改革"，鼓吹通过诸如"党主立宪"方式，试图架空共产党而达到取消中国共产党的领导的目的，这是我们应当关注的新动向。

通过所谓"宪政改革"搞颜色革命，意图颠覆我国的社会主义制度的做法有过许多表现。例如，试图利用党政分开的改革，架空党的领导，使党的领导仅限于党内、党员；又如，试图利用加强民主协商，让民主党派在人大会议期间成立党团，使其成为真正独立的政党，把全国政协改造成与人大并列的"参议院"；再如，试图利用现代化的社会转型，推动共产党由所谓"革命党"向"现代执政党"转型，使中国共产党由工人阶级先锋队组织蜕变为西方式的议会党，自行"多党化"。我国社会主义民主政治建设的根本立足点，就是巩固、完善中国共产党领导为根本特征的中国特色社会主义制度，这需要我们长期艰苦的努力。

我们需要更加理直气壮地宣传，没有一个敢于历史担当、勇于牺牲奉献、全心全意为人民服务的党，民主就只能是政治游戏，甚至是骗局。历史充分证明，任何社会的进步和历史的飞跃，都必须要有先进力量的引领，而要改变阶级社会以来少数人统治多数人的社会现状，实现几千年人类文明史从来没有过的人民当家作主，没有一个先进的、强大的、勇于奉献和自我牺牲的政党的持续奋斗，那是不可想象的。资本主义社会必然是一个两极分化的社会，除了资本主导的经济逻辑使然外，就是将利己主义个人作为国家的自然基础的结果。"正如古代国家的自然基础是奴隶制一样，现代国家的自然基础是市民社会以及市民社会中的人，即仅仅通过私人利益和无意识的自然必然性这一纽带同别人发生联系的独立的人，即为挣钱而干活的奴隶，自己的利己需要和别人的利己需要的奴隶。现代国家通过普遍人权承认了自己的这种自然基础本身。"① 试想，在一个"人人为自己、上帝为大家"的社会里，可能实现"共同富裕"吗？在一个两极分化的社会，人民可能当家作主吗？

  一个全心全意为人民服务的政党不是投票投出来的，而是在马克思主义武装下，按照工人阶级的世界观和阶级面貌从严治党，在实践中不断经受住各种考验，长期锻炼出来的。这正是我们必须坚持把人民当家作主的实现和坚持党的领导联系在一起的原因。这不是一党之私，而是舍我其谁的历史担当。正如习近平总书记2013年8月19日在全国宣传思想工作会议上所说："我一直在思考一个问题，这就是：我们中国共产党人能不能打仗，新中国的成立已经说明了；我们中国共产党人能不能搞建设搞发展，改革开放的推进也已经说明了；但是，我们中国共产党人能不能在日益复杂的国际国内环境下坚持住党的领导、坚持和发展中国特色社会主义，这个还需要我们一代一代共产党人继续作出回答。"从理论上不断总结、阐发中国特色社会主义民主制度，使之更加定型和成熟，是我们今天研究民主制度建设问题的立足点。

（作者单位：中国社会科学院国家文化安全与意识形态建设研究中心）

（原载《马克思主义研究》2015年第12期）

---

① 《马克思恩格斯文集》第1卷，人民出版社2009年版，第312—313页。

中华民族传统政治文明中的民主基因及中西民主观的异同

刘玉辉

考察人类文明发展的历史，我们不难发现，民主是伴随人类文明发展的社会历史现象。人类文明的形成发展，是具体的历史的过程。民主的形成发展，同样是具体的历史的过程。当我们破除了对西式民主的顶礼膜拜之后，就会发现。民主基因同样深种在中华民族传统政治文明之中。

一 中华民族传统政治文明中有民主治理的基因

远在原始社会末期，从黄帝时代起，在古老的中华民族内部就有非常发达完善的民主治理体系的成功实践。我们中华民族自称炎黄子孙，炎黄子孙是怎么来的呢？大约公元前40世纪至公元前30世纪左右，五帝之首的黄帝部落崛起于今天河北省的北部一带，强盛起来之后，逐步南下，逐鹿中原，争雄四方，先后征服南蛮、北狄、西戎、东夷，败炎帝、灭蚩尤，在这一过程中，黄帝没有实行军事灭绝政策和暴力专制，而是和炎帝一起创建了具有浓厚民主氛围的炎黄部落联盟。由于炎帝年长于黄帝，年高德劭，所以黄帝尊之如师、敬之如兄，虽由黄帝执掌政权，但部落联盟的名称却叫炎黄。联盟内部实行的是具有原始民主特质的部落联盟议事会制和集体决策制，联盟议事会首先通过发扬民主集思广益，然后再通过集体合议达成共识、形成决策，炎黄部落是典型的民主制联盟。此后，实力强大的炎黄部落逐渐统一华夏各部落，愈加兴旺发达，子孙繁盛，威名远播。其实，这种原始社会特色的民主制度从更早的原始部落时代就开始实行了，当时个体的力量无法战胜来自自然界的威胁，必须集体作战，才能生存，中国自上古三皇时期起，燧人氏、伏羲氏、神农氏等华夏伟大的人文初祖，都是善于发扬民主、汇聚民智、集中民意、凝聚民力的伟大人物，因而都取得了不同凡响的伟大成就。应当说，这种源于生存本能需要的原始民主是中华民族民主实践的历史源头，为促进中华民族原始社会的发展繁盛起到了巨大的历史推动作用。但是，毫无疑问，是黄帝轩辕氏把这种原始民主变成了生动活泼的社会治理实践，使之定型化，为我们中华民族在历史上进行了创立民主制度的最早探索，可以说，民主是炎黄子孙与生俱来的传统，这是世界历史上最早的民主实践，也是人类政治文明史中民主最初的神圣曙光。

这种具有原始色彩的民主政治在中华民族兴旺发达的历史长河中，发挥了至关重要的巨大推动作用。从黄帝起，颛顼、帝喾、唐尧、虞舜，五帝依次崛起，踵事增华，中华民族进入了氏族部落联盟的鼎盛时代。为效法黄帝民主风范，尧帝"置谏鼓"于廷，舜帝"立谤木"于路，并创立"禅让制"，伴随原始民主发扬光大的春风，中华民族由最初的符号记事进入创制象形文字的文字思维阶段，由上古时期伏羲首创的以符号和数字形式存在的《易经·八卦》等原始书册典籍开始进入文字定形阶段并得以广泛流传，文字的诞生开启了中华民族文明发展和智慧创造的新阶段，也大大加速了中华文明的发展进程。

大禹承接舜帝继位之后，创立了具有今天联邦制色彩的大夏王朝，原先以氏族、宗族和种族等形式存在的各种部落摇身一变而成为城邑制邦国，夏朝版图内小国林立，各自为政，但都统一臣服于夏王。夏末桀帝专制残暴、荒淫无度，为成汤所灭，汤建商朝，承袭夏制。夏商两代，中华民族一直实行和延续了以氏族部落制为基础的城邑式国家联盟的王朝体制。

商末纣王专权无道，周文王乘机而起，至武王灭商立周，西周时期，周王朝创立并推行分封制，周王朝册封的属国加之从夏商时期传承下来的氏族城邑制邦国，华夏版图内竟繁育发展出数千个城邑式邦国，邦国不论大小、贫富、强弱，一律平等相待。都统一尊奉周王朝和朝觐周天子。周王朝崇道重礼，以德服天下，民主风气日益浓郁，民主的春风唤醒了中华民族无穷无尽的创造智慧，礼、乐、射、御、书、数并举，教育发达，文化繁荣，诗书礼乐逐渐兴盛，《易》《三坟》《尚书》《五典》《诗》《礼》《乐》等为中华民族精神家园奠基的原始典籍书册先后问世。到东周的春秋战国时期，五霸七雄先后崛起，周王朝渐衰，周天子王权式微，民主之风愈浓，于是乎，墨、道、儒、法、阴阳、纵横、兵、刑、杂、医、农等诸子百家乘势而起，形成了"百花齐放、百家争鸣"的博大气象，包括天文、历法、医学、农学、艺术、宗教、文学、哲学等门类，具有独创性、系统性的中华文明日趋成熟。诸子百家沐浴春秋战国时期民主的春风蓬勃兴起，不仅造就了中华民族文明史上异峰突起的雄伟景象，也成为傲立世界文明之林的高峰之一。

从人类文明史来看，没有民主的地方就没有人民的幸福。更不会有思想的大解放、文化的大繁荣、科技的大飞跃、经济的大发展、社会的大进步。中国在春秋战国时期，各诸侯国在政治、经济、军事、外交等各方面完全是独立自主的。诸侯国所拥有的国家治理权远远超过今天世界上自诩为最民主的美国联邦制下的各州。春秋战国时期之所以会出现百家兴起的局面，就是因为周天子王权衰落、各诸侯国为争霸天下，在政治、思想、社会等各方面竞相广泛推行民主治理而充分激发和释放了人们的创造潜能和创造智慧所产生的文化奇观。可以说，春秋战国的诸子百家是民主催生的文化奇迹。

战国末年，诸侯国之一的秦国逐步做大做强，传至始皇嬴政国力愈盛，远交近攻，纵横捭阖，灭六强国后才在中华民族的历史上第一次建立起大一统的中央集权的封建王朝，因为秦的专制、暴政和严刑峻法，导致大秦王朝二世而夭。汉高祖刘邦灭项立汉之后，充分汲取秦亡之训，尽废秦法，实行宽松政治和包容政策。"三公坐而论道"，几乎与皇帝平起平坐；从中央皇朝到地方政府,"无为而治";经济上轻徭薄赋,"休养生息",让利于民;政治上广开言路,唯才是举,选贤任能,力行德政,广施仁政;文化上百家并举,百花齐放。经"文景之治",至汉武帝终成大汉雄风。唐宋元明清时期。历代统治集团对汉朝政治文明传统都有所借鉴和继承。毫无疑问,中国古代国家治理中的民主实践和中国传统文化中的民主因素,无疑是中华文明屡遭磨难而不灭、历经沧桑而愈加兴旺的真谛之一。

二 中华民族很早便独立使用民主范畴并形成独特的认知体系

中华民族在世界历史上最早进行了民主政治的实践探索,不仅在中国古代国家治理和社会治理悠久而丰富的实践中充分展现了中华先民的民主思维和民主智慧,而且在世界历史上也是最早提出民主概念的国家。

长期以来,人们一直认为"民主"一词是古希腊人发明的,是舶来品,实际上在中国古代,民主这个词出现很早,在中国现存最古老的经典文献《尚书·周书·多方》篇里就有:"天惟时求民主,乃大降显休命于成汤。"这是中国历史典籍中关于"民主"的最早记载,尽管这里的民主一词与今义迥异,是指具有民主素养和民主作风的"民之主"之意,但也足以证明中华民族对民主范畴具有独立的创制权,中国在世界历史上是最早使用民主范畴的国家。

在中国古代,几乎所有被称为明君圣主的帝王,都是具有民主意识、民主作风和民本思想的开明统治者;相反,对于那些没有民主意识和作风的专制者、独裁者,如夏桀王、殷纣王、周幽王之流,则被我们的先民们统斥为"暴君""独夫"和"民贼"。至于"民惟邦本,本固邦宁""民为贵,君为轻,社稷次之"的民本思想,"圣人之欲上民也,必以其言下之;欲先民也,必以其身后之"的治国理念,"与天合、与地合、占人和"的和谐思维,"爱民如子""穷则独善其身,达则兼济天下"的家国情怀,"水能载舟,亦能覆舟""先天下之忧而忧,后天下之乐而乐""当官不为民做主，不如回家卖红薯"等执政理念和政治文化，无不体现出中国古人丰富的民主理念、民主思想、民主追求和民主风范。

用世界眼光来衡量，中国古代的国家治理是非常发达、非常完善而又非常先进的。中华民族远在上古时期就进行了丰富的民主实践和探索，丰富多彩的民主实践背后蕴藏着丰富多彩的民主思想、民主智慧和民主创造。

中国历史上在国家治理中一直存在的民主管理思想和民主治理实践，是人类政治文明发展史中共同的宝贵财富。中华民族自古以来就有集思广益、众志成城的集体主义传统。"得民心者得天下"，几乎成为中国古代历代王朝更迭的定律。尊重绝大多数人的意志，维护绝大多数人的利益，看重绝大多数人的力量，重视发挥绝大多数人的智慧，这种中国特色的民主是中国古代政治的特色和精华所在。其实，被西方自诩为人类民主唯一源头的古希腊，其民主实践和民主理论远不及中国历史悠久和丰富多彩，不仅空间范围狭小，而且持续时间也不长。

我们研究中国历史上的民主思想和民主实践，应该有足够的自信，完全无须囿于西方设定的话语陷阱里作茧自缚，而可以用文明承传、国家治理、社会治理的历史传统和经验教训来说明中国的民主问题。我们要深入分析中国古代国家治理实践中所蕴含的丰富民主理念，中华传统文化中的民主因素在中国古代国家治理实践中所发挥的巨大作用，以及这些实践和理念对今天民主建设的借鉴意义和价值；要通过历史的回溯，在历史的沿革兴替中追寻中国历史的发展脉络、承传逻辑和历史真谛，在历史的根源上、在历史与现实结合中找到适合中国文化、中国国情、中国特色的社会主义民主发展道路。

三 从中华民族的文化背景看中西民主观的异同

中华民族自远古时期起就形成了集群主义的思想意识和社会传统，成为民族文化中最核心的部分而延续至今。《易经·系辞传》中讲道："二人同心，其利断金；同心之言，其臭如兰。"中国俗语则常说："三个臭皮匠赛过诸葛亮。"中华民族历史传统上，历来反对个人单打独斗，相信人多力量大、智慧高、好成事，主张广泛团结多数人共同奋斗。其实，只有在民主和谐的氛围中，在轻松愉快的心态下，人们才能充分施展出创造智慧。这已被历史发展和社会实践所反复证明。作为古代世界东西方文明的杰出代表和耸立在人类文明史上两座最雄伟的高峰，中国春秋战国的诸子百家和欧洲的古希腊文明，都是民主的产儿。古希腊文明虽然不是原创性文明，它是古巴比伦文明和古埃及文明在地中海沿岸遇合、交融的结果，但古希腊人在充分学习、借鉴和吸收古巴比伦和古埃及文明的基础上，创造了这一辉煌灿烂的古代文明。后来古罗马人在实行希腊化的时期所造就的古罗马文明既没有达到古希腊文明的高度成就，又因古罗马走向集权专制而衰落和消亡。近代欧洲的文艺复兴，则是资产阶级为推翻封建专制的残暴统治。高举自由、平等、博爱的旗帜，发起的一场轰轰烈烈的民主革命和思想解放浪潮孕育而成的文化奇观。中国春秋战国的诸子百家、古希腊文明、近代欧洲的文艺复兴，尽管三者时代不同、地域相距遥远，但都伴随有相似的政治生态、甚至共同的社会背景，那就是三者都是政治民主、社会转型、思想解放的伟大结晶，都是政治上民主推动思想大解放、经济大发展、文化大繁荣的结果，都是民主政治充分激发和释放人们的创造智慧而蔚然形成的文化奇迹。由此可以看出，民主是激发人类潜能和创造智慧的法宝。

  与西式民主过于强调个人利益不同，中国式民主一向注重保护绝大多数人的集体利益。民本思想是中华民族最悠久、最灿烂、最宝贵的政治文明传统之一，也是中国古代民主政治赖以产生的思想基础和理论渊源。民主是中华传统政治文明中的精华所在，在中国悠久而漫长的政治传承中，重民本、尚和合、求大同的思想根深蒂固。中华民族自古以来一向主张"民贵君轻"，统治者向来"不患寡而患不均"，追求"大道之行也，天下为公"。仁人志士修身齐家治国平天下，都以"己欲立先立人，己欲达先达人"以及"和谐""和洽"为理想境界，崇尚"先人后己""大公无私""公而忘私，国而忘家""四海为家""天下大同"的政治理想，执政者为了固民本而追求公平和正义，社会治理主张求大同、存小异，注重通过夫妻和谐、父子和谐、君臣和谐，实现家和国和天下和。因此，"民为邦本"的民本思想已成为深入中华民族骨髓的文化基因，这与古代的中亚和欧洲极其崇尚个人英雄主义的历史传统和文化基因恰恰相反。反思人类文明的历史，我们不难发现，过于强调个人英雄主义而忽视集体的力量，只顾上层统治集团的私利而不管下层百姓的死活，无疑是古巴比伦文明、古印度文明、古埃及文明以及随后的古波斯文明、古希腊文明、古罗马文明，不能长久延续、最后走向衰败、甚至被取代和消灭的文化根源之一。因此，我们可以说，作为集权和专制的对立物，民主是破解政治专制统治、保护多数人权利的有力武器。

与西式民主过于强调个体人权不同，中国式民主更重视集体人权，即民权。中国古代政治中一向具有倾听民声、考察民情、注重民意、以民心向背为政治导向的优良传统，这是我国古代政治实践中一直存在的最宝贵的民主因素，历代开明的统治者们创造了如纳谏制、举荐制、朝廷决策制、群臣合议制、弹劾制等民主治理手段，对于维护中国古代广大劳动人民的利益曾发挥过积极的历史作用。中华民族历来主张少数服从多数、个人服从组织、局部服从整体的集体主义文化，与西方崇尚个人英雄主义和单枪匹马的骑士风度的文化传统相比，中华民族更注重运用集体的力量，更讲究发挥多数人的智慧，更强调尊重群体的意志。可以说，从三皇五帝的兴旺发达，到夏商两朝的发展进步，从春秋五霸、战国七雄的先后崛起，到汉唐盛世的横空出世，都是民主带给中华民族的文明奖赏。

与西式民主过于注重个性自由、个人意志不同，中国式民主更加关注保障个体平等的社会整体的公平和正义。中国特色社会主义民主植根于中华民族深厚的政治文明传统之中。从历史上看，中国并没有经过南亚、中亚、北非、西欧国家曾经历的那种以人身占有为根本特征的典型的奴隶制时代和奴隶制国家，这与中国文明中的民本思想、民主意识密切相关。当代中国人的民主观既直接吸收了马克思主义现代民主观的精髓，又直接继承了中国古代的民本思想精华，坚持以人为本，为民做主，让人民自己当家作主，谋求人民群众的整体、长远和根本利益；主张兼顾个人和集体、少数和多数、下级和上级、地方和中央的多重利益，力求综合平衡、和谐统一。西方则恰恰相反。从古希腊到现代西方发达国家特别强调个人意志和个人私利，过于纵容个人意志自由和个人私利追求，往往以个人意志阻挡他人意志，以个性自由侵害他人自由，以个人私利妨碍他人利益、伤害集体利益。中国人的自由观是以不妨碍集体和他人利益为前提的，即所谓"从心所欲不逾矩"，因为过度纵容个人的自由意志，就会侵害他人的自由和集体的利益。

与西式民主过于强调形式公正和程序正确不同，中国式民主向来注重内容正确和实质公正。众所周知，中国式民主主张民主是内容和形式的统一，民主的内容是其主要方面，民主内容决定民主形式，而不是相反，必须统筹兼顾民主形式与民主内容的和谐统一。民主的表面形式是程序，民主的实质内容则是实现民生幸福和社会公平正义的政治保障。从本质上来说，民主所要保护的是占社会整体绝大多数人的崇高权利和高尚人性，它所追求的是实现个人意志与群体意志的和谐、个人利益与群体利益的有机统一，而不是个人的所谓"绝对权利"，它所体现的是一个社会对真善美的追求，它所保障的是对真理和道义的呵护。程序与内容相统一的民主，才是最好的民主；过于追求形式完美往往走向损害民主的内容。

西方的民主观则过于注重民主形式的公正，古希腊的灭亡，已经证明了民主失灵的悲哀。刻意追求民主形式的结果便是常常走向民主的反面，徒具形式的民主常常使之蜕变成个人独裁和少数统治者对多数人残酷剥削与疯狂压榨的工具，苏格拉底之死、希特勒上台，难道不是西式民主的千古悲剧吗？曾经炙手可热的近代西方资产阶级政府，不都曾经是少数人打着民主的旗号，高喊着自由、人权的口号，通过民主选举攫取国家政权之后，对国内绝大多数人民实行残酷剥削和疯狂压迫的吗？不仅如此，当代西方某些国家的统治阶层打着民主的旗号，在民主的幌子下推行黑金政治、政党恶斗和只顾眼前不想长远的政治运行机制，已经成为美国等当今西方国家民主政治的制度性痼疾。若不彻底改革，美国、欧洲走向衰落是必然的结局，只是时间早晚而已。中华民族的民主观，更注重民主的实质内涵，尤其注重倾听绝大多数民意，不刻意追求民主的形式，而是致力于能真正体现绝大多数人意志的社会公平、正义、和谐，崇尚以民主捍卫道义和真理的力量。历史和今天无数事实反复告诫我们，作为治理天下的"公器"，只有真正体现占社会绝大多数人民的意志时，民主才能成为弘扬社会公理、维护公平正义、伸张真理和道义的法宝，而一旦为少数居心叵测的人所攫取、操纵和利用，就会成为毒害天下的工具。

由此可见，民主是一个时代特征、历史差别、文明色彩和国情特色都非常鲜明和突出的历史范畴。也像其他事物一样，民主既有共同性，也有其特殊性，共性寓于个性之中。我们研究民主问题，不仅要揭示其共同性，更要把握其丰富多彩的特殊性，以便建设中国风格、中国气派、体现人民意志、保障人民幸福的中国特色的社会主义民主，同时为建设人类命运共同体提供"中国模式"，贡献中国智慧。不仅如此，民主还是一个具有理论、实践和制度三个维度的政治范畴，要从三个维度整体研究、系统把握，既要不断深化民主问题的理论研究，以便吃透本质、把握精髓，又要推进民主制度的不断完善和民主实践的不断探索，使民主理论、民主实践、民主制度三者互相支撑、互相促进、相得益彰、良性循环。

中国共产党人在探索中国民主革命道路的过程中，在马克思主义民主观的指导下，结合中国实际、借鉴吸收中国历史上的民主传统，创造了中国特色的社会主义民主，并已成为中国共产党带领中国人民进行革命、建设、改革成功之法宝。中国特色社会主义民主深刻揭示了现代民主所具有的本质特征：广泛的参与性、有效的回应性、程序的合理性和内容的公正性，以及由此形成的自我纠错能力和机制。一种民主，如果缺少人民群众的广泛参与，它自然就会蜕变为少数人的独裁统治或利益集团所操纵的工具；而是否对人民群众的好恶具有持续、有效的回应性，则应当成为检验民主成功与否的试金石。近年来，以弗格森案为典型的美国系列种族歧视悲剧的不断上演，证明美式民主的无效。一种制度一旦丧失自我纠错能力，必然就会走向腐朽和死亡，民主也不例外。民主最可贵、最精彩、最伟大的所在，应当是具有自我纠错的机制和能力。而少数人投票即可当选的选举制，用少数人的利益和意志，强加给社会绝大多数人，这种抛弃民主精髓和真意的所谓形式民主，已经走向真正民主的反面，失效、无能和失败是其必然的结局。

（作者单位：求是杂志社）

（原载《红旗文稿》2016年第17期）

论以人民为本位的民主及其在中国的实践

林尚立

在中西方文明中,"民主"都是古老的词,其含义也都经历了古今流变;但其背后蕴含的问题却是共同的,且贯穿古今,这就是"谁为民作主"。人类文明发展形成的共识是:人民应该为自己作主。于是,人们把"人民统治"作为"民主"的最本质含义。古希腊就是这样表述民主的。"民主"也就因此被误认为是西方文明的专利。进入现代,西方从天赋人权理论出发,从古希腊强调人民应当自己作自己的主,转变为强调每个人拥有为自己作主的权利,形成了自由主义的现代民主理论。由于怀疑"人民统治"具有现实的可能性[1],所以现代民主理论尽管默认"人民主权",但民主的具体实践及其形成的制度和理论,并非以人民为本位,相反主要是以个人为本位。实践表明,这种民主理论及其制度模式,不仅难以在非西方国家得到有效实践,而且,即使在西方社会本身,其成效也是有限的;但由于西方社会至今依然拥有民主的绝对话语权,所以,以个人为本位的西方民主模式也就成为所谓的"经典模式"。许多政治家和理论家以此作为民主的标准来主导世界民主化潮流,结果使今天的世界陷入了"民主实践不民主"的困境,不少发展中国家为此付出了沉重的代价。

---

[1] [美]乔·萨托利(Giovanni Sartori):《民主新论》,东方出版社1993年版,第22—34页。

其实，民主不论是强调"人民为自己作主"，还是强调"个人为自己作主"，都没有错。马克思认为，西方现代文明之所以选择个人本位的自由主义民主，是人类社会发展的必然，因为，追求自由是人的本质，成为自由人是人类的共同理想，西方社会的发展首先为"个人为自己作主"提供了现实条件，西方现代化发展建构起来的自然是自由主义民主。但这并不意味着人类的民主发展因此就只有西方这种模式。如果真是这样，人类文明的发展也就走到了历史的尽头①。

马克思在承认西方出现自由主义民主具有其内在的历史必然性的同时，也深刻地指出了其历史片面性。马克思认为，这种"个人"是基于人与物分离而形成的，是以资本雇佣劳动，进而驾驭每个人的劳动为现实状况的；所以，"个人"在政治和法律上的自主是与"个人"在劳动上的不自主和经济上的不解放相伴而生的。这样的"个人为自己作主"不可能是实质性的，只有当人们全面掌握了生产资料，使劳动在经济上获得解放②，"个人为自己作主"才是实质性的。为此，马克思认为，要真正实现"个人为自己作主"，就需要一个重要政治前提，即全社会的生产资料最终归联合起来的全体人民所有，从而使劳动在经济上获得解放，进而使人民真正获得自己为自己作主的经济和政治基础。马克思解释的这个政治逻辑，决定了在现代化和民主化的过程中，"个人为自己作主"的努力必须与争取"人民为自己作主"的努力相伴而行，并以后者为前提。由此可见，当今世界各国的民主发展，都共同面临一个基本问题：如何使人民真正成为能够创造人与社会全面发展的主导力量，以人民整体为国家和社会作主，来保障每个人为自己作主。

必须指出的是，"人民为自己作主"固然最终需要"劳动在经济上获得解放"这个宏大历史前提，但作为政治生活的一种形态，它是民主与生俱来的内在要求，一直蕴含在民主发展之中。因而，实现"人民为自己作

---

① 林尚立：《国家转型与现代政治：从中国把握中国政治》，《中国高校社会科学》2014年第6期。
② 《马克思恩格斯选集》第3卷，人民出版社2012年版，第102页。

主"的努力,在任何时候都可以作用于民主的具体实践。本文将把以"人民为自己作主"为出发点而建构和发展的民主,视为以人民为本位的民主,并力图在民主的政治逻辑中,探究其内在的机理及其在中国的具体实践。

一 民主本质:人、人民与国家

在这个地球上,除了自然本身之外,所有的东西都是由人创造的。人之所以能够在自然界中创造出一个完全属于自己、并能由自己主宰的世界,关键在于人用自己的力量解决了一个天大的难题:把具有无限欲求的每个个体联合组成为一个有机体。解决这个难题的智慧和力量,首先来自人自身,这就是人的社会属性及其背后所蕴含的人的理性。当每个人聚合在一起的时候,个人的存在就在个体性存在的基础上,获得了集合性存在,个人因这种存在而获得了更大的能量。对个人来说,这种集合性存在就是人民,其得以维系的基础就是由生产和交往而形成的人与人的关系,即我们通常所说的社会。所以,人的社会属性的另一面,就是人的人民性,就是人的集合性存在。没有人的这种集合性存在,就不可能有社会;没有社会,人的集合性存在也就无法有效实现。社会,实际上就是人的集合性存在的组织形式,直接承担着维系这种集合性存在的使命。

人类学把由个体联合而成的有机集合体,称为族群。这种基于生命体聚合而形成的族群之所以能够成为人民性的存在,是与人的生产活动和交往活动分不开的;正因为有生产和交往的内在需求,所以人的集聚与合群,就不仅仅出于生命的本能,在很大程度上还出于生命意志所追求的自我实现。所以,对每个人来说,其集合性存在,不仅仅是自我保存的存在,而且也是自我实现的存在;相应地,维系这种集合性存在的社会,一定是一个秩序体系,与生俱来地拥有自己的规则、秩序与权威。

人的集合性存在,构成社会;人通过自己的力量把社会控制在秩序范围内,从而使人民这个集合体得以维系。在这一逻辑中,人自己生成了人民这个集合体,并用自己的力量维系这种存在。用今天的话来说,就是人民自我管理自己的事务。然而,随着人的生产和交往活动的拓展,人与人之间的利益关系必然更加复杂,各种矛盾和冲突也日趋激烈;于是,当人们终于有一天无法借助人们之间所形成的社会组织和社会力量来解决自身的矛盾与冲突的时候,人们就在既有的社会基础上创造出一个源于社会、但又高于社会的力量,这就是国家。国家的使命在于保全社会,进而维系人民这个集合体,即维系人的集合性存在。可见,国家保全社会的力量,从根本上讲,不是来自别处,而依然是来自人民。在社会中,人们直接通过自身的力量来维系规则和秩序;但在国家中,人民就必须借助由人们权力委托而形成的公共权力来维系规则和秩序。公共权力的出现是国家得以产生的前提与基础,它是基于人们的共同意志而形成的。

国家与社会之间的差异在于:社会的基础是众意,国家的基础是公意。在卢梭(Jean-Jacques Rousseau)看来,众意着眼于私人的利益,是从私人利益出发而聚合出来的共同意志,因而是个别意志的总和;而公意则着眼于公共的利益,即是从集合体的内在要求出发对个别意志总和的提炼。所以,卢梭说:"除掉这些个别意志间正负相抵消的部分而外,则剩下的总和仍然是公意。"① 由此可见,不论是社会,还是国家,都是人们共同意志的结果;但是,社会是确立在人们从维护各自利益出发而形成的共同意志之上,而国家则是确立在从维系人们赖以存在的共同体的公共利益出发而形成的共同意志之上。人们之所以会形成这两种共同意志,是因为,人的个体性存在和集合性存在所形成的双重属性,使人既具有利己性的一面,同时又具有公共性的一面。人从利己性出发,构成社会;人从公共性出发,构成国家;而不论社会,还是国家,其使命都是保障人的自由与发展,同时维系人民这个集合体,服务人的集合性存在。从社会到国家的发展,充分表明,维系人的集合性存在,巩固人民这个集合体,不仅需要人们之间

---

① [法]卢梭:《社会契约论》,商务印书馆2003年版,第39页。

相互协调与合作所形成的共同意志,而且需要从人民整体利益出发所形成的共同意志。从这个意义上讲,社会奠定了人民这个集合性存在,国家则是要维护和保障人民这个集合性存在,并同时使其成为保障和造福每个人自由发展的资源和力量。

国家是人类文明发展的产物。人组成人民的集合性存在是国家产生的现实基础,而国家产生则使得组成人民的集合性存在成为每个人的共同权利,每个人都因此成为主权者。因而,国家与生俱来地要维护两种权利:一是人作为个人独立存在所拥有的权利;二是人组成人民的集合性存在所拥有的权利。前者以自由发展为核心,后者以公平发展为核心。可见,国家的出现,不是要削弱人的集合性存在,而是要使组成人民的集合性存在真正成为人的全面发展的基础与保障。

正是在这个意义上,马克思明确指出,国家或者说国家制度实际上是人民的自我规定,而这种自我规定的制度形式,就是民主制。如果不是人民的集合性存在决定国家,而是国家决定人民的集合性存在,其制度形式就是君主制。马克思说:"在君主制中,整体,即人民,从属于他们的一种存在方式,即政治制度。在民主制中,国家制度本身只表现为一种规定,即人民的自我规定。在君主制中是国家制度的人民;在民主制中则是人民的国家制度。民主制是一切形式的国家制度的已经解开的谜。在这里,国家制度不仅自在地,不仅就其本质来说,而且就其存在、就其现实性来说,也在不断地被引回到自己的现实的基础、现实的人、现实的人民,并被设定为人民自己的作品。国家制度在这里表现出它的本来面目,即人的自由产物。"① 在这里,马克思揭示了长期被人们忽视的国家理论:国家是人的自由产物,是人民的自我规定,是人民创造国家制度,不是国家制度创造人民;所以,人民在国家中作主、决定国家制度,是国家或国家制度的本质属性。据此,在马克思看来,区别民主制与君主制的核心标准就是一条:人民是国家或国家制度的主体力量,还是其客体力量。君主制中,人民是

---

① 《马克思恩格斯全集》第3卷,人民出版社2002年版,第39—40页。

从属于国家制度的，是国家制度的产物；相反，民主制中，国家制度是人民的自我规定，国家制度是人民的产物。因而，真正的民主国家，应该是以人民为主体、为本位的国家。这个判断，不是一种价值判断，而是基于人类理性及其所决定的文明发展的内在逻辑而形成的判断，是人类政治文明的真理所在。

二 民主制度：在人与国家之间

民主的主体是人民，其本意就是"人民统治"。如果人民完全自治，那么"人民统治"只不过是人民自治的同义反复，毫无意义。上述分析表明，人的现实存在，是其个体性存在与集合性存在的有机统一。没有集合性存在，人的个体性存在就缺乏应有的现实基础和实际意义。然而，人与人之间的利益冲突决定了人的集合性存在需要能够协调这种利益冲突的外在力量，这就是国家。对于人的现实存在来说，国家是外在的力量，但同时又是现实中无法回避和逃脱的外在力量。既然是外在的力量，国家就完全可能成为不受人民集合性力量所控制的外在力量。为了避免和克服这种异化，保证人民能够将自己创造的国家掌握在自己手中，成为造福人民的力量，人们就提出了国家应实行"人民统治"，由人民来掌握国家权力、当家作主，也就是"民主"的问题。可以说，民主问题实际上是因国家而起，其使命就是让人民建立的国家掌握在人民手中。人民建立国家的时候就对国家形成了这种根本要求。所以，民主是人民对国家本质的规定性。

可见，民主的最真实意义在于人民能够控制其所创造的国家这个外在力量，保障人民及其所集合的每个人在国家中拥有真正的主体地位。所以，民主的具体实践，就是要解决人民与国家的关系问题。在这一点上，美国著名的民主理论家达尔（Robert Alan Dahl）也表达得十分明确："事实上，民主思想主要关注的，一直就是国家。""从民主在古希腊和罗马诞生的时候开始，我们认为代表民主特征的那些政治制度，主要就是作为民主化的手段发展起来的,而对象就是国家政府。"①

既然民主的具体任务就是解决人民与国家的关系,而其所秉承的价值取向是:保证人的主体地位;保证人的个体性存在与集合性存在的有机统一;保证人在社会与国家中获得全面的发展。那么,民主要有效履行其内在的使命,就必须同时做到两点:一是保证人的主体地位和自由发展的可能;二是保证人赖以存在的国家这个外部力量始终是满足人的需要和发展的力量。为此,民主在任何时候都必然体现为一种国家制度安排:既满足人的主体要求,也满足人对国家的需要。这种安排的起点是人,归宿也是人。于是,民主常常给人一种假象:民主存在与发展的逻辑,就是人追求自由发展的逻辑,就是人追求自由的绝对律令。在这种假象下,民主被抽象为一套原则、一套价值,甚至是一套无条件的绝对律令。人类文明发展史表明,追逐这种假象,也许对大革命的动员有一定作用;但对于真正创造和实践"人民统治",使民主成为创造人的全面发展和幸福生活的政治形式来说,追逐这种假象只能将民主引向歧途。加拿大学者弗兰克·坎宁安(Frank Cunningham)注意到了这种现象,他通过对他所教的学生进行的数年调研和实验发现:由于学生长期从抽象特征来把握和认识民主,所以,学生对民主的实际认识和把握常常具有"偏于一隅的特征","这样,就有学生认为抽彩赌博是最民主的,因为它完全基于个体的选择,而且,它也是公平的,因为每一张彩票都具有平等获胜的机会"②。

所以,马克思主义在强调"民主制是一切形式的国家制度的已经解开的谜"的同时,反对抽象地把握民主制本身;因为,"在民主制中,国家制度、法律、国家本身,就国家是政治制度来说,都只是人民的自我规定和人民的特定内容。"③ 在此,马克思实际上表达的是这样一个政治逻辑:对民主制来说,唯一的抽象就是:人民不是国家的作品;相反,国家是"人民自己的作品"。在这一原则下,任何民主制度都是具体的,因为人与

---

① [美]罗伯特·达尔:《论民主》,商务印书馆1999年版,第48页。
② [加]弗兰克·坎宁安:《民主理论导论》,吉林出版集团有限责任公司2010年版,第7页。
③ 《马克思恩格斯全集》第3卷,人民出版社2002年版,第41页。

人民是具体的,每个社会的人民都有自己的"特定内容",从而自然对民主的国家制度有特定的规定和要求。而这种规定和要求的本质取向是共同的,即使国家真正成为服务和保障人的个体性存在和集合性存在的有机统一,从而最大限度地实现人的自由而全面的发展。正是在这个意义上,列宁明确指出:"民主是国家形式,是国家形态的一种。"[①] 列宁认为,作为国家形态的民主包含两个维度:一个是国家对人民的维度,另一个是人民对国家的维度。由此,列宁认为,作为国家形态的民主,"同任何国家一样,也是有组织有系统地对人们使用暴力,这是一方面。但另一方面,民主意味着在形式上承认公民一律平等,承认大家都有决定国家制度和管理国家的平等权利。"[②] 分析至此,我们可以得出一个基本的结论:民主的起点和归宿虽然都是实实在在的人的全面发展,但其得以确立和实践所需要的制度安排,则必须同时关照到人与国家两个方面,进而关照到人对国家以及国家对人这两个维度。只有这样,民主所包含的两个维度才能达到相互协调,否则,这两个维度就可能是冲突的,其极端体现是:不是国家对人民的系统暴力,就是人民追求自由和平等所形成的对国家的强烈反抗。

人的现实存在所具有的双重性,决定了民主要能在制度上协调好人与国家的关系,其平衡点显然必须兼顾人的个体性存在和集合性存在,任何偏颇都可能直接破坏这种协调与平衡。人的个体性存在是具体的,而且是多种多样的。这意味着在平衡人与国家关系的过程中,必须要求国家坚持"以人为本",保障人权,尊重人的主体地位及其对自由而全面发展的内在需求;相比较而言,人的集合性存在对平衡人与国家关系的作用更加直接而具体,它强调国家是全体人民的国家,国家的使命是不仅要保障个人的权利,而且要维护和创造人民之间的平等,维护全体人民的共同利益,保证人民共享进步与发展,从而将人民凝聚为一个和谐有机的整体。人的个体性存在与集合性存在是互为表里,相互依存的,因而,在平衡人与国家

[①] 《列宁选集》第3卷,人民出版社2012年版,第201页。
[②] 同上。

关系的过程中，民主制度既可以从人的个体性存在出发，也可以从人的集合性存在出发；但不论从哪个方面出发，都必须同时考虑到另外一个方面，从而使民主既能为人的个性发展提供保障，也能为增进全体人民的福祉提供动力和资源。

三 民主形态：个人本位与人民本位

既然民主是人们对国家制度的必然要求，其使命就是在制度上安排人与国家的基本关系，那么，从人对国家的主体性出发，民主必然要体现为两个层面：第一个层面就是人与国家关系的基本原则，具体来说，即人民决定国家制度，还是国家制度决定人民。马克思认为，只有前者才是民主制度，否则，国家制度再怎么有民主形式，也不是民主制度。第二个层面就是人与国家关系的制度形式，即人民掌握国家权力、参与国家事务管理的制度形式。第一个层面是决定性的，是一切民主形式的根本前提与决定性因素。然而，在现代政治中，人们都把天赋人权作为现代国家建构的起点，将想象的社会契约作为现代国家建构的行动基础。结果，往往将民主的第一个层面视为天然前提，形成一种集体无意识的错觉，认为只要有了民主的国家制度形式，即有了民主的第二个层面，第一个层面也就自然形成了。于是，人们将所有的注意力集中在民主的制度设计上，基本不考察其所设计的民主制度与其主体，即人民之间的本质关系。这也是许多国家虽然有眼花缭乱的民主制度形式和多姿多彩的民主生活，但其人民却无法从国家和政府那里获得应有的保障和服务的根本原因所在。

民主的实践之所以会出现这种错觉，之所以会将由这种错觉所产生的一些原则视为民主实践理所当然的信条，除与西方的现代民主理论存在偏颇以及实践民主的社会发展质量比较低有关之外，还与民主实践以个人为出发点有直接关系。然而，现代民主的吊诡之处恰恰就在于这个"个人"，因为连马克思都认为，这种独立的"个人"正是现代化的历史运动的前提。

在马克思看来,现代化将人类历史上的国家划分为古代国家与现代国家。它们之间的差异就是:在古代国家,国家制度是与人民相异化的特殊力量,归属并服务于特殊群体和特殊事务。所以,马克思说:"国家统一体,作为这种组织的结果,也像国家统一体的意识、意志和活动即普遍国家权力一样,必然表现为一个同人民相脱离的统治者及其仆从的特殊事务。"① 而现代国家是在摧毁古代国家的基础上建立起来的,终结了统治者将国家权力变成私人权力,将国家事务变成"统治者及其仆从的特殊事务"的这个异化状态,"把国家事务提升为人民事务",从而消除了"人民同自己的共同体"相分离的局面,国家因此回归到人民自身。马克思把人类政治文明的这种巨变视为人类的"政治解放"②。马克思认为,创造这种政治解放的背后力量,实际上是人的自我解放,即体现类本质的人的存在方式的变化与发展。

马克思指出:"我们越往前追溯历史,个人,从而也是进行生产的个人,就越表现为不独立,从属于一个较大的整体:最初还是十分自然地在家庭和扩大成为氏族的家庭中;后来是在由氏族间的冲突和融合而产生的各种形式的公社中。只有到 18 世纪,在'市民社会'中,社会联系的各种形式,对个人说来,才表现为只是达到他私人目的的手段,才表现为外在的必然性。"③ 在此,马克思实际上将人类基于历史发展所形成的现实存在分为两种:一种是借助共同体形式而形成的社会存在,这源于人在前现代历史条件下对共同体的依赖④;另一种是人相对独立于各种社会共同体的社会存在。于是,人的社会存在从"共同体人"的存在方式发展为"独立个体"的存在方式⑤。马克思认为人的这种"解放",不是观念或意志的产物,而是现实经济与社会发展的结果。马克思指出:"只有在现实的世界中并使用现实的手段才能实现真正的解放;没有蒸汽机和珍妮走锭精纺

---

① 《马克思恩格斯全集》第 3 卷,人民出版社 2002 年版,第 187 页。
② 同上书,第 186—187 页。
③ 《马克思恩格斯选集》第 2 卷,人民出版社 2012 年版,第 684 页。
④ 《马克思恩格斯选集》第 1 卷,人民出版社 2012 年版,第 211—212 页。
⑤ 《马克思恩格斯全集》第 3 卷,人民出版社 2002 年版,第 189 页。

机就不能消灭奴隶制;没有改变的农业就不能消灭农奴制;当人们还不能使自己的吃喝住穿在质和量方面得到充分保证的时候,人们就根本不能获得解放。"① 马克思因此认为,这种"独立个体"不是抽象的个人,而是现实的、具体的个人,不是孤立的个人,而是体现社会关系的个人,"人是最名副其实的政治动物,不仅是一种合群的动物,而且是只有在社会中才能独立的动物。"② 这决定了"独立个体"的出现,虽然是现代民主得以建构的前提,但现代民主的发展却必须确立在"独立个体"的社会属性基础之上,即确立在"人认识到自身'固有的力量'是社会力量,并把这种力量组织起来"的基础之上③。马克思认为,只有在把每个人的社会力量组织起来的现代国家之中,个人的自由发展才能实现,民主才能有实际的意义。为此,马克思强调指出:"只有在共同体中,个人才能获得全面发展其才能的手段,也就是说,只有在共同体中才可能有个人自由。"④ 显然,这种共同体不是古代那种否定个人存在的共同体,而是基于"独立个体"联合起来的共同体,这种"独立个体"联合形成的集合体,就是人民;维系这种集合体的国家,就是现代国家。从这个意义上讲,现代民主固然是以"独立个体"的出现为前提,但其现实基础还是要根植于人的社会属性所形成的人的集合性存在,即人民的基础之上。

客观地讲,现代民主与现代个人、全体人民之间的关系在理论上是明晰的,但是,民主理论家们在论证自己的理论,或设计具体的民主制度形态和实践路径的时候,很快就形成了界限明晰的分野:即以个人为本位的民主和以人民为本位的民主的分野。前者的代表为洛克(John Locke)、孟德斯鸠(Montesquieu),后者的代表为卢梭等⑤。然而,在现代国家建设和政治发展的具体实践中,面对汹涌澎湃的自由主义思潮和资本主义发展的

---

① 《马克思恩格斯选集》第1卷,人民出版社2012年版,第154页。
② 《马克思恩格斯选集》第2卷,人民出版社2012年版,第684页。
③ 《马克思恩格斯全集》第3卷,人民出版社2002年版,第189页。
④ 《马克思恩格斯选集》第1卷,人民出版社2012年版,第199页。
⑤ [意]萨尔沃·马斯泰罗内(Salvo Mastellone):《欧洲民主史——从孟德斯鸠到凯尔森》,社会科学文献出版社1990年版,第14页。

冲击,这种理论上的分野已经被人们彻底淡忘,于是,个人本位的民主理论逐渐成为不容置疑的绝对真理,相应地,其具体的实践形态久而久之也被神化为一种"放之四海而皆准"的形态。

前面所有的分析都表明,就现代民主发展的历史与理论逻辑来说,从个人出发来建构和发展民主具有其内在的必然性与合理性,但是不能忽略三点:其一,不能忽略人存在的双重性,即个体性存在与集合性存在的有机统一,因而,在强调从个人出发的时候,还必须充分考虑到人的集合性存在所必然形成的人民整体;其二,不能忽略民主的本质属性,即是人民决定国家制度,不是国家制度决定人民,基于个人权利而建构起来的现代民主制度,能体现人在其中的决定作用,但不一定能体现人民在其中的决定作用;其三,不能忽略民主的根本使命,即在协调人与国家关系的过程中,保障和推动人的全面发展,因而,既要维系个人发展的自由,也要维系这种自由发展不可或缺的国家这个政治共同体的建设与发展。西方社会发展历程表明,自由资本主义对个人自由的无限放大,不仅使自由资本主义陷入了重重危机,并最终走向世界大战,而且也几乎断送了自由主义民主本身。可以说,没有全人类用其正义的力量赢得第二次世界大战的胜利,没有第二次世界大战前后人们对西方社会与制度所进行的革命性再造,就不可能有资本主义在第二次世界大战结束之后的再生。可见,最终决定这两大历史进程的,导演这两大人类历史剧的,显然不是自由的个人,而是联合起来的人民;不是个人的自由,而是国家对全体人民的责任体系的重构。德国著名思想家哈贝马斯(Jürgen Habermas)就明确指出:西方资本主义最终实现与民主结合的,不是通过一再强调的个人自由,而是通过力图保障全民生存的社会福利政策。他指出:"如何解决把经济效率同自由和社会保障,即把资本主义同民主结合起来的问题,关键在于实行某种致力于在高就业水平下比较全面地推行福利和社会保障的政策。"① 为此,他

---

① [德]尤尔根·哈贝马斯:《超越民族国家——论经济全球化的后果问题》,见乌·贝克等著《全球化与政治》,中央编译出版社2000年版,第72页。

一再警告西方社会：在任何情况下，都不应该放弃最基本的福利和社会保障政策。哈贝马斯之所以坚持这一点，是因为他从西方资本主义与民主的实践中看到了一个谁都无法否定的理论原则：资本主义要真正实现同民主的有效结合，就不能仅仅与个人自由相结合，必须同时与对全体人民基本利益的保障相结合，否则，资本主义就必然陷入难以自拔的民主危机。

四 民主发展：以人民为本位的中国民主实践

在 40 多年前的 1975 年，由来自美国、欧洲和日本的知名学者组成的关于民主国家统治力的三边委员会工作组发表了题为《民主的危机》的研究报告。该报告在比较深入的考察和研讨的基础上，对战后西方民主政治建设进行了评估，得出的初步结论是：民主的体制是可行的，如果公众真正理解民主体制的本质，"感受到自由与责任之间微妙的相互关系"，民主制是可以继续发展下去的①。这个结论比较隐晦地表达了这样的政治主张，即西方从个人权利出发的自由主义民主必须进行必要的自我修正，其取向是增强公共责任在民主中的地位和价值，以平衡自由与责任的关系，真正体现民主制的本质。自由是以个人权利为出发点的，责任则是以公共利益为出发点的。因而，以责任来修正个人自由的无限扩张，实际上强调了现代民主应该充分考虑人的集合性存在对社会和国家所形成的内在要求。作为三边委员会重量级代表，亨廷顿（S. P. Huntington）在考察了美国民主状况后，得出的倾向性结论是：美国应该走向民主的平衡。他指出，"今天美国有关统治的一些问题正是因为民主过剩引起的"，"民主的原则扩展到很多机构中，在这些机构中，从长远的观点看，民主原则只能阻挠这些机构的各种意图。如果在一个任命教师需要征得学生同意的大学里，这可能是一个比较民主的大学，但不可能是一个比较好的大学。"面对这种"民主泛滥"，亨廷顿认为，"政治民主的无限扩大也潜在地存在着一些合

---

① [法] 米歇尔·克罗齐（M. Crozier）等：《民主的危机》，求实出版社 1989 年版，绪言第 1 页。

乎需要的限制"，因而，我们要自觉地意识到"民主在很大程度上需要节制"，否则，民主难以维系①。将亨廷顿的主张放在美国的民主实践中考察，人们就会清楚地看到，亨廷顿所要的节制民主，或者说政治民主潜在的自我限制，不是针对民主本身的，而是针对以个人权利为本位的自由主义民主所必然产生的困境。

不论是限制，还是节制，其途径都是要用另外一个力量来平衡个人本位民主所难免的极端化倾向。亨廷顿没有明晰这种力量，但作为三边委员会成员之一的拉尔夫·达伦多夫（Ralf Dahrendorf）则明晰了这种力量不是别的，就是个体联合起来的公众。他分析指出："我的主要观点是：当我们考虑今日的政治公众时，我们不能只简单地想到他们是在市场上运用其常识性利益的个体公民，而过去一直是这样的。通过对政治公众这一概念进行再考虑，我们不得不接受这样一个事实：即今日的大多数人既是个体公民，同时又是大组织的成员。我们不得不接受这样一个事实：即大多数个体不仅通过其公民权利的直接表现（甚至通过组织利益集团的政党）来保护他们的利益，而且还通过各种组织来保护他们的利益。"② 在此，达伦多夫清晰地解释了人的现实存在的双重性，即个体性存在与集合性存在。要克服个人本位的民主，就必须承认、接受并有效发挥基于人的集合性存在而形成的民主原则、民主力量与民主资源。

分析至此，至少可以得出一个结论：健全的民主，必须基于人的现实存在双重性。既要考虑个人的自由发展，同时也要考虑人民整体利益，并最大限度地平衡这两者之间的关系。西方社会在20世纪90年代所倡导和推动的协商民主运动，在一定程度上就是为这样的平衡而形成的政治实践③。

人的现实存在的双重性，要求民主必须平衡个体自由与人民利益；而

---

① ［法］米歇尔·克罗齐（M. Crozier）等：《民主的危机》，求实出版社1989年版，第100—102页。
② 同上书，第165—166页。
③ 参见［美］詹姆斯·博曼《公共协商：多元主义、复杂性与民主》，中央编译出版社2006年版，第128—165页。

人既依赖国家又想驾驭国家的两难困境，要求民主必须平衡个人自由与国家整合。显然，亨廷顿正是感悟到民主从理念转入现实所必须具有的这种平衡机能，才向美国提出"走向民主的平衡"的主张。实际上，亨廷顿提出这个主张的另一个重要原因，是他在其他国家中看到民主不是纯粹的，不是"绝对理念"的直接转化物，而基本上都是历史与现实运动的产物，因而，他认为民主天生就是一个平衡的结果；而美国的特例，使美国民主天生缺乏这种平衡性，所以，美国的民主发展必须克服这个天生的缺陷。他指出："希腊哲学家认为，最行之有效的国家是使政府的不同原则化入宪法之中。1787年的《宪法》是以丰富的洞察力起草的。然而，美国政治系统是以一种特别的民主制度与排外的民主价值系统相结合的独特面貌出现的。美国的民主同欧洲和日本相比，对自己的威胁更大。因为欧洲和日本仍然残存着传统的和贵族的价值观，而美国则没有这些价值观，因此，这就引起了社会的不平衡，而导致在热情崇尚信条和消极对待信条两种态度之间的摇摆。在美国，政治权威绝对不会变得强大，在强烈推崇民主和平等理想这一时期，这种权威特别脆弱。在美国，民主力量给民主的统治能力制造了一个问题，这种情况在别的地方是不存在的。"[①] 亨廷顿所分析的美国情景，告诫人们两点：其一，美国的民主经验不是普遍原则，而是特例；其二，从古希腊至今，任何国家的民主实践，都不是基于单一原则的，而是将不同的原则平衡在一起，将不同的力量倾向平衡在一起。这是人类政治文明的通则。

民主要走向平衡，必然需要一个基点。西方民主实践给出的答案是：以个人本位为基点。在西方的政治文明中，这个基点既是西方民主理论的产物，同时也是西方社会迈入现代文明的历史运动的产物，有其内在的合理性和必然性。但是，谁都不能因此将西方的经验和模式抽象化为世界各国民主建构的通则，因为，个人本位中的"个人"，并不是在所有的国家都是作为现代化的历史起点出现的。对于许多后发的现代化国家来说，当

---

① [法]米歇尔·克罗齐（M. Crozier）等：《民主的危机》，求实出版社1989年版，第101页。

它们面对汹涌袭来的现代化浪潮的时候，根本就不存在产生西方式"个人"的条件与基础，更谈不上由这样的"个人"所组成的社会了。因而，其迈入现代化的历史起点就只能是基于历史传承和族群延续所形成的"人民"力量。这种"人民"力量，一开始更多的是作为"群"或者"族群"的力量出现的，只有经历了革命洗礼或现代自觉之后，才能在反对传统的君权统治中提升为"人民"，并由此借"人民"的力量来建构现代民主。

对于后发的现代化国家来说，以人民力量为起点建构现代民主，首先要解决的问题是：国家是人民的、还是私人集团的。这个问题的解决仅仅是唤醒后发现代化国家"个人自觉"的政治前提，并不是"个人自觉"本身，因为，不论是西方的经验，还是后发现代化国家的实践都表明，这种"个人自觉"，不仅需要文化革命和政治革命，而且需要深刻的经济革命。对后发现代化国家来说，这种全面而深刻的现代化革命，必须通过建立有效的国家政权来推动，而这个有效的国家政权建构的历史起点，显然不可能是"个人"，而一定是"人民"。所以，在现代民主化运动中，应该还有另一种民主发展模式，这就是以"人民为本位"的民主发展模式。中国所实践的就是这种模式。

西方民主理论强调"个人本位"，否定"人民本位"，其理论依据有二：一是认为"个人"是具体的，而"人民"作为一个集合体是虚幻的，缺乏明确的主体性；二是强调"人民"这个集合体往往容易导致对"个人"的否定，因而具有重新迈向集权专制的风险。在西方的理论逻辑中，这种否定似乎是顺理成章的，自然也迷惑了许多人。但如果进一步深究，就会发现其逻辑前提存在问题：即西方所说的"个人"，实际上不是具体的个人，而是抽象的个人，用马克思的话说，就是"一种抽象的——孤立的——人的个体"①。从这种绝对抽象的个人出发演绎出来的理念和原则，也就成为一种民主的"绝对理念"。这种"绝对理念"一旦成为实践的指导，就不可避免地产生出"绝对真理"的权力，从而使民主探索和实践的

---

① 《马克思恩格斯选集》第 1 卷，人民出版社 1995 年版，第 139 页。

过程直接异化为一种不民主的民主建构实践。

可见,"个人本位"存在着虚幻化和绝对化倾向,一旦出现这种倾向,西方民主理论家对"人民本位"的这种担忧,也同样会出现在"个人本位"的民主身上。所以,不论是"个人本位"民主,还是"人民本位"民主,其问题不在这两种民主本身,而在将这两种民主背后的原则绝对化。客观地讲,以"人民为本位"的中国民主实践,也经历过将"人民"绝对化的"大民主"实践,给中国的现代化发展和社会主义国家建设留下了惨痛的历史教训。中国的成功就在于没有因此从一个极端走向另一个极端,而是实实在在地从每个人的自由发展、从全体人民的根本利益出发,来重新探索社会主义民主,实践和发展人民民主,并将民主建设与个人自由发展、人民共享进步、社会持续发展和国家有效治理有机统一起来,使"人民为本位"的民主实践,既创造出现代民主法治发展的效应,也创造出现代化发展的效应。

在中国,以人民为本位的人民民主实践至今已一个多世纪,其初始源头是中华千年古国对世界现代化和民主化挑战所形成的现代化反应。这种反应经历了从被动走向主动、从外在反应到内在觉醒之后,明确了中国的现代化发展必须是以人民为主体的发展,中国的现代政治必须是人民作主的政治。孙中山先生在经历了各种挫折之后明白了这个道理,并在由其亲自领导的有共产党人参加的国民党第一次全国代表大会的宣言中阐述:"近世各国所谓民权制度,往往为资产阶级所专有,适成为压迫平民之工具。若国民党之民权主义,则为一般平民所共有,非少数人所得而私也。"[①] 中国共产党在这个基础上发展出了"人民民主"。毛泽东指出:"除了谁领导谁这一个问题以外,当作一般的政治纲领来说,这里所说的民权主义,是和我们所说的人民民主主义或新民主主义相符合的。只许为一般平民所共有、不许为资产阶级所私有的国家制度,如果加上工人阶级的领

---

① 《孙中山全集》第9卷,中华书局1981年版,第120页。

导,就是人民民主专政的国家制度了。"① 新中国的诞生,人民民主政权的建立,是人民民主实践的第一个历史成果。新中国成立之后,由于在如何建设社会主义的问题上出现偏误,人民民主的实践走入误区。改革开放后,在深刻反思历史教训中再出发的中国人民民主建设实践,不仅获得了宪法与法律的保障,而且与经济社会发展有机地统一起来;不仅从"以人为本"出发充实了自己的价值基础,而且在协商民主实践中丰富了自己的实现方式;不仅增强了中国特色社会主义的道路、理论和制度自信,而且明确了自己的发展路径与原则。

中国"人民本位"的人民民主,一方面是作为社会主义国家国体和政体的有机统一来构建的,强调国家权力来自人民,并由人民整体共同掌握,不允许国家权力落入某个社会集团手中;另一方面,强调推动人的自由而全面发展是人民民主的内在使命,所以,不是以否定"个人权利"为前提的;相反,是以保障和尊重个人权利为前提,不仅如此,而且强调人民整体利益属于每个人共同创造和共同享有的利益。应该承认,中国的人民民主和西方的自由主义民主一样,也经历了一个发展的过程,而且这种发展还在继续,因而,也是一个从不成熟走向成熟的过程。在这个过程中,人民民主的理念与人民民主实践之间的互动,形成了相互充实,相互推动的作用。中国的实践表明:没有民主,就没有社会主义现代化;没有现代化发展,就不可能有真正的民主;没有落实于人与社会全面发展实践的民主,就不是真正的民主。

经过一个多世纪的探索和实践,中国以"人民为本位"的民主逐渐摸索出既符合人类民主发展潮流,又契合历史、社会与文化所决定的中国发展实际的人民民主形态。这是具有一定内在平衡机能的民主形态:其一,从人民本位出发,平衡了人民本位与个人本位的关系。其内在机理是:以人为本,尊重生命的价值和每个人的自由发展;坚持人民主体地位,实现、维护和发展人民的根本利益;坚持人人平等,保障公平正义,实现共享发

---

① 《毛泽东选集》第 4 卷,人民出版社 1990 年版,第 1477—1478 页。

展。其二，从人民主权出发，平衡了人民与国家的关系。其内在机理是：国家权力来自人民；国家权力由全体人民共同掌握；人民整体掌握和运行国家权力。其三，从人民作主出发，平衡中国共产党的领导、人民当家作主与依法治国的关系。其内在机理是：人民通过中国共产党的领导凝聚为有机整体；中国共产党和人民的共同意志体现为宪法；国家以宪法为根本法得以组织、运行和发展；人民以中国共产党为核心依据宪法治理国家。其四，从人民参与出发，平衡协商民主形式与选举投票民主形式的关系。其内在机理是：以广泛多层次的制度性协商创造实质性的人民参与；以平等的协商来实现和保障不同的利益表达；党和政府的决策以协商形成的共识为基础；人民赋权以选举投票的形式实现；所有公享有平等的选举权与被选举权。

可见，作为一种国家形态，以人民为本位的人民民主已经在中国形成比较完整的价值体系、组织体系和制度体系。社会主义国家政权的确立，实现了全体人民的解放和当家作主；社会主义市场经济体制的确立，使每个社会成员拥有了自主决定自己发展的基础与权利。个体的自主、人民的解放和国家的全面现代化发展，使人民民主国家形态的完善和发展全面进入人类现代政治文明的发展轨道，其未来的持续发展，将既具有中国特色，也具有世界意义。

五 结语

正如古希腊哲人所言：人是万物的尺度。对民主来说，这个原理也是适用的。不是民主制度决定人，而是人决定民主制度。人的现实存在的双重性，即个体性的自主存在与集合性的社会存在，使得现代民主制度产生了双重面向：一是面向个体的自由主义民主，其出发点自然是人的个体独立存在；二是面向人民的社会主义民主，其出发点自然是人的集合性存在，即人民。不论从理论上讲，还是从逻辑上讲，民主的这两个面向都应该统一在一起，但在实践中，这种统一往往遇到种种困难。这固然有意识形态和价值的原因,有各国社会发展现实条件限制的原因,但从根本上讲,还是人类民主发展的整体水平不高的问题。

自由主义民主对个体自由的强调和对"人民"的忽视,不知不觉地把西方民主引向了危机,其体现是:个体可以在任何地方强调民主的权利,但由个体集合而成的人民并没有因此而成为最终决定国家的真正力量,结果,不得不面临被少数特权力量所奴役的窘境。在社会主义民主发展的历史上,这种危机以另一种形式出现,即将"人民"极端化,反对"个体",结果导致社会主义民主实践的危机。苏联、东欧社会主义国家在这个危机中发生剧变,其社会主义制度体系瓦解。相反,中国却成功地走出了这个危机,创造了中国特色社会主义政治发展道路。

中国人民民主发展的成功之道就是:始终坚持人民本位的民主发展道路,把追求人的自由发展与人民当家作主有机结合起来,从而使实践中的民主能够有效兼顾人的现实存在的双重性。可见,中国式民主,体现的不仅是中国特色,而且是现代民主应该考虑的发展方向:即能同时面向个体自主与人民集合体的民主。虽然中国式民主还在发育过程中,但其方向是正确的,应该努力前行。

(作者单位:复旦大学国际关系与公共事务学院)

(原载《政治学研究》2016年第3期)